李潔非明史三部曲

The History of
the Ming Dynasty

黑洞
弘光紀事

李潔非 著

開明書店

序一

大概而言，本書為一史傳敍事作品，但筆者私衷卻是史傳敍事其表，思悟認知其裏。蓋所謂史傳者，大開大闔，奇崛跌宕，人易以故事視之，猶如讀小說、聽說書，目眩神迷，不覺而將其文藝化。其實，史傳乃是極有力的思想認識方式和工具。許多以讀書為業、自命足以勝任思考的人，往往將思想等同於理論，甚而只知從理論上求之。這種誤區，尤當思想、學術嚴重格式化，讀書和著述僅為博取功名之器藝的時代，益滋其彰。其表現，我們不必到遠處去找，眼下就很典型。歲歲年年，從學術考核制度，從學位、晉職競爭中生產的論文汗牛充棟，而內容空疏、言不及義者累累。當下知識者中每可見兩種情形：一、與現實有罅疥之隔，搔不到癢處、揭不了瘡疤，論來論去，思想只在一些似是而非的術語中打轉，和科舉制藝如出一轍，此謂「無補於世」；二、對歷史，不光觀念混亂、錯誤而不自知，又陶醉於某些徒具其表的義理，從理念到理念，從空想到空想，據之對歷史東拼西湊、強以就我，甚而不惜昧實而論，此謂「學不成器」。黃宗羲說：「讀書不多，無以證斯理之變化，多而不求於心，則為俗學。」[1]三十多年前（「文革」結束時）國人精神世界絀於「讀書不多」，而今，病根卻在「不求於心」——讀書不少，心思仍舊昏慣。何以如此？有的是被應試教育所害，讀書不為求知，目的盡在出身、文憑。有的則是根鬚扎錯了地方。黃宗羲說：「拘執經術，不適於用，欲免迂儒，必兼讀史。」[2]古人是拘執經術，今人是拘執義理，而實質總歸一條，即頭腦已被格式化，雖然也思考，也貌似產

---

[1] 全祖望《梨洲先生神道碑文》，黃雲眉選注《鮚埼亭集文集選注》，山東人民出版社，1982，第 105 頁。
[2] 梁啟超《清代學術概論》，上海古籍出版社，2000，第 16 頁。

生思想，但根鬚卻扎於先入為主的理念，不是扎在客觀事實的土壤中。這就是「迂儒」，他們有些人的表現，往往比「迂」嚴重得多，其對義理的癡迷、對客觀的排拒，可能達於偏執的地步。為了不至於此，或已然如此而願意有所改益，有效辦法是接受黃宗羲的建議「必兼讀史」。讀史，首先是椿令人愉快的事，有着如對小說一般甚至超過它的樂趣，但這是極次要的。它真正的好處是使人離真相更近從而明辨是非，搜讀益多益廣，這功效益發明顯、確鑿，世間最不容易蒙蔽之人，便是飽於讀史之士；其次，讀史能夠大大彌補空頭理論的各種不足，甚至回過頭反思理論，重估它塞到我們腦中的那些觀念。言及此，想起梁啟超的評論：「大抵清代經學之祖推炎武，其史學之祖當推宗羲。」[1] 我從這句話所得，不只是兩大師治學各有所重，進而更在於，黃宗羲何以要將最大氣力用於史學？這很值得深思。以他學問之廣之深，這一定是出於鄭重、特別的選擇。我以為，那是對自己時代現實審視、判斷的結果。明亡之後，痛定思痛，一代碩學依各自認識展開反思和總結；而在黃宗羲看來，明代近三百年人文的弊端，主要在於空談許多義理，對歷史卻認知力嚴重不足。所以他的批判，不特別致力於理論，而集中在史學層面，通過摸索歷史，得到和浮現真知。體會、揣摩這一思路，我覺得對於當代有極大參考意義。回看半個多世紀以來，根本問題也是義理過剩而史學不足。陳雲曾講「不唯上、不唯書、只唯實」[2]，這是從國家政治層面對歷史教訓的總結，倘從精神思想層面看，相通的問題其實便是在義理與史學之間更應依憑和尊重什麼。考諸現實，令人意外的是我們在國家政治層面基本已能採取「不唯上、不唯書、只唯實」態度，反倒是精神思想層面義理過剩而史學不足的情形沒有多少改變。在「從百家爭鳴到兩家爭鳴」、「橫掃一切牛鬼蛇神」的年代，不必說義理壓倒一切，史學則完全沒有空間抑或是被義理「掛帥」的史學。「文革」終結，改革開放，思想學術似乎漸至多元，但深入觀察，尚好主義的風氣依然獨大，基於

---

① 梁啟超《清代學術概論》，上海古籍出版社，2000，第 17 頁。
② 《陳雲文選》，第三卷，人民出版社，1995，第 371 頁。

事實的討論迄無多少餘地，某些慷慨激昂之士，盛氣凌人、泰山壓頂，以至罵以粗口而有恃無恐，其所恃者何？無非是義理握於其手。但義理在手為何就如此強勢？將根由追索到最底層，我以為是歷史檢討不足。因為歷史檢討不足，許多事實沒有釐清，或雖已釐清卻沒有進入公共知識領域、向社會普及，致一般人的歷史認識仍處於某些義理覆蓋之下而非來自歷史事實本身。既有此「知識背景」為雄厚社會基礎，就難怪有些人出言強悍，氣吞山河，總有「朕曰」口吻，動輒置人罪不容誅。當下中國精神思想如欲走出這種氛圍，別無辦法，非得像黃宗羲那樣，扎實地做史學功夫，辨偽訂訛、澄清史實，同時帶動社會有讀史的意識，逐漸建立不論什麼義理都要附麗於史、接受歷史檢驗，否則就是空頭說辭的認識。

中國能否更智慧、更清明，頗待乎一個全民讀史的浪潮。極而言之，詩歌、小說、哲學、道德……將這些暫時放下不讀，都不要緊，但一定要讀史。眼下我們不急於理想，甚至也不急於情感，所急者首先是事實。基本事實都不甚清楚，卻憧憬理想、抒發情感，又如何靠得住？讀史，就是尋找並確定事實的過程。有些人的談吐和舉動，一眼可見起於對歷史了解不夠。關於「文革」就是這樣，我們在身邊屢能發現有人心中至今為「文革」義理留一塊領地，乃至還以此為批判現實的武器。這固然可悲，但我想其中相當的一部分（特別是年輕人）未必真的了解「文革」，使他們有如上思想感情的根因，其實是「文革」史學的不足，令那種義理仍能有所附麗。

總之，史學確是當代思想一個關鍵方面。幾十年來，義理對史學深度注入，形成許多定式，令人們以為自己在接觸歷史，實際不過是接受義理。這遠非在當代史中如此，現代史、古代史甚至史前史，都存在從某種義理而來的固定格式。舉個很明顯的例子，歷史教科書一直把到 1840 年為止的中國定義為「封建社會」，把相應歷史稱為「封建史」。其實，自嬴政這位「始皇帝」起，中國就廢止了封建制，漢代初年略有反覆，不久也徹底取消實封，以後歷代封王建國都僅為虛封，亦即受封之王有爵號有封地，但並非政治經濟上的獨立國。1973 年 8 月 5 日，毛澤東有七律《讀

〈封建論〉呈郭老》，云：「百代都行秦政法，十批不是好文章。熟讀唐人封建論，莫從子厚返文王。」[1] 說得很清楚，秦以後中國已經沒有封建制，「百代」所行，都是嬴政始創的中央集權或大一統君權專制。那麼，為什麼教科書會無視這一點，而將二千年來中國冠以「封建社會」「封建時代」之名？原因是馬克思主義經典作家建立了一個原始社會、奴隸社會、封建社會、資本主義社會、共產主義社會五大階段的的社會發展史模型。本來，這一番總結，所依據的主要是歐洲史；在歐洲，直到近代資本主義之前，確實處於完整的封建形態。馬克思主義經典作家不曾系統研究過中國歷史，並不了解從帝制中國的集權形態，他們的理論無從考慮和吸收中國的歷史經驗，這本來沒什麼，問題是，當馬克思主義作為政治意識形態，上述社會發展史模型被奉為「放之四海而皆準」的「必由之路」，只能遵守，不能旁生枝節。因此，便讓中國歷史削足適履，將明明不屬於封建形態的中國帝制史硬套為「封建社會」。其實，以中國歷史實際，不單「封建社會」之說是穿鑿附會，連「奴隸社會」的存在，也並不能從史料上落實。顧名思義，「奴隸社會」即應以奴隸制為社會基本關係，但至今不論文字上還是器物上，我們都不能完全地證明，中國曾經有一個奴隸制階段。否則，其始於何時、崩於何時，歷史上會有確切的標誌和概念，可是並無任何歷史學家對我們能夠以此相告。郭沫若曾將一些論文編在一起，取名《奴隸制時代》，但裏面的論述多不令人信服。我們見到的常常是一些字形字義的詮釋，某字像是奴隸情形的表現，某字有受人奴役的含義等。他唯一肯定的結論是：「殷代是奴隸制」[2]，但即使在殷代，連他自己都說：「『當作牲畜來買賣』的例子雖然還找不到，但『當作牲畜來屠殺』的例子是多到不可勝數了。」[3] 我們知道，奴隸是奴隸主的財富，是奴隸主的生產工具，奴隸主擁有奴隸絕不是為了用來殺掉的，如果連買賣奴隸的跡象都找不到，卻以「當作牲畜來屠殺」為奴隸制存在的證據，那麼中國及世界上的奴隸制不知要延續到何年何月了──希特勒集中營裏的猶太人不

---

[1] 《建國以來毛澤東文稿》，第十三冊，中央文獻出版社，1998，第361頁。

[2] 郭沫若《奴隸制時代》，人民出版社，1973，第17頁。

[3] 同上書，第25頁。

也是「當作牲畜來屠殺」的嗎？其實在很長時間中，確切講，整個世界來到「現代」階段以前，奴隸或奴僕的社會身份都不曾消除，但這與整個的「奴隸制」或「奴隸社會」究竟是兩碼事。難道我們可以因為直至明清仍能見着太監這種奴隸式現象，而稱那時中國為「奴隸社會」麼？或者，把林肯以前的美國稱為「奴隸社會」？總之，過去教科書所劃分的中國史，除了原始社會，都未必合於實際。像奴隸社會的問題，本身史料不足，尚可存疑，以俟進一步的文獻發現或考古發現。但「封建社會」之子虛烏有，卻確確實實、一目了然。連偉大領袖都教導我們，秦始皇之後「百代」再無封建制，封建制在中國是遠在周文王時代的事情，可見 1840 年之前中國是「封建史」之論，何其睜眼說瞎話。這正是我們史學中一個為遷就義理而強扭事實的充分例子。這錯誤好像至今仍在延續，和筆者當年一樣，一代代學生仍然從課堂接受對一種並不存在的歷史的認識。如非後來在教科書外多讀多想，我亦無從知道所學知識裏包含如此嚴重的不實，一旦意識到，我即自誠日後凡涉及中國帝制以來歷史，堅決不用「封建」一詞 ── 藉此機會，同樣提醒讀者諸君。[4] 從中我還反思，它不光給了我們錯誤的知識，更阻隔或關閉了對中國歷史真境況和真問題的探究。大家都去談論並不存在的「中國封建社會」，而置二千多年的集權專制、大一統君權這一真正的「中國實際」於不論。我們身處中國卻跟在歐洲歷史後頭研究「封建社會」，本身讓人啼笑皆非，更不幸的是，我們因而不去認識自己的歷史，不清楚它究竟是怎樣形態、存在什麼問題。至今，我們的歷史批判所以不深不透，恐怕與此有很大關係。

可惜，情況到現在也還沒有顯出多大的改良。中國史學界，不乏刻苦用功的人，也不乏學問滿腹、鑽研精深的專家，但似乎始終缺乏當代黃宗羲，缺乏那種能將史學提升為一種思想認識管道的人物。在局部的一件事、一個問題，或一個歷史人物的研究上，我們每每能見精詳豐贍

---

④ 順便指出，所謂「五四運動」提出過「反帝反封建」口號，也純屬「錯案」。學者李新宇有文《五四「反帝反封建」辨析》，以詳備的考據，相當有力地說明當時根本不曾有這口號，尤其「反封建」提法，更是「五四已經過去幾年」（亦即馬克思學說開始在中國傳播）後方才出現。文見《齊魯學刊》2009 年第 3 期。

的成果，但從全局高度提出切合中國史實際的方向性、規律性的命題與論證，則難得一遇。我所能找出的原因，主要在於學者不能擺脫義理，直接用歷史材料說明歷史。由此造成的疑惑、浮辭、偽說實在太多，不僅包括剛才所說的中國歷史形態這樣宏大的方面，即在具體的朝代史方面，我們的認識和解說也總是鑽籠入套。比如由明入清，或所謂「明清鼎革」這一段，以我所見，真正從當時實際出發、實事求是、無拘無束、直面歷史本相的研究，基本沒有。所以這樣，是因這段歷史與兩個很大的義理有關，而大家都不能夠從中走出。一是農民起義問題，一是民族衝突問題。這兩個問題，在當下歷史語境及國家意識形態中舉足輕重，有很嚴格的界限。絕大多數史家，囿於其中，小心翼翼，瞻前顧後。我曾將共和國成立後明清史研究與孟森那時加以比較，發現史家敢於創見的精神流散甚大。孟森先生《明清史講義》、《心史叢刊》一二三集、《清朝前紀》、《明元清系通紀》諸著，只要考之有據、言有所本，所論無不明快，一則一，二則二，不諱、不隱、不忌，學術自由心態立然。他的書和文章，我每讀必有獲益，因為都是直面事實、不抱成見、不戴帽子而來。反觀共和國成立後，二十世紀五十年代中期起到「文革」結束那段時間，不用說盡屬以「理」入史、以「理」入學問，即便後來，束縛之痕仍歷歷可見，思想窒礙難行。遲至九十年代晚期，有一本新出版的南明史，坊間反映良好，雖然以相關研究的寂寥，它已來之不易，可惜眼光、見解仍未克服「主流」的掣肘、薰染與羈絆，令我們對脫略義理以外、一空依傍的真知灼見之盼，頗感受挫。

比如農民起義問題。自秦末陳勝吳廣起，在中國帝制史上，農民起義與蠻族入侵一道，並為王朝周期性變更兩大主因，幾乎所有王朝，要麼為農民起義所推翻，要麼由蠻族入侵而瓦解。換言之，農民起義是帝制以來中國歷史變化的主要動力之一。農民起義爆發，是王朝政治、經濟現實極度黑暗所致，此毋庸置疑。起義，作為人民之反抗和暴政之暴露，也毋庸置疑。在此意義上，它完全擁有正義性、正當性以及必然性，這都毋庸置疑。根據歷來的義理，農民起義被視為推動中國歷史進步的力量與表現。「在中國封建社會裏，只有這種農民的階級鬥爭、農民的起義和農民的戰

爭，才是歷史發展的真正動力。」[1] 這個論斷，衡以階級鬥爭學說很好理解，但衡以歷史實際，卻未必能落到實處。以我們的觀察，經過農民起義推翻舊的統治，雖然促成王朝更迭，但中國歷史和社會不要說大的積極變化，甚至毫無變化，所謂一元復始不過是周期循環、同義反覆。如果有什麼變化，恐怕也是社會益壞、積弊愈重。農民生存境狀，二千年來趨勢是每況愈下，賦稅負擔不降反升，一朝甚於一朝。「漢初十五而稅一」[2]，稅負不到百分之七，而晚明，「一畝之賦，自三斗起科至於七斗⋯⋯一歲之獲，不過一石」[3]，高至百分之三十到七十。在政治方面，幾次成功的農民起義，最終都導致皇權體系的延續、鞏固和加強。尤其朱明王朝，可謂完全由農民起義立國，而其制度醜陋性較前有過之無不及。所以如此，首先在於社會現實和歷史結構本身都還沒有發生新格局，一切只能周而復始；其次，農民起義作為反抗黑暗的現象，固然起於「正義」無疑，但受制於文化和精神能力低下，他們對自己行為的「正義」含義不能做思想的認識，更談不上從理論高度對「正義」理念給以單獨的觀照、反思，實際上，這種「正義」既是盲目的，也僅限於特殊階段，一旦邁過「反抗」期，從造反者變成當權者，農民起義領袖就不可避免以當初的反抗對象為師，成為舊權力的抄襲者 —— 這一規律，似乎從來沒有例外。

以明末為例，最成功的兩支農民起義軍李自成和張獻忠，後者精神上太過簡陋，暴露了太多的黯昧本能，即置諸農民起義史範圍內亦不足論；李自成軍則好很多，其文化上的努力和自我匡束，已接近農民起義在這方面的最高境界。李自成大力吸收知識分子進入農民軍，從他們那裏借取政治策略，對農民軍面貌和理想加以修正，克制子女玉帛、打家劫舍的原始衝動，着力塑造正義之師形象。正因有這些調整和提升，李軍所向披靡，終至奪取明都。李自成險些成功，如歷來所論，他「被勝利沖昏頭腦」，功虧一簣。很多人因這一點，為他扼腕。其實更需要詢問的是這樣的問題：即便李自成未「被勝利沖昏頭腦」，又將如何？李自成

---

① 毛澤東《中國革命和中國共產黨》，《毛澤東選集》第二卷，人民出版社，1991，第 625 頁。
② 黃宗羲《明夷待訪錄》，《黃宗羲全集》第一冊，浙江古籍出版社，1985，第 23 頁。
③ 同上書，第 24 頁。

能夠為中國開闢新的歷史，還是僅能複製一下朱元璋的成功？這是關鍵所在，也是關於明末這段歷史我們真正應該考察的方面。從道義上說，李自成起義完全正當，明王朝覆滅則令人有「時日曷喪？吾與汝偕亡」的痛快，這些都沒問題。出於同情，我們對反抗者有所偏愛，儘量予以肯定或維護，比如說「大順軍推翻明王朝接管整個黃河流域幾乎對社會生產沒有造成什麼破壞」[①]，也不難以理解。但我們對歷史的着眼處，終歸不是情感，而在理性。李自成起義喚起我們何種情感共鳴是一碼事，起義體現了何種內容，在歷史、文化層面達到什麼高度，是另一碼事。功虧一簣說明，即便在農民起義範圍內大順政權也未臻善美。它的表現肯定比張獻忠好，卻明顯比不了二百七十八年前緣同一路徑而來的朱元璋。就算李自成不「被勝利衝昏頭腦」，取得與朱元璋比肩的成就，對歷史又有什麼新意可言？我們不僅沒從李自成那裏看見創造歷史的跡象，甚至也沒有發現這種能力。

我們不會吝惜對農民起義的同情支持，但我們要將這種態度與對歷史正確方向的判斷區分開來。大順政權以其實踐表明，在最好情形下，它對歷史的貢獻將僅僅是王朝的週期性更迭。那是一個老套的故事，以對奴役者的反抗始，而以更換新的奴役者終。這樣的結局，感傷者目為悲劇，而理性地看，當歷史仍處於舊格局、按照老的軌跡運行時，完全是意料之中、萬變不離其宗的事情。所謂「興，百姓苦；亡，百姓苦」，興與亡，不過是同質權力的易手、交割。只要權力終點仍是「龍牀」，坐於其上的姓朱姓李、姓王姓張，於歷史又有什麼分別？就此言，李自成「成」也好「敗」也罷，我們都不宜自作多情，輕易為之欣悅或喟歎，除非我們確實從歷史整體明了其成敗的意義。

歷史是複雜的，它的道理，沒法簡單到「一部階級鬥爭史」那樣，只須做二元判斷。以明末來論，雖然大規模農民起義確是激烈社會矛盾的反映，但當時中國歷史的主腦、主線是否就在這裏，卻需要給以整體的考量。我們對問題分量的估衡，不能以動靜大、表現方式火爆為標誌。依

---

① 顧誠《南明史》，序論，中國青年出版社，1997，第4頁。

我們所知，明末農民大起義李自成也罷、張獻忠也罷，從結果看並沒有提出、形成新的問題，從起因看也主要出於飢餓、災荒、重賦等。這些內容與訴求不容漠視，揭示了社會的極大不公與黑暗；但放到歷史整體中看，畢竟是已知歷史的重複，不獨明末農民起義來自於此，過去千百年農民起義也都來自於此。所以我們一面將寄予巨大同情，另一面，從理性角度不得不說，既然一件事所觸及的只是舊問題，那麼它形成的結果也自然越不出以往的層面。說得更加透徹些，如果中國歷史已經面臨什麼新課題，以明末農民起義的客觀水準看，是不能指望由它去負載、處理和解決的。實際上，明末的現實恰恰如此。雖然從李自成、張獻忠那裏我們找不到新的歷史軌跡，但這樣的軌跡在中國的確已經出現。證據有三：一、晚明經濟因素和生產方式有新的突出變化；二、以鄉紳力量的成長為背景，出現了社會再組織情形和新的社區政治萌芽，隱約有使君主集權耗散的趨勢，甚至在局地事態中與之頡頏；三、精神思想和文化上，明確提出了君權批判，要求權力、利益重新分配，並嘗試構想和描述新的社會圖景和正確的倫理。縱覽帝制以來中國史，不難鑒辨這三條都是帶革命性的新的歷史元素，它們應該寓示着中國的歷史可能會有大的轉折和突破。

明末所以出現這樣的轉折和突破，得益於兩點，一是社會歷史本身的水到渠成，二是精神思想和文化達到了相應高度。

關於前者，我們可通過唐宋以來中國技術文明的進化、商品的發展、城市的數量增長和形態變化去了解，更可注意明朝工商繁盛、出現僱傭勞動、大規模海外貿易、金融貨幣影響加重、資本開始集中，以及在資本和技術支撐下生產益趨專業化競爭，以至初步有行業壟斷苗頭等現象。顧炎武《天下郡國利病書》引《歙縣風土志》說，嘉靖、隆慶間，長江中下游已現「末富居多，本富益少」[2] 之狀。古時，農為本、工商為末；「本富」是以農而富，「末富」則屬於因工商致富。這種財富來源或經濟成分的變化，當然褐櫫着中國的一種質變。而各地區緣其資源、技術優勢，開

---

② 顧炎武《天下郡國利病書》，鳳寧徽，《續修四庫全書》，五九六‧史部‧地理類，上海古籍出版社，2001，第 130 頁。

始形成專業化分工與佈局，例如布疋生產，通常在松江紡織，再運到蕪湖染色，原因是兩地在不同生產環節和技術方面各擅所長、優勢明顯。說到行業壟斷苗頭，可舉徽州為例；當時，徽州的生產者無疑已執了中國文化產業之牛耳，從文化用品（筆墨紙硯）到圖書出版，絕無他處能攖其鋒，《桃花扇》寫到的蔡益所，大概便是這樣一位；他登臺時，誇耀自己的書肆：「你看十三經、廿一史、九流三教、諸子百家、腐爛時文、新奇小說，上下充箱盈架，高低列肆連樓。」[1] 我們熟知的《千字文》、《百家姓》並「三言」、「二拍」這樣一些最風行的古代出版物，都是徽州出版家的產品，由他們編纂、刻印而推出問世。此外，由著名的「白銀現象」，可知資本元素在明代之突兀。按照弗蘭克的研究，當時全球的白銀泰半湧入中國，中國乃是「世界白銀生產的終極『祕窖』」[2]。世界史上昔日的白銀時代，很大程度上是由於中國經濟的存在與支撐，正如以後美元時代與美國經濟之間的關係。中國商品經濟之發達，其又一證據是它所擁有的幾座超大城市，「南京達到 100 萬人口，北京超過 60 萬人口」，而廣州與鄰近的佛山有 150 萬居民，這「幾乎相當於整個歐洲城市人口的總和」[3]。城市規模取決於城市內容，在以軍事、政治為主導的古典型城市那裏，既不需要在空間和人口上有大的擴展，事實上也難以負擔這種擴展，只有在商品經濟發達的條件下，超大規模的城市才有其必要。

明代經濟和社會具轉型意義的變化及表現甚多，學界也有充分的專業性討論，茲難盡述。總之，我們從中得到這樣的印象：到了明末，中國歷史已至新舊交替的關口。它一面為舊矛盾所困（即農民起義所反映的），一面湧出全新的問題和現象。而從前瞻角度看，後者更重要、更具時代特色。代表歷史深遠去向、直指今天的，不是農民起義軍，不是李自成、張獻忠，而是社會經濟、技術、生產方式的演進所提出來的歷史變革要求。這才是真正有延展性的方向，尤當我們幸運地站在五百年後，更是一目了然看見它穿越時空而來。反觀在四川以屠戮為樂的張獻忠，抑或進入北京後終不能克制對

---

[1] 孔尚任《桃花扇》，人民文學出版社，1982，第 183 頁。
[2] 弗蘭克《白銀資本》，中央編譯出版社，2000，第 162 頁。
[3] 同上書，第 159 頁。

於「子女玉帛」興趣的大順軍，我們無疑找不到這樣的線索和指向。

　　說來說去，還是歷史高度問題。農民起義作為社會現實釀出的苦果，有其不可避免性，也完全值得理解，然而它確實並不處在時代、歷史的高度上。在明代末年，是誰體現了這種高度？對此，只要尊重事實、直面歷史，都不難於回答：是新興經濟和文化所催生的士紳、知識分子群體。意識到並進而承認這一點，首先需要跳出「階級鬥爭為綱」思維，將目光落實和聚焦於先進生產力這一歷史大局。反之可見，這麼多年由於義理之蔽，我們對自己一段重要歷史，怎樣認識不夠、偏頗乃至嚴重誤讀。走出這遮蔽，明末歷史不單自己要浮現煥然一新的面目，很可能將使中國的古代史、古代文化被重新看過。我們看見，在社會和歷史的質變的刺激下，明末有了立足於自我、個體的強烈的私有觀念，而以此為引導，進而有「平權」的意識，又從「平權」意識中發展出對君權、獨夫的批判。將這種思想脈絡連結起來，最終它將指向何方，對已置身現代文明的我們來說，答案不言自明、相當簡單。這裏先要分辨一點：「私有」的現象、現實的存在，不等於有明確、完全的私有觀念或私有主張，後者必以個人獨立權利的認識與訴求為前提。在中國，私產的事實從春秋時代公田變私田起即已發生，但二千多年來，私產存在的事實與私有觀念或私有主張的形成並不同步，原因是對私產的承認沒有與個人獨立或對個人權利的尊重掛鉤。在大一統君權倫理中，君猶父，民猶子，這種以家庭比喻國家抑或將國家縮微於家庭的解釋，旨在限制社會的真正獨立性，百姓萬民不過是一個龐大家族的眾多支系，在生活層面有自己的單元、空間，在倫理或法理上卻仍歸家長（君父）所有。因此，中國雖容納了私產的事實，卻沒有嚴格意義上的所謂「神聖不可侵犯」的私有制；如果有，亦僅是皇帝一人所享有之私有制，國家為其私有，萬民為其私有，官員薪酬取之賦稅卻認為自己乃是「食君祿」……但這歷來的認識，在明末切切實實面臨突破。黃宗羲提出新的社會政治倫理：「不以一己之利為利，而使天下受其利；不以一己之害為害，而使天下釋其害」[④]；正當的國家，是讓所有人「各得其私」「各得

---

④　黃宗羲《明夷待訪錄》，《黃宗羲全集》第一冊，浙江古籍出版社，1985，第 2 頁。

其利」、「敢自私」「敢自利」①的國家；應該根據這樣的邏輯和原則，重新立法，以「天下之法」代「一家之法」②。面此表述，我們該認其為中國真正發生私有觀念之始；它與歐洲啟蒙思想家們所鼓吹的私有觀念，比如蒲伯所談「社會的正義靠自私來維繫」③那樣的意思，既在同一方向，也在同一高度。

這樣推崇私有觀念，是破天荒的事情。一旦有這種觀念，過往一切價值都將紛然披解，倫理基石將被更換，個人或個體將就此崛起。在私有觀念的拱衛下，每一位個體都有天然的平等地位。從本質上說，私有觀念是一種人權觀，而非財產觀；它所肯定和欲加保護的，遠不僅只是「財產」和「有錢人」，而是每個人依天賦人權理當擁有的一切：他的身體、他的精神、他的自由、他的尊嚴⋯⋯只有愚民主義，才將私有觀念曲解成唯獨富人受益之物。事實上，私有觀念與每個人悉悉相關。不論他們是貧是富，是平凡是顯赫。它讓社會真正回到對個人的尊重，真正摧毀了基於權力的人身依附。極而言之，私有觀念下即便流浪的孤兒、身無分文的丐民，也比專制制度下腰纏萬貫的富人更富有，至少他們作為人的基本權利不得踐踏，而後者卻隨時可能被不受約束的權力剝奪一切。

私有觀念不立，則平等思想無所由，平權意識無所出。黃宗羲說，君權之下，「不過欲得奔走服役之人，乃使草野之應於上者，亦不出夫奔走服役，一時免於寒餓，遂感在上之知遇，不復計其禮之備與不備，躋之僕妾之間而以為當然。」君之視臣如僕，臣之視己為妾，維持着一種卑怯苟且的關係，與「禮之備與不備」全無牽涉（這裏，「禮」不妨換為「理」）。於是，他提出自己心中合理的君臣關係：「治天下猶曳大木然」，「君與臣，共曳木之人也」。④——第一，沒有坐享其成者，大家都應該是勞動者；第二，只有分工不同，沒有主僕之分，大家只是共事者。彼此關係，是互相依存、合作，不能一方發號施令、一方匍匐服從⋯⋯假如

---

① 黃宗羲《明夷待訪錄》，《黃宗羲全集》第一冊，浙江古籍出版社，1985，第 3 頁。
② 同上書，第 6 頁。
③ 北京大學西語系資料組編《從文藝復興到十九世紀資產階級文學家藝術家有關人道主義人性論言論選輯》，商務印書館，1973，第 115 頁。
④ 黃宗羲《明夷待訪錄》，《黃宗羲全集》第一冊，第 2 頁。

我們對自古以來的君臣倫理略知一二，大概都不能不震驚於他的「肆無忌憚」、「犯上作亂」。過去，我們只知有李自成那樣的「造反者」，現在才知道，跟黃宗羲相比那些「造反者」算不了什麼。黃巢、朱元璋、李自成是將舊皇帝反下臺、自己去做新皇帝。黃宗羲不然，他直接否定了君權，把它從獨大、獨夫位子拉下馬。這不是造反，這是發動一場革命。

總之，中國歷來的只反貪官、不反皇帝，乃至人人心頭暗揣的皇帝夢，到明末，終於有人起來將它徹底擊碎了。皇帝字眼，在黃宗羲那裏已徹底是負面的存在：「為天下之大害者，君而已矣。」[5]「屠毒天下之肝腦，離散天下之子女，以博我一人之產業」，「敲剝天下之骨髓，離散天下之子女，以奉我一人之淫樂」。而類似批判，並不僅見於黃宗羲，實際是明末清初一批知識分子的共同心聲。例如雍正間呂留良案，案主曾靜在其《所知錄》中，將過往皇帝一語概括為「光棍」，提出對皇帝「成分」加以徹底改造：「皇帝合該是吾學中儒者做」。[6]此話的重點，與其說鼓吹儒者當皇帝，毋如說鼓吹「知書」方配得上治國。因為「知書」才能「達理」，「達理」才會講道理、不胡來。善意、理性的政治，只能是講道理、不胡來的政治。對此，他們有原則，甚至也有初步的制度構想。原則方面，黃宗羲提出：「天子之所是未必是，天子之所非未必非」[7]，權力不代表真理，權力與真理不構成等式，這與我們今人「反獨裁」是同樣的意思。接着他提出了一個扼止獨裁的辦法，就是「公其非是於學校」，「使治天下之具皆出於學校」。[8]這裏的「學校」，與現在純粹的教育機構有些不同，或可解釋為國家政治人材儲備地。裏面的人，既是學生身份也是未來的從政者；他們「知書」、有知識理性，當前又置身「朝堂」之外，與烏七八糟的利益無關，大致相當於有獨立見解的專家型政治評議人。所以，「公其是非於學校」、「使治天下之具皆出於學校」，這樣的環節即便一時談不上政治決策過程民主化，但對君權發生一定約束、制衡作用，顯然是可期待的。其

---

[5] 同上書，1985，第 3 頁。
[6] 愛新覺羅‧胤禛《大義覺迷錄》，近代中國史料叢刊第三十六輯，文海出版社影印本，1966，第161頁。
[7] 黃宗羲《明夷待訪錄》，《黃宗羲全集》第一冊，第10頁。
[8] 同上。

實更重要一點在於,這是新的政治思路和方向的打開、開啟,沿此探索下去,誰能說中國人斷然提不出類似代議制那樣的設想呢?

所以說,明末的精神思想高度,明顯表現在新興社會實踐及其代言者那裏,而非表現於別的事情。但何其不幸,這進程卻迭遭兩次隔礙。明末的農民戰爭和滿清入侵,各有其必然,又各有其偶然。其必然,在於明王朝近三百年作孽多端、積重難返、窳敗不堪、千瘡百孔,早就如坐火山頂上,內憂與外患,都是一觸即發;最終而言,明朝無論亡於李自成還是亡於滿清,都應該說合情合理、咎由自取。其偶然,則是從歷史大方向來看,內亂和外侵同樣擾亂了中國的腳步;彼時中國,黃宗羲以「天崩地解」[①] 稱之,大懷疑和大批判的精神磊然而起,相對於即將到來的變革,「虜」「寇」之亂非但不處於同一方向,反倒令之鎩羽折翅、魚池水乾,恰似黎明前本來極黑暗之際,地平線一縷曙光微微露出卻倏忽消失,轉而又沉入更深的黑暗。正因此,當我偶然見到「黑洞」一詞的解釋 —— 黑洞是一種引力極強的天體,就連光也不能逃逸 —— 當即想到,這簡直就是明末的中國。

中國就此與可能的重大變革失諸交臂,令人悵惘。不過,此亦為歷史所常有。對於歷史,有人完全取理性主義,有人待以不可知論,恐怕各有偏至。總的來說,筆者不懷疑歷史有其大方向,但就具體一時一地之事看,歷史恐怕確實並不像理性主義者講的那樣富於規則、有規律可循,相反,種種的偶然、難以捉摸的情形屢見不鮮。明末這段歷史,便屬於後者。我們曾聽說「資本主義」—— 不用這個指向性過強的術語,代以「現代文明」一詞也許較好 —— 不可能從東方的歷史和文化自發產生;它另一種意思是,中國通往現代,只能依靠西風東漸、由外鑠我的途徑,甚至引出自由、民主等理念天然不合中國之論。諸如此類,非破不可;一因它們有礙我們對更好社會的探索追求,二來也全非歷史事實。對這種論調,如果細緻考察過中晚明的社會及文化,都很難不表質疑。當時中國明顯自發地進入了「轉型」通道,這結論應謂毋庸置疑。只是這一前景,被突發

---

① 黃宗羲《留別海昌同學序》,《黃宗羲全集》第十冊,浙江古籍出版社,1993,第 627 頁。

事態攔腰截斷，繼而由於滿清的統治，民族矛盾取代和壓制了中國原有的歷史文化苦悶。換言之，中國所以未能延續「轉型」過程，純屬意外。歷史上，這種意外不在少數。遠的不說，近現代兩次中日戰爭，都不同程度改變了中國歷史軌跡。故爾，歷史一面有其必然，一面也隨時發生偶然；雖然總的來說，必然力量千迴百折終歸要實現，但因偶然而起的挫折、延誤與遲緩，也實實在在令一個國家和民族在「運氣」層面接受考驗。我個人認為，從「古典」向「現代」轉化中，中國的「運氣」明顯不如歐洲。當然，「運氣」也有在我們一邊的時候，例如公元之初前後，較之於別處（小亞細亞至歐羅巴大陸一帶），我們的局面相對簡單，麻煩較少，而能建起比較充分、穩固的農業社會農業文明，享其成果一千多年。

有時，歷史興廢不由人意，我們只有仰而受之，這是沒辦法的事。但我們不可以不知其來歷，不可以泯其真相，尤不可以錯過它的教益。中國人說，往時難諫、來日可追；又說，前事不忘，後事之師。知往鑒今，是歷史對我們之所以重要的原因所在。歷史包含各種人力難及的啟迪，許多問題，我們窮以一生、苦思冥想或許仍不能破解，到歷史中卻能輕鬆找到答案。這就是歷史的寶貴，是它值得我們熱誠相待的理由。在精神上和知識上，人類有諸多學習的途徑，或者說，有許多師法的對象；在我看來，自然和歷史是其中最好的兩位老師，因為它們從不說謊，也幾乎不會用虛離矯偽的義理誤導你。

序二

　　每個人一生，都有沒齒難忘的經歷。大約 1670 年，已是大清子民的計六奇這樣寫道：

> 　　四月廿七日，予在舅氏看梨園，忽聞河間、大名、真定等處相繼告陷，北都危急，猶未知陷也，舅氏乃罷宴。廿八日，予下鄉，鄉間亂信洶洶。廿九日下午，群徵叔云：「崇禎皇帝已縊死煤山矣。」予大驚異。三十日夜，無錫合城驚恐，蓋因一班市井無賴聞國變信，聲言殺知縣郭佳胤，搶鄉紳大戶。郭邑尊手執大刀，率役從百人巡行竟夜。嗣後，諸大家各出丁壯二三十人從郭令，每夜巡視，至五月初四夜止。①

　　「四月廿七日」，指的是舊曆甲申年四月二十七日，置換為西曆，即 1644 年 6 月 1 日。文中所敍，距其已二十餘載，而計六奇落筆，恍若仍在眼前，品味其情，更似錐心沁血，新鮮殷妍，略無褪色。

　　之如此，蓋一以創巨痛深，二與年齡有關。事發之時，作者年方二十二歲，正是英華勃發的大好年華。在這樣的年齡遭逢塌天之變，其銘心刻骨，必歷久如一而伴隨終生。時間過去將近三十年，計六奇漸趨老境，體羸力衰，患有嚴重眼疾，「右目新蒙，兼有久視生花之病」，而愈如此，那種將青春慘痛記憶付諸筆墨的慾望亦愈強烈。從動手之始到書稿告竣，先後四五年光景，「目不交睫，手不停披，晨夕勿輟，寒暑無間，賓朋出入弗知，家鄉米鹽弗問，肆力期年，得書千紙。」② 他曾回顧，庚戌年

---

① 計六奇《明季南略》，中華書局，1984，第 7 頁。
② 同上書，第 524 頁。

（1670）冬天江南特別寒冷，大雪連旬，千里數尺，無錫「一夕凍死」飢民四十七人，即如此，仍黽勉堅持寫作，「呵筆疾書，未嘗少廢」；而辛亥年（1671）夏季，又酷熱奇暑，計六奇同樣不肯停筆，自限每日至少寫五頁（「必限錄五紙」），因出汗太多，為防涸濕紙頁，他將六層手巾墊於肘下，書畢抬起胳膊，六層手巾已完全濕透⋯⋯須知，這麼歷盡艱辛去寫的上千頁文字，對作者實無任何利益可圖——因所寫內容犯忌，當時根本無望付梓，日後能否存於人間亦難料定。他所以這樣燃燒生命來做，只不過為了安妥自己一段揮之不去的記憶。

今天，不同年齡層的人，每自稱「××一代」。作為仿照，十七世紀中葉，與計六奇年齡相近的那代中國人，未必不可以稱為「甲申一代」。他們的人生和情感，與「甲申」這特殊年份牢牢粘連起來。令計六奇難以釋懷，於半盲之中、將老之前，矻矻寫在紙上的，歸根到底便是這兩個字——當然，還有來自它們的對生命的巨大撞擊，以及世事雖了、心事難了的苦痛情懷。

若儘量簡短地陳述這兩個字所包含的要點，或可寫為——

公元 1644 年（舊曆甲申年，依明朝正朔為崇禎十七年），4 月 25 日清晨，李自成攻陷皇城前，崇禎皇帝以髮蒙面，縊死煤山。自此，紫禁城龍牀上不復有朱姓之人。5 月 29 日，從山海關大敗而歸的李自成，在紫禁城匆匆稱帝，「是夜，焚宮殿西走。」[3] 6 月 7 日，滿清攝政王多爾袞率大軍進入北京。

某種意義上，這樣的歷史更迭只是家常便飯。之前千百年，大大小小搬演過不下數十次，1644 年則不過是老戲新出而已。就像有句話總結的：幾千年來的歷史，無非是「一部階級鬥爭史」。就此而言，明末發生的事情，與元、宋、唐、隋、晉、漢、秦之末沒有什麼不同。

作為二十世紀下半葉以後出生的中國人，我們有幸讀過不少用這種觀點寫成的史著或文藝作品。或許，一度也只能接觸這種讀物。對於明末

---

③　徐鼒《小腆紀年附考》，中華書局，2006，第 153 頁。

的了解，筆者最早從一本叫《江陰八十天》的小冊子開始，那是 1955 年出版的一本通俗讀物，寫江陰抗清經過，小時候當故事來看，敍述頗簡明，然每涉人物，必塗抹階級色彩，暗嵌褒貶、強史以就。中學時，長篇小說《李自成》問世，同儕中一時搶手，捧讀之餘，除了階級愛憎，卻似無所獲。晚至九十年代初，某《南明史》出版，當時專寫南明的史著還十分稀有，抱了很高熱忱拜讀，發現仍然不棄「階級分析」，於若干史實文過飾非。

將幾千年歷史限定為「一部階級鬥爭史」，無法不落入窠臼，使歷史概念化、臉譜化。就受傷害程度而言，明末這一段似乎最甚。這樣說，可能與筆者個人感受有關，所謂知之深、痛之切。但感情因素以外，也基於理性的審視。在我看來，明末這一段在中國歷史上有諸多突出的特質：時代氛圍特別複雜，頭緒特別繁多，問題特別典型，保存下來、可見可用、需要解讀的史料也特別豐富。

明代是一個真正位於轉折點上的朝代。對於先前中華文明正統，它有集大成的意味，對於未來，又有破繭蛻變的跡象。沒有哪個時代，思想比明代更正統，將中華倫理價值推向純正的極致。同樣，亦沒有哪個時代，思想比明代更活躍、更激進乃至更混亂，以致學不一途、矯誣虛辯、紛然驟訟，而不得不引出黃宗羲一部煌煌巨著《明儒學案》，專事澄清，「分其宗旨，別其源流」，「聽學者從而自擇」[1]。

這一思想情形，是明朝歷史處境的深刻反映。到明代晚期，政治、道德、制度無不處在大離析狀態，藉善惡之名殊死相爭，實際上，何為善惡又恰恰混沌不清，乃各色人物層出不窮，新舊人格猛烈碰撞、窮形盡相，矛盾性、複雜性前所未見。

別的不說，崇禎皇帝便是一個深陷矛盾之人，歷史上大多數帝王只顯示出單面性 —— 比如「負面典型」秦始皇、「正面典型」唐太宗 —— 與他們相比，崇禎身上的意味遠為豐富。弘光時期要人之一的史可法，也是複雜的矛盾體；有人視為「完人」、明代文天祥（如《小腆紀年附考》作者

---

[1] 黃宗羲《明儒學案序》，《明儒學案》上冊，中華書局，1986，第 8 頁。

徐鼐），有人卻為之扼腕或不以為然（批評者中，不乏像黃宗羲那樣的望重之士）。即如奸惡貪鄙之馬士英，觀其行跡，也還未到頭頂長瘡、腳底流膿的地步，在他臉上，閃現過「猶豫」之色。

明末人物另一顯著特色，是「反覆」：昨是今非，今非明是；曾為「正人君子」，忽變為「無恥小人」，抑或相反，從人人唾棄的「無恥小人」，轉求成為「正人君子」。被馬士英、阮大鋮揪住不放的向來以清流自命，卻在甲申之變中先降於闖、再降於滿的龔鼎孳等，即為前一種典型。而最有名的例子，莫過錢謙益。數年內，錢氏幾經「反覆」，先以「東林領袖」獻媚於馬士英，同流合污，復於清兵進佔南京時率先迎降，可兩年之後，卻暗中與反清復明運動發生關係。武臣之中，李成棟也是如此。他在清兵南下時不戰而降，不久製造驚世慘案「嘉定三屠」，此後為清室征平各地，剿滅抵抗，一路追擊到廣東，卻忽然在這時，宣佈「反正」，重歸明朝，直至戰死。像錢謙益、李成棟這種南轅北轍般的大「反覆」，固然免不了有些個人小算盤的因素，卻絕不足以此相解釋，恐怕內心、情感或人格上的糾結，才真正說明一切。

矛盾狀態，遠不只見於名節有虧之輩，尤應注意那些「清正之士」，內心也往往陷於自相牴牾。例如黃宗羲，自集義軍，堅持抗清，只要一線希望尚在，就不停止復明戰鬥；即便永曆帝徹底覆滅之後，也拒不仕清，終身保持遺民身份，其於明朝可謂忠矣。然與行為相反，讀其論述，每每覺得黃宗羲根本不是傳統意義上的忠君者，他對君權、家天下的批判，是到那時為止中國最徹底的。以此揣之，他投身復明運動，並非為明朝而戰，至少不是為某個君主而戰，而是為他的國家、民族、文化認同而戰。然而，他的行為客觀上實際又是在保衛、挽救他已經感到嚴重牴觸和質疑的皇權，以及注定被這權力敗壞的那個人。這與其說是黃宗羲個人的矛盾，不如說是時代的矛盾。

在明末，這種情緒其實已是非常普遍的存在，並非只有黃宗羲那樣的大精英、大名士所獨有。細讀《明季南略》，可於字裏行間察覺作者計六奇對於明王朝不得不忠、實頗疑之的心曲。書中，到弘光元年四月止，對朱由崧一律稱「上」，而從五月開始，亦即自清兵渡江、朱由崧出奔起，

徑稱「弘光」，不復稱「上」。古人撰史，講究「書法」，字詞之易，辭義所在。以「弘光」易「上」，是心中已將視朱由崧為君的義務放下——假如真的抱定忠君之念，計六奇對朱由崧本該一日為君、終生是君，但他一俟後者失國便不再以「上」相稱。這是一種態度或評價。朱由崧在位時，作為子民計六奇自該尊他一個「上」字，然而，這絕不表示朱由崧配得上；《南略》不少地方，都流露出對朱由崧的微辭以至不屑。這是明末很多正直知識分子所共有的隱痛：雖然對君上、國事諸多不滿甚至悲慟，但大義所繫，國不得不愛，君不得不尊，統不得不奉，於萬般無奈中眼睜睜看着社稷一點點壞下去，終至國亡。

雖然所有王朝的末年都不免朽爛，但明末似乎尤以朽爛著稱。我們不曾去具體比較，明末的朽爛較之前朝，是否真的「於斯為盛」，但在筆者看來，明末朽爛所以令人印象至深，並不在於朽爛程度，而在於這種朽爛散發出一種特別的氣息。

簡單說，那是一種末世的氣息。過去，任何一個朝代大放其朽爛氣息時，我們只是知道，它快要死了——但並非真死，在它死後，馬上會有一個新朝，換副皮囊，復活重生。明末卻不同，它所散發出來的朽爛，不僅僅屬於某個政權、某個朝代，而是來源於歷史整體，是這歷史整體的行將就木、難以為繼。你仿佛感到，有一條路走到了頭，或者，一隻密閉的罐子空氣已經耗盡。這次的死亡，真正無解。所謂末世，就是無解；以往的辦法全部失靈，人們眼中浮現出絕望，並在各種行為上表現出來。

這是明末獨有的氣質，及時行樂、極端利己、貪慾無度、瘋狂攫取……種種表現，帶着絕望之下所特有的恐慌和茫然，諸多人與事，已無法以理性來解釋。以弘光朝為例，在它存世一年間，這朝廷簡直沒有做成一件事，上上下下，人人像無頭的蒼蠅在空中劃來劃去，卻完全不知自己在做什麼。皇帝朱由崧成天耽溺酒樂，直到出奔之前仍「集梨園子弟雜坐酣飲」[①]；首輔馬士英明知勢如危卵，朝不保夕，卻不可理喻地要將天下錢財斂於懷中；那些坐擁重兵的將軍，倉皇南下，無所事事，為了誰能暫據

---

① 徐鼒《小腆紀年附考》，中華書局，2006，第364頁。

揚州睢眥相向……他們貌似慾望強烈，其實卻並不知所要究竟係何，只是胡亂抓些東西填補空虛。一言以蔽之：每個人所體驗的，都是枯坐等死的無聊。

然而，這時代的深刻性，不只在於舊有事物的無可救藥。我們從萬古不廢的自然界可知，生命機體腐壞，也意味着以微生物的方式轉化為養料和能量，從而滋生別的新的生命。明末那種不可挽回的圮毀，在將終末感和苦悶植入人心的同時，也刺激、誘發了真正具有反叛性的思想。

前面說到明代精神的兩面性。的確，以理學、八股為特徵，明代思想狀態有其僵死、保守的一面，就像遺存至今、森然林立的貞節牌坊所演迹的那樣。但是，對於明代精神的另一面 —— 懷疑、苦悶與叛逆，談得卻很不夠；對於明代知識分子的獨立意識、批判性以至戰鬥性，談得就更不夠。

很顯然，歷朝歷代，明代知識分子的上述表現應該說是最強的。從方孝孺到海瑞，這種類型的士大夫，其他朝代很少見到。如果說明中期以前多是作為個人氣節表現出來，那麼從萬曆末期起，就越來越顯著地演進到群體的精神認同。著名的「三大案」，看似宮廷事件，實際是中國古代政治史一個分水嶺；以此為導火索，知識分子集團與傳統皇權的分歧終於表面化，從而觸發黨爭和黨禍。從天啟年間閹黨排傾、錮殺東林，到崇禎定逆案，再到弘光時馬、阮當道 —— 確言之，從 1615 年「梃擊案」發，到 1645 年弘光覆滅 —— 整整五十年，明季歷史均為黨爭所主導。這一現象，表面看是權力爭攘，深究則將發現根植於知識分子批判性的強勁提升和由此而來的新型政治訴求。在此過程中，知識分子集團不光表現出政治獨立性，也明確追求這種獨立性。他們矛頭所向，是企圖不受約束的皇權，以及所有依附於這種權力的個人或利益集團（皇族、外戚、太監、倖臣等）。

這是一個重大歷史跡象。雖然黨錮、黨爭在漢宋兩代也曾發生，但此番卻不可同日而語。明末黨爭不是簡單的派系之爭，事實上，它是以知識分子批判性、獨立性為內涵，在君主專制受質疑基礎上，所形成的帶有重新切割社會權力和政黨政治指向的萌芽。若曰不然，試看：

豈天地之大，於兆人萬姓之中，獨私其一人一姓乎？①

　　這是黃宗羲《原君》中的一句。如果我們意識到闡述了這一認識的人，正是在天啟黨禍中遭迫害致死的一位東林黨人的後代〔黃宗羲之父、御史黃尊素，天啟六年（1626）死於獄中〕，或許能夠從中更清楚地看到明末的精神思想脈絡。

　　在歐洲，資產階級的崛起，使君權、教權之外出現第三等級，最後導致民主共和。我們無意將明末的情形與之生搬硬套，卻也不必因而否認，黃宗羲在中國明確提出了對君權的批判，而且是從社會權利分配不合理的全新意義和高度提出的。我們不必牽強地認為明末發生了所謂「資本主義」（它是一個如此「西方」的語詞）萌芽，但我們依然認定，這種思想連同它的表述，在帝制以來的中國具有革命性。

　　末世，未必不是歷史舊循環系統的終結，未必不是已到突破瓶頸的關口。儘管我們明知，對歷史的任何假設都近乎於譫妄，但關於明末，我們還是禁不住誘惑，去設想它可能蘊藏的趨勢。這種誘惑，來自那個時代獨特而強烈的氣息，來自其思想、道德、社會、經濟上諸多異樣的跡象，來自我們對中國歷史的了解與判斷，最後，顯然也從中西歷史比較那裏接受了暗示……總之，我們靠嗅覺和推測就明末中國展開某種想像，私下裏，我們普遍感到這樣的想像理由充足，唯一的問題是無法將其作為事實來談論。

　　也罷，我們就不談事實，只談假設。

　　人們不止一次在歷史中發現：事實並不總是正確的，有些事實並非歷史合乎邏輯的發展，而是出於某種意外。一個意外的、不符合期待的、甚至無從預見的事件突然發生了，擾亂了歷史的進程，一下子使它脫離原來的軌道。這種經歷，我們現代人遇到過，十七世紀中葉的漢民族似乎也遇到了。

　　那就是滿清對中原的統治。

---

① 黃宗羲《明夷待訪錄‧原君》，《黃宗羲全集》第一冊，浙江古籍出版社，1985，第3頁。

我曾一再思索這意味着什麼。儘管今天我們會努力說服自己用當代的「歷史視野」消化其中的民族衝突意味，但當時現實畢竟是，漢服衣冠被「異族」所褫奪。這當中，有兩個後果無可迴避：第一，外族統治勢必對國中的矛盾關係、問題系列（或順序）造成改寫；第二，新統治者在文明狀態上的客觀落差，勢必延緩、拖累、打斷中國原有的文明步伐。

　　有關第一種後果，看看清初怎樣用文字獄窒息漢人精神，用禁毀、改竄的辦法消滅異己思想，便一目了然。在滿清統治者來說，此乃題中之義、有益無害，完全符合他們的利益需要，不這麼做沒法壓服反抗、鞏固統治。但對中國文明進程來說卻只有害處，是大斫傷，也是飛來之禍、本不必有的一劫。

　　至於第二種後果，歷來有不少論者，對滿清誠懇學習、積極融入漢文化大加讚賞，固然，比之另一個異族統治者蒙元，滿清的表現正面得多。不過理應指出，在他們這是進步、是提高，中國文明卻並無進步、提高可言——實質是，為適應一個較為落後現在卻操持了統治大權的民族，中國放緩了自己的文明腳步。在先進文化面前，歷史上兩個使漢人完全亡國的外族，蒙元採取抵制，祚僅百年；滿清以漢為師，結果立足近三百年。它們之間，高下分明。然而兩者有一點相同，即均無裨益於中原文明。自其較「好」者滿清來看，入主中原後，一切制度照搬明代，實因自身在文化上太過粗陋、沒有創新能力，只能亦步亦趨地仿造與抄襲。

　　照明代的社會、經濟、文化狀態看，中國歷史此時已處在突破、轉型的前夜，至少，新的問題已經提出。倘若不被打斷，順此以往，應能醞釀出某種解答。滿清入主，瞬間扭轉了矛盾與問題的焦點。先前中國從自身歷史積攢起來的內在苦悶，被民族衝突的外在苦悶所代替或掩蓋；本來，它可能作為中國歷史內部的一種能量，自發探求並發現突破口，眼下卻被壓抑下去或轉移到別處，以至於要等上二百年，由西方列強幫我們重新喚醒、指示這種苦悶。

　　這是一個已經身在二十一世紀的中國人，於讀史時的所思。毋庸諱言，它帶着很大的猜想性。但這猜想，究竟不是平空從筆者腦中而來，而是對撲鼻的歷史氣息的品咂與感應。讀計六奇《北略》《南略》、黃宗羲

《弘光實錄鈔》、顧炎武《聖安皇帝本紀》、文秉《甲乙事案》、夏允彝《幸存錄》、王夫之《永曆實錄》、談遷《國榷》……心頭每每盤旋一個問題：這些人，思想上均非對君主愚忠、死忠之輩，不同程度上，還是懷疑者、批判者，卻無一例外在明清之際堅定選擇成為「明遺民」。他們有人殊死抵抗，有人追隨最後一位朱姓君主直至桂中，有人遠遁入海、死於荒渺，有人錐心刺骨、終生走不出「甲申」記憶……民族隔閡無疑是原因之一，但這既不會是唯一原因，而且從這些人的精神高度（注意，其中有幾位十七世紀東方頂尖的思想家和學問家）推求，恐怕亦非主要原因。我所能想到的根本解釋，應是他們內心十分清楚，這一事態意味着在巨大的文明落差下中國的方方面面將大幅後退。他們拚死保護、難以割捨的，與其說是獨夫民賊，不如說是中國歷史和文明的延續性。

「明遺民」是大現象、大題目，人物、情節甚豐，而且其中每可見慷慨英雄氣，絕非人們從字眼上所想的冥頑不靈一類氣質。就眼下而言，我們着重指出明末這段歷史的幽晦與複雜、人性的傍偟與背反，包括社會心理或個人情感上的苦痛辛酸、虯結纏繞，並非一部「階級鬥爭史」可以囊括。

中國人重新認識自己歷史的時間並不長，基本從二十世紀開始。之前，既缺少一種超越的視野（對傳統的擺脫與疏離），也缺少文化上的參照系（不知有世界，以為中華即天下），還缺少相應的理念和工具（對此，梁啟超《中國歷史研究法》所論頗精要）。以中國歷史之長，這一工作又開展得如此之晚，其繁重與緊迫可想而知。即使如此，我們卻仍有三四十年以上的時間，被限制在一種框架之下，使歷史認識陷於簡單化和概念化，欠賬實在太多。

像明末這段歷史，對觀察全球化以前或者說自足、封閉狀態下中國的社會、政治、文化、思想，可謂不可多得的剖截面，但迄今獲取的認識與這段歷史本身的複雜性、豐富性相比，卻單薄得可憐。它先在二十世紀初排滿運動中、後在抗日時期，以歷史情境的相似令人觸景生情，兩次引起學界注意，陳去病、柳亞子、朱希祖、孟森、顧頡剛、謝國楨諸先生或加以倡重，或親自致力於材料、研究，創於蓽路藍縷，有了很好的開端。五十年代起，思想歸於一尊，同時還有各種「政策」的約束，對明末歷史

的探問頗感不便與艱難，漸趨平庸。舉個例子，錢海岳先生窮其一生所撰，曾被柳亞子、朱希祖、顧頡剛等寄予厚望的三千五百萬字巨著《南明史》百二十卷，一直靜置篋中，直到新世紀的 2006 年（作者已過世三十八年）才由中華書局出版。像《甲申三百年祭》、《李自成》那樣的著作，本來不無價值，但它們的矗立，卻是作為一種警示性標誌，起到排斥對於歷史不同興趣的作用。

歷史是一條通道，現實由此而來；使它保持通暢的意義在於，人們將對現實所以如此，有更深入的、超出於眼前的認識。每個民族都需要細細地了解自己的歷史，了解越透徹就越聰明，以使現實和未來朝較好的方向發展。

序三

　　崇禎死了。他在李自成軍攻陷皇城時，毅然自縊。作為皇帝，這樣死去史不多見，說到歷來以身殉國的皇帝，他算一個。

　　崇禎的死，被當成明朝滅亡的標誌。姑以《現代漢語詞典》為例，這部已印三百餘次、總發行量據信超過四千萬冊、流傳極廣的辭書，於其卷末《歷代紀元表》，將明代的起迄標注為「1368—1644」，所列最末一位君主即是思宗朱由檢，也即通常人們所說的崇禎皇帝。對此，大中學校歷史教材如出一轍，每位學生所得知識，都是在崇禎上吊的那天，明朝滅亡了。

　　然而，這並非事實。

　　崇禎的死與明朝滅亡之間，不能畫等號。史家以崇禎死國為明亡標誌，是為求簡便而將歷史以整數相除。真實的歷史卻往往不是整數，還有許多的事實，如同隱藏在小數點後面的數字，只求整數，這些事實就被抹去或省略。對專業治史者來說，求整數只是一種簡化，他們對歷史的了解，不會受此影響。然而，以外的人卻不免陷入錯誤知識而且並不自知，他們會認真地以為，在崇禎自盡或者清兵進入北京那一刻，明朝就此亡掉。這是一個佔據現在絕大多數人頭腦的錯誤知識。

　　當時的情形，其實是這樣的：

　　4 月 25 日清晨，崇禎死後，北京為李自成所佔。大順軍控制了黃河以北、山海關以南，包括陝、晉、魯、北直隸和約一半河南在內的數省區域。如果手頭有明朝版圖，你立刻可以直觀地看到，這是一片不大的區域；而且，這種控制並不牢固，總的來說還相當脆弱。

5月22日（甲戌日）至27日（己卯日）①，明軍吳三桂部和滿清聯軍，與李自成大戰於山海關一片石，將後者擊潰。李自成敗退北京，於5月29日匆匆稱帝，「是夜，焚宮殿西走。」②一週之後，清軍進入北京。但是，大順軍潰逃所留下的地盤，並未立即納入滿清控制之下。在一段不短的時間內，滿清對原屬明朝疆土的掌控微乎其微；大致，僅北直隸（以今河北為主）一地而已。其左近處，晉、陝兩省尚在爭奪中（與李自成），而河南和山東的大部，一時間滿清、大順和大明誰都不能據有，互有交錯。至於此外的廣邈地方，滿清乾脆連一隻腳印也還不曾留下。

反觀此時明朝，雖旬月中，京師兩番易手，從朱姓先改李姓，復改愛新覺羅氏，但亦僅此而已。所謂巨變，除了京師周遭可算名副其實，其他地方都談不上。關外（所謂「建州」）後金崛起已近三十年，陝晉之亂也有十多年，張獻忠1640年就攻打了四川……這些，均不自1644年始。如果說明朝是個爛攤子，則崇禎在世即已如此，而他殉國之後，暫時也沒有變得更糟。

大部分地區，到此仍是明朝之天下。自荊楚以至浙閩，從淮河迄於粵、桂、滇，都還姓朱。它們不單面積廣大，尤其重要的是，皆係中國富饒之地，天然糧倉幾乎悉數在此（除天府之國已成甌脫），工商於茲為盛，稅賦根基未嘗動搖，換言之，在這亂世之中，明朝財力仍屬最強。對此，當時一位民間戰略家「布衣陳方策」，上書史可法，這樣分析形勢：

> 東南歲輸糧米數百萬，金錢數百萬以供京邊，動稱不足。今我糧運、銀運盡行南還，賊將存倉之餘粒、栲索之金為泉源乎？賊其飢矣，貧矣。③

言下之意，北事失利未必只有害處，一定意義上，竟也等於甩掉個包袱。北地苦瘠，物產不豐，遷都後，一直靠南邊通過運河輸血供養。如

---

① 此為大致時間範圍，具體過程，諸記不一。《燕都日記》、《請兵始末》說5月24日（丙子）吳三桂與李自成戰於一片石，次日，清兵助吳大破李軍。《明史》、《東華錄》、《逆臣傳》則記載，5月26日（戊寅）吳與李戰，27日清兵參戰。
② 徐鼒《小腆紀年附考》，中華書局，2006，第153頁。
③ 馮夢龍編《中興實錄》，《南明史料（八種）》，江蘇古籍出版社，1999，第663頁。

今，南方錢糧再不必北輸，「盡行南還」，豈非卸掉大大的包袱？這位陳布衣又說：

> 舉天下之大，賊僅竊十之一二，我猶居十之八九。且賊瘠我肥，賊寡我眾，賊愚我智，賊飢我飽，賊邊我腹……[1]

語氣稍嫌輕浮，所論則大皆事實。

此外，明朝為兩京制，北京之外，還有南京。朱棣以北京為京師後，南京舊制保存未變，從六部到國家禮器一應俱全。過去二百多年，這種疊牀架屋的配制不免靡耗冗費，誰承想，當初這因朱棣篡位而形成的制度，現在意外起到「系統備份」的作用，使明朝免於崩潰。事實上，因着南京這套備用系統的存在，面對京師淪陷乃至國君殞命，明朝所受到的打擊並非想像的那麼嚴重。

最後再看武裝力量。福王南京稱帝後，史可法對兵力重新部署，將江北明軍主力設為「四鎮」，每鎮兵額三萬，四鎮兵力計十二萬。但這是計餉的定額，每個年度「每名給餉二十兩」[2]，十二萬部隊一年耗銀二百四十萬兩，而朝廷整個財政年入六百二十萬兩[3]，此已用掉三分之一強，所以必須嚴格控制額度。然而，計餉的兵額並不是各鎮實際兵力。《小腆紀年附考》有一處提到，「四鎮之兵不下數十萬人」[4]，絕非區區之十二萬；另一處說，單單四鎮中最強的高傑所部，便計「十三總兵，有眾四十萬」[5]。四鎮之外，明軍主力還有一個「巨無霸」，這便是駐紮湖北的左良玉部。左部之強，四鎮加起來也抵不過——「良玉兵無慮八十萬，號稱百萬」[6]（陳方策給史可法上書中，也說「左鎮擁兵數十萬」[7]）。以上數字應有水分，未足信憑，但反過來說，朝廷出於財政原因所定下的江北四鎮各三萬、楚鎮五

---

① 馮夢龍編《中興實錄》，《南明史料（八種）》，江蘇古籍出版社，1999，第 664 頁。
② 古藏氏史臣（黃宗羲）《弘光實錄鈔》，《南明史料（八種）》，江蘇古籍出版社，1999，第 72 頁。
③ 李清《三垣筆記》，中華書局，1997，第 110 頁。
④ 徐鼐《小腆紀年附考》，中華書局，2006，第 230 頁。
⑤ 同上書，第 151 頁。
⑥ 同上書，第 175 頁。
⑦ 馮夢龍編《中興實錄》，《南明史料（八種）》，第 662 頁。

萬餘兵力[8] 的額度，同樣不代表真實的數字。因各鎮實際兵力原不止此，何況他們為增強自身實力，還都有擴軍之舉。例如，「澤清在淮安，選義坊之健者入部，肆掠於野。（淮撫田）仰無如何，乃為請餉。」[9] 但朝廷拿不出錢來，對軍紀的敗壞，睜一隻眼閉一隻眼。除了搶掠，軍方還在各地自行徵稅，「時四鎮私設行鹽理餉總兵監紀等官，自劃分地，商賈裹足，民不聊生。」[10] 其實，「私設」二字無從談起，在史可法的「四鎮」規劃中，「仍許各境內招商收稅，以供軍前買馬置器之用」[11] 一語，載於明文，可見並非「私設」。

就是說，這時明朝軍隊有賬面內（計餉）和賬面外（未計餉）之分。後者超過前者多少，沒有翔實資料，但依「傳聞」推想，多上幾倍大概不成問題。而賬面內（計餉）兵力，《三垣筆記》提供了確切的數字：

> 江北四鎮：各三萬，共十二萬。
>
> 楚鎮：五萬餘。
>
> 京營：六萬。
>
> 江督、安撫、蕪撫、文武操江，鄭鴻逵、鄭彩、黃斌卿、黃
>
> 蜚、卜從善等八鎮：共十二萬。[12]

以上合計三十五萬。如按多三倍算，明朝實際兵力這時仍超百萬。這樣估計似乎並不誇張。

盡有天下膏腴之地、國家組織完好、擁兵百萬 ——這樣一個朝廷，距「滅亡」二字不亦遠乎？而它的對手或敵人：李自成已經潰不成軍；張獻忠始終抱定流寇哲學；滿清剛剛入關、立足未穩，且與李自成繼續纏鬥、脫不開手。四大勢力的處境，明朝可謂最好。

所以，雖然教科書為求簡便可以把 1644 年當作一個重要標識，作為史實我們卻應知道，這一年明朝不僅仍然健在，而且底氣頗足。它的確遭遇

---

⑧ 李清《三垣筆記》，第 108 頁。
⑨ 徐鼒《小腆紀年附考》，第 273 頁。
⑩ 同上書，第 258 頁。
⑪ 《聖安皇帝本紀》、《弘光實錄鈔》、《南渡錄》等皆同。
⑫ 李清《三垣筆記》，第 108 頁。

嚴重危機，但不能與「滅亡」混為一談。對它來說，類似的危機過去就曾有所經歷。1449 年，「土木之變」致英宗被俘，嚴重性相仿，明朝卻起死回生，又延祚二百年。那麼，怎見得 1644 年最終不可以是另一次「土木之變」？

為何費這些筆墨，反覆辨析不當以 1644 年為明亡標誌？第一，這知識本身是錯的，是年，明朝不過死了一位皇帝，卻很快又有了新皇帝，國家機器繼續運轉。第二，雖然政治中心從北京轉到南京，並且失去對黃河以北的控制，但這政權既不支離破碎，更沒有陷於流亡境地，某種意義上，其客觀條件比對手們更優越。第三，倘若以為明朝隨着崇禎自縊而亡了，不知道至此它其實仍然活得好好的，甚至有能力和大把的機會去收復失地、重整山河，那麼我們不光在史實上出錯，實際也無法搞懂明朝怎樣滅亡以及為何而亡。

申明 1644 年明朝未亡，不單是弄清史實或糾正一個錯誤知識。不能因滿清佔領了北京，就立刻將它奉為中國權力的正統。僅以北京的得失為這樣的標誌，既有誇大之嫌，更是提前用後事看當下。1937 年，中國也曾失去國都，是否可說中國就此亡國？這一類比，因後續歷史的不同，也許不甚恰當；然而僅就 1644 年而言，其實並無不可。對清朝在中國歷史的二百六十年整體存在如何定義，可另外討論，但在 1644 年，它是入侵者，是中原各民族的敵人，是中國正統權力的顛覆者，此一歷史原態沒有含糊其辭的必要。

關注這個問題，不必說確與民族感情有關，南明這段歷史兩次形成熱點，一次在清末民初，一次在抗日時期。前者本身就是民族原因所致，滿清統治中國後，嚴厲禁蔽明末真相，將明史截斷於崇禎之死，由清廷欽定的《明史》只寫到莊烈帝（崇禎），也就是說，今之所謂明亡於崇禎的框架，正是來自滿清。與此同時，滿清決然封殺弘光、隆武、永曆等南明諸朝，以及清初「明遺民」有關這段的史著，為此不惜製造一起又一起文字獄。這種遮蔽與掩殺，一直維持到同光之際，因其自身強弩之末才漸有鬆弛。所以，一旦清室遜位、進入民國，與排滿思潮相呼應，學界立即湧起挖掘、修復這段歷史的強烈願望。等到日寇侵華、國府西遷，相似的情境

再次觸動歷史記憶和心靈體驗，使人們從新的層面看待和感悟明末。這種記憶與體驗包含民族認同和精神溯源的可貴價值，正像明末清初諸多愛國者，每每追憶着岳飛、文天祥去激勵自己那樣。這時，崇禎死後的明代歷史，隱然具有如何看待中華正統的意味。雖然國運日蹇、虎狼在前，愛國志士卻不改堅貞，且不說國猶未亡，即便江山易手，國統也猶存心中——這是黃宗羲、王夫之、顧炎武、談遷、方以智等許許多多「明遺民」所樹立的榜樣和傳統。較之於此，輕言滿清佔據北京、明朝即告滅亡，置歷史於何地，又令先賢情何以堪？

歷史是遠遠而來的大河，穿山越嶺，走過不同路段，滾滾向前。這種向前並非對過去的拋卻，相反，所歷之處的大地精華會流動在整條河流之中，攜往未來。唯有這樣看，歷史才是莊重和有尊嚴的。之所以斤斤計較明代是否亡於 1644 年，不在於時間上區區一二年之差，而在於堅持歷史的倫理層面不苟且。若干年中，這種苟且已達於荒唐。諸如王昭君從悲情人物變成光明使者、岳武穆失去「民族英雄」光環。起李陵、文天祥、左懋第等於地下，他們似乎已然面目無光。順此邏輯，則洪承疇、吳三桂之徒，有朝一日將被膜拜為促進國家統一、民族團結的功臣。這背後，是一種實用主義歷史觀，取捨只問是否有利當下、合乎現實需要。其實不必如此，如前所說，歷史有不同路段，完全可以分而論之。今日怎樣、當時如何，各予尊重，有何不可？為何非要強史就今、驅策歷史為現實服務？這做法，於現實或有若干便利，而從中華民族長遠利益看，卻割裂傳統、造成歷史倫理淆亂、致使一些重要而基本的是非闕如。

拗正這種偏差，不妨自重新確認明末歷史始：在 1644 年，不管論以統序，還是質諸實際，滿清並不具備南京的權威性，更不要說取代它。明朝作為當時中國之權力正統，至少維持到 1645 年 6 月 18 日（舊曆五月二十五丙午），亦即弘光皇帝朱由崧被俘返回南京，明京營總督、忻城伯趙之龍和禮部尚書錢謙益向全境臣民正式下達投降書的那一天。這是滿清真正成為中國統治者的時刻；此後，南部雖有隆武、永曆等政權繼續存在，但我們可以認為，奉明朝正朔的歷史到此已經結束。

目錄 *Contents*

國變・定策

　　古云：國不可一日無君。4 月 25 日以來，崇禎死國、北都淪陷，是明朝所受兩大重創。但換個角度也不妨說，明朝雖然頭破血流，卻筋骨未傷；北京統治機器雖然瓦解，南京這套備用系統卻完好無損，並且能夠立即啟動、投入運行 —— 刻下，它只是缺少一位國君而已。

一

自倒數兩個王朝起而至現代，約七百年間，大事基本發生在兩座城市之間。

朱元璋在南京立國，「靖難」後，朱棣將首都遷到北京。清祧明祚，亦定鼎北京。清室遜位後，中華民國的國都之選，與明初剛好反向而行：先北京，北伐後南遷南京。迨至中華人民共和國成立，首都又從南京返於北京。

其間，南京曾四度告破。一破於朱棣「靖難」大軍，二破於滿清統帥多鐸，三破於洪秀全，四破於中國人民解放軍。這四次城破，除洪秀全那次，北京都曾從中受益；似乎南京之衰即是北京之盛，裏頭的淵源着實堪奇。

連帝制下最後兩起大規模農民起義，亦於這兩座城市取得最高成就。它們之間還有一個相映成趣的現象：洪秀全打下南京後，對以後的事情既似乎失去興趣，勢運亦到此為止，不能再越一步，雖象徵性地派出北伐軍去攻打北京，卻仿佛是姑且表示一番而已。李自成剛好相反，在長城──黃河間縱橫馳騁，乃至摧枯拉朽直搗北京；然而，踰此範圍則屢吃敗仗，洛陽執殺福王朱常洵是其平生大捷之中最南者，再南輒不利，最後死在鄂贛交界的九宮山，差不多也是他一生所到最南端。

二

兩座城市之間的故事，多少有些神祕。

1644 年春，它們的處境有天壤之別。一邊，烽煙四起、城碎牆殘、君王殞命、人心惶惶，另一邊則安寧如故。截至此時，長江三角洲在滿目瘡痍、遍佈禍亂的明末，獨能置身事外，兵燹遠隔，桑梓仍舊。王朝第二政治中心南京，安居樂業，街陌熙攘，秦淮河畔偎紅依翠的風情絲毫未受打擾。

東南的靜逸偏安，透過一個細節表露無遺──崇禎皇帝 4 月 25 日駕崩，足足過了十一天以至更久，南京才隱約聽到點什麼。諸史一致記載，

5月6日（四月初一戊午），南京兵部尚書史可法等舉行「誓師勤王」儀式。注意「勤王」二字，換言之，此時南京得到的消息，只是京師告急。真實情況卻是，他們已無王可勤。勤王部隊剛過長江，就在北岸的浦口停止前進，這時大概有了進一步的消息。計六奇說：

> （三月）廿九日丁巳（5月5日），淮上始傳京師陷，眾猶疑
> 信相半。①

阻止部隊北上的，恐怕就是這一「淮上」消息。然而，消息內容只提到「京師陷」，未含皇帝下落，而且來源也很不可靠，使人將信將疑。究竟發生了什麼，準確信息直到5月15日（四月初十丁卯）方才到達：

> 丁卯。京營李昌期至淮安，告巡撫路振飛以大行之喪。振飛
> 集士民告以大故。②

又經過兩天，同樣的信息送到南京：「四月己巳（5月17日），烈皇帝凶問至南京。」③《國榷》則記為庚午日（5月18日）「先帝凶問至南京」④，相差一天。對於這樣特別重大的變故，理應慎之又慎加以核實，所以又經過十三天，到5月30日（四月二十五日壬午），南京官方最終完成了對噩耗的確認：「壬午……北信報確，史可法約南京諸大臣出議。」⑤

也就是說，東南一帶普遍在舊曆四月二十五日以後知悉巨變。這一時間表，證以計六奇的回憶：「四月廿七日，予在舅氏看梨園，忽聞河間、大名、真定等處相繼告陷……廿八日，予下鄉，鄉間亂信洶洶。廿九日下午，群徵叔云：『崇禎皇帝已縊死煤山矣。』」⑥很能吻合。

此時，距崇禎之死已一個月零五天。

倘在今天，如此驚世之變，將於幾分鐘內傳遍環球，而三百年前卻輾

---

① 計六奇《明季南略》，中華書局，2008，第1頁。
② 談遷《國榷》，中華書局，2005，第6071頁。
③ 顧炎武《聖安皇帝本紀》，《南明史料（八種）》，江蘇古籍出版社，1999，第96頁。
④ 談遷《國榷》，第6073頁。
⑤ 同上書，第6078頁。
⑥ 計六奇《明季南略》，第7頁。

轉月餘。這固是通訊原始所致，卻並不完全因此。北京距南京約一千一百公里，假如一切正常，當時條件下像這樣重大的消息，以第一等的傳驛方式可在三五天送達。之所以耗時多至十倍，實在是一南一北已陰陽兩隔，而中原板蕩，有如飛地，為潰兵、難民所充斥，一片亂世景象。

工部員外郎趙士錦，5月19日（四月十四日辛未）逃離北京，和方以智等結伴南歸，「行旅頗艱」，「相戒勿交一語」；經過二十天，五月初五端午日到達淮撫路振飛控制下的清江浦，最後回到故鄉無錫已是6月21日（五月十七夏至日）[1]。這個經歷，我們可以作為崇禎凶問曲折南下的參考。

由趙士錦的講述，我們還略知北變之後沿途各地的情形。從天津經滄州、德州、荏平、高唐至濟寧一線，明朝統治已經解體，李自成勢力則正向這些地方滲透。在德州和濟寧，趙士錦都曾目睹和北京相同的闖軍拷掠士大夫的場面。濟寧以下，徐州、宿遷至清河（今淮安市淮陰區）間，為緩衝區；五月初四夜，趙士錦看到「煙火燭天，光同白晝」，「吾兵燒青（清）河縣也」——可見對這一區域，明朝已毀城棄守。過了黃河（此時黃河入海口位於今江蘇濱海縣境內），清江浦以南，才在明朝實際控制中。

顯然，在南京北面橫亙着兩道天然屏障，第一道黃河，第二道長江。因為它們，南京得以把自己跟戰亂隔開。雖然北變音訊傳來後，空氣也變得緊張，南京一度戒嚴[2]，而趙士錦從淮安乘小舟繼續南歸途經泰州、丹徒時，則被「防禦甚嚴」的鄉兵（民團）拒絕登岸，「刀棘相向，奸與良弗辨」[3]——一定的恐慌也許難以避免，但比之於中國其他地方，這一帶看上去似乎是世外桃源。也許天險可恃，也許人們覺得作為本朝龍飛之地，這裏元黃毓粹、王氣猶存，是塊天生的福地。

三

這種感受或想像，廣泛存在於人們心頭，尤其北方那些宗藩、官僚、

① 趙士錦《北歸記》，《甲申紀事（外三種）》，中華書局，1959，第 23-24 頁。
② 計六奇《明季南略》，中華書局，1984，第 1 頁。
③ 趙士錦《北歸記》，《甲申紀事（外三種）》，第 24 頁。

將軍和富室。自從北方局勢惡化以來，南逃之人便絡繹於途，其中有兩種人需要格外注意，一是手握重兵的武人，一是皇室宗親，他們對以後的事，都將施加重要影響。

早在 4 月中旬（舊曆三月初）京師陷落以前，各宗藩就開始「棄藩南奔」，時間大致在 4 月 10（三月初四）左右，他們不約而同奔淮安而來。截至 4 月 27 日，淮安已出現了四位親王，分別是來自開封的周王、來自衛輝的潞王、來自汝寧的崇王，以及領地在洛陽、數月來一直流浪的福王。

計六奇說，最早到達的是周王（三月十一日以前），其次福王（三月十八日），最後是潞王（三月二十一日）。[④] 其他作者所記，一般是福王與潞王同時抵達。文秉《甲乙事案》則說諸藩並至，還描述了當時的場面：

> 是時，各藩俱南奔，淮撫路振飛親駐河干，以令箭約諸藩，
> 舟魚貫而進。[⑤]

關於其中經過，一種說法是正月庚寅日（1644 年大年初一）闖軍破懷慶，暫棲於此的福王逃脫，北上衛輝依附潞王，復於三月初一隨潞王南至淮安。[⑥] 另一種說法，河南大壞後周、潞、崇三王各自逃出，在曹州匯集，由水道南下；途中，四處流浪的福王看到這支船隊，「乃趨入舟邊，訴履歷於三王」，所幸舟中有兩名太監原在福王府供職，「識故主」，為之作證，這樣福王才為三王接納，「遂同舟下淮安」，這是當時南京市民廣泛口傳的故事。[⑦] 離亂之世，各種說法也許都不確鑿，我們能夠注意的，是福王在其中格外慘澹的處境。

計六奇又說，在淮安那段時間裏，福王「寓湖嘴杜光紹園」，周王、潞王輒以「行舟皆泊湖嘴」[⑧]。這也是一個要品味的情節。雖說諸王均在流亡中，其他人卻「各以宮眷隨」，都還保持着親王的派頭與生活，「獨福

④ 計六奇《明季南略》，第 1 頁。
⑤ 文秉《甲乙事案》，《南明史料（八種）》，江蘇古籍出版社，1999，第 430 頁。
⑥ 錢海岳《南明史》，第二冊，中華書局，2006，第 1 頁。
⑦ 計六奇《明季南略》，第 188 頁。
⑧ 同上書，第 1 頁。

王子然,與常應俊等數人流離漂泊」[①],「葛巾敝袍而已」[②]。福王一家是皇室近支中最早的落難者,1641 年春,洛陽陷落,老福王朱常洵被李自成殺而烹之。福世子自此家破人亡,以至形如乞丐,該年二月,有大臣根據河南來人所述,向崇禎皇帝彙報福世子近況:「問:世子若何。曰:世子衣不蔽體。」時在隆冬,難怪崇禎聞言為之「泣下」,「發三萬一千金」派司禮太監王裕民專門前往「齎賑」[③]。1643 年,崇禎批准他嗣位福王[④],但此時崇禎自己已窮於應付、捉襟見肘,嗣位只是虛號,恐怕連兩年前的「三萬一千金」也拿不出來了,福王實際處境不會有任何改觀,依舊淪落底層,一文不名。眼下,船隊駛入淮安時,周王表現闊綽,「出行貨給賞淮安各義坊」[⑤],以此為見面禮;反觀福王,卻「橐匱,貸常淓(潞王)千金以濟」[⑥]。所借這筆錢,或即搬出舟中「寓湖嘴杜光紹園」的租住之用。大概,諸王將他捎到淮安已然不薄,繼續留舟中彼此均不相宜。可以想見,身無分文、黯然離舟,連以後過日子的錢都要靠別人賙濟,這番光景下的福王真可謂窮途末路。據說,旬日之後,南京的大臣們前來覲見時,他是這樣一副形容:

> 王角巾葛衣坐寢榻上,枕舊衾敝,帳亦不能具,隨從田成諸閹布袍草履,不勝其困。[⑦]

然而,有道是「禍兮,福之所倚」。福王從花團錦簇、前呼後擁的王舟邅出上岸,孑然、伶仃地藉寓杜光紹園,當時固然淒清,事後看,其命運轉機似乎偏偏由此而來。那真是眨眼間峰迴路轉,極富戲劇性,不禁讓人油然想起,唯獨他的封號裏有一個「福」字。

---

① 計六奇《明季南略》,中華書局,1984,第 6 頁。
② 同上書,第 188 頁。
③ 談遷《國榷》,中華書局,2005,第 5889 頁。
④ 同上書,第 5977 頁。
⑤ 文秉《甲乙事案》,《南明史料(八種)》,江蘇古籍出版社,1999,第 430 頁。
⑥ 錢海岳《南明史》,第二冊,中華書局,2006,第 1 頁。並見《國榷》第 6066 頁。
⑦ 文秉《甲乙事案》,《南明史料(八種)》,第 431 頁。

四

古云：國不可一日無君。4月25日以來，崇禎死國、北都淪陷，是明朝所受兩大重創。但換個角度也不妨說，明朝雖然頭破血流，卻筋骨未傷；北京統治機器雖然瓦解，南京這套備用系統卻完好無損，並且能夠立即啟動、投入運行──刻下，它只是缺少一位國君而已。

以最簡明的情形論，崇禎皇位繼承人屬於他的男性後代。崇禎凡七子，其中四人早夭，最晚出生的二位皇子，連名字都沒留下來。甲申之變時尚在人世的，是太子慈烺、皇三子定王慈炯[8]和皇四子永王慈炤。毫無疑問，他們都是皇位的當然繼承人，順序依長幼而定。問題是，到目前為止，三人下落不明。

既然失去簡明，複雜就趁虛而入。作為王朝的當務之急，南京的重臣們為此緊鑼密鼓、奔走忙碌，本來無可非議，甚至理所應當。然而，幾乎每個人都在其中打着小算盤。

「小算盤」主要有兩種，一是一己之私，一是集團利益。前者是指，通過擁戴新君撈取「定策之功」，瞬間大幅提升個人政治地位，成為政壇耀眼的明星、獲得巨大權力。後者則從政治派別利益出發，力圖確定一個符合自己需要的新君人選，考慮的重點在於謀求一位更易於合作的君主，這一結果的達成顯然同樣關乎權力。

打第一種小算盤的代表人物，是鳳陽總督馬士英。著名的東林黨人打的是第二種小算盤。

崇禎死訊南來之際，「定策之功」立刻成為許多人的第一嗅覺，個個騷然心動、躍躍欲試。此可藉路振飛一段話窺之：

> 有勸某隨去南京扶立者，此時某一動則淮、揚不守，天下事去矣。此功自讓與南國元勳居之，必待南都議定。不然，我奉王入而彼不納，必且互爭，自不待闖賊至而自相殘，敗事矣。[9]

---

[8] 《明史》本紀第二十四莊烈帝二作「慈炯」，他著如《鹿樵紀聞》或作「慈燦」。
[9] 計六奇《明季南略》，第6頁。《國榷》同，見6077頁。

「此功自讓與南國元勛居之」，那個「讓」字言之不虛，當時最能捷足先登者，便是路振飛，因為幾位藩王均逗留於他的府治，北都之變的情報也是他最先獲知，他若願將「定策」奇功攬在懷中，確有近水樓臺之便。所以，早就有人「勸」他「去南京扶立」。但路振飛一不貪功，二以守責為重，三顧全大局，沒有接受那種勸告。可是他的姿態不能代表別人；上述一番話，足以顯現當時覬覦「定策」者甚眾，上竄下跳，爭先恐後。

活動最積極而又起到一種凝聚作用的，是馬士英。此時他身居鳳陽總督之職，不在南京政治核心內，沒有資格直接參與定奪。但他制訂了一個強有力的方案，分別爭取了駐紮在江北的明軍主力劉澤清、高傑、劉良佐的支持，以及南京所謂「勛臣」（開國元勛後代）例如誠意伯劉孔昭等的支持，加上某些非主流朝臣（例如吏科給事中李沾），形成共同體。這個共同體的紐帶是拓展話語權，馬士英本人和武人集團均在政治核心以外，有表態權、不能參加集議，而「勛臣」雖然可以參與政治決策，在明代的文官政治結構中卻長期邊緣化。基於這樣的訴求，以馬士英為主角，幾股力量聚成一團。嚴格說來，他們雖有共同的敵人，卻無共同的利益，本質上乃烏合之眾；他們之所以有力量，主要是因為兵權在握。

真正有利益認同的，是東林黨人。這是政敵們加予他們的稱謂。在古代，「黨」是負面的貶義詞，從黑，本義為晦暗不明。《說文》曰：「黨，不鮮也。」《論語》曰：「吾聞君子不黨。」孔穎達注：「相助匿曰黨。」不過，「黨」字擺脫舊義而向現代含義轉化，也正是自東林始，因此我們現在能夠安然使用「東林黨人」一語而不必理會當時那種潑髒水的居心。其次，由於並不存在相應的真正的組織，東林黨人並非一種確切所指，某人之被歸入其中，多半根據對方的人脈、行跡，或乾脆依主觀印象來斷。寬泛地說，東林黨實際就是明末政壇一些抱改革意向的人，他們希望朝政立腳點放到「天下為公」上面，反對「以天下之利盡歸於己，以天下之害盡歸於人」[①]，以及附着其上的各種人和現象——太監、奸貪、皇族直至皇帝本人。這樣的政治立場，在天啟年間激發了藉權力追逐私利者的強

---

① 黃宗羲《原君》，《黃宗羲全集》第一冊，浙江古籍出版社，1985，第 2 頁。

烈反彈，構成慘禍。崇禎即位後，很快為東林黨人平反昭雪，定魏忠賢閹黨為逆案，從此，東林黨人成為政界主流。基本上，崇禎皇帝本人就是改革派，雖然後來在內外交迫、焦頭爛額處境下，他頗有反覆和矛盾，但終崇禎一朝，東林黨人的主流地位始終未變。眼下，南京政治核心即由他們構成。

當然，也有像高弘圖（南京戶部尚書）以及路振飛那樣的官員。他們資望深厚，努力保持個人獨立性，無黨無派。不過，在政見上，他們往往與東林黨人一致，少有隙罅；以後，我們會在高弘圖的表現中清楚看見這一點。

五

崇禎諸子全無下落，可居大位者只能到近支藩王中找。而以當時實際，範圍亦屬有限，無非是在南撤淮安的幾位藩王中挑一個。顧炎武說：「大臣多意在潞王。」[2] 他所說的「大臣」，實即東林黨人或與之氣味相投者，他們在南京政壇佔有絕對優勢。此議之源出，李清《南渡錄》說：「倡議者，錢謙益也。」[3] 錢是東林魁首，人脈甚廣，由他提出倡議，號召力自然不同。果然，「兵部侍郎呂大器主謙益議甚力，而右都御史張慎言、正詹事姜曰廣皆然之。」[4] 這幾位均為南都大僚，重量級人物。與大人物表態同時，還有兩個低級別官員賣力地到處游說，爭取更多支持。一時間，潞王呼聲甚高，看上去似乎非他莫屬了。

尤其是，史可法也傾向於潞王。這使得迎立潞王的可能性顯得更大。錢謙益倡議提出時，史可法尚軍次浦口，南京高層在高弘圖召集下連日討論，並將討論的內容以信使告知史可法；同樣，他也收到反對者的來信。對此，《國榷》這樣記述：

---

② 顧炎武《聖安皇帝本紀》，《南明史料（八種）》，江蘇古籍出版社，1999，第 96 頁。
③ 李清《南渡錄》，《南明史料（八種）》，江蘇古籍出版社，1999，第 126 頁。
④ 同上。

南京聞變，兵部尚書史可法前將三千騎勤王，出屯浦口。戶部尚書高弘圖、都察院右都御史張慎言等連日議。潞王倫稍疏，惠王道遠難至，親而且近莫如福王。史可法意難之。總督鳳陽馬士英移書以商於可法。可法以福王不忠不孝，難主天下，逡巡而未決。[1]

簡言之，南京大臣們建議迎立潞王，鳳陽總督馬士英或以他為代表的一批人，認為福王當立。明顯地，史可法不喜歡福王，傾向於潞王，但卻遲遲拿不定主意，沉吟猶豫。

他猶豫什麼呢？就在於「潞王倫稍疏，惠王道遠難至，親而且近莫如福王」這一句。

裏面提到三個人：潞王、惠王、福王。這三人，頭兩位各有「不足」——潞王是「倫稍疏」，惠王是「道遠難至」——唯獨福王「親且近」。反推之，潞王的問題在於「近」而不「親」，惠王倒是滿足於「親」，可惜又不「近」。

這繞來繞去嚼舌頭似的，究竟囉嗦些什麼呢？

先挑簡單的說：「近」字易解，就是此時此刻人在哪兒。潞王和福王都到了淮安，近在咫尺；惠王卻人在湖廣荊州府，不但遠，路途也不太平，故曰「難至」。

至於那個「親」字，我等卻不免為之稍稍犯暈。它講的是，封建禮法中的繼承權順序。基本原則是，一、先直系後旁支；二、旁支間由近而遠；三、所有情形下先長後幼——唯有一個例外，叫「有嫡立嫡，無嫡立長」[2]，亦即嫡出為先，哪怕齒序居後。未知以上是否說清楚或有無遺漏，大致如此吧。再補充一點，這個順序，不單為皇家決定繼承人時所遵守，即便民間百姓，一旦繼承、析分家產也得講究。因為中國式家族實在太過龐大，不搞出點規矩勢必一塌糊塗。以今人眼光，會嫌這套規矩過於繁瑣，使人如入迷宮。然而問題並不出在它的身上，而出在中國式家族盤根錯節、舉世無雙的結構上；能將這種結構如此梳理出一番條理，其實已屬難得。

---

① 談遷《國榷》，中華書局，2005，第 6076 頁。
② 《明神宗實錄》卷二五六，國立北平圖書館紅格鈔本影印本，1962，第 4761 頁。

當時明朝皇室枝葉，我們也不追溯得太遠，從崇禎的爺爺亦即以「萬曆皇帝」為人所知的明神宗說起。神宗傳位於太子朱常洛，是為光宗；光宗死，長子朱由校即位，就是那位寵信魏忠賢的天啟皇帝；朱由校死後，膝下無子，朱由檢以「兄終弟及」登基，成為崇禎皇帝。眼下，按第一順序，該崇禎諸子的某一位登上皇位——但我們已知，他們全都沒有蹤影。

第二順序，理論上是天啟那一支，但這全無意義，否則當初也輪不着崇禎當皇帝。接着往上推，第三順序，應為光宗所出其他皇子或其後代，但是，除了天啟、崇禎兩位，他沒有別的兒子，這條線索也就此PASS。於是輪到第四順序，即光宗的兄弟抑或神宗其他兒子及其後代。這時，人選浮現了：神宗諸子活下來的，一共五位，長子常洛（光宗）、三子常洵、五子常浩、六子常潤、七子常瀛，這五兄弟於1601年（萬曆二十九年）被這樣安排：

> 冬十月己卯，立皇長子常洛為皇太子，封諸子常洵福王，常浩瑞王，常潤惠王，常瀛桂王，詔赦天下。[3]

我們從中看到了「福王」、「惠王」的字眼，沒錯，他們都是光宗之弟，目前皇室中血緣最近者。

那麼，潞王血緣如何？第一代潞王名叫朱翊鏐，他是萬曆皇帝朱翊鈞的弟弟，眼下襲爵的則是他兒子朱常淓。換言之，這位潞王跟天啟、崇禎兩位皇帝以及現福王朱由崧，為叔侄關係，這從他名字中那個「常」字即可知。然而，輩分高並不能幫上他的忙，彼此比一比，福王是神宗直系後裔，潞王卻算旁親。這便是前面所謂「倫稍疏」的具體含義。

其實，遠不是「稍疏」；嚴格依禮法來論，朱常淓的資格簡直不必考慮，排在他前頭的即便不算崇禎諸子，也有四位之多。但話說回來，福王朱由崧也並非頭號人選。這個位置屬於瑞王朱常浩，亦即朱由崧的親叔叔，此時還健在。

朱常浩既在血緣上與朱由崧一般近，又年長一輩，橫豎都應是首選。

---

③　張廷玉等《明史》卷二十一，中華書局，1974，第282頁。

然而，南京大臣討論時，居然連提都沒提到「瑞王」二字，豈不怪哉？這自然事出有因。朱常浩封地在漢中，恰恰是「賊禍」發源地，早就呆不得，幾年前避難南下，輾轉來到重慶，不料張獻忠又殺奔而至。朱常浩至此已進退兩難，事實上，一個月後（7月24日，舊曆六月二十一丁丑）他就被張獻忠捉住殺掉。當時還出了點故事：「瑞王之就執也，雷方震，獻忠曰：『若再雷者釋之。』已而竟不免。」[1] 運氣就差了那麼一點點。試想，連荊州的惠王都被認為「道遠難至」，身困重慶的瑞王豈不是提都不用提麼？除瑞、惠二王外，朱由崧的另一位叔父桂王朱常瀛景狀相仿，封國在衡陽，此時被張獻忠攆得避難廣西梧州，也遙遠得很。

將這些情況細細交待一番，我們便明白「親而且近莫如福王」究竟什麼意思了。換言之，從理論到現實，朱由崧都是不二之選。

六

可是，事情雖如此明了，南京的主流意見卻偏偏對福王不感興趣——東林黨人公然倡議迎立潞王，還為此大搞串聯；首席大臣史可法也搔首踟躕，沉吟不決。這是怎麼回事？莫非袞袞諸公不曉得按倫序福王當立？當然不是這樣，他們對於聖賢之書滾瓜爛熟，個個是名教專家。莫非潞、福相較，此賢彼愚、良莠分明？這倒確實是一個焦點，史可法在答覆馬士英的信中就表示：

> 福王則七不可，（謂貪、淫、酗酒、不孝、虐下、不讀書、干預有司也。）唯潞王諱常淓，素有賢名，雖穆宗之後，然昭穆亦不遠也。[2]

這一席話，有說是史可法本人的看法（如《明季南略》），有說出於呂大器、張慎言、姜曰廣，史可法僅是將其轉達給馬士英（如《小腆紀年附

---

① 徐鼒《小腆紀年附考》，中華書局，2006，第211頁。
② 古藏氏史臣（黃宗羲）《弘光實錄鈔》，《南明史料（八種）》，江蘇古籍出版社，1999，第5頁。

黑洞：弘光紀事

考》）。不論如何，確有此議論；馬士英後來一口咬定史可法應就此承擔責任，從而給弘光政局埋下一大伏筆。

前面說，東林黨是改革派，論到不拘泥於禮法，抑或將是非看得皆比禮法重，這種可能性真的未必沒有。剛才所引批評福王「七不可」那段話，明顯是將賢愚置於倫序之上。關鍵是，潞王「素有賢名」的說法是真是假？有無事實根據？查一查史料，我們意外發現，東林黨人在這件事上居然撒了謊。朱常淓之賢愚，與朱由崧半斤八兩、彼此彼此，頂多以五十步而笑百步。以下，是當時朝中一些中立者的親眼所見和評論：

> 初，上（指弘光皇帝朱由崧）既失國，咸恨不立潞王。時太常少卿張希夏奉敕獎王，獨語大理寺丞李清曰：「中人耳。未見彼善於此。」……大理寺少卿沈胤培嘗曰：「使王立而錢謙益相，其敗壞與馬士英何異！」[3]

張希夏受朝廷委使，與潞王直接接觸，印象很一般，完全不認為「彼」（朱常淓）善於「此」（朱由崧）。這顯然比東林黨人並未與之打過交道而徑言「素有賢名」來得靠譜。沈胤培說，假使迎立潞王而以錢謙益為宰相（既然他有首倡之功），跟福王、馬士英的這組搭配比，結果其實是一樣的。從錢謙益諸多表現看，事實多半將如此。直覺上我很懷疑，潞王「素有賢名」，根本是以錢謙益為首的東林活動家們信口胡編的，他們根本不了解潞王為人如何，目的只是為棄福王、立潞王製造輿論。兵法云「兵不厭詐」，實際上政治比打仗更不「厭詐」。雖然東林的政治大方向較正派，但具體策略肯定有虛有實，必要時並不拒絕耍手段。像潞王這樣的人，被說成「素有賢名」，實在對不上號。他就是一公子哥兒，平時以「廣求古玩」為嗜好，「指甲長六七寸，以竹管護之」[4]。福王嗜酒，沉湎梨園，是個戲迷；潞王嗜古玩，喜歡圍棋，是個棋迷 —— 兩者可不是半斤八兩麼，何來賢愚之分？或曰，皇宮裏長大，一輩子除了吃喝玩樂就無事可做，哪個

---

③　李清《南渡錄》，《南明史料（八種）》，江蘇古籍出版社，1999，第413頁。
④　同上。

藩王能有例外？這倒真不一定。後來在福州即位為隆武帝的唐王朱聿鍵，
就不這樣。當然，並不是說潞王品質有多壞，他既不曾當國，我們就無從
斷言（其實，連朱由崧也未必有多「壞」）。然而，東林黨人用以扶潞棄福
的那句所謂「素有賢名」，確實只出於他們的杜撰。

七

我們原先以為東林黨人不重倫序，是想擇善而立，結果發現並非如
此。那麼，這豈不是很有些可鄙了嗎？倒也不宜這樣匆忙下結論。

欲知東林黨人執意排斥福王的真正原因，非得從四十多年前說起。
那時，皇長子朱常洛已經十九歲了，萬曆皇帝卻遲遲不肯將他冊立為太
子。有兩個原因：一、朱常洛出身不夠尊貴，生母是一位普通宮女，而且
是萬曆某日到慈寧宮給太后請安，一時「性」起、偷偷摸摸播種的結果，
不料一槍命中，搞得萬曆很沒面子；二、萬曆在宮中有個最愛鄭貴妃，她
四年後也生下一位皇子，不是別人，正是朱由崧的父親、後來被李自成煮
了吃的老福王朱常洵。兩個原因中，第二個起主要作用。倘若鄭貴妃未曾
生子，平安無事，一旦得子，從此變生肘腋，恩怨不絕，把明朝一直纏到
死──有朱常洵後，萬曆動了「私心」，想把皇位留給愛妃之子，為此朱
常洛冊立太子的事一直拖着。

由此引發「國本之爭」。經大臣往覆相爭，萬曆終於在二十九年不得
不立朱常洛為太子，同時將朱常洵等其餘四子封為親王。後來，瑞、惠、
桂王均已就藩之國，唯獨還把福王留在身邊。這也不合祖制，照規定，親
王成年後須到封地居住，若無宣召不得來京，這既是禮法，也出於國家
安全考慮。又經一番理論，拖延十年之久的福王之國問題，總算解決，
於四十二年（1614）三月離京就藩於洛陽。但事情遠不能到此為止，反而
愈演愈烈，「那時太子早晚將廢的傳說已經流傳多年，成為人盡皆知的事
了。」[1] 之前就發生過鼓吹廢太子以立福王的「妖書案」，而在福王之國翌

---

[1]　溫功義《三案始末》，重慶出版社，1984，第106頁。

年，又發生更具震撼性的「梃擊案」——一個暴徒，悄悄潛近太子所居慈慶宮，先將守門太監一棍擊倒，當衝到前殿簷下時被警衛制服，朱常洛倖免於難。此案攪得滿朝大亂，揭蓋子、捂蓋子雙方相持不下，最後以萬曆當眾宣稱對太子滿意、無意以福王更換之，並強行處決暴徒及其「合謀」了事。這是萬曆四十三年（1615）的故事。過了五年，萬曆駕崩，風波再起，連續發生「紅丸」、「移宮」兩案，其間釁端一言難盡，要之根子上皆由萬曆之寵鄭貴妃、福王而起。讀者欲知究竟，可讀溫功義先生所著《三案始末》，相當經典的一本小冊子，寫得甚是翔實。

三案的根本，是皇帝企圖擺脫束縛、使權力偏私化，和對這一企圖的頑強抵制。皇家一方，始終視為「係朕家事」，從萬曆到當了弘光皇帝的朱由崧，都如此理解[2]；反對者可不這麼看，在他們眼裏，這是以私壞公，用今天話說，究竟人大於法，還是法大於人？他們並非要維護某一個人，比如太子朱常洛，而是認為皇帝所為也要合於法度，不能想怎麼幹就怎麼幹。簡而言之，四十年來鬥爭的實質，是主張皇權獨大、絕對自由或主張它應受限制。圍繞這一分歧，形成兩條陣線。一條由皇帝、皇族、太監以及部分朝臣組成，顯然地，這些人或是皇權直接獲益者，或是指望通過鞏固、加強這種權力也從中得利者。另一條陣線則由以國是為重、秉公而行、在倫理和政治層面堅持獨立性的士大夫正途人物組成。

兩股力量都百折不撓，其中，後者的頑強格外可以注意，所謂明末的知識分子政治的覺醒，於茲表現特別明顯。皇權作為千百年來的習慣勢力，它的強大和絕對優勢不言而喻，它可以採取一切手段來保護自身，從萬曆至天啟三朝，也確實是這麼做的。然與歷代不同，明末知識分子政治集團的抵抗特別慘烈，就算魏忠賢大興冤獄，實施特務恐怖，編撰並經皇帝欽批、頒佈類似於「萬曆以來若干歷史問題決議」的《三朝要典》，亦未能壓服。非但如此，杯葛意願愈形旺盛，並從起初僅聽從良知呼喚的個人行為，逐漸演變成同聲相應、同氣相求的精神認同。到光、熹之間，準組織化的東林黨隱然有形。

---

② 古藏氏史臣（黃宗羲）《弘光實錄鈔》，《南明史料（八種）》，江蘇古籍出版社，1999，第58頁。

這段淵源，是福王不受歡迎的真正原因。李清分析：

> 因江南數在籍臣恐福王立後或追怨「妖書」及「梃擊」、「移宮」諸案，謂：「潞王立，則不惟釋罪，且可邀功。」[①]

在當時南京官場，李清置身門戶之外，出言持平，他以上看法應較合於實際。至少錢謙益、呂大器二人確實表現出害怕災禍加身的心理，以「不惟釋罪，且可邀功」解釋他們力主迎立潞王，是說得通的。後來，監生陸澂源疏攻東林：

> 國家禍本之酷，不在流賊，而在百官；不在今日，而在四十年前。藉國本為題，沽名出色，踵發不休……夫三案者何，梃擊、紅丸、移宮也……乞皇上俯賜宸覽，知逆案之羅織，即知計典之砌陷；知梃擊之朋誣，即知紅丸、移宮之顛噬。且此輩自神宗迄今且矯託王言，箝制人口，此又欺蔽朋比之大端也。[②]

他用心很惡，要勾起朱由崧的報復慾，但這段話將福王一家與東林黨人之間四十年恩怨的根由，卻交待得比較清楚。

八

東林黨人陷入嚴重尷尬。他們高舉「迎賢立賢」旗幟，假如朱常淓確係賢王，則對朱由崧的排斥，也好歹師出有名。不幸，二者間並無賢愚可言，不以倫序定迎立的做法，顯得毫無根據。考慮到從「國本之爭」以來的歷史，毋寧說他們等於走到了自己的反面。他們當初批評萬曆不講倫序，而今己之所為也是如出一轍。儘管他們可以辯解，萬曆出於私心，自己出於公心，但旁人卻完全可以說，就事論事、從法不可廢的角度看，他們選潞王、排斥福王與萬曆圖謀改變太子地位，實質沒有不同。

---

① 李清《南渡錄》，《南明史料（八種）》，江蘇古籍出版社，1999，第 126 頁。
② 同上書，第 178 頁。

這一決策失誤，源自兩點。

其一，確有動機不純的因素。總體上，東林黨人是明末政治中的健康力量，甚至昭示了歷史的變革和新生，但並不是說，每個人品質、格調彼此相當，中間亦有懦弱、卑微之人直至投機分子。史可法、劉宗周、黃道周、祁彪佳等，個人品性都錚錚佼佼、無可指摘；錢謙益、呂大器卻不免質地不純、雜厝斑駁。錢氏在弘光登極、馬士英攬權後，竟腆顏投靠；呂大器則在排福迎潞方案破產後，趕緊獻上馬屁，以圖自贖。而這二人，恰是當時迎立潞王的首倡者和最積極推動者，可見這一方案摻雜不純動機實屬必然。

其二，書生氣重，不懂務實。講原則、守信念，本是知識分子的正派作風，韓愈說：「適於義而已，不顧人之是非」，「餓死而不顧」。程頤說：「餓死事小，失節事大。」很多明代正直官員，都極重名節，鄙視滑頭油腦。不過，書生氣太重有時會變成硜執和狹隘，對小節斤斤計較，反而置大局於不察。關於「定策」這件事即如此。儘管有許多陳年舊賬，儘管朱由崧渾身毛病，但當時情勢下，這些均非大局。大局是什麼？一言蔽之：按照倫序，福王當立。正如路振飛告誡的：「議賢則亂，議親則一，現在惟有福王。」[3] 這個大局不堅持、不把握，就授人以柄，反被對手搶去先機。只要這步棋走正，別事均可另圖；反之，這步棋沒走對，則滿盤被動。在這一點上，史可法猶豫不決是很大的失誤，他應該把福王的道德缺失拋諸腦後，當機立斷，力排眾議，立即迎福王於淮上。

很多年後，黃宗羲反思此事，曾這樣批評史可法：

> 當是時，可法不妨明言，始之所以異議者，社稷為重，君為輕之義……奈何有諱言之心，授士英以引而不發之矢乎？臣嘗與劉宗周言之，宗周以為然。語之可法，不能用也。[4]

以上的道理本身，光明磊落、朝氣蓬勃，很能體現明末改革派士大夫

---

[3] 計六奇《明季南略》，中華書局，1984，第 6 頁。《國榷》略同，除「現在惟有福王」作「現在既有福王」，見 6077 頁。

[4] 古藏氏史臣（黃宗羲）《弘光實錄鈔》，《南明史料（八種）》，江蘇古籍出版社，1999，第 5-6 頁。

的新思維。可是，如此超前的主張若想付諸實踐，並不現實，畢竟還是君主體制，只能在現存倫理話語內說事、處理問題。黃宗羲的建議，史可法非不想用，是根本不可用。他徘徊不定，就因為內心處在所願與不能的夾縫中，既不甘心擁戴福王，又深知這樣做的難度。不在其位，難謀其政。史可法作為當局者所想到、看到、體會到的東西，黃宗羲豈能盡知？可惜的是，儘管史可法可能都想到、都看到、都體會到了，卻陷入哈姆萊特式遲疑，讓那個馬士英捷足先登。

九

關於馬士英擁立福王，在基本事實不變情況下，各家敍說多有不同。計六奇說：

> 馬士英獨念福王昏庸可利，為之內賄劉孔昭，外賄劉澤清，同心推戴，必欲立之，移書史可法及禮部侍郎呂大器，謂以序以賢，無如福王，已傳諭將士奉為三軍主，請奉為帝。[1]

這是最強硬、最決絕的一幅圖景，「必欲立之」，「已傳諭將士奉為三軍主」，至以武力相威脅。顧炎武同樣提到福王之立有軍事為後盾：

> 時士英握兵權於外，與大將靖南伯黃得功、總兵官劉澤清、劉良佐、高傑等相結。諸大將連兵駐江北，勢甚張。大臣畏之，不敢違。[2]

其他講述，卻包含讓人意想不到的情節。最奇特的是《弘光實錄鈔》所記：第一，抓住時機、搶「定策「之功的主意，來自阮大鋮，是他「走誠意伯劉孔昭、鳳陽總督馬士英幕中密議之，必使事出己而後可以為功」。第二，三人密議的結果，並非徑以福王為目標，而是由阮大鋮派手

---

① 計六奇《明季南略》，中華書局，1984，第 6 頁。
② 顧炎武《聖安皇帝本紀》，《南明史料（八種）》，江蘇古籍出版社，1999，第 96 頁。

下一個叫楊文驄的趕往淮安，「持空頭箋，命其不問何王，遇先至者，即填寫迎之」：

> 文驄至淮上，有破舟河下，中有一人，或曰福王也。文驄入見，啟以士英援立之意。③

計六奇記錄了一種說法，也稱馬士英最初奔潞王而來：

> 或云士英亦希立潞王，而潞王舟先發一日，且渡江，乃亟奉福王登舟，黃得功、劉良佐、高傑以兵護行。④

對此，計六奇表示懷疑，「其說非也」；他認為，馬士英是在福王舟抵儀真時，「私致推戴之意，且招劉澤清以兵南下」。撇開細節問題，馬士英開始並非只擁戴福王這一點，應屬可信。《小腆紀年附考》提供了故事的另一版本：

> 士英亦遣其私人傳語可法，謂立君以賢，倫序不宜固泥。可法信之，即答以七不可之說……⑤

馬士英一類人，腦中盤旋的只有「投機」二字。有奶便是娘，「不問何王，遇先至者，即填寫迎之」的行徑，很合乎他們的內心邏輯。倫序也好，賢愚也好，在他們這裏，才真正純屬一種藉口、一種旗號，需要什麼就拿出什麼，逢山開路、遇水架橋；總之，把「定策奇功」搶到手，也就是了。李清說，這夥人中另一位重要角色劉澤清，原來也表態擁護潞王，一旦聽說馬士英與其他幾位將軍結成同盟，「至是以兵不敵，改計從（高）傑等。」⑥所以，他們遠比史可法們靈活，別人還在躊躇、還在煎熬之際，他們卻早已搖身一變、順勢而動、穩操勝券。

---

③ 古藏氏史臣（黃宗羲）《弘光實錄鈔》，《南明史料（八種）》，江蘇古籍出版社，1999，第 5 頁。
④ 計六奇《明季南略》，中華書局，1984，第 7 頁。
⑤ 徐鼒《小腆紀年附考》，中華書局，2006，第 155 頁。
⑥ 李清《南渡錄》，《南明史料（八種）》，江蘇古籍出版社，1999，第 126 頁。

十

李清還提到在這過程中朱由崧的一個舉動：

> 時王聞，懼不得立，書召南竄總兵高傑與黃得功、劉良佐協謀擁戴。[1]

可能性不知如何。更多跡象表明，朱由崧「被」擁立的成分似乎較大，無論以他的頭腦，還是以他彼時的處境、心氣論，都不像有能力採取主動。

綜合各種所述，我們大致復原一下朱由崧時來運轉的那一刻：他隨潞王等來到淮安後，落拓登岸，窮困潦倒，與幾位隨從靠借來的一千金度日。正在無計可施之際，一日，忽然遇見幾個陌生人。其中一個，掏出一封信箋，上面寫着恭迎他去南京繼承大統之類的話，具名者「馬士英」、「劉孔昭」等等，都是些響噹噹的人物。當然，來者不曾告訴他的是，他們在淮安首先尋找的是潞王，可惜，打聽來的消息顯示，潞王的船隊前一天就駛離該處，現在甚至已經渡過長江。換言之，當初若非黯然離開王舟，他本人也將與這樣的機遇失諸交臂。然而，事起突然，一時間，福王信疑參半。不過，很快馬士英就親自趕來覲見，帶着幾位軍事強人的效忠信，還有浩浩蕩蕩的軍隊。朱由崧終於明白，一件大事即將發生。

以上所有情節，我們無法給出具體日程表，很多事情在幕後發生，史無明載，就連當時史可法和南都諸臣都蒙在鼓裏。[2]《國榷》有一筆記載，5月30日（四月二十五日壬午），「史可法約南京諸大臣出議，不果。」原因不明，會不會是馬士英奉迎福王正在途中，密囑其同夥暫時迴避？根據我們掌握的日期，6月1日（四月二十七日甲申），南京禮部官員前往儀真面見福王，正式呈交請他駕臨南京的「百司公啟」；這意味着，6月1日之前他應該正在從淮安到儀真的路上。

---

[1] 李清《南渡錄》，《南明史料（八種）》，江蘇古籍出版社，1999，第126頁。
[2] 「南都諸臣不知也，方列王不孝不弟七款⋯⋯不知傑等與士英已迎立福王矣。」同上書，第126頁。

5月30日，史可法召集會議「未果」，僅隔一天，6月1日同樣的會議卻開成了，而且取得決定性成果。《聖安皇帝本紀》記道：

> 甲申，守備南京魏國公徐弘基、提督操江誠意伯劉孔昭等，
> 南京戶部尚書高弘圖、工部尚書程注、都察院右都御史張慎言、
> 掌翰林院事詹事府詹事兼侍讀學士姜曰廣等，南京守備掌南司禮
> 監務太監韓贊周等集朝內。兵部右侍郎呂大器署禮、兵二部印，
> 不肯下筆。史科給事中李沾厲聲言：「今日有異議者死之。」[③]

緊接其後，顧炎武提到「諸大將連兵駐江北，勢甚張」，作為李沾嚴厲威脅的注腳。

這個會議，馬士英、史可法均不在場。前者是資格問題，後者似乎返回浦口駐地，不在南京。

對於某一方，這是一次準備充分的會議，對於另一方，則有些猝不及防。呂大器顯然遭到當頭一棒，他以不肯起草文件和用印的方式，做着無謂而徒勞的掙扎。

《明季南略》和《小腆紀年附考》說，與李沾發出威脅同時，劉孔昭、韓贊周「復力持之」。朝臣、勛貴、太監，三種聲音交織得很好，充分顯示事先經過周密聯絡和策劃。呂大器還想拖延，遭到劉孔昭「面詈」，警告他「不得出言搖惑」。「大器不敢復言」。「議遂定」。「乃以福王告廟」。[④] 告廟，是將結果呈報於列宗列祖，在禮法上完成確認。

同日，禮部官員趕往儀真遞交「百司公啟」，福王「得啟即行」。次日（6月2日）抵浦口，魏國公徐弘基等恭接。第三天過江，舟泊南京城外燕子磯。第四天（四月三十日丁亥），南京要人謁見。第五天（五月初一日戊子），福王離舟登陸。入城前，先到孝陵祭告，然後從東華門入，步行穿過皇極殿，出西華門，到內守備府，以之為駐蹕行宮；百官朝見，行面君時正式的四拜禮。

---

③　顧炎武《聖安皇帝本紀》，《南明史料（八種）》，江蘇古籍出版社，1999，第96頁。
④　計六奇《明季南略》，中華書局，1984，第7頁。徐鼒《小腆紀年附考》，中華書局，2006，第156頁。

「定策」塵埃，至此落定。

入城時，王輦所到之處，市民沿街聚觀，紳士們肅立恭迎。《國榷》說：「始，江南聞變，各懷危懼。至是，士民忻忻有固志。」[1] 南京街頭氣氛說明，隨着福王到來信心正在恢復。而在稍遠的外地，還是人心惶惶；計六奇記述，福王入南京當日，「無錫各大家避居湖濱」，整個五月上旬，不斷有搶劫消息傳來，五月十一日（6月15日），時為教書先生的計六奇正授課中，聽到外面銃聲一片，跑出一看，「數百人荷戈鳴金，巡繞廬舍」，打聽後得知是地方集資組成的臨時保安隊伍，「每人予米三升，錢三十文，肉半斤」。[2] 撇開政壇的矛盾鬥爭不論，從民間角度看，新君人選產生是受歡迎的，它對穩定人心、恢復安寧有積極意義。

十一

歷史常有奇怪的巧合。

1644年6月7日，古曆謂之庚寅日。就像彼此約好的，滿清攝政王多爾袞在這天進入北京，而遠隔千里，明朝福王朱由崧也於當日在南京宣佈監國。

事實上，當然沒有什麼約定或溝通，以當時情形，北京、南京兩地起碼須隔十幾日方能了解對方那裏發生了什麼。然而，他們卻不謀而合，共同選擇6月7日這一天去各自最重要的事。何以如此，只有老天知道。也許，真的有什麼神祕力量，冥冥中做出這樣的巧安排。

《小腆紀年附考》記述多爾袞入城的經過：

> （明朝官民）備法駕迎太子於朝陽門，望塵俯伏，及登輿，非太子也，眾駭愕間，前驅者麾都人悉去白冠，則我大清攝政王率滿洲兵入城矣。城上白標驟遍……[3]

---

① 談遷《國榷》，中華書局，2005，第6081頁。
② 計六奇《明季南略》，中華書局，1984，第8頁。
③ 徐鼒《小腆紀年附考》，中華書局，2006，第156頁。

崇禎死後，盛傳太子落入李自成之手，並於 5 月中旬一片石大戰前被挾往前線；及李軍戰敗，太子為三桂所救，留在軍中[④]。這只是傳聞，明太子的真正下落一直懸疑，三百多年來學者窮究備考，仍無定論。不過當時北京城內對太子在吳三桂軍中的傳聞，好像篤信不疑，而多爾袞決計利用這一點——以及北京對吳三桂實已降清的不知情。他讓部隊詐稱奉太子還朝，騙入朝陽門。瞬間，北京易幟，「城上白標驟遍」。

《國榷》也記道：

> 清攝政王湯鵝泰（多爾袞當時的譯音）入北京。時鹵簿出朝陽門，臣民望塵伏道左，止輦升輿，則胡服頎身，臣民相顧失色，關寧兵（指吳三桂軍）已先驅入都門。城上俱立白旂。[⑤]

多爾袞本可耀武揚威，以征服者姿態強勢入京，但他卻採取了掩人耳目的方式。這固然說明來者並非想像中的那種粗鹵無謀的「蠻夷」，似也讓人感到，北京城的未來統治者對明朝的正統地位和權威，心存畏憚。他們頗注意替自己的行為尋找合法性，以便從倫理上成為有說服力的中國權力繼承者。從一開始，滿清就着眼於此，包括之所以通過與吳三桂聯合的方式入關（清兵完全可以隨時越過長城，這在崇禎二年（1629）十月「乙巳之變」皇太極率十萬滿蒙騎兵突入關內、逼臨北京過程中，已一目了然），以及佔領北京後禮葬崇禎（雖然並不隆重）、將軍事行動首先放在追擊李自成上。後來，在多爾袞致史可法的那封著名的信中，這些撈取合法性的努力，都成為滿清論證自己更配得上統治中國的依據。

當北京上演明末版「鬼子進村」一幕時，福王朱由崧的監國儀式也在南京舉行。較諸清兵狡詐的入城，南京的儀式來得冠冕堂皇、從容不迫。儀式第一個環節，行告天禮，並焚燒祝文。據說，祝文燒出的灰燼扶搖而上，「飄入雲霄」[⑥]，這像是不錯的兆頭。然後，朱由崧升殿，以監國身份接受群臣的四拜之禮。開國名將徐達之後、魏國公徐弘基跪進監國寶印，群

---

④ 同上書，第 155 頁。
⑤ 談遷《國榷》，第 6083 頁。
⑥ 徐鼒《小腆紀年附考》，第 157 頁。

臣再行四拜禮。這樣，明王朝正式結束了自 4 月 25 日以來四十七天無君的狀況。

朝廷正式發佈崇禎皇帝的訃告，同時作為監國臨政的舉措，大赦天下，並決定免除因用兵而向民間徵收的「練餉」、停收崇禎十二年（1639）以來「一切雜派並各項錢糧」；上述稅費，如有崇禎十四年（1641）之前拖欠未繳者，現在也一筆勾銷[①] —— 當然，這只是順水人情，其實收不上來。

無論如何，從表面看，朱由崧監國就像以往每位新君即位一樣，保持着帝國的一貫風範，有條不紊，程序規整。王朝經歷了悲痛，但沒有失去秩序，而且以舉行監國儀式為標誌，似乎正在恢復平靜、重新開始。

幾天內，陸續做出重要任命：以史可法為東閣大學士兼兵部尚書、高弘圖為東閣大學士兼禮部尚書、馬士英為東閣大學士兼都察院右都御史、姜曰廣為東閣大學士兼禮部左侍郎、王鐸為東閣大學士入閣辦事、張慎言為吏部尚書、周堪賡為戶部尚書。

6 月 19 日，朱由崧正式即皇帝位。這純粹是個手續問題。十二天前，所以首先以監國名義臨政而不直接即皇帝位，是因法定皇位繼承人是崇禎太子，現在，在太子沒有下落的情況下，朱由崧「因序而立」，但需要以監國的名義過渡一下。

即位詔書宣佈，明年改元，新年號是「弘光」。之前，閣臣們擬了兩個年號，一為「弘光」，一為「定武」。寫下，團作兩丸。朱由崧「祝天探丸」，摸到了「弘光」[②]，他就此成為弘光皇帝 —— 換言之，倘摸到另一紙團，歷史上留下來的便是「定武皇帝」。據說，對這年號的凶祥，當時就有議論，「弘」字也還罷了，「光」字如何用得？吏部尚書張慎言在得知清朝那邊年號為「順治」後，私下提出一個理論：「光」從火，而「治」從水，「恐水能克火」[③]。對字義或諧音有所諱忌，在中國是很常見的心理。「嘉靖」的年號，就曾被民間聯想為「家家皆淨」。實際而言，當然並無道理。就算朱由崧「祝天探丸」得到的是「定武」，事情該怎樣仍將怎

① 徐鼒《小腆紀年附考》，中華書局，2006，第 157 頁。
② 談遷《國榷》，中華書局，2005，第 6099 頁。
③ 同上。

樣。一年以後，唐王朱聿鍵在福州稱帝，年號「隆武」，運數也沒有變得好起來。

　　撇開運數不談，在朱由崧即位的當時，明王朝確有柳暗花明之意。從5月上旬聞悉崇禎死訊算起，短短一個月，順利解決了新君就位的問題，今後各項事務的展開似乎有了保障。人們從詔書中看到，新君有力地強調着「燕畿掃地以蒙塵，龍馭賓天而上陟，三靈共憤，萬姓同仇」，並立下「敢辭薪膽之瘁，誓圖俘馘之功」的誓言[④]。考慮到諸多有利條件，就像皇帝承諾的那樣，帝國將會翻開「更始」的一頁。

　　崇禎十七年三月十九日以來，北京兩易其手，南京也經過一番明爭暗鬥找到新的主人。此刻，它們就像兩大高手，在中國這張巨大棋盤的兩端同時各就其位，準備佈子行棋、對壘博弈。好戲在即，粉墨已畢，我等只管持壺啜茗、定睛細看便是。

---

④　李清《南渡錄》卷之一，《南明史料（八種）》，江蘇古籍出版社，1999，第136頁。

Chapter 2

四鎮・武人

　　二百多年「以文抑武」體制，現在明顯成為明朝前途中一片最大的暗礁。一邊是不容動搖的祖制、國本，一邊是沮抑已久、而今在現實的支持下話語權突然放大野心亦隨之猛增的武人集團；這種尖銳矛盾，令所謂文、武分途變成了文、武對立。此時，李自成奔命遠方，滿清「腥羶」也根本還沒有逼近，南京卻已經內傷深重。

世上自有國家以來，便伴隨武力。武力，不惟幫助國家建立，亦為其維持存在所仰仗。但武力與國家間的關係，從來有兩面性 —— 可以是拱衛、守護者，亦能成為破壞者甚至毀滅者。

有鑒乎此，各種類型或制度的國家，都曾設法解決這一難題；迄今來看，卻沒有堪稱完善的方案，就連現代民主政體也不敢自詡可以高枕無憂。雖然從現實有效性觀察，民主政體下武力失控的可能性極低，軍人憑藉武力發難、一舉改變國家現狀的情形，實已罕見。但現實情形並不足以消除理論上的擔憂，以美國為例，我們時常從其電影、小說等看到軍方因不滿現實、試藉武力一逞己志的假想情節。此雖僅為文藝家的想像，但其構思與敘事卻並非全無來由和依據。

所有國家（朝代）的創建，幾乎都是行使武力的結果，一般而言，權力瓜分將體現軍功的因素，從而普遍形成顯赫、強大的軍事貴族階層。一位歐洲史學家這樣說：

> 他們就是圍繞在每一個有權勢者（包括國王在內）周圍的王室武士（household warriors）群體。雖然當時有各種難題困擾統治階級，但最緊迫的問題卻不是和平時期的國家或私人莊園的管理，而是設法擁有作戰手段。無論於公或於私，無論是為了無憂無慮地工作，還是為是保衛生命和財產，許多世紀以來，戰爭一直被認為是對每一個領袖的事業的常見威脅，以及各種權力職位存在的目的。[1]

這些人，我們不妨大致或籠統地稱他們「騎士」，雖然嚴格意義上「騎士」只是「最低層封建主」[2]，但因其廣為人知、比較通俗，我們姑且用它來指代歐洲中古時期整個的軍事貴族階層。我們知道，騎士文學是歐洲

---

[1]　馬克·布洛克《封建社會》，上，臺北桂冠圖書股份有限公司，1998，第233頁。
[2]　沈煉之主編《法國通史簡編》，上海人民出版社，1989年，第85頁。

文學非常悠久的品種；例如，西班牙有熙德傳說，法國有羅蘭之歌，英國有亞瑟王和圓桌武士故事。假如你不很熟悉這些，起碼聽說過《堂‧吉訶德》，那也是騎士文學的反諷之作。當然，更可以讀一讀莎士比亞歷史劇，不論《約翰王》、《亨利四世》、《亨利五世》、《理查二世》……裏面有許許多多這樣的人物。這些情節中，不斷出現某某公爵、某某伯爵，你方唱罷我登場，正像布洛克談到的：「雖然正式集會由於戴着王冠的國王的光臨而大大增添光輝，但詩人甚至對中、低級貴族召開的最普通會議也給予慷慨的渲染」③，這是歐洲古典文學津津樂道、頗具特色的一番炫華場景，我們中國讀者往往對此有深刻印象。而此類場景的歷史背景是這樣的：

> 卡佩王朝初期封建割據不斷加強，法國領土上存在着數十個大的封建公國和伯國，卡佩國王對他們除至多保留領主與附庸的關係外，沒有任何其他控制權，他們在其領地內行使着完全獨立的統治權利。這些封建公、伯國主要是諾曼第公國、勃艮第公國、阿基坦公國、布列塔尼公國……④

這是中世紀的法國，而在英格蘭、意大利、德意志，情形皆相仿佛。

在尊貴然而孤立可憐的國王，與口頭宣誓效忠、實際則因為行使着獨立的權力而往往飛揚跋扈的軍事貴族之間，我們隱隱約約懂得何謂「既有入侵、又有內亂的反覆不斷的戰爭狀態」——布洛克並且說：歐洲「一直生活於這種狀態」⑤。軍事貴族集團的強大，帶來兩個影響：一是國家穩定係數偏低，君弱臣強，王權不能有效管理國中武裝力量，叛亂、紛爭、衝突頻繁出現；二是國家被軍事貴族實權所架空，後者對國家的效忠可以只是名譽上乃至表面的，而憑藉領地、城堡行軍事割據之實，相對於統一、完整形態的國家，其社會經濟生產和文化發展存在較多障礙，面臨很大不利因素。

---

③　馬克‧布洛克《封建社會》，上，第 330 頁。
④　沈煉之主編《法國通史簡編》，第 84 頁。
⑤　馬克‧布洛克《封建社會》，上，第 244 頁。

二

　　中國歷史由於獨特的文化源頭，走在另一條路上。兩周期間，中國也實行與歐洲相近的「封建制」，但是，通過「周禮」亦即一套倫理規範，封國與王權、封國與封國之間去軍事化，在道德框架內達成秩序的認同與信守。不過，平王東遷（前 770 年）起，從春秋至戰國，先前的道德認同逐漸崩解，此後大約五百多年，王綱解紐、霸道興起、天下攘亂、武力失控，此即為何孔子會屢屢夢見周公、終生以恢復周禮為己任。

　　五百年大亂，秦國強者勝出。秦以最強武力敉平、消滅其他較弱的武力，從而建成大一統的中央集權國家。這一國家形態，天然地包含抑制、防止超越國家之上的武力之存在的思想，「墮名城，殺豪俊，收天下之兵聚之咸陽，銷鋒鑄鐻，以為金人十二」[①]。這種認識，帶着很強的中國文化和歷史特色，世界其他地方，無論歐洲還是東方的蒙古、日本，均無由致之；所以，中國能夠出現大一統中央集權的構想與實踐，別處則不能。但秦朝雖將這一訴求表達出來，卻並未找到用以支持它的架構，毀壞大城城防、收繳銷毀天下兵器，都是些硬性和外化措施，僅此肯定不能真正達到目的。代之而起的漢代，開始尋找中央集權與「封建制」政治原理的不同，文、景、武三朝，賈誼、晁錯、主父偃先後提出《治安策》、《削藩策》、《推恩令》，從思想上明確中央集權認識，與「封建制」劃清界限。這是中國歷史非常重要而且獨具的進展，目今一般歷史教科書囿於成說，用歐洲歷史模式套論中國，將二千年帝制時期稱為「封建社會」，而實際上，自秦代起中國就脫離於「封建」體系、進入中央集權模式。

　　而具體的形而下的制度建設，則還要經過幾百年，方形完備。其中要格外注意中國選士制度的形成與變遷。《漢書‧董仲舒傳》說：

> 　　自武帝初立，魏其、武安侯為相而隆儒矣。及仲舒對冊，
> 推明孔氏，抑黜百家，立學校之官，州郡舉茂材孝廉，皆自仲

---

① 司馬遷《史記》，秦始皇本紀第六，上海古籍出版社，1997，第 191 頁。

舒發之。②

　　究竟是「自仲舒發之」抑或稍早些，或許待定，但中國政治土壤中的確長出了一株獨特的幼苗，它在幾個世紀間從貢舉制逐漸演化到科舉制，如鄧嗣禹先生所論，最終定型於隋唐兩代：「科舉之制，肇基於隋，確定於唐。」③

　　把歷史對照起來，才比較容易看出名堂：在大致同樣的時間段，歐洲形成了軍事貴族的騎士集團，中國則生成靠筆墨吃飯的文官集團。他們成為各自的社會中堅。在歐洲，若想做人上人，得靠驍勇、征戰和軍功；在中國，則「萬般皆下品，唯有讀書高」，靠的是學識、德行或吟詩賦文的才具。這反映了社會結構的區別，以及權力的去向。隨着「士」的階層的生長與壯大，中國將社會權力移交給遠離武力的文官政治，後者「手無縛雞之力」，無法以武力方式構成威脅 —— 首先當然是對帝權本身的威脅，其次，客觀上人民遭受兵燹之災的機率也大大降低，這意味着社會可以期待較長久的穩定。對此，黃宗羲在《明夷待訪錄‧兵制三》裏有一簡明概括：「唐宋以來，文武分為兩途。」④自從這權力模式定型以來，有一種看法就在中國扎下了根，即：「天下」雖於「馬上」得之，卻不能於「馬上」治之。這可以簡化為兩個字眼，「武功」和「文治」——國家建立或改朝換代主要依靠「武功」，而社稷延存和祚運傳續卻取決於「文治」。

　　所以一般地，新朝代建立後，會馬上着手改變「打天下」時軍事系統的狀態，使整個系統重組。宋太祖「杯酒釋兵權」，往往被講述成陰謀故事。其實不然，這一情節來自中央集權政治結構內在而自發的要求，所發生的也遠不是一些卓有戰功的將軍個人權力地位邊緣化，而是整個軍事系統都被重新構造。這種重新構造，每個朝代原理相同，具體方式方法不一。唐宋兩朝，軍權收歸中央，「然其職官，內而樞密，外而閫帥州軍，猶文武參用」⑤，文職重臣外出領軍，為全權性質，可直接帶兵，亦即文臣

②　班固《漢書》，卷五十六，中華書局，2002，第 2525 頁。
③　鄧嗣禹《中國考試制度史》，商務印書館，民國二十五年，第 18 頁。
④　《黃宗羲全集》，第一冊，浙江古籍出版社，1985，第 34 頁。
⑤　同上。

臨時變身將軍，故曰「文武參用」。而在明代統治者看來這很不徹底，它進一步設計出文武「截然不相出入」的兵制：

> 文臣之督撫，雖與軍事而專任節制，與兵士離而不屬。是故
> 涖軍者不得計餉，計餉者不得涖軍；節制者不得操兵，操兵者不
> 得節制。方自以犬牙交制，使其勢不可叛。[1]

簡言之，明軍領導管理有兩個並存的層面，一為文官系統的督撫，一為武臣系統的總兵、參將等。前者管控後者而不與部隊發生任何直接關係，後者領兵而接受前者的指令。這種設計，目的不言而喻：分散武力的領導權。問題是，怎麼做到這一點？我們發現關鍵在於這句話：「涖軍者不得計餉，計餉者不得涖軍。」換言之，把權力加以切割，交給一些人財權而不給他們兵權，交給一些人兵權而又不給他們財權。古云：「兵馬未動，糧草先行。」明朝正是將「兵馬」和「糧草」拆解成互不相干的兩塊，有「兵馬」者無「糧草」，有「糧草」者無「兵馬」。如此一來，誰也不能單獨控制武力，非於彼此依賴的同時，又彼此牽制不可。在此，明朝統治者很會動腦筋，想出的辦法頗為巧妙。當然，決定性因素還是中央集權體制，沒有這樣一種財賦盡歸中央的體制，顯然無從以「糧草」來控制軍隊。

某種意義上，明代確實做到了「使其勢不可叛」，近三百年中，不是沒有能征善戰的將軍，卻沒有真正的軍事強人。武力之於國家那歷來的兩面性，似乎成功地變成了一面——只有順應國家需要的一面，而無危害、破壞的一面。

三

可惜，世上無十全十美之事。雖然武力之於國家的兩面性似乎被化解，但這化解方式本身卻有自己的兩面性。「節制者不得操兵，操兵者不得節制」，承平狀態下可有效防範武力失控，可一旦國家面臨較嚴重的外患

---

[1] 《黃宗羲全集》，第一冊，浙江古籍出版社，1985，第 34 頁。

或內憂，所帶來的問題恰恰也就是不能有效控制武力。因為，真正需要用兵的時候，「節制者不得操兵，操兵者不得節制」勢必是內耗與掣肘。不單如此，「節制者」、「操兵者」兩種角色長期定向化，還阻斷了健全軍事家的產生。此即黃宗羲指出的：

> 夫天下有不可叛之人，未嘗有不可叛之法。杜牧所謂「聖賢才能多聞博識之士」，此不可叛之人也。豪豬健狗之徒，不識禮義，輕去就，緩則受吾節制，指顧簿書之間，急則擁兵自重，節制之人自然隨之上下。試觀崇禎時，督撫曾有不為大帥驅使者乎？此時法未嘗不在，未見其不可叛也。[2]

但他只講了某一面的情形，還有另一面，亦即「節制者」不知兵。在以文抑武的軍事系統中，文官出身的督撫都是些讀着聖賢書、唸着「子曰詩云」長大的進士，派他們去「節制」那些帶兵打仗的將軍，尋常剿討小股毛賊也許還看不出來什麼，狼煙四起、遇到大規模戰事時，局面實在不免荒唐；既然不知兵，實際上，他們也很難「不為大帥驅使」。

帝制中國，無論統治者還是老百姓，都從「文武分途」或者說文官政治結構受益，國家安定，生產能夠保持，文明的腳步較少受干擾，這些都應看到和承認。一直到十八世紀，中國的經濟在全球鰲頭獨佔，與從制度上有效抑制武力的破壞性有極大關係。不過，正像一開始所說，國家與武力這對難兄難弟的矛盾，沒有盡善盡美的解決方案，相對較好的方案，也必然存在不足。從帝制中國的情形看，自從晉、唐經歷最後兩次嚴重內亂而終於找到有效抑制武力破壞性的制度後，宋、明兩大朝代因內部武力失控而起的危機均不再至，董卓、安祿山式梟雄銷聲匿跡，它們最後覆亡無一例外由外族入侵所致，這也絕非巧合。

問題正在於，當內部武力失控的可能大為削弱時，國家整體軍事能力和效率必然隨之下降。其害處，承平之世絲毫看不出來，一旦「有事」，虎皮羊質、外強中乾的真相便會暴露。宋、明脆敗於西夏、金、蒙古、滿

---

② 同上。

清諸外族，一直以來被歸之於後者武力超強。這固然未為無理，但人們談得很不夠的，其實是宋、明自身軍事機體何其虛弱、不堪一擊。這兩個朝代幾乎不能贏得任何一場戰爭，雖然局部來看它們並不乏軍事奇才和英雄人物，楊家將也罷、岳家軍也罷、戚繼光也罷，但置諸整體，宋朝、明朝在軍事中的表現皆屬低能。歸根結底，這不應到個人身上找原因，而是制度使然。以文抑武，不光嚴重制約軍隊的戰鬥力，還使得軍事領域摻雜、充斥着官場政治的各種陰謀氣息，在潘洪如何陷害楊繼業、秦檜如何損毀岳飛、北京官場如何傾軋袁崇煥……這類故事中，有着宋、明兩代軍事機器的典型特徵和原理。簡言之，「無事」時它的確十分有效地消融了導致軍事強人產生的能量，然而「有事」時它卻恰恰銷蝕了國家對於高效軍事組織和偉大將領的希望。

我們從明代可以看到，它絕非在朝代尾聲才暴露自己軍事上的低能。1449 年，明英宗朱祁鎮率五十萬大軍，對蒙古瓦剌也先部玩「御駕親征」，結果於土木堡（今河北懷來附近）五十萬人馬全軍覆沒，朱祁鎮本人被活捉而去。這麼一齣喜劇，固是皇帝胡鬧所致，但五十萬明朝正規軍一觸即潰，委實超乎想像。皇家的《英宗實錄》這麼記載：

> 壬戌，車駕欲啟行，以虜騎繞營窺伺，復止不行。虜詐退，王振矯命抬營行就水，虜見我陣動，四面衝突而來，我軍遂大潰，虜邀車駕北行。[1]

並沒發生戰鬥，對方只一衝，明軍「遂大潰」，威風八面的大明皇帝也就被人「邀車駕北行」（俘虜）了，五十萬大軍根本是紙老虎，或者連紙老虎也不算。諸多跡象表明，明朝之能維持二百五十年左右的國泰民安，很大程度是因周邊沒有強敵。十四世紀蒙古人崩潰以後，完全退回遊牧原形 —— 他們本質上不適應國家形態，此時終於恢復本性，四分五裂，在廣邈原野上東馳西騁，唯以劫掠為能事；歷來是中國心腹之患的北方一線，由此暫為虛墊，直到萬曆年間努爾哈赤統一建州五部，北部重新出現一個

---

[1] 《明英宗實錄》，卷一八一，國立北平圖書館紅格鈔本影印本，1962，第 3498 頁。

蠻族國家。

崇禎初年以來，內憂與外患並起，督撫＋大帥的結構在內外兩線都暴露出同樣的問題：承平狀態下的穩然可控，一經實戰考驗，被證明徹底失控。洪承疇戰敗、被俘、投降，是這當中有代表性的典型事例。當時，以「兵部尚書兼副都御史、總督薊遼軍務」身份來到遼東的洪承疇，在松山之戰中為諸將所棄，大同總兵王朴率先遁去，在十三萬大軍中引起連鎖反應，「於是各帥爭馳，馬步自相蹂踐，弓甲遍野。」[2] 之後，洪承疇帶着僅剩的由他直接指揮的萬餘孤軍，困守松山半年，終於投降。大致，整個崇禎朝的軍事失利如出一轍，剔除其他因素，都因督撫＋大帥這一結構造成軍事行動實際不可控所致。

眼下，來到朱由崧領銜的弘光朝。即位之始，他發下「敢辭薪膽之瘁，誓圖俘馘之功」的狠誓。君仇國辱須報，疆土亟待恢復。單論數量，此時明朝尚擁兵百萬以上，比敵人只強不弱，朱由崧發下那樣誓言，也算有根有據。問題是，祖宗制度擺在那兒，偏癱的明朝若想起死回生，弘光君臣非玩出點新花樣不可。

四

新任總理大臣兼國防部長——明朝的官銜稱為「東閣大學士兼兵部尚書」——史可法嘗試改革，當然，他謹慎迴避任何類似「改革」的字眼，以免引起與祖制相違的質疑。

這方案，就是對弘光朝有重大影響的著名的「設四藩」。提出的時間，諸書所記不一。顧炎武記為乙未日[3]（五月初八，西曆 6 月 12 日），談遷記為己亥日[4]（五月十二，西曆 6 月 16 日），黃宗羲和計六奇記為庚子日[5]（五月

---

② 談遷《國榷》，卷九十七，中華書局，2005，第 5904 頁。
③ 顧炎武《聖安皇帝本紀》，《南明史料（八種）》，江蘇古籍出版社，1999，第 97 頁。
④ 談遷《國榷》，第 6096 頁。
⑤ 古藏氏史臣（黃宗羲）《弘光實錄鈔》，《南明史料（八種）》，江蘇古籍出版社，1999，第 6 頁。計六奇《明季南略》，中華書局，2008，第 26 頁。

十三，西曆 6 月 17 日），李清筆下日期最晚，為甲辰日[1]（五月二十一日，西曆 6 月 21 日）。差異或係時過境遷，各人記憶不一所致。筆者傾向於採信黃宗羲《弘光實錄鈔》，正像那個「鈔」字所示，此書之作，以黃宗羲私藏的弘光「邸報」為本：「寒夜鼠齧架上，發燭照之，則弘光時邸報，臣畜之以為史料者也。年來幽憂多疾，舊聞日落，十年三徙，聚書復闕，後死之責，誰任之乎？先以一代排比而纂之，證以故所聞見，十日得書四卷，名之曰《弘光實錄鈔》。」[2]

這時，朱由崧監國已十天，距他登基稱帝還有兩天，提出的時機比較恰當。

方案向新君提出一份整體軍事藍圖，建議照此構築防衛體系，確定戰略部署。現存由史可法玄孫史開純編於清乾隆年間的《史忠正公集》，收有《議設四藩疏》一文。但此文甚短，參以《國榷》、《南渡錄》所述，整個方案的內容遠比此文具體、詳細，也許繼此疏後，史可法又向朱由崧提交過進一步的說明（《明季南略》提到了《四不可無疏》，但《史忠正公集》未載）。總之，下面我們集各書之述，以近方案全貌。

《史忠正公集》之《議設四藩疏》全文[3]如下：

> 從來守江南者必於江北，即弱如六朝者，猶爭雄於徐、泗、穎、壽之間，不宜畫（劃）江而守明矣。但此時賊鋒正銳，我兵氣靡備（憊），分則力單，顧遠則遺近，不得不擇可守之地，立定根基，然後再圖進取。臣酌地利，當設四藩。其一淮、徐，其一揚、滁，其一鳳、泗，其一廬、六。以淮、揚、泗、廬自守，而以徐、滁、鳳、六為進取基。各屬之兵馬錢糧聽其行取。如恢復一城、奪一邑，即屬其分界之內。廬城踞（距）江稍遠，有警不妨移駐江浦六合，以捍蔽沿江，相機固守。江北之兵聲既振，則江南之人情自安矣。

① 李清《南渡錄》，《南明史料（八種）》，江蘇古籍出版社，1999，第 137 頁。
② 古藏氏史臣（黃宗羲）《弘光實錄鈔》，《南明史料（八種）》，江蘇古籍出版社，1999，第 3 頁。
③ 史可法《史忠正公集》，卷一，商務印書館，民國二十五年十二月，第 3-4 頁。

文中地名多為簡稱，為便了解，我們將其轉為今名：淮、徐，是江蘇淮安和徐州，即沿黃河—淮河一線；揚、滁，是江蘇揚州和安徽滁州，即長江北岸與南京緊鄰的北、西兩塊區域；鳳、泗，是安徽鳳陽和江蘇盱眙（當時稱泗州），位於滁州以北；廬、六，是安徽合肥和六安，轄區為滁州西南以遠。

以上地區，盡處江北。此即史可法所謂「守江南者必於江北」，他構想，在南京由北至西築起兩道防禦圈，外圈為鳳陽府、徐州到淮安府，內圈由廬州府至滁州到揚州府。這兩道防禦圈，加上天險長江，等於南京正前方及左側有三層保護。而南京以東和以南，是自家畛域，無須設防。

三道防線，有如三道箍，將南京圍得鐵桶一般。四藩之間的關係，既是橫向的，也是縱向的，一在前、一在後、一為攻、一為守。即：「以淮、揚、泗、廬自守，而以徐、滁、鳳、六為進取之基。」[4] 互為表裏，裏應外合。

這設計應該說很牢靠了，但我們也發現，核心在於一個「守」字，與朱由崧發誓時的口氣大不相同，貌似怯懦。然而聯繫實際，這恰恰顯出設計者的務實，不尚虛言、腳踏實地。奏疏講得很清楚：「此時賊鋒正銳，我兵氣靡備」，「顧遠則遺近，不得不擇可守之地，立定根基，然後再圖進取」。稍後我們當可看到，南京從政壇到軍界是怎樣一種面貌，在此情狀下，唱高調毫無用處。南京第一步如能做到收拾人心、同仇敵愾，已很不錯；立刻北進、收復失地，想也別想。

更具體地看，「設四藩」的佈局共有四塊區域，即內外兩個防禦圈各切成兩段，外圈為淮徐、鳳泗，內圈為廬六、揚滁。各段「包乾」範圍，李清《南渡錄》有詳盡記述[5]：

一、「轄淮揚者駐於淮北，山陽、清河、桃源、宿遷、海州、沛縣、贛榆、鹽城、安東、邳州、睢寧，隸十一州縣，經理山東招討事。」

二、「轄徐泗者，駐泗州（今江蘇盱眙），徐州、蕭縣、碭山、豐縣、

④　李清《南渡錄》，《南明史料（八種）》，第138頁。
⑤　同上。

盱眙、五河、虹縣、靈璧、宿州、蒙城、亳州、懷遠各州縣隸焉，經理河北、河南開歸一帶招討事。」

三、「轄鳳壽者，或駐壽，或駐臨淮，以鳳陽、臨淮、潁上、潁州、壽州、太和、定遠、六安各州縣隸之，經理河南陳、歸一帶招討事。」

四、「轄滁和者，或駐滁州，或駐廬州，或駐池河，以滁州、和州、全椒、來安、含山、合肥、六合、巢縣、無為各州縣隸之，經理各轄援剿事。」

五

單看以上，「設四藩」只是一番兵力佈置，看不出有何「改革意義」。需要注意的是，奏疏中「各屬之兵馬錢糧聽其行取。如恢復一城、奪一邑，即屬其分界之內」一句。這是具有實質意義的，不過《史忠正公集》所載內容過簡，讀者難以盡悉其意，倘若參照一下《南渡錄》所述，對相關內容何其重要，輒豁然明朗：

> 一切軍民皆聽統轄，有司聽節制，營衛原存舊兵聽歸併整理，所轄各將聽薦題用，荒蕪田地俱聽開墾，山澤有利皆聽開採。仍聽招商收稅，以供軍前買馬置器之用。鎮額兵三萬，歲供本色米二十萬，所收中原土地即歸統轄。[①]

這段文字，顧炎武《聖安皇帝本紀》幾乎分毫不差，談遷《國榷》也大體相同。順便說一下，我推測後二者所述均據《南渡錄》。原因有二：一是李清弘光間在南京居要職，《南渡錄》中事都是他親歷親聞；二是《南渡錄》成稿應早於《聖安皇帝本紀》和《國榷》，南京城破之後，李清便歸隱故鄉興化棗園，杜門著述，顧炎武則參加過一段抗清活動，談遷《國榷》雖寫得早，原稿卻於 1647 年失竊，「又發憤重新編寫，一六五三

---

① 李清《南渡錄》，《南明史料（八種）》，江蘇古籍出版社，1999，第 138 頁。

年帶稿子到北京又加修訂」②（非常了不起，須知那是五百多萬字的巨著），定稿起碼是 1653 年以後了。

把《南渡錄》的記載逐句讀下來，我們得到以下信息：「四藩」被賦予極大權力，可以說軍、政、財權集於一身。不單指揮軍隊，老百姓也歸他們管；不單管得了百姓，還管得了地方官；所有原地方部隊，都被收編、統一於麾下；有權提名、建議提拔軍官，雖然理論上需要督師批准，實際只是履行個手續而已；凡屬荒地都可任意開墾，任何礦產都可不加限制地開採；甚至，有商業管理權和徵稅權，稅收不必上繳而留為「軍費」；最後還有一句：「所收中原土地即歸統轄」，即：但能攻下中原一城一地，就立即、自動、無條件納入該鎮勢力範圍，而聯繫上面所准予的諸種權力，其中的誘惑是巨大的。

《聖安皇帝本紀》在「所收中原土地即歸統轄」後面，多了一句：

> 寰宇恢復，爵為上公，與開國元勛同，准世襲。③

該句亦見於《國榷》，寫作：

> 寰宇恢復，爵為上公，世襲。④

至此，我們才算完整了解「設四藩」方案，也終於接觸到它比較核心的地方。不錯，它的確是一個務實、周密的軍事防衛計劃，但這計劃的生命力並不取決於態度的務實和設計的周密，而取決於利益與權力的再分配或讓步。假如沒有後面那種實質內容，計劃制訂得再好，也引不起任何興趣。俗話說，肉包子打狗，有去無回。到了明末這種光景，朝廷與軍隊之間，就是肉包子與狗的關係。不拿出相當的實惠，根本不可能調動軍方的「積極性」。

我們不必沉吟措辭是否得當，而可徑直確認：「設四藩」差不多等於封了四個獨立王國，不妨分別稱之為「淮徐國」、「揚滁國」、「鳳泗國」、

---

② 吳晗《談遷和國榷》，《國榷》，中華書局，2005，第 2 頁。
③ 顧炎武《聖安皇帝本紀》，《南明史料（八種）》，江蘇古籍出版社，1999，第 97-98 頁。
④ 談遷《國榷》，中華書局，2005，第 6096 頁。

「盧六國」。唐末藩鎮軍事割據時代又回來了，甚至退回到漢代初年實封異姓王（韓信、英布等）那樣的狀態。當然，史可法奏疏未有隻言片語點破這一點，它好像只是談論軍事佈局，但我們看得很清楚，佈局是一方面，割據是另一方面——抑或不如說，表面上出於佈局，內裏是為着安撫軍方、努力調動他們保護國家的「積極性」。

這表示，所謂「餉軍者不得計餉，計餉者不得餉軍；節制者不得操兵，操兵者不得節制」、「文武分途」那套祖制，已徒具虛名。四藩盡有其兵、盡有其地、盡有其民，可在境內行使一切權力，是某一區域內絕對統治者。而且，不單現在明確劃分好的區域歸其所有，將來一旦征服新地，也通通作為獎賞裝入他的腰包，完全是分茅裂土的架勢。

明朝二百多年來的以文抑武，以及軍隊在國家政治中的工具化和邊緣化，到此宣告瓦解。或者說，最終證實那套辦法沒有真正解決國家與武力這一難題；它一度行之有效，只是因處和平現實，未經真正考驗。基本上，崇禎朝十七年都在證明這一點——剿「賊」也好，平「虜」也罷，所以節節失利，追根尋源是軍事制度無法適應實戰需要。統治穩固時，它能夠防範養虎遺患之弊，抑阻武力覬覦威柄的風險。但好事豈能全佔？一俟「有事」，卻發現並非「養兵千日」就可「用於一時」，從「養」到「用」的銜接與轉換，有許多因素需要把握、安排，而明朝軍事制度顯然並未認真、深入、細緻處理好這些問題，等到狼煙四起，突然發現自己空養了數百萬軍隊，其實卻是個豆腐渣體系，安內攘外，無一堪用；末了，國都淪陷，君被逼死。

這種在戰亂時期已被證明全然無效的軍事制度，無法再堅持下去。史可法奏疏圖變，既迫不得已，也勢屬必然。然而不幸，倉猝間實際談不上創新，變是非變不可，卻又拿不出新的辦法。怎麼辦？只好悄悄揀起老套子，乞助於祖制所否定甚至是嚴加防範的藩鎮制。計六奇評論說：

> 愚謂即仿古藩鎮法，亦當在大河以北開屯設府，豈堂奧之內而遽以藩籬視之。[1]

---

[1] 計六奇《明季南略》，中華書局，2008，第 27 頁。

他也覺得，現實地看，倒退到「古藩鎮法」實屬無奈，捨此並無他法可以救急；但他認為，四藩之設起碼應在黃河以北，將其置於肘腋之內，太冒險了。這確實是非常要害的問題，後來弘光朝所有苦頭都可說由此而來。不過，這點道理史可法不可能不明白，也不會未曾慮到，然而，一來南京防衛乃當務之急，二來若真將四藩設在黃河以北，可能嗎？哪位大帥將欣然受命？這裏要捎帶批評一下黃宗羲。談到「設四藩」，他對史可法很不以為然，說「君子知其無能為矣」[2]，這固然出於嫉惡如仇（參酌他對赳赳武夫的「豪豬健狗之徒，不識禮義」的看法），但和歷來「清流」一樣：不在其位、而謀其政。人常說「當局者迷，旁觀者清」，其實剛好相反，當局者的認識較旁觀者一般都來得更清醒、準確。旁觀者不擔責任，話總能說得最漂亮，當局者卻不能以漂亮為念，他要審時度勢，言行儘量符合實際，還要顧及大局。

六

四藩者，黃得功、高傑、劉澤清、劉良佐也。國變後，他們是左良玉以外明朝正規軍中實力最強的四大統帥。這四支部隊，黃得功鎮廬州[3]，劉良佐也應駐於左近[4]；高傑、劉澤清則是「外來戶」，前者由山西敗潰而來，後者是從山東逃到江北。「及設四藩，傑卒駐揚，澤清駐淮，良佐駐鳳、泗，黃得功駐廬。」[5] 其中還有一些過節、爭奪，暫且不表。

劃定四藩的同時，朝廷還宣佈給五位大帥晉爵。寧南伯左良玉、靖南伯黃得功進封侯爵，高傑、劉澤清、劉良佐分別為興平伯、東平伯、廣昌伯。

需要補充一個情況，一般以為「設四藩」的主意出自史可法，事實也許並非如此。《議設四藩疏》肯定是史可法寫的，也是以他的名義進呈於朱由崧，不過這只表明職務關係——作為首揆，相關行為必須由他出面。但

---

② 古藏氏史臣（黃宗羲）《弘光實錄鈔》，《南明史料（八種）》，江蘇古籍出版社，1999，第6頁。
③ 錢海岳《南明史》，第六冊，中華書局，2006，第1880頁。
④ 《小腆紀年附考》第176頁說，崇禎十五年（1642），劉良佐曾與黃得功聯手，在安徽潛山大敗張獻忠。
⑤ 計六奇《明季南略》，第33頁。

意見是不是他提出，或者，是不是他的獨自主張，一些記載露出其他跡象。

例如，《明季南略》「史可法請設四鎮」一條，載史可法奏疏有如下字樣：「臣與高弘圖、姜曰廣、馬士英等謹議……」、「又議……」，顯示有關建議是內閣集體會商的結果。《國榷》的記載有相同內容，且更具體：

> 大學士史可法言：「昨午與諸臣高弘圖、姜曰廣、馬士英等，恭承召諭，令臣等將用人、守江、設兵、理餉各宜議定。謹議……江北與賊接壤，遂為衝邊。淮揚滁鳳泗廬六處，設為四藩，以靖南伯黃得功總兵劉良佐高傑劉澤清分鎮之。」[①]

明指頭一天經朱由崧召對、下旨，開了一個會，專門討論。

最出乎意表的材料，見應廷吉《青燐屑》。史可法督師揚州，作者充其幕僚，追隨左右直至揚州城破前夕，其間無話不談，後均記於《青燐屑》一書。1644 年 12 月 2 日（舊曆十一月初四），崔鎮，對時局倍感失望的史可法回顧半年來弘光朝的經歷，如是說：

> 揆厥所由，職由四鎮尾大不掉。為今之計，惟斬四臣頭懸之國門，以為任事不忠之戒，或其有濟。昔之建議而封四鎮者，高弘圖也；從中主張贊成其事者，姜曰廣馬士英也。依違其間無所救正者，余也。[②]

裏面包含四個要點：一、「設四藩」提議人是高弘圖；二、表示贊成的有姜曰廣、馬士英；三、史可法本人當時對此感到拿不定主意；四、數月後，經觀察和檢驗，史可法認為這是一個糟糕的決定，並深為後悔沒有斷然反對。

這段話正好能與《國榷》、《明季南略》相證，即：「設四藩」方案，來自於一次內閣會商。而且我們進一步得知，史可法非但不是始作俑者，還是唯一感到猶豫的人。

---

① 談遷《國榷》，中華書局，2005，第 6096 頁。
② 應廷吉《青燐屑》，《明季稗史初編》，卷二十四，上海書店，1988，第 429 頁。

問題是，這說法的可信度如何？會不會是史可法推卸責任的一面之辭？筆者不以為如此。綜觀甲申之變以來，種種表現說明史可法是勇於任事、能夠忍辱負重之人。這樣一個人，對屬於自己的過錯不會諉之他人。封四鎮後不久，江督袁繼咸從九江入朝，曾就此事專程前往內閣，「責閣臣史可法不當遽伯高傑」[3]，史可法一言未發，沒有為洗刷自己而透露內情。查遍史料，他僅僅是在私密、憤懣的情形下對應廷吉提到過一次，除此之外人概莫知，以致同時代的黃宗羲過了很多年仍認為：「史可法亦恐四鎮之不悅己也，急封爵以慰之。」[4]

　　歸根結蒂，四藩之設、重賞諸帥、武人地位提升，不在於誰提議，而在客觀上可否避免？徐鼒論道：

> 然則可法胡為出此謀也？曰：不得已也。諸將各擁強兵，分據江北，能禁其不竊踞自尊乎？不能也。鋤而去之，能保其不為敵用乎？不能也。既不能制其死命，而又不能撫之以恩……假以朝命，使恩猶出之自上，此亦亂世馭驕將不得已之術也。[5]

　　從最實際的角度講，且不說別的，弘光之立就很借重武人，不是有朱由崧曾以書招高傑等率兵擁立的傳說嗎？就算朱由崧本人無此舉，馬士英與諸將串聯總是千真萬確的事，「諸大將連兵駐江北，勢甚張。大臣畏之，不敢違。」[6]皇帝人選如何，都已須視武人眼色，何況封個伯爵侯爵？這尚在其次，更主要的是，國變之後，敗兵如潮，軍隊處在失控邊緣，事實上此時已經發生嚴重危機——高傑所部在揚州、瓜州等處，大肆劫掠，與民眾生死對峙；不同部隊之間也為爭奪地盤或其他利益，頻發流血衝突。可以說，原有軍事建構已失去效用，根本沒有任何約束力，必須要有新的方案，平衡利益、穩定軍隊，同時，重構朝廷武力或至少形成一種暫時秩序。就此而言，「設四藩」也許不是令人嘉許的方案，但它相當誠

---

③ 李清《南渡錄》，《南明史料（八種）》，江蘇古籍出版社，1999，第 139 頁。
④ 古藏氏史臣（黃宗羲）《弘光實錄鈔》，《南明史料（八種）》，江蘇古籍出版社，1999，第 6 頁。
⑤ 徐鼒《小腆紀年附考》，中華書局，2006，第 168 頁。
⑥ 顧炎武《聖安皇帝本紀》，《南明史料（八種）》，江蘇古籍出版社，1999，第 96 頁。

實，反映了現實的要求。

<h1 style="text-align:center">七</h1>

在我所讀有關南明歷史的論述（著作和論文）中，真正能夠矚目於軍事建構問題對南明時局之影響的，是一位美國作者司徒琳（Lynn A. Struve）。她的《南明史》，以明朝的「右文傾向」（或我所稱的「以文抑武」）為起點和基礎，將其視為南明的主要和基本矛盾。她說：「在明代中國不會有如同艾森豪威爾（Dwight Eisenhower）或者黑格（Alexander Haig）的官員，也不會有做了州長或市長還向選民炫耀已往軍功的上校。」[1] 西方作者對這種情形擁有特殊的敏感，極為自然，而中國人可能卻比較遲鈍。過去我們的南明研究，普遍注意的是黨爭或道德問題，把它看作左右南明的主要矛盾。我們比較習慣這樣的思路和興趣點，可惜這並非崇禎之後格局變化所在。弘光朝的新局面，在於武人地位改變及由此造成的牽制與影響。與大多數人的歷史認識不同，弘光朝並非因為清兵南下而崩潰；實際壓垮弘光朝的，是內部軍變，亦即左良玉部的叛亂 —— 當然，左部叛亂又只是國家與武力這對矛盾最終的總爆發，在此之前，齟齬不斷、醞釀已久，以後我們會藉史可法督師揚州的情形作更加細緻的觀察。

過往二百餘年，國家政治生活中幾乎沒有武人身影。太祖朱元璋盡戮宿將，逮其末年，依《明史》所說：「公、侯諸宿將坐奸黨，先後麗法，稀得免者」，只有一個湯和「獨享壽考」。[2] 一般都將此解讀為朱元璋殘忍好殺，固然不錯，然僅僅如是觀，未免小覷了這位農民皇帝。實際上，其中有他的治國取向。《閒中今古錄》載：

> （太祖）響意右文，諸勳臣不平。上語以故曰：「世亂則用
> 武，世治宜用文，非偏也。」[3]

---

① 司徒琳《南明史（1644-1662）》，上海古籍出版社，1992，第 7 頁。
② 張廷玉等《明史》，卷一百二十六，湯和傳，中華書局，1974，第 3755 頁。
③ 黃溥《閒中今古錄》，《中華野史·明朝卷一》，泰山出版社，2000，第 184 頁。

回答相當坦然：打壓武人，意在右文。這一右文傾向，明朝始終保持不變，即便中間朱棣曾以「靖難之役」大肆用兵，武人地位也未因此反彈。以後明朝並非沒有大的政治動盪，景泰末「奪門之變」、萬曆末「移宮案」，都關乎帝位，但我們在其中只見文臣身影，未見武人參預或武力因素，後者政治上的邊緣化一目了然。

弘光政治，卻庶幾相顛倒了。首先，福王以兵而立，文臣迫於軍事壓力不敢堅持己見、草草放棄主張，這是過去未有的情形。緊接着，又發生一連串武臣跋扈，乃至凌辱文臣的事情。四月二十七日，討論迎立問題時，呂大器表現猶豫，誠意伯、提督操江劉孔昭「詈大器不得出言搖惑」，不但態度粗暴，說話內容也是命令式的，而呂大器竟「不敢復言」。④ 福王進城入宮當天，文武百官第一次正式謁見的時候，靈璧侯湯國祚就當場喧嘩，「訐戶部措餉不時，其言憤慨」，文官大多沉默，倒是大太監韓贊周出面制止，「叱之起」。⑤ 這位靈璧侯就是湯和的後代，回想乃祖晚年「入聞國論，一語不敢外泄」⑥ 的表現，豈非天差地別？

過了一個月，同樣是在御前，早朝甫畢，劉孔昭拉着湯國祚、趙之龍（忻城伯、京營戎政總督），「呼大小九卿科道於廷」，「大罵」吏部尚書張慎言，「欲逐之去」。罵他「排忽武臣，專選文臣，結黨行私」。如此罵了一陣子，猶不過癮，劉孔昭竟然「袖中取出小刃，逐慎言於班，必欲手刃之」。最後，還是靠韓贊周得以制止，「叱之曰『從古無此朝規！』乃止。」⑦

這出鬧劇，將武臣的忘形展示無遺。他們並非僅僅不把文職重臣放在眼裏，索性也置皇帝的威儀於不顧。打個比方，猶今之在法庭上，控辯雙方意見不合，一方居然拍桌咆哮甚而大打出手。這種態度，豈止是欺壓對手，而是連同法官、法庭一併藐視了。故爾韓贊周斥以「從古無此朝規」。

劉孔昭等明裏衝着張慎言而來，實則是向文官主政的傳統發起挑戰。

④ 徐鼒《小腆紀年附考》，中華書局，2006，第 156 頁。
⑤ 同上書，第 157 頁。
⑥ 張廷玉等《明史》，卷一百二十六，湯和傳，第 3755 頁。
⑦ 計六奇《明季南略》，中華書局，2008，第 19 頁。

吏部專司官員選用，古時稱吏部和吏部長官為「銓曹」，這個「銓」字，便是考量、衡準之意，正如御史王孫蕃所說：「吏部司職用人，除推官升官外，別無職掌。」[①] 作為吏部尚書，張慎言提出任用人選，不僅是份內之事，實際上捨此他簡直也就無事可做。但此刻，在新的形勢下，劉孔昭一班武臣已不甘此權盡操文官之手，他們打着反對結黨營私的旗號，圖謀參與到這項權力之中，這是鬧事的實質。所以，他們與其說是攻擊張慎言，不如說是在表達對國家制度的不滿。事後，內閣大學士高弘圖向弘光皇帝上奏時，嚴正指出：

> 文武官各有職掌，毋得侵犯，即文臣中各部不得奪吏部之
> 權。今用人乃慎言事，孔昭一手握定，非其所私即謂之奸，臣等
> 皆屬贅員矣。[②]

作為抗議，高弘圖提出辭職。受到指責和侮辱的張慎言，更是堅決自請「罷斥」。正常情況下，皇帝應根據原則，對那班踰份的武臣進行一定處理，至少給予申飭；但在朱由崧來說，自己帝位就拜這些武人所賜，其「定策之功」回報還來不及，哪敢說三道四？他雖然也努力「慰留」張慎言，卻始終沒講一句公道話。結果，十多天後張慎言果然「致仕」，成為弘光朝第一位去職的文職重臣。

整個武臣集團都蠢蠢欲動。發出類似信號的，不僅有開國元戎的後代，還有手握重兵的野戰軍統帥。「四鎮」之一、新晉伯爵的劉澤清毫不掩飾地叫囂：

> 中興所倚，全在政府，舊用大帥，自應群臣公推，今用宰
> 相，亦須大帥參同。[③]

什麼意思呢？他認為：走向「中興」，必須革新政府；過去多少年，大帥的任用都由文官說了算，現在要變一變了，何人當宰相，大帥也應參

---

① 計六奇《明季南略》，中華書局，2008，第 19 頁。
② 同上。
③ 李清《三垣筆記》，中華書局，1997，第 95 頁。

與決定。

　　沒有什麼比這更赤裸裸地表明了軍人干政的意圖。二百多年「以文抑武」體制，現在明顯成為明朝前途中一片最大的暗礁。一邊是不容動搖的祖制、國本，一邊是沮抑已久、而今在現實的支持下話語權突然放大野心亦隨之猛增的武人集團；這種尖銳矛盾，令所謂文、武分途變成了文、武對立。此時，李自成奔命遠方，滿清「腥羶」也根本還沒有逼近，南京卻已經內傷深重。這麼一具軀體，還需要從外部給予打擊，才會頹然委地嗎？

八

　　六七月間，又爆發更激烈的衝突。

　　前左都御史、浙江耆宿劉宗周起復舊職。是年，劉宗周六十六歲。在學問和思想上，他是一代大宗師，世稱「蕺山先生」，明末名流出其門下的甚多，如祁彪佳、熊汝霖、陳子龍、周鑣、黃宗羲、陳洪綬、仇兆鰲、毛奇齡……可謂網盡精英。他的學說，以「誠意」、「慎獨」為核心。從思想到人格，無論對人對己，他都嚴正之極，容不得半點污垢，行為剛峻乃至乖異。他曾自謂：「既通籍，每抱耿耿，思一報君父，畢致身之義。偶會時艱，不恤以身試之。」[4] 他還是「以文抑武」論的主要堅持者，崇禎十五年（1642）十一月二十九日，在崇禎皇帝召見五府六部九卿科道的面對中，他發言說：

> 　　臣聞用兵之道，太上湯武之仁義，其次桓文之節制。以故，
> 師出有名，動有成績。[5]

　　認為用兵最高境界，是湯武仁義之道，如果做不到，就要像齊桓、晉文那樣切實予以約束、控制；否則，武力不是什麼好東西。不難窺見，他

④　劉宗周《與周生》，《劉子全書》，卷之二十，書下，華文書局股份有限公司影印本，1968，第 1427 頁。
⑤　《劉子全書》，卷之十七，奏疏，華文書局股份有限公司影印本，1968，第 1225 頁。

心中對武力以及從事武力的武人，懷有倫理上的卑視；這當然反映着儒家意識形態的基本觀念。可以想像，一個有着這樣觀念而個性又極堅毅的人出現於刻下的南京，會觸發怎樣的事端。

從接到朝廷起用通知那一刻起，劉宗周似乎就進入一種特殊的精神狀態。他從家鄉山陰起身，一路向南京進發。但他並不急於進入南京，也不肯使用「左都御史」的官銜，《明季南略》說他「不受銜」[1]，《小腆紀年附考》則說「以大仇未報，不敢受職」[2]。這種舉動在別人身上，可能是作秀，但在劉宗周卻絕對嚴肅，是對「誠意」、「慎獨」理念的踐行，用他原話講，「當此國破君從之際，普天臣子皆當致死」，幸而不死，大家起碼該做到「少（通「稍」）存臣子負罪引慝之誠」。[3]他恪守着「名不正，則言不順」，入朝面君之前，把要一切有關大義疏明確立。在他看來，君仇未報，人人都是待罪之臣，無顏接受新的任命，所以自稱「草莽孤臣」，以這身份向朱由崧遞上一道又一道奏疏，陳述心中的各種原則。

在引起軒然大波的《慟哭時艱立伸討賊之義疏》中，他嚴厲抨擊棄土辱國、望風而逃的將帥：

> 數百里之間，有兩節鉞而不能禦亂卒之南下，致淮北一塊土，拱手而授之賊。尤可恨者，路振飛坐守淮城，久以家眷浮舟於遠地，是倡逃之實也。於是，鎮臣劉澤清、高傑，遂相率有家屬寄江南之說，尤而效之，又何誅焉！按軍法，臨陣脫逃者斬，臣謂一撫二鎮，罪皆可斬也。[4]

緊接着，又上《追發先帝大痛以伸大仇疏》，指責封疆之臣確知崇禎皇帝兇問後，理當「奮戈而起，決一戰以贖前愆」，結果卻「仰聲息於南中，爭言固圍之事，卸兵權於閫外，首圖定策之功」，「安坐地方，不移一

---

① 計六奇《明季南略》，中華書局，2008，第45頁。
② 徐鼒《小腆紀年附考》，中華書局，2006，第162頁。
③ 劉宗周《慟哭時艱立伸討賊之義疏》，《劉子全書》，卷之十八，奏疏，華文書局股份有限公司影印本，1968，第1259頁。
④ 同上書，第1257頁。

步」──人臣若此，皆該「坐誅」。⑤

兩疏一出，「中外為之悚動」⑥。客觀地說，疏中言論不無過激，尤其「可斬」、「坐誅」字眼，似乎殺氣騰騰。不過，這其實未足掛懷。劉宗周只是一個持議過苛而手無寸鐵的老夫子，口中說出那些話，在他乃是激於忠義、呼喚正氣、從倫理層面出發的必有之論。其次，其矛頭所向應該說沒有「黨偏」跡象，我們看到他並非專門針對武人集團或馬士英等弘光新貴而來，所列的「可斬」對象包括路振飛，還說他「尤可恨」。其實大家公認路振飛很正派，絕不屬於「奸小之輩」。由此可見劉宗周不免也是「攻其一點，不計其餘」，有股子「一個都不饒恕」的倔強勁兒。

問題是，武人集團正處在由弱勢轉強勢、向文官系統發起衝擊的過程中。他們剛剛成功攆跑了吏部尚書張慎言，劉宗周居然「頂風作案」；更何況，人未到、挑釁先至，是可忍則孰不可忍。

事情迅速演為一場危機。「都中謗紙喧傳」，南京出現許多匿名傳單，造謠東林黨人「聚兵句容」，圖謀「不軌」，又稱「四鎮方修行署，將入清君側」；南京滿城岌岌，「旬日方定」。⑦

這些謠言，可以肯定出自武人集團，而其源泉是東平伯劉澤清。在造足氣勢之後，「越數日，劉澤清疏至，明己有功無罪」，其中更有如下狠話：「宗周若誅，即卸任。」要求朱由崧賜予上方劍，讓他去殺掉劉宗周。李清對劉澤清的上疏有三個字的印象：「語狂悖。」⑧

劉澤清似乎並非嘴上說說，《南疆逸史》（亦見於《弘光實錄鈔》）記載了一個驚人情節：

> 方宗周在丹陽僧舍也，澤清、（高）傑遣刺客數輩跡之。見其正容危坐，亦心折不敢加害。⑨

情節很像《趙氏孤兒》屠岸賈之刺趙盾。以劉澤清的陰毒，這種事他

⑤　同上書，第 1261 頁。
⑥　徐鼒《小腆紀年附考》，第 162 頁。
⑦　李清《南渡錄》，《南明史料（八種）》，江蘇古籍出版社，1999，第 207 頁。
⑧　同上書，第 207-208 頁。
⑨　溫睿臨《南疆逸史》，中華書局，1959，第 62 頁。

能夠做得出。

不過，說高傑也派遣了刺客，應係訛傳。事實上，高傑不曾參與劉澤清攻擊劉宗周的行動（詳下）；在此，筆者還特別提供一條來自祁彪佳日記的可直接排除高傑嫌疑的證據。當時，祁彪佳奉命過江，處理部隊間糾紛；七月十六日，在瓜洲與從揚州趕來、正在此協調「四鎮」的太僕寺少卿萬元吉會晤。他在當天日記中寫道：

> ……歡然共談於樓上。萬以劉鶴洲（劉澤清字）方參論東林諸老，欲令高英吾（高傑字）上訴，反其所言。予以非鎮將所宜言，令勿託彼。萬極是之。[1]

這裏說的是，劉澤清冒用高傑名義，聯名上疏參劾劉宗周等，萬元吉了解後，打算讓高傑自奏一疏，聲明名義被劉澤清冒用，而祁彪佳認為這麼做不妥，萬元吉由是打消此念。

據《明季南略》，大約半個月中，劉澤清先後三次上疏，要求嚴懲劉宗周。第一次與高傑聯名，第二次與劉良佐同時上疏，第三次以「四鎮」的集體名義：

> 七月廿一丙午，劉澤清、高傑劾奏劉宗周勸上親征以動搖帝祚，奪諸將封以激變軍心，不仁不智，獲罪名教。三十日乙卯，劉良佐、劉澤清各疏參劉宗周勸主上親征為有逆謀。八月初二日丁巳，高傑等公疏請加宗周以重儆，謂疏自稱「草莽孤臣」為不臣。既上，澤清以稿示傑，傑驚曰：「吾輩武人，乃預朝中事乎？」疏列黃得功名，得功又疏辯實不預聞。[2]

不僅冒用了高傑名義，還冒用了黃得功名義，只有劉良佐未見表示異議。最惡劣的當屬第三次，盜用「四鎮」集體名義來構成強大軍事壓力，逼迫朱由崧制裁劉宗周。

---

① 祁彪佳《祁忠敏公日記》，《歷代日記叢鈔》，第八冊，學苑出版社，2005，第 473 頁。
② 計六奇《明季南略》，中華書局，2008，第 47 頁。

事實上，劉澤清還曾於八月二十日第四次上疏。這一次，攻擊對象除了劉宗周，還有內閣大學士姜曰廣。原因是，劉宗周《慟哭時艱立伸討賊之義疏》呈達後，握有票擬權的姜曰廣代朱由崧作出如下批示：

> 覽卿奏，毋狗偏安，必規進取，親統六師恢復舊物，朕意原是如此。至嚴文武惟怯之大法，激臣子忠孝之良心，慎新爵、核舊官，俱說的是。朕拜昌言，用策後效。仍着宣付史館。該部知道。③

雖無實質性處理，然而，將劉宗周奏疏存入史館，等於所言將鑒於史冊。

因此，劉澤清大恨，連同姜曰廣一道猛攻，《甲乙事案》形容：「其詞兇悍甚。」④這種兇悍有充分的理由。雖然高傑、黃得功不肯與之聯手，內閣大學士、兵部尚書馬士英卻是他的奧援。黃得功揭發劉澤清盜用其名義的奏疏，被馬士英悄悄扣下。面對劉澤清的連番彈劾，劉宗周指出：

> 本朝受命三百年來，未有武臣參文臣者，尤未有武臣無故而欲殺憲臣者，且未有武臣在外而輒操廟堂短長、使士大夫盡出其門者。有之，皆自劉澤清始。一時紀綱法度蕩然矣。⑤

這幾句話，完整道出弘光政局的根本之變。大勢如此，不可挽回。十多天後的事實證明，這場較量，文官系統損失慘重。九月九日，姜曰廣致仕；九月十日，劉宗周致仕。戶部給事中吳適上疏，懇請留任姜、劉，沒有任何反應。《小腆紀年附考》說：「宗周以宿儒重望，為海內清流領袖。既出國門，都人士聚觀歎息，知南都之不可有為也。」⑥

---

③ 《劉子全書》，卷之十八，奏疏，華文書局股份有限公司影印本，1968，第 1259-1260 頁。
④ 文秉《甲乙事案》，《南明史料（八種）》，江蘇古籍出版社，1999，第 465 頁。
⑤ 李清《南渡錄》，《南明史料（八種）》，江蘇古籍出版社，1999，第 208 頁。
⑥ 徐鼒《小腆紀年附考》，中華書局，2006，第 260 頁。

九

對姜曰廣、劉宗周的相繼去位，文秉評以「從此大柄益倒持矣」①——
的確是這樣一個標誌，這樣一個決定性時刻；在那以後，國柄實際落在武
人之手，「以文抑武」國策就此破產。

但是，明人對於這當中的合理性，往往不能認識，他們難以走出抽
象的「是非」，從客觀實際出發去看待和理解這種變化。比如文秉隨後的
評論：

> 澤清以武夫而強預舉錯之權，固已悖矣。至公然驅逐正人，
> 甘為群奸效命，逆莫大焉。②

仍是「悖」、「正人」、「奸」、「逆」一類字眼，仍然以正統看一方、
以陰謀看另一方。其實政治上實質性的變動，從來不是靠陰謀；陰謀可以
起一點作用，起不了決定性作用；決定性作用還是來自實勢的轉換。明末
政治的武人上位，不應視為搗鬼的結果，而是趨勢所在。

拉開一段距離的清人，所見就比明人中肯。徐鼒承認劉宗周疏言都是
「侃侃正論」，但卻批評他是「君子之過」。他提出這樣的問題：「大其守春
秋討賊復仇之意也。然則其言可用乎？」並引用了一句古語：「國君含垢，
貴知時也。」拿史可法為對照，並稱讚了後者：「史可法之委曲撫綏，論者
譏其儒，而吾獨有以諒其時勢之難也。」③

對此，我所見的最精彩、鞭辟入裏的評論，來自溫睿臨《南疆逸史》：

> 夫道有污隆、時有常變，文經武緯，迭相為用。兵之設肇於
> 炎黃，聖人未嘗不亟講之也。故《易》著師象、藝尚射御；武王
> 親秉旄鉞，周公東征，四國是訛；孔子夾谷之會，具左右司馬，
> 誅萊夷而齊侯懼；清之戰，冉求用矛以入齊師，孔子稱其義。故

---

① 文秉《甲乙事案》，《南明史料（八種）》，江蘇古籍出版社，1999，第465頁。
② 同上。
③ 徐鼒《小腆紀年附考》，中華書局，2006，第164頁。

以即戎望之善人，而夫子自言戰則克，蓋得其道矣，聖人何嘗諱言兵哉！自晉人尚清言、宋人崇理學，指武備為末事、將帥為粗人，藉弭兵偃武之說以自文其不能，天下靡然從之；於是將鮮道德之選、軍蔑尊親之習，甲兵朽鈍，行伍單弱。馴至盜賊縱橫，貂夷交侵；乃尊用粗暴猛屬之夫，奉以為將。始則慢之，繼則畏之；驕兵悍將，挾寇自重，文吏惴怯而不敢究。蓋後世中國之衰，皆自腐儒釀之也。宗周侃侃正色，忠矣直矣。至欲以干羽格「闖」、「獻」方張之虐焰，何其迂也！南都立國，宿將盡矣，惟有四鎮耳。故雖暴橫，而史公欲用之；不憚委曲綢繆，撫輯其眾。乃宗周指其當誅以激其怒，使之抗疏誣詆大臣，不反輕朝廷之威耶？漢文帝有言曰：「卑之無甚高論」；令及今可施行也。後世之君子，皆自持其正論，以博名高耳，豈計時勢之不能行哉！……嗚呼！世有君子而使其道不得行，人君之過也。尊其身矣、聽其言矣，而言不度乎時宜、身無救於敗亡，則豈孔孟之道果僅可用諸平世歟！[④]

此段將國家與武力以及文與武的辯證關係、歷史認識的變化、宋明理學與孔子本人的差異、史可法正確在何處……等一干問題，講得格外清楚。讀一遍，我們對中國的相關歷史，基本可知其廓蓋。

尤應注意「則豈孔孟之道果僅可用諸平世歟」這一句，歷史的確提出了這樣的問題。用於和平下或比較秩序化的現實，「孔孟之道」在古時算是不錯的選擇，然一逢亂世，這體系就有點像紙糊的燈籠，中看不中用。總之，很難找到萬全之策，這似乎是沒有辦法的事。「孔孟之道」擅長守成，能保社會平衡和穩定，但不具侵略性、進取性或攻擊性，是平平安安過日子的辦法。基督教倫理天生讚美衝突，不滿足現世，很有侵略性、進取性或攻擊性，總想方沒法破壞舊的、追求新的，哪怕失去安寧。不同文化塑造了不同的社會和不同的生活。「孔孟之道」下古代中國人自有其實

---

④　溫睿臨《南疆逸史》，中華書局，1959，第 65-66 頁。

惠，這一點既應看到，若跟同時代世界其他地方相比甚至也許可以知足；它並非完全不搞階級壓迫、也不曾做到一律公平，但它相對講道理，主張各有所退讓、忍讓，主張和為貴，遇到矛盾不贊成用強，講調和、講中庸……這些，都是它的長處，也是它所以令中國大多數時間較其他古代世界安詳、豐裕的原因。但「物無非彼，物無非是」，「正復為奇，善復為妖」。它的好處，便是它的不好處。不喜歡用強，慢慢的就變成無強可用；老講調和、中庸，潑辣、野性、健勁的力量，慢慢的就不見蹤影。

用進廢退，這既是自然界的原理，也是人世的常情。對儒家中國來說，文、武難以保持平衡狀態，向「文」一側偏得太多，「文」的經驗很厚重，「武」的能力日益孱弱，愈到後來愈嚴重。漢之後，除唐代一段時間，遇到與外族 PK，基本上大漢民族都一潰千里。我們講的，並非在「積貧積弱」的近現代與歐美列強及日本之間的 PK，卻是作為明顯富強得多的文明與蒙昧不開的「蠻夷」之間的 PK。後一情形，晉代以來起碼出現過三次。第一次，是被鮮卑、匈奴等「五胡」驅趕到長江以南；第二次，先被金人驅趕到長江以南，再被蒙古人在長江以南亡國；第三次，便是被滿清征服全境。其實，嚴格地說還包括唐末。唐末跟明末很有幾分神似；黃巢也將國都打下，並在那裏稱帝，之後也是異族武力——名叫沙陀，乃突厥人的一支，它的首領先是李克用，然後是朱溫——代替中國皇帝把叛亂者擊敗、趕跑，進而又奪了漢人天下。這樣看來，儒家被確立為文化正統後，生死存亡關頭，漢族中國全部以強輸弱。

這顯然要算一種結構性的缺陷。總之，以中國歷史來看，強能凌弱總被證明並不成立，相反，弱能勝強反倒屢試不爽。這一點，或許將給目下那些強國論的鼓吹者潑些冷水，因為除了近現代，歷史上中國幾次「捱打」，都並不因為「落後」，相反恰恰是以富強之國的身份。

且以 1644 年而論，甲申國變後，大明、大清雙方無論國力、軍力都並不般配——前者盡有膏腴之地，江浙一帶更是中國財賦之所出，談到軍力，單單江淮至荊楚一線，明軍即達百萬以上；反觀清人，既來自開發不足、物產不豐的關外，其真正兵力不過十餘萬人（滿清征南，投降的明軍起到很大作用，「揚州十日」、「嘉定三屠」等便主要是後者的「傑作」），

況且戰線如此之長，按通常軍事理論，單單補給一項就大為不利。然而結果如何？清兵南下，直如破竹，明朝則一觸即潰。

是否有以下的可能：明軍雖然人數佔優，實際戰鬥力卻極差，不像清軍少則少矣，卻個個是精兵強將？我們從兩者交戰的不相匹敵，極易作此揣測。然而，歷史卻並不迎合揣測，哪怕看上去「合情合理」。就此，我確切回答：明軍戰鬥力應該不錯，至少在士兵層面如此。左良玉部就很能打，張獻忠在湖廣一帶，聽到對手是左良玉，掉頭就跑，應該證明了什麼。重要的是，我們有更加翔實、直接的材料，來說明明軍的戰鬥力。這個材料，見於祁彪佳日記。

朱由崧剛剛監國，祁彪佳就受命巡撫蘇松（蘇州、松江一帶）。到了那裏，他開始抓一件大事，即整頓軍隊：

> 予以地方多事，不可無兵，乃將各營兵並為標下左、右、中、前、後五營……標中之兵，力必在六百斤以上，其九百斤者，則撥為衝鋒官。[①]

他要求，每個士兵必須有舉起三百公斤的力氣，這樣才達標；假如能舉四百五十公斤，就提拔為衝鋒官。這個標準相當高，體格膂力遠超過普通人（未知今天的士兵能否達到），一旦投入戰鬥應得謂之強勁。那麼，祁彪佳是否不過說說而已？不是的。他用了幾個月的時間督行其軍事整頓計劃，日記留有多處相關記述。如七月初九，視察「義勇營」[②]；七月十五日，手下將領向他彙報「以力及額者（即達到前述之標準者）入標中營，餘歸左右二營」[③]；七月二十日，到「教場」考核練兵效果[④]；八月二十六日，在「禮賢館」「試驗衝鋒官技勇」，「有腹壓六百斤石又能立六人於上者」[⑤]；九月十二日，同樣是在「禮賢館」，「召標中新募兵過堂」，「內有未

---

① 祁彪佳《祁忠敏公日記》，《歷代日記叢鈔》，第八冊，學苑出版社，2005，第 467 頁。
② 同上書，第 471 頁。
③ 同上書，第 473 頁。
④ 同上書，第 474 頁。
⑤ 同上書，第 484 頁。

冠者五六人，皆力舉七八百斤」，「又試諸衝鋒官技力」[1]。可見標準被嚴格執行了，既未苟且，更非說說而已。當然，較諸明軍其他部隊，也許祁彪佳算是「高標準，嚴要求」，但比一般要求不會高出太多，否則很難推行。

這樣的部隊，能說是草囊飯袋？又怎會一觸即潰、不堪一擊？然而事實又確實如此，清兵南下過程中，簡直不曾發生過什麼像樣的戰鬥，明軍望風披靡，幾乎全都不戰而降。其中答案，顯然難於強、弱求之，實際也無從於強、弱求之，而必然另有根由。作為觀察與思考，我們就此展開的認識，需要抵於歷史與文化的深層及全局。

---

[1] 祁彪佳《祁忠敏公日記》，《歷代日記叢鈔》，第八冊，學苑出版社，2005，第488頁。

Chapter 3

虜寇・坐斃

十餘年來，「寇」「虜」並稱。前者是深仇大恨，
一經提起，咬牙切齒。後者是心腹之患，如虎狼在側。
可甭管「寇」、「虜」，明朝竟然都不曾對它們伸出哪怕
一根手指頭。

明亡於清，這是歷史事實。從這個事實，人們又普遍生出一種看法：滿清是明朝不共戴天的仇敵；正如金人是北宋的仇敵，蒙元是南宋的仇敵，抑或日本是近現代中國的仇敵。清末民初，以及抗戰時期，都曾用民族主義情緒渲染這段歷史，抒發亡國之恨。

較通俗的例子，如歐陽予倩先生名劇《桃花扇》。1957 年，他憶其源起：

> 一九三七年初冬，抗日戰線南移，上海淪陷，我懷着滿腔憂憤之情，費了差不多一個月的時候把《桃花扇》傳奇改編為京戲。……我突出地讚揚了秦淮歌女、樂工、李香君、柳敬亭的崇尚氣節；對那些兩面三刀賣國求榮的傢伙，便狠狠地給了幾棍子。……福王，我是把他作為一個昏庸的傀儡皇帝來處理的。四鎮武臣如劉澤清之流，擁兵自重，睚眥必報，毫無抗敵之心而投降唯恐落後。……把以上的一些人物在那個時間搬上舞臺，還是有些作用的。像這樣的戲，在那個時候演出，影射時事在所難免……①

此戲先寫成京劇，1946 年底改話劇，1963 年再拍為電影，跨越數種藝術樣式，影響當然可觀。它是在孔尚任同名作基礎上改編而來。讀一讀孔氏《桃花扇》，可明顯看到兩者間主題大變。孔劇所表，乃正邪之辨，或曰「君子」、「小人」之別；在歐陽予倩那裏，此亦為一線條，卻退居次位，焦點乃是民族大義與愛國情懷。歐陽予倩承認，他是將劇中故事比附於抗日現實；換言之，1644 年弘光政權與滿清之間，與 1937 年中日之間，頗能令人觸景生情。

這種解讀，非歐陽予倩所獨有。實際上，明季歷史自晚清重新引起注意以來，基本便負載着民族主義話語，也被用為這種歷史資源。不單史學

---

① 歐陽予倩《〈桃花扇〉序言》，《歐陽予倩全集》，第二卷，上海文藝出版社，1990，第 433-434 頁。

家由此着眼，政治家也樂於這樣激發民眾。同盟會有十六字綱領，其中的八個字「驅逐韃虜，恢復中華」，完全取自明太祖北伐宣言：「驅逐胡虜，恢復中華」[2]，二者所差，一字而已。由這番歷史勾連，「明末遺恨」隱然指向「中華」的得而復失，和「胡虜」的捲土重來，明清鼎革於是被提取為一段悲情史，以發揮激醒現實的作用。

對此，應該話份兩頭。

一方面：一、明朝確為滿清所亡；二、由明到清，屬於外族入侵而非漢族政權的內部更迭；三、滿人入主，對中華文明步伐確有延緩、拖累和打斷的作用。以上三點，是應予確認的事實。

但另一面，從十七世紀中葉到晚清，中間有二百五六十年的時間。這二百來年，非尋常可比。其間，整個世界都發生了天翻地覆的變化。假若可以起死人於地下，讓明末某人與清末某人就歷史觀、國家觀、民族觀討論一番，其溝通之苦，必如雞同鴨講。換言之，這種思想及話語上的斷裂與阻隔，千萬忽視不得。

所以，從晚清到抗戰期間，近現代人士有關明季歷史的讀解，有立足史實的一面，但不能否認，也有奪他人酒杯、澆自家塊壘的另一面。他們的確在談論明末，卻未必談的全是明末，恐怕也夾帶了不少現實情懷。克羅齊那句「一切真歷史都是當代史」[3]，雖已被引得不能再濫，我卻仍須再借重一次。他說：

> 當生活的發展需要它們時，死歷史就會復活，過去史就會再變成現在的。羅馬人和希臘人躺在墓室中，直到文藝復興時期歐洲人的精神有了新出現的成熟，才把它們喚醒。[4]

近現代以來兩次南明熱，情形與此相類，都是基於現實需要而造成「死歷史復活」。

雖然克羅齊揭示了歷史學的一種普遍情形，我們卻並不願意一切歷

---

② 《明太祖實錄》，卷二六，國立北平圖書館紅格鈔本影印本，1962，第 0402 頁。
③ 貝奈戴託·克羅齊《歷史學的理論與實際》，商務印書館，1986，第 2 頁。
④ 同上書，第 12 頁。

史果真都成為「當代史」。就個人言，有些時候我樂於閱讀使歷史往事與當下視野很好結合的作品，為成功的「古為今用」擊節叫好；但另一些時候，我想說「不」，主張還原歷史，使之與現實相切割、各不相擾。這似乎矛盾，其實不然。歷史本來就包含兩種關係，一是相通性或相似性，一是差別性或特殊性。對於相通與相似，我們挖掘疏通；對於差別與特殊，我們甄別明辨。就這麼簡單。

關於明末一幕，具體講，當時明、清兩個政權之間的關係，尤其是弘光朝的對清態度及政策，以及滿清在弘光政權覆亡中起何種作用等，我以為不能搞成「當代史」。這基於兩點：第一，充分意識到時代的跨度，古今不同，明人沒有我們現在的思想感情，不能把朝代所不具備的思想感情強加給他們；第二，非要那樣做，許多事情解釋不通，我們將迷失真相，無法了解歷史本身究竟如何，最終只會得到錯誤知識，而且越積越多。

二

關於甲申國變後明、清間關係，今天大概沒有人不以為處在敵對之中。我曾訪問過網上一些明史愛好者的論壇，隨處可見以滿清為仇讎的情緒，這固然折射了當下的民族主義社會思潮，但顯然也由於對那段歷史懷有一種理解或想像，覺得站到明朝立場（或曰大漢民族立場）上，勢必如此。

然而我可以肯定，明朝當時卻並沒有這種情緒。不僅沒有，明朝對滿清的真實心態，依今天思維已很難想像得到。

簡而言之，在明朝眼裏，滿清不是它的敵人。雖然乙酉之變（朱由崧被俘以及南京陷落）之後又當別論，但終迄弘光一朝，明朝確未以滿清為敵，無論政治、軍事、外交上，還是情感上。誠然，當時對滿清以「虜」、「酋」、「腥羶」相稱，而予以文化和種族的歧視，但這與進入國家間敵對狀態不是一碼事。

置身二十一世紀，用現代眼光看，確實無法搞懂這種關係。這就是為何先前我們要專門強調，並非一切歷史都是「當代史」。明人有他們自己

的觀念，他們的國家倫理處於另一體系。橫亙於我們與他們之間兩個多世紀的時光，會造成歷史內容的諸多落差。

這裏，我們借助一個著名人物，去觀察歷史落差可以大到什麼地步。

經教科書的講述以及若干文藝作品的渲染，我們心中關於明清代際轉換，往往以清兵入關為重要的時間窗。而此事件，又與一個「賣國賊」形象緊密相連。此人非他，遼東總兵、平西伯吳三桂是也。他被描述為在山海關引狼入室，叛變投敵。今天，若以「吳三桂」三字詢諸國人，必曰「民族敗類」、「漢奸典型」。

然而，這卻只是我們的看法。在整個弘光朝，吳三桂擁有絕對正面的形象，事實上，他被看作功臣和英雄。儘管山海關自他手中獻出，然後又作為先鋒引多爾袞入京，南京上下卻不以此為多大的罪惡。後者看重的，是他聯手清兵、擊潰李自成，為崇禎皇帝報了仇。那時，人們普遍認為，平西伯真正盡到了對於君主的義務，是為人臣者之表率。五月末，戶部侍郎賀世壽在其奏疏中，正是這樣評價吳三桂，同時抱怨其他武將的瀆職：

> 如吳三桂奮身血戰，仿佛李、郭（指唐將李光弼與郭子儀，二人以平安史之亂垂諸史冊），此乃可言功拜爵，方無愧色。若夫口頭報國，豈遂干城，河上擁兵，曷不敵愾！[1]

這完全不能說服我們。作為現代人，不妨諒解古人奉守忠君之道，而引狼入室卻另當別論。吳三桂之為我們不恥，主要在後者。而令人意外的是，當時評論幾乎不曾涉及這一點，就好像那是一個盲點。

問題出在哪兒呢？

在多爾袞致史可法那封著名信件中，關於吳三桂，作者引用了一個中國典故：「獨效包胥之哭」[2]。故事發生在春秋末年。公元前 506 年，伍子胥率吳國大軍攻破郢都，楚大夫申包胥「走秦告急，求教於秦」，「晝夜哭，七日七夜不絕其聲」，秦哀公終為所動，「乃遣車五百乘救楚擊吳。」[3] 假如

---

① 李清《南渡錄》，《南明史料（八種）》，江蘇古籍出版社，1999，第 147 頁。

② 徐鼒《小腆紀年附考》，中華書局，2006，第 235 頁。

③ 司馬遷《史記》，伍子胥列傳第六，上海古籍出版社，1997，第 1688 頁。

我們為明人對吳三桂「引狼入室」無動於衷感到困惑，可以到這個典故當中尋找答案。

古時，國家「主權」概念，既不強烈，也不精密。申包胥的行為，置諸今日，非落個乞求外國勢力干涉本國內政的罵名，古人卻目為忠義救國之舉，垂範後代，流芳千古。這就是為何吳三桂洞開國門、導異國之軍入境這樣一幅圖景，在我們和明人那裏喚起的聯想會大相徑庭。我們所想到的，大概是《地道戰》「鬼子進村」中胖翻譯官一類形象，古人腦海浮現的卻是晝夜哭於秦庭的悲劇英雄。

假如只是多爾袞把吳三桂比附於申包胥，我們不妨嗤之以鼻，只當他巧舌如簧；問題在於，明朝人士持有完全相同的評價：

> 吳三桂一武臣耳。至割父子之親，甘狄之俗，反仇作援，辱
> 身報主，卒挫狂鋒，逐兇逆，此申包胥復楚之舉也。[1]

申包胥典故，是中國話語，不是滿清話語，多爾袞不過是鸚鵡學舌，他了解這種話語在中國的正面性和有效性。而他對中國思維的理解，頗中鵠的。關於吳三桂邀清兵擊退李自成，明朝果然解讀為申包胥第二，是救國的忠臣，而非叛國的逆臣。他這一形象的終結，將一直等到順治後期率軍進攻雲貴等地，尤其是在緬甸親手俘獲永曆皇帝朱由榔的那一刻。

甲申五月二十八日，弘光登基當月，明朝決定晉平西伯吳三桂為薊國公，「給誥券祿米，發銀五萬兩、漕米十萬石，差官齎送。」[2]

六月二十三日（1644 年 8 月 7 日），朱由崧就與滿清關係及交涉等，召對內閣成員，共討論了七件事，第二件便有關吳三桂，對他引清軍入關給出四字評語：「仗義購虜」。[3]「購」，通「媾」，即講和、和解之意。這四個字，可以視為官方對吳三桂問題的正式結論。它不單給予吳三桂本人以完全肯定（「仗義」），同時以一個「購」字，追認和確認吳與滿清的合作，符合朝廷的意願。稍後，朝廷向北京派出高級使團，使命之一，正是

---

① 劉泌《懇彰天討疏》，《南明史料（八種）》，江蘇古籍出版社，1999，第 645 頁。
② 李清《南渡錄》，《南明史料（八種）》，江蘇古籍出版社，1999，第 147 頁。
③ 同上書，第 178 頁。

當面嘉獎吳三桂。

總之，退回明朝語境，吳三桂頭上非但沒有「賣國賊」帽子，反倒頂着「忠義」的光環。他的漢奸地位是以後形成的，是歷史話語轉換中重新敘述的結果。這個例子說明，在不同時代，歷史視閾之別可能判若雲泥。

<h1 style="text-align:center">三</h1>

吳三桂未受譴責反被褒揚，只是現象。現象都有其根由，如不從根由上求解，我們對當時許多事情，都摸不到脈絡。

帝制時代，沒有我們現在的國家觀念。我們認為，國家高於一切，任何人不得凌駕於國家之上。而古代宗法關係中，「朕即國家」，國是家的放大，君猶父，君主是這大家庭的家長。循這種關係，帝制國家倫理對罪惡、仇敵的認定，以「危我君父」為第一順序，此種人、事或勢力，才是全體臣民不共戴天之敵。而 1644 年，逼死崇禎皇帝的是李自成，不是滿清。在這過程中，依禮法論，後者不但無仇，反倒有恩。它出兵與李自成決一死戰，將其趕出紫禁城和北京，解除了明朝宗廟社壇繼續為其所竊據、凌辱之恥。

因此，雖然自崇禎即位之初，虜、寇就並為兩患，明朝久為兩者同時夾攻，但此時此刻，明朝的仇敵是「寇」，不是「虜」。對於後者，明朝如果不加感激，至少沒有理由視為敵人。就好比父親被人害死，自己沒有能力雪恨，多虧一個鄰居施以援手，方替自己出了這口惡氣，末了自己反對別人怒目相向，這叫什麼？這叫「以怨報德」。

這種邏輯，任何現代人豈但接受不了，更覺匪夷所思。筆者並不例外。我在此娓娓述之，絕不表示認可。作為經過民主思想薰陶過的我們，對君父至上、愛君甚於愛國的是非觀，只能斥之「咄咄怪事」。但是，回到 1644 年，這種是非觀不僅不是「咄咄怪事」，反而無比真切，人們正是通過它來指導判斷，決定言行。而且，不單明朝的態度為其左右，滿清當局的舉措同樣處處以此為考量。

在滿清方面，對於入主中原一事，顯然經過極精審的計劃。他們透

徹研究了中國的倫理體系，深知如何獲致權力合法性。單說以武力推翻明朝，他們早有此能力，卻一直在等待真正合適的時機。當李自成作為造反者攻克北京、逼死崇禎皇帝時，滿清意識到，最理想的時機出現了。入關後的事態，也繼續證明滿清當局有既定、成熟的政治戰略。他們傾其兵力，一路向西追殲李自成，對黃淮以南的明朝則置之不問。他們盡可能地為自己撈取合法性，以便最終向中國臣民證明其君父大仇是仰賴他們方得償報，亂臣賊子是由他們親手化為齏粉。在北京，他們還為崇禎夫婦正式發喪，令其入土為安。第二年，當清軍攜帶着李自成殞命的成就出現在黃淮北岸時，他們已經站在倫理制高點上，俯視着南京。

此亦即多爾袞 1644 年 8 月 28 日（舊曆七月二十七壬子）致信史可法時，何以能堂而皇之指責明朝：

> 闖賊李自成稱兵犯闕，荼毒君親，中國臣民不聞加遺一矢，平西王吳三桂界在東陲，獨效包胥之哭。朝廷感其忠義，念累世之夙好，棄近日之小嫌，爰整貔貅，驅除梟獍。入京之日，首崇懷宗帝后諡號，卜葬山陵，悉如典禮……耕市不驚，秋毫無擾。方擬秋高氣爽，遣將西征，傳檄江南，連兵河溯，陳師鞠旅，戮力同心，報乃君國之仇，彰我朝廷之德。豈意南州諸君子苟安旦夕，弗審事機，聊慕虛名，頓忘實害，予甚惑之！國家之撫定燕京，乃得之於闖賊，非取之於明國也。賊毀明朝之廟主，辱及先人，我國家不憚征繕之勞，悉索敝賦，代為雪恥。孝子仁人，當如何感恩圖報。茲乃乘逆賊稽誅，王師暫息，遂欲雄據江南，坐享漁人之利，揆諸情理，豈可謂平！[1]

以下捶擊福王登基一事，稱為「儼為敵國」之舉，威脅就此「簡西行之旅，轉旆東征」，乃至不排除與闖軍合作，「釋彼重誅，命為前導」。

我們可以說多爾袞此信蠻橫霸道，有些內容很是無賴，然而卻不能否認，在倫理上它無懈可擊。這一點，明朝方面也無力辯駁。史可法覆信就

---

① 徐鼒《小腆紀年附考》，中華書局，2006，第 235-236 頁。

不得不說，滿清入京後一系列舉動，「振古爍今，凡為大明臣子，無不長跽（半跪，單膝着地）北向，頂禮加額，豈但如明諭所云，『感恩圖報』已乎。」[2] 吏科給事中熊汝霖上疏，議及多爾袞之信，頗感其先聲奪人，令本朝處境尷尬：

> 聞鹵有讜書，以不葬先帝、不討逆賊為辭。使彼果西入，而我諸鎮無一旅同行，異日何以藉口？[3]

替多爾袞捉刀的，顯然是漢族文士[4]，對禮教條理諳而熟之，所謂以彼之道還治彼身，用中國綱常質問明朝，剛好捏住後者軟肋。明朝雖然首都為其所佔，國土為其所分，一時間，卻好似啞巴吃黃連，有苦說不出。且不說南京自身有成堆的問題，局如亂麻，就算它政治清明、可以有所作為，只怕暫時也不便以清為敵，行「恩將仇報」之事。

四

這種「不便」，現代人幾乎已經看不見。今天我們看待甲申國變之後時局，目光都會首先投向闖進國門的滿清，視此為當務之急。但在明朝人眼中卻剛好相反。這是因為，在問題的先後次序上，古人觀念與我們不同。

崇禎時期，「寇」「虜」並稱。而甲申之後，先前並稱的兩患，實際暫時變成一個——「寇仇」瞬間無比放大，「虜患」不僅相應衝淡，更因滿清擊退李闖而客觀上有惠於明。此時明朝對滿清，即不像史可法所言當真抱有「感恩圖報」之心，起碼也感覺稍釋前嫌，所以舉國上下之所痛，俱在李闖一端。

對古人這種心態，我們會感到怪異，不合口味，不知他們哪裏出了問題。但若換位一想，原因也不難找到——古人欠缺現代民族國家的國民心理、國民意識。

---

② 史可法《覆攝政睿親王書》，《史忠正公集》，卷二，商務印書館，民國二十五年十二月，第 24 頁。
③ 李清《南渡錄》，《南明史料（八種）》，江蘇古籍出版社，1999，第 254 頁。
④ 據南炳文《南明史》，此人姓李名雯，滿清入京後，為宏文院中書舍人。見該書第 43 頁。

地理大發現和形成民族國家意識之後，對於現代人來說，「內」「外」是分量極重的概念，只要面臨外侮，團結起來、一致對外總是第一要義。而仍處「國家」與「天下」相混同意識之中的明代，「內」「外」的概念，不是沒有，卻遠不夠強烈，更非第一位。先前講到申包胥一例，揆以現代觀念，多少有「裏通外國」之嫌，當時卻並不苛求。春秋戰國，偶然也有屈原那樣的「愛國者」，但更多的還是伍子胥、商鞅、韓非子、蘇秦一類「客卿」，他們替別國乃至敵國工作，完全沒有「內」「外」觀念。漢以後，華夷之分漸趨強烈，但主要從文化、禮俗層面論之，還沒有（亦不可能）達到如今的民族國家層面。對於遭受喪君之痛的明朝人來說，要求他們和今人一樣，在闖進關來的滿清面前，民族危機感立即上升到第一位，轉而與逼死崇禎的李自成泯其恩仇、修其和好、一致對「外」，這是十九世紀末以後才有可能的情形，十七世紀中葉無以致之。我們已反覆講過，甲申三月十九日以後明人的「國恨家仇」為何是李闖而非滿清的道理，那道理雖全然不合我們口味，卻是歷史實境真況，迴避不了，否認無益。

現在我們便去了解，當時情境下一般明朝子民的反應。

小說「三言」的編者馮夢龍，是這一過程中的歷史當事人。作為當時活躍、敏感的出版家，他很快推出一部時事文獻集《中興實錄》，具體出版時間未詳，但從所收文章內容看，書出於弘光年內當屬無疑。該書點校者這樣說：「《中興實錄》輯弘光朝部分奏疏、公告而成，確鑿有據，為研究弘光朝史實，提供了重要的原始資料。」[1] 其實，該書尤為難得之處，是輯有不少民間言論，以馮夢龍自己說法：「因里人輯時事」[2]。欲覘南明一時民意，此適為佳本。

書中收錄蘇州、松江、常熟、嘉興等處，士民個人或集體因國變而發表的倡議書十餘件，矛頭一致對準「賊」、「寇」。如「主辱臣死，豈主死尚可臣生，國亂臣忠，有忠臣豈容國亂」，「立此盟誓，告我同仇，必使敷天縞素，三軍衰墨，以滅賊之日，為釋服之期。」[3]「逆賊憑陵，肆犯畿

---

① 李昌憲、夔寧《點校說明》，《南明史料（八種）》，江蘇古籍出版社，1999，第 577 頁。
② 馮夢龍《中興實錄敍》，《南明史料（八種）》，江蘇古籍出版社，1999，第 580 頁。
③ 盧涇才《殺賊誓言》，《南明史料（八種）》，江蘇古籍出版社，1999，第 596 頁。

闕。鏡簾失守，廟社震驚。致先帝飲恨鼎湖，母后痛心椒殿。凡為臣子，莫不切齒裂眥，欲刃賊腹，斬滅之無遺種。」[4]最具代表性的，為以下《討賊檄》：

> 逆賊無天，長驅犯闕，主憂臣辱，義不俱生。泣血勤王，冀滅此而朝食；毀家殉國，忍坐視以偷安。但苦無餉無用，空拳奚濟；若能同心同力，舉義何難？……義旗迅指，誓清西北之塵，忠勇傳呼，奮吐東南之氣。承邀靈於天地，決無聖主不中興；祈默祐於祖宗，豈少忠臣共光復。敢告同志，速定合謀。[5]

檢閱其文，難覓以「北虜」為仇為敵之聲。今人面此，不免失望的同時而以為古人不知「愛國」。非也，古人不是不愛國，只是愛國在他們，與我們不屬同一語義。他們的愛國，歸結於愛君；愛君即愛國，君仇即國仇。所以，「以滅賊之日，為釋服之期」，「義旗迅指，誓清西北之塵」，在明代中國人，這便是最高的愛國。由此我們也提醒自己，到古人那裏發掘愛國精神資源，要格外當心這種歧義，否則，很難不有所誤讀。

這也就是為什麼，在朱由崧《登極詔》這一表明朝廷方針的重要文件裏，我們只見以「滅寇」為使命，不見「驅虜」之類字樣。所謂「三靈共憤，萬姓同仇。朕涼德弗勝，遺弓抱痛，敢辭薪膽之瘁，誓圖俘馘之功。」[6]那個「馘」字，僅指李闖。

這意味着什麼呢？意味着在 1644 年，明朝認為國家危難僅為內部「匪亂」，而非外族「入侵」。現代人接觸這種情形，很難不產生反感；由於反感，又很難不在對明末的讀解中，摻雜現實的聯想。抗戰時期，人們大概就是基於這樣的聯想，重解重寫《桃花扇》的。比如，把弘光朝只談鎮壓農民軍不談抗擊滿清，與「攘外必先安內」相勾連；或，用投降／抵抗、賣國／愛國等現代情感價值，套論弘光間的人和事。這是從批判的角度，還有相反的，從歌頌角度混淆古今。我就讀過某《南明史》，談及永曆時

---

④ 袁良弼《吳郡公討降賊偽官》，《南明史料（八種）》，江蘇古籍出版社，1999，第 598 頁。
⑤ 徐人龍《討賊檄》，《南明史料（八種）》，江蘇古籍出版社，1999，第 590 頁。
⑥ 計六奇《明季南略》，弘光登極詔，中華書局，2008，第 10 頁。

明軍與李自成、張獻忠殘部合作，盛讚為基於民族大義同舟共濟，殊不知那是經過乙酉之變，明之大敵業以滿清為首要的緣故；和弘光間計劃與滿清聯手打擊李闖一樣，這也是時勢所致，沒有什麼現代意識形態可挖。

<h1 style="text-align:center">五</h1>

從倫理和心理上對甲申國變後的形勢有所疏解後，我們轉而具體考察明朝的對清政策。

自形勢緊迫論，特別是從後果論（僅隔一年，南都淪陷），明朝在滿清問題上，表現出令人不解的遲鈍與遲緩。這固然與史可法督師揚州、離開中樞，南京早早失去主心骨，馬士英等人貪瀆無為有關，卻也符合先前所講弘光朝對滿清所抱的不敵、不仇、不急的總體態度。

換成今天，會在第一時間認真研究對清政策。而在史料中，起初卻找不到這類記錄。弘光朝就對清政策的正式會商，居然還要等上將近兩個月。

不過，這不等於滿清問題在明朝政治中銷匿無蹤，它仍然有所浮現，從部份官員個人的議論和報告中。

熊汝霖得知滿清覬覦山東的動向，疏言：

> 近聞鹵騎南下，山東諸郡豈可輕委？南北諸鎮非乏雄師，不於時渡河而北，或駐臨濟，或扼德河，節節聯絡，斷其來路，直待長驅入境，徒欲一葦江南，公然向小朝廷（蔑指滿清）求活乎？且闖賊遁歸，志在復逞。及今速檄諸鎮過河拒守。一面遣使俾鹵回轅，然後合五鎮全力，分道西征。或如周亞夫之入武關，或如王鎮惡（東晉名將）之溯渭水，直搗長安，出其不意。[1]

檢《國榷》，六月初三乙未（1644 年 7 月 6 日），「清以故戶部右侍郎王鰲永招撫山東河南。」[2] 熊汝霖所說「近聞」，蓋即此事。北變後，山

---

[1] 李清《南渡錄》，《南明史料（八種）》，江蘇古籍出版社，1999，第 194 頁。
[2] 談遷《國榷》，中華書局，2005，第 6111 頁。

東、河南實際已成甌脫，即使李闖退走西部，明朝也未採取實質性動作回歸其間。如今，滿清先下手了。際此事態，熊汝霖認為朝廷必須有所表示與決定。他的思路，先防滿、後擊闖。通過主動進軍黃河以北，令滿清知明朝實力猶存、未可輕犯。然後以主力西征，搗李闖老巢。對此，他總結為一句話：「殺賊可以滅鹵。」我們看到，這雖是一道要求重視滿清問題的奏章，但「殺賊可以滅鹵」之論表現出，當時明朝深為有關復仇的倫理順序所限，而與現實本身的緩弛相撑相反。「殺賊」明明不能「滅鹵」，比較明智和現實主義的做法是，藉「鹵」殺「賊」，枕戈待旦，「賊」盡之日，悉出精銳殺「鹵」。這是可能實現的方案，但當時明朝既無此雄心，思維方式也跳不出倫理窠臼。

客觀上，明朝此時處境確實頭緒繁多，左支右絀，難以兼顧。吏科章正宸說：「今日形勢，視晉宋更為艱難。肩背腹心，三面受敵，而悍將驕兵，漠無足恃。」[3] 所謂三面受敵，是指北直滿清、晉陝李闖和楚蜀張獻忠，較四面楚歌相去不遠。理論上不難設想種種進取方案，落於實際，就發現難以萬全，更不必說明朝還是那樣一盤散沙的狀況。因此，劉宗周提出的「北拒鹵，西滅寇，南收荊楚」[4] 十字要點，看上去相對恰當、平實，實行起來仍屬渺茫。

嗣後，身在前方、受命巡撫河南的凌駉，總算提出了較為務實的對清策略。當時，朝廷主張不明，而凌駉雖職任在身，卻是光杆司令，無兵無錢，所謂「不藉尺兵，不資鬥粟，徒以忠義激發人心」[5]。有鑒乎此，凌駉建議從根本上調整對清策略，並相應調整軍事佈置。他首先指出：「方今賊勢猶張，東師漸進。然使彼（滿清）獨任其勞而我兵安享其樂，恐亦無以服彼心而伸我論。」此亦多爾袞所質疑、羞辱明朝者，凌駉認為從道義上這說不過去。但他進而指出，事情不止關乎道義：

> 為今日計，或暫假臣便宜，權通北好，合兵討賊，名為西

---

③ 李清《南渡錄》，《南明史料（八種）》，第 188 頁。
④ 同上書，第 196 頁。
⑤ 同上書，第 244 頁。

伐，實作東防，俟逆賊既平，國勢已立，然後徐圖處置之方。若
一與之抗，不惟兵力不支，萬一棄好引仇，並力南向，其禍必中
於江淮矣。[1]

這番話，真正觸及政策導向層面，而非頭癢撓頭、腳疼揉腳。思考方
向正確，頭緒理得較順。基點是「權通北好」，與滿清暫締聯合；聯合的
目的，不僅是先解決李闖問題，也以此安定明朝防務，引滿清西向，「然
後徐圖處置」；若不如此，在尚未準備好的當下與滿清相爭，是徒然引火焚
身，非明智之選。這構想是否一廂情願，還要看滿清的態度。但它本身立
論，應屬情理帖然，明顯可行。

凌駉建言未見採納。原因首先顯然是，主政者心思根本不在此，而諸
鎮武臣則大多無意於北進。其次，談遷在《國榷》裏提到：「清虜命李建
泰招諭凌駉，授巡撫。駉陽受之，以聞。」[2] 凌駉「或暫假臣便宜，權通北
好」之言，似即指此事。朝廷是否就此對凌駉有所猜疑，亦未可知。當
然，凌駉的忠誠毫無問題，後來清兵渡河，他於城破時自經殉國，相當
壯烈。

還有一個原因，也許更加直接 —— 此時，朝廷已就對清政策形成預
案，在此情況下，凌駉的建議自然不再有考慮的必要。

六

關於明朝對清政策的出臺，需要交待一下背景。

朱由崧登基，南都大局既定，有關北事，久無片言。朝中相持不下、
往覆爭訟者，全在黨別派系。持續矚目、跟蹤滿清動態的，僅史可法一
人。他受「定策首功」馬士英排擠，在朱由崧即位第三天（五月十八日乙
巳），即於御前陛辭，開府揚州，督師江北。置身前線，或許是他認識較
為切實的原因之一，但更重要的還是責任感。

---

① 李清《南渡錄》，《南明史料（八種）》，江蘇古籍出版社，1999，第 244 頁。
② 談遷《國榷》，中華書局，2005，第 6126 頁。

六月初，滿清開始有所動作，向山東派遣巡撫。史可法很快向朝廷報告，指出：「恢復大計，必先從山東始。」提出派巡按御史王燮可至山東。對此，《國榷》僅記「章下吏部」，沒有下文。[③] 六月末至七月初，滿清異動頻頻，「清虜易我太廟主，奉高皇帝主於歷代帝王廟」（將朱元璋牌位請出太廟），「清虜命李建泰招諭凌駉，授巡撫」，「清虜命固山額真同平西王吳三桂下山東」，「清虜下青州，東昌、臨清皆降」。[④] 史可法的應對，是支持山東的民間抵抗。他請朝廷對「山東倡義諸臣張鳳翔等」予以委任。因為是空頭支票，這次，朝廷不感到為難而爽快同意，「命次第擢用」。[⑤]

比之於分散的措施，史可法最關心的是方針大計，而這竟遲遲闕如。他以一道《款虜疏》[⑥]，專論此事：

> 目前最急者無踰於辦寇矣。然以我之全力用之寇，而從旁有牽我者，則我之力分，以寇之全力用之我，而從旁有助我者，則寇之勢弱，不待智者而後知也。近聞遼鎮吳三桂，殺賊十餘萬，追至晉界而還。或云假之（「之」，《中興實錄》作「虜」）以破賊，或云借之（同上，原為「虜」）以成功，音耗杳然，未審孰是。然以理籌度，寧（遼東都指揮使司寧遠衞，今遼寧興城）前既撤，則勢必隨以入關，此時畿輔間必不為我所有。但既能殺賊，即為我復仇。予以義名，因其順勢，先國仇之大，而特釋前嫌，藉兵力之強，而盡殲醜類（指李闖），亦今日不得不然之着數也。敵兵（《中興實錄》作「今胡馬」）聞已南來，兌寇又將東突，未見廟堂議定遣何官、用何敕、辦何銀幣、派何從人，議論徒多，光陰已過。萬一北兵至河上，然後遣行，是彼有助我之心，而我反拒；彼有圖我之志，而我反迎。既示我弱，益見敵強（《中興實錄》作「益長虜驕」），不益歎中國之無人，而自此北

③ 同上書，第 6120 頁。
④ 同上書，第 6126 頁。
⑤ 同上書，第 6129 頁。
⑥ 《史忠正公集》題為《請遣北使疏》，顯係清人改竄。據馮夢龍《中興實錄》，原題是《款虜疏》，茲予恢復。

行之無望耶？乞敕兵部即定應遣之官，某文某武，是何稱謂，速行核議。[1]

此疏《史忠正公集》未著日期，依《南渡錄》，當寫於六月下旬[2]，從某些內容（如「音耗杳然，未審孰是……則勢必隨以入關」）看或更早。

雖然消息還有些含混，作者卻已憑藉出色的研判力，對局面給出恰當分析。基本認識，頗與凌駉不謀而合。同樣認為滿清對李闖作戰，客觀上替明朝報了仇，應以此為重，因勢利導，暫釋前嫌，將其兵鋒引向李闖；指出，如不及時明確政策，可能導致滿清南下與明為敵，造成李闖死灰復燃。

正如標題所示，奏章最重要的內容，是提請和敦促朝廷派出使團前往北京，與滿清正式談判。他根據某些跡象警告說，如果清兵已經逼近黃河，事情或將不可挽回。正是這一警告，引起南京高度重視，朱由崧「命速議北使事宜」[3]，不久，「召對閣臣高弘圖等」[4]。

有關這次召對，《款虜疏》之外，我們再補充一個背景。

《國榷》等記述，六月初九辛未，滿清「馳詔江南」。這個文件，相當於《告江南人民書》，首次全面闡述了滿清對明政策。首先，它用「不共戴天者，君父之仇。救災恤患者，鄰邦之義」一語，概括三月十九日以來的事態，以此為目前兩國關係基調。其次，申明在此過程中清國的恩德：「我大清皇帝，義切同仇，恩深弔伐。六師方整，蟻聚忽奔。斬馘虜遺，川盈谷量……為爾大行皇帝縞素三日，喪祭盡哀。欽諡曰『懷宗端皇帝』，陵曰『思陵』，梓宮聿新，寢園增固。凡諸后妃，各以禮葬。諸陵松柏勿樵。」隨後對弘光新朝，示以諒解、共存之意：「其有不忘明室，輔立賢藩，戮力同心，共保江左者，理亦宜然。予不汝禁。但當通和講好，不負本朝。」並表示願與明朝合作，「各勤勱旅，佐我西征」。[5]

---

① 史可法《請遣北使疏》，《史忠正公集》，卷一，商務印書館，民國二十五年十二月，第 7 頁。
② 李清《南渡錄》，《南明史料（八種）》，江蘇古籍出版社，1999，第 177 頁。
③ 同上書，第 177 頁。
④ 同上書，第 178 頁。
⑤ 談遷《國榷》，中華書局，2005，第 6118 頁。

曾有作者質疑此件，以為與滿清「統一全國」戰略不合，應為贗偽，抑或雖有起草卻並未正式發出。⑥ 此聊備一說。然而，政治、外交從來如博弈，棋無定形，着法尚變，未必拘泥。即如以上詔書中所謂對李闖與明朝同仇敵愾，又何必果信？就在 1644 年初，滿清當局還曾致信李闖等各地農民軍首領：「茲者致書，欲與諸公協謀同力並取中原，倘混一區宇，富貴共之矣，不知尊意何如耳。」⑦ 同理，此時滿清對明示好不僅可能，作為緩兵之計、麻痹戰術恐怕還甚有其必要。

對方已表態，這邊不能假裝聽不到，何況對方姿態看起來還超出預期，使南京願意回應。總之，在史可法奏疏和滿清公開信的背景下，明朝結束新君登基以來未對滿清表明態度的局面，在朱由崧主持下，拿出具體方案。

七

六月二十三日御前會議，形成如下結果：決定正面呼應滿清，雙方「通和講好」；為此，組建並及早派出使團，出訪北京。在這基本對策下，還研究和明確了許多細節問題⑧：

一、決定對滿清進行經濟補償，分為兩個方面：一是「助我剿寇有功，復應勞軍若干」，即其入關作戰的軍事耗費補償；二是未來每年的「賞賜」及定額，答應崇禎三年（1630）標準之上逐年遞增，「每量增歲幣十分之三」，並且補足歷年所欠之款（崇禎三年後因邊釁停給），不過這項錢款的支付，附有以下說明和條件，即眼下「物力未充」、暫不付與，同時須「俟三年馬匹不犯」。

二、考量在「國書體裁」中，亦即作為官方正式口徑，對滿清君主以何相稱。「景泰中曾稱『也先可汗』，或『可汗』，或稱『金國主』，宜會

---

⑥ 南炳文《南明史》，南開大學出版社，1992，第 41-45 頁。

⑦ 《清帝致西據明地諸帥書稿》，北京大學文科研究所編《明末農民起義史料》，開明書店，1952，第 455 頁。

⑧ 李清《南渡錄》，《南明史料（八種）》，第 178-179 頁。

議。」留待進一步討論。

三、交涉時，本朝使節所持禮儀。「今彼據燕京，稱帝號，我使第不至屈膝，即是不辱命，全天朝禮。」曩往，大明居帝尊，以女真為臣屬。眼下後者稱帝，明朝無力與之計較，只能退而求其次，至少不被以臣屬相待。

四、對使節的授權。主要是賠償（「賞賜」）額度；規定使節「到時可議」，即允許有一定彈性，具體是「十萬上下，聽便宜行」，但「十萬以外太多，必須馳奏」。

五、將經濟賠償與收復失地掛鈎。會議提到，為防止「鹵先勒銀幣，然後退地」，給錢之前，雙方應該「歃血誓盟」。不過，這方面準備達到的目標，史料中沒有很明確的結論。起初說法是：「如議分地，割榆關（山海關古稱榆關）外甌脫與之，以關為界。」這主要是因為，北京有明室陵寢，「若議榆關內，則山陵單弱，何以安設備守？惟不妨金幣優厚」，所以希望用多給錢的辦法保住北京。不過，後來明顯覺得這不太可能，高弘圖說：「必不得已，山東決不可棄，當以河間為界。」亦即對於未來邊界，明朝打算最多讓步到冀魯之間。但這究竟僅屬高弘圖個人意見，還是會議的結論即是如此，尚不清楚。

這些內容，必然引起爭議。工科都給事中李清質疑，談判如若有成，恐怕明朝反受其害：

> 未得，而我之酬謝窮；既得，而虜之徵求何極？昔寇準遣曹利用款遼，曰：「爾所許，過三十萬則斬汝。」然未幾復益至五十萬，積漸使然也。……民窮而餉匱，餉匱而兵枵，兵枵而鹵突，情見勢屈，恐江南已騷然靡敝。[1]

他的憂慮未為無理，以當時態勢言，則並不在點子上。除非明朝有把握戰而勝之，將滿清驅回關外，否則，「以金錢換土地與和平」其實是比較經濟的辦法，因為戰爭消耗顯然將大大高於贖買的費用。

---

① 李清《南渡錄》，《南明史料（八種）》，江蘇古籍出版社，1999，第 179 頁。

八

　　這次會議，是了解弘光朝的好材料。我們由此知道，它打算「以幣乞和」，並準備在領土問題上對滿清讓步。不過，除了看得到的內容，還有深度解析的必要。倘若足夠細心，會發現某個議題的缺失。先前，無論在凌駉建議、史可法奏章還是滿清文告中，我們都曾見到一個共同內容，即：明軍西進，與滿清聯合追剿李自成。這個問題，在御前會議有關記述中隻字未提。

　　需要探討一下，這個問題關係着什麼。在滿清而言，它把入關與李自成作戰，攬為義舉，並一直藉此從名譽上打壓明朝。它主動提議與明軍共進恐怕不是出於真心，而是料定明朝做不到這一點，打道義牌，從而彰顯後者「不忠不義」。而凌駉、史可法等明朝有識之士強烈主張西進，正是看到這一點，史可法曾在另一道奏疏中憂慮地指出：「虜假行仁義而吾漸失人心。」[②] 與此同時，他們認為聯清西進，具有戰略價值。凌駉稱之為「名為西伐，實作東防」；史可法指出，這既可「藉兵力之強，而盡殲醜類」，又兼收阻「胡馬南來」、防「兇寇東突」之效。再有，是否邁出西征這一步，根本而言關乎「恢復大業」。史可法等深知，當時整個朝政窳空百現，積重難返，誰都無法使其有全局的改觀，於是希望藉西征啟其一端，令「不急之工、可已之費，一切報罷；朝夕之宴飲，左右之獻諛，一切謝絕」[③]，振奮精神，扭轉「偏安」思維，將朝政納入「恢復」正軌。

　　反觀御前會議，獨獨對西進不著一字，也就明白南京主導思想上無意於「恢復」。這才是弘光政權的死結。

　　我們現代人一見「乞和」、「割地」，往往痛心疾首，以為大惡。但在古代，這並非想像得那樣嚴重。古代不存在嚴格的國際法體系，盟誓、條約有一定約束力，可是真的加以無視和撕毀卻也不算什麼，沒有聯合國、海牙國際法庭之類居中仲裁、估衡罪責，爭端最終還是由實力來解決，我

---

② 談遷《國榷》，中華書局，2005，第 6162 頁。
③ 同上。

們看春秋戰國間，那種不斷盟會又不斷毀棄的鬧劇，正不知有多少。十七世紀中葉，起碼在中國，依舊如此；今日予之，卻不妨於條件發生變化的明天，重新奪回來。

六月二十九日召對，令人印象深刻處，不在於討論了對滿清的賠償與割地問題，而在於對西進問題完全不提。假如明朝一面着手與滿清媾和，暫屈大丈夫之所當屈，一面順勢而動，整頓兵甲、驅師西進，我們對局勢的解讀，尚能於消極中捕捉一絲向積極轉化的因素，對未來則尚有想像的餘地。那一缺失或消失，不單證實了來自滿清的判斷，也向歷史證實，這朝廷確已自棄希望，徹底不可救藥。

九

出使北京的使團，倒是很快組成了。七月初五，宣佈使團由兵部右侍郎兼都察院右僉都御史左懋第領銜，馬紹愉、陳洪範為副使。臨行，左懋第辭闕，痛陳：

> 臣所望者恢復，而近日朝政似少恢復之氣。望陛下時時以天下為心，以先帝之仇、北京之恥為心……撫江上之黎氓，而即念河北、山東之赤子……臣更望皇上命諸臣時時以整頓士馬為事，勿以臣此行為必成；即成矣，勿以此成為可恃。必能渡河而戰，而後能扼河而守，而後能拱護南都於萬全。[1]

分明已抱訣別之意，字字泣血，歷歷可見。明朝實不乏這樣的忠正之臣，可惜，他們都不能挽狂瀾於既倒。那種整體的隳壞，正如《左傳》所言：「疾不可為也，在肓之上，膏之下，攻之不可，達之不及，藥不至焉，不可為也。」[2]

明朝似乎覺得，向北京派出使團，便萬事大吉，重新變得無所事事，

---

① 李清《南渡錄》，《南明史料（八種）》，江蘇古籍出版社，1999，第 189 頁。
② 《左傳春秋正義》，卷第二十六，成公十年，北京大學出版社，1999，第 743 頁。

此後我們只看到一些零星記載，如七月十七日將出使名義從「款北」改為「酬北」（「款」有藐視之意）[3]，八月初四補充決定「優恤」吳三桂之父吳襄、贈其「薊國公」[4]，九月初二「史可法請進兵恢復，詔以『北使方行，大兵繼之未便』。」[5]之外再無動靜，哪怕屢有塘報報告「和議未成」[6]，包括十二月中旬使團成員陳洪範隻身南歸、從而確知和談失敗[7]，南京也都沒有任何應對。

雖然朝廷狀態如此，史可法卻沒有放棄。他權當先前建議已獲默許（確實也沒有遭到否定），而自行準備。從所見材料看，南京主事者從未對他的準備工作給予任何實質的支持，但他一直都在積極籌備，縱然只是孤旅一支，縱然只是象徵性地表示明朝採取了行動，也要將它變成事實。八月十八日，他向朝廷報告「將北伐」，「命申紀律」[8]，九月初二，請求正式進軍，但被以等待和談結果為由，下令暫緩。

以後，史可法曾多次敦促。九月二十六日，奏言：

> 各鎮兵久駐江北，皆待餉不進。聽胡騎南來索錢糧戶口冊報，後遂為胡土。我爭之非易，虛延日月，貽誤封疆，罪在於臣。[9]

眼見一河之隔，滿清大張旗鼓展開接管，自己卻只能乾瞪眼。十一月十二日，他憤而寫道：

> 痛自三月以來至於今日，陵廟荒蕪，山河鼎沸，大仇數月，一兵未加。[10]

「一兵未加」四個字，道盡悲哀。《史忠正公集》還載有《自劾師久無功疏》，用強烈自責的方式，揭露朝事之空洞虛無：

③ 李清《南渡錄》，《南明史料（八種）》，第 196 頁。
④ 同上書，第 209 頁。
⑤ 同上書，第 234 頁。
⑥ 同上書，第 307 頁。
⑦ 同上書，第 309 頁。
⑧ 同上書，第 221 頁。
⑨ 談遷《國榷》，中華書局，2005，第 6151 頁。
⑩ 同上書，第 6162 頁。

臣本無才，謬膺討賊，亦謂猛拚一死，力殄逆氛，庶仰酬先帝之恩，光贊中興之治。豈知人情未協，時勢日艱，自舊歲五月出師，左掊右據，前蹶後跋……臣是以仰天拊心，泣涕出血，精神日瞀，憂鬱日沈，疾病日加，深歎於寸絲之莫酬，而萬死之莫贖也。[1]

此疏上於何日，未得其詳，而據疏中「今受命十月，一旅未西」來看，時在乙酉三月（1645年4月）。這時，清兵已渡過黃河，「破蒙山，逼歸、徐，江南震恐」[2]。面此局勢，史可法撫思所來，內心豈不創巨痛深。《史忠正公集》所載最後一道奏疏，作於左良玉軍變後，其云：

頃報北兵……臣提兵赴泗，正思聯絡鳳泗，控守淮南，不意復有上游之警（指左軍之變），調臣赴廬皖上游。臣伏思上游之事，發難無名，沿江重兵，自足相抵，其勢未必即東下，而北兵南來，則歷歷有據，聲勢震盪，遠近惶駭。萬一長淮不守，直抵江上，沿江一帶，無一堅城，其誰為禦之？不知士英何以受蔽至此！[3]

這道奏章發出不久，揚州告破，史可法罹難。縱觀前後全過程，明朝可謂未用史可法一言，而史可法則是眼睜睜看着國家怎樣一步一步毫無作為地走向滅亡。《南疆逸史》為之概述：「可法受事數月，疏非數十上，皆中興大故，言極痛憤，草成輒嗚咽不自勝，幕下士比為飲泣。」[4]

十

客觀起見，作一點說明：史可法說，終弘光一朝不加一兵、一旅未西，嚴格講亦非事實。實際上，曾有一支明軍主力正式向西北挺進，並

① 史可法《自劾師久無功疏》，《史忠正公集》，卷一，商務印書館，民國二十五年十二月，第21頁。
② 溫睿臨《南疆逸史》，中華書局，1959，第42頁。
③ 史可法《請早定廟算疏》，《史忠正公集》，卷一，第21-22頁。
④ 溫睿臨《南疆逸史》，第41頁。

抵於黃河南岸的歸德（今商丘）。這支軍隊，便是四鎮之一興平伯高傑所部。

高傑其人，崇禎間係李自成舊將，後歸降。國變中及弘光伊始，他形象很壞，參與馬士英擁立朱由崧的行動、在揚州荼毒百姓、又與靖南侯黃得功大打出手。他是地道的一介武夫，粗暴勇狠，天生草莽氣質。但此人內在品質其實相當純正，我讀他的故事，不期想起魯智深。當時魯提轄經趙員外介紹，到五臺山出家，眾僧見其兇惡，皆不欲留，獨智真長老曰：此人根性至正，將來「證果非凡，汝等皆不及他」⑤。這句話，也完全可以用於高傑。史可法督師江北後，苦口婆心做諸將工作，最終被感化的只有高傑。以後的高傑，脫胎換骨，判若兩人，直到去世他的表現稱得上義薄雲天。

在史可法影響下，高傑很快與其他諸鎮從思想和行為上劃清界限，**躍出污泥，獨濯青蓮**，凡大是大非都能站到正確立場。他是弘光大帥中唯一胸懷恢復大志且能付諸行動的人。七月，朝廷打破對清政策沉默不久，他就託監軍萬元吉請示：

> 高傑聞兩寇相持，欲乘機復開、歸（開封、歸德），伺便入秦，奪其巢穴。⑥

可見挺進開、歸的軍事計劃，在他心中存之已久。八月二十四日，史可法代他再次請示：

> 高傑言進取開歸，直搗關洛，其志甚銳。⑦

其間，高傑曾致信清肅王豪格，寫得光明磊落、滿紙血性：

> 逆闖犯闕，危及君父，痛憤予心。大仇未報，山川俱蒙羞色，豈獨臣子義不共天！……傑猥以菲劣，不揣綿力，急欲會

---

⑤　金聖歎《第五才子書施耐庵水滸傳》，上，中州古籍出版社，1985，第88頁。
⑥　李清《南渡錄》，《南明史料（八種）》，江蘇古籍出版社，1999，第221頁。
⑦　談遷《國榷》，中華書局，2005，第6142頁。

合勁旅，分道入秦，殲闖賊之首，哭奠先帝，則傑之血忠已盡，能事已畢，便當披髮入山，不與世間事，一意額祝復我大仇者。[①]

高傑的轉變，有如周處第二，令人稱奇。他從驅趕大軍蜂擁南下，一心一意找個安逸富庶之地安頓家小、苟且偷生，到拔地而起、仗劍而行、傾巢北進——且是在無任何後援的情況下毅然前往——其大悔大悟，令人肅然。

「九月之十日，祭旗，疾風折大纛，西洋炮無故自裂，傑曰：『此偶然耳。』遂於十月十四日登舟。」[②]「明年正月，傑至睢州。」睢州即今河南睢縣，在歸德以西約四十公里。駐於此地的明總兵許定國，與高傑有舊隙，高傑自歸德出發前曾與之修好，「貽定國千金、幣百匹」[③]，由是不備。乙酉一月初十二，許定國設計殺害了高傑，然後降清。

「可法聞之大哭，知中原之不能復圖也。」[④]南京只有一個高傑。斯人既亡，厥無其繼。高傑的出現，其實是個意外。是史可法感召力與高傑品性相互激發、耦合的結果，兩個條件缺一不可。

雖然出師未捷身先死，高傑並未真正投入作戰，但畢竟明軍一支勁旅已經到達前線。就此而言，不加一兵、一旅未西的說法，似應修正。

然而有個疑問：高傑北進究竟有無旨意？疑問的提出，是因為從基本材料看，在「恢復」問題上，南京當局始終扮演阻撓、刁難角色。這並不表現為言語上的明確禁止（與責任和道義相拗），卻實質性地從物質和行動上的給以掣肘。比如派餉一事，史可法脣焦舌敝、再三索討，遲遲不予兌現。為此，素來任勞任怨的史可法，終於少見地發了牢騷：

近聞諸臣條奏，但知催兵，不知計餉。天下寧有不食之兵、不飼之馬？可以進取者，目前但有餉銀可應，臣即躬率囊鞬為諸鎮前驅。[⑤]

---

① 計六奇《明季南略》，中華書局，2008，第 145 頁。
② 徐鼒《小腆紀年附考》，中華書局，2006，第 265 頁。
③ 計六奇《明季南略》，第 157 頁。
④ 溫睿臨《南疆逸史》，中華書局，1959，第 382 頁。
⑤ 李清《南渡錄》，《南明史料（八種）》，江蘇古籍出版社，1999，第 212 頁。

這是八月的事情,到十一月份,據其下屬應廷吉說,「額餉雖設,所入不敷所出」[6]。雖發下一些錢糧,卻根本不夠用。史可法只好另籌,包括屯田甚至親自求人捐獻。例如有朱姓巨富,「公慮經費不足,輒造其廬,請助餉萬金以塞眾口。」[7]

高傑大軍北行,肯定需要足夠的軍費,但我們卻未發現朝廷曾針對這一行動予以撥給的記載。其來源,可能是高傑駐紮江北數月來自徵所得(建四藩時,有諸鎮可開市徵稅的許可),或者通過其他途徑。應廷吉說,史可法動員朱姓巨富捐餉未果,後來高傑也找上門,他可不那麼客氣,採取了打土豪方式,「追贓數十萬,減至四萬」[8],似乎弄到一些,但也沒盡如其願。

除軍費須自籌補充,進軍的指令,我們推測也與南京無涉,而是史可法以督師名義自行下達。這雖屬推測,卻有側面的旁證 —— 左良玉兵變後,馬士英盡調江北兵力對付左軍,連史可法直接指揮的區區幾千人也不放過(參閱前文所引史可法《請早定廟算疏》);可見,依南京主政者的本意,絕不樂於見到一兵一卒遠離近畿。高傑所部,在四鎮中戰鬥力首屈一指,對馬士英來說,將這樣一支主力部隊派出遠征,可能性完全為零。

因此,假使分析得不錯,高傑西進大概是在自籌軍費基礎上,經史可法個人毅然拍板而來的行動。如此說來,史可法堅稱朝廷不加一兵、一旅未西,某種意義上仍是事實。

十一

這個朝廷,國都失陷,疆土分裂,君主自盡。然而,它什麼也沒有做。

這個朝廷,擁有最多的兵力、最富的區域、最先進的生產力,論有資格打仗與打得起仗,無人能及。然而,從頭到尾它沒打過一場仗。

也不盡然。它打過仗,一場大仗。卻並非對外,而在自己內部,聚集

---

⑥ 應廷吉《青燐屑》,《明季稗史初編》,卷二十四,上海書店,1988,第 430 頁。
⑦ 同上書,第 431 頁。
⑧ 同上書,第 431 頁。

數十萬兵力、滿腔熱情打了一仗──同時也是最後一仗。

十餘年來,「寇」「虜」並稱。前者是深仇大恨,一經提起,咬牙切齒。後者是心腹之患,如虎狼在側。可甭管「寇」、「虜」,明朝竟然都不曾對它們伸出哪怕一根手指頭。

兩者當中,對為己復仇的某方,如前所說基於道義或策略的緣故,暫不招惹,也還罷了;奇怪的是,對明明有血海深仇的另一方,也不加一矢,讓別人「全權代理」,自己卻只作壁上觀,儼然看客,若無其事,嗑着瓜子、啜着香茶,在戲院中看得津津有味。

這樣無法理喻的一幕,除了甘坐等死,委實沒有其他說得通的理由。然而,求生不是本能嗎?就算瀕死,憑着本能也總要掙扎一下。可弘光朝卻仿佛懶得掙扎,抑或不屑掙扎了。

朱由崧登基滿兩個月時,吏科都給事中章正宸對時事加以點評:

> 兩月來,聞文吏錫鞶(「錫」通賜,「鞶」為官員腰帶,這裏指升官)矣,不聞獻馘;武臣私鬥矣,不聞公戰;聞老成隱遁矣,不聞敵愾;聞諸生捲堂矣,不聞請纓發。如此日望興朝之氣象,臣知其未也。[1]

這是弘光朝現實的基本圖景,從開始到結束,一以貫之、從未稍變。朱由崧登基兩個月如此,一年後還是如此。而且,這樣的狀態無須敏銳才能發現,大家都看在眼裏,所以類似章正宸那種批評、提醒、諫勸的奏章,不斷湧來,比比皆是。但卻沒有任何觸動,朝政宛若一潭死水,紋絲不動,形同鬼域,寂蔑得駭人。

也許,確實朽爛透頂了,已無一絲可致振作的氣力。但又不盡然。我們分明看到史可法、左懋第、凌駧、高傑、祁彪佳……的存在,他們所體現的精神力度,不必說在明末,置諸任何時代,都是可以撕裂夜空的閃電。國變以來,明朝並不缺乏偉岸人格,並不缺乏英雄傳奇,並不缺乏滾燙心靈,我們甚至要說,從弘光到永曆,明朝整個最後尾聲階段,這種人

---

① 李清《南渡錄》,《南明史料(八種)》,江蘇古籍出版社,1999,第188頁。

和事的湧現比任何歷史時期都更多。然而，那些悲壯、慘烈的故事，似乎只是見證了個人品質的優卓，對於時代，對於歷史整體，卻毫無意義。

　　作為後世觀察者，我們感覺到一種吞沒，一種虛空，一種無解之死。在我們眼前，明末展示出來的黑暗，遠遠超越了黑夜的層次；它是黑洞 —— 黑洞，是一種引力極強的天體，就連光也不能從中逃逸。關於明朝的滅亡，至少筆者無法看成外族入侵的結果。它消失於自體內部一種渾沌、無形卻能吞噬一切的力量，一種「物質塌陷」。歷史上，當黑暗積累得太久，就能夠生成這樣的自我毀滅的能量，而外部的推動，只是壓垮駱駝的最後一根稻草而已。

Chapter 4

桃色‧黨爭

這鬥爭，在明朝已延續四十年之久，一邊是作為近倖小人集團的閹黨，一邊是堅持道義、真理與改革的知識分子陣營。此二者間的消長，關乎江山社稷興亡；至少在孔尚任看來，南渡之後閹黨得勢，是弘光政權病入膏肓、不可救藥的標誌。

一

明之亡，本身就像一部懸疑小說，仁者見仁，智者見智。歷來，各家各派依其所思，說什麼的都有。

其中，有位孔夫子後人，名叫孔尚任，寫了一部戲劇，題為《桃花扇》，洋洋十餘萬言。要說這部劇作的品質，以筆者看來，真無愧世界戲劇史上任何佳作。不單單是文辭的優美、人物的鮮活，更因它開創性地採取了了全紀實的敍事。除因情節構造之需，於若干細節有所虛構或想像外，大部分內容都來自真憑實據。所謂「朝政得失，文人聚散，皆確考時地，全無假借。至於兒女鍾情，賓客解嘲，雖稍有點染，亦非烏有子虛之比。」① 作者就像今之學者做論文那樣，以一篇《桃花扇考據》，專門列出他所本的主要材料，一方面顯示作品的嚴肅，一方面亦備有興趣的看客或讀者索證稽核。而且他對材料的蒐集，並不以案頭為滿足，利用各種機會，踏訪實地，親問舊人。以我孤陋的見聞，遠在十七世紀（《桃花扇》「凡三易稿而書成」，最後脫稿於 1699 年），以這種方式和意識產生的劇作，仿佛只有《桃花扇》。

劇中主要角色三：一位妓女，一位才子，一位奸佞。他們之間，通過一柄摺扇串接起來。妓女戀慕才子，才子以扇定情，奸佞從中破壞，妓女因此血濺摺扇——所謂「桃花」，便是濺於扇面的血跡，按照作者的原話：「桃花者，美人之血痕也」②。

這自是一段古典淒美的愛情，如將其視為「才子佳人」故事，予以體會、感喟和唏噓，頗為自然。然而，作者卻給我們打預防針。他說，只看表面的話，《桃花扇》要麼是「事之鄙焉者」，要麼是「事之細焉者」，要麼是「事之輕焉者」，乃至是「事之猥褻而不足道者」。③ 這絕非他寫作的目的。寫這作品，在他是一個已揣了幾十年的夢想：「予未仕時，每擬作此傳奇，恐聞見未廣，有乖信史」，是極鄭重的。他回顧，自己還在少年時，

---

① 孔尚任《桃花扇凡例》，《桃花扇》，人民文學出版社，1982，第 11 頁。
② 孔尚任《桃花扇小識》，同上書，第 3 頁。
③ 孔尚任《桃花扇小識》，同上書，第 3 頁。

族中一位長輩因曾親身經歷，「得弘光遺事甚悉」，「數數為予言之」，特別是「香姬面血濺扇，楊龍友以畫筆點之」這一情節，對他觸動甚深；多年縈繞，終於釀成一個構思——以「南朝興亡」，「繫之桃花扇底」。④ 所以，在類乎序言的《桃花扇小引》裏，他特別點明該劇主旨是：

> 知三百年之基業，隳於何人？敗於何事？消於何年？歇於何地？不獨令觀者感慨涕零，亦可懲創人心，為末世之一救矣。⑤

用我們今天話說，雖然題材和情節似乎是吟風弄月，《桃花扇》的真實主題卻並非愛情，而在政治。這極為有趣。如果我所記不錯，在政治中挖掘性的元素和影響，或者說從性的角度解讀政治，是上世紀六十年代隨文化批評時髦起來的視點。而孔尚任寫《桃花扇》，竟似在十七世紀末已得此意。這樣講，是否誇張，抑或有所「拔高」，讀過《桃花扇》的人不難鑒識。劇中，李香君這一元素，實際起到一種隱喻的作用，來代表人心向背、是非取捨和政治褒貶。作者讓政治立場，去決定一位美人的情意所歸——政治「正確」者，得她芳心傾許；而政治上的醜類，輒令她性趣蕩然。

尤應指出，這位美人，除容貌、顏色上被賦予種種的美妙，從而對於男性普遍地構成夢中情人般的吸引，還特有一個「妓女」的身份。這使她的含義格外具體、固定和突出，而根本區別於「普通」女子。換言之，從身體到社會角色，無論「自然屬性」或「社會屬性」，她都是一個明確、強烈而純粹的性的符號。在她身上，那種性之於政治的隱喻意味，不單單是毋庸置疑，簡直也就是唯一的意味。

不妨看看劇中有怎樣的體現。第二十四齣「罵宴」，當着幾位奸佞，那迷人櫻脣間吐出了如許的嬌音：

> 東林伯仲，俺青樓皆知敬重。乾兒義子從新用，絕不了魏家種。⑥

---

④　孔尚任《桃花扇本末》，同上書，第5頁。
⑤　孔尚任《桃花扇小引》，同上書，第1頁。
⑥　孔尚任《桃花扇》，同上書，第157頁。

在第二十一齣，馬士英得知其黨田仰的聘禮為香君所拒，氣急敗壞：

> 了不得，了不得！一位新任漕撫，挈銀三百，買不去一個妓女。豈有此理！難道是珍珠一斛，偏不能換蛾眉。[①]

而阮大鋮的幾句唱，切齒之餘，則酸溜溜地散發了醋意：

> 當年舊恨重提起，便折花損柳心無悔。那侯朝宗空空梳攏了一番。看今日琵琶抱向阿誰。[②]

權力、金錢與性之間向來的對等，突然消失，「新任漕撫，挈銀三百，買不去一個妓女」、「珍珠一斛，偏不能換蛾眉」，抑或權力、金錢所暗含的性優勢被公然無視，喚起幾位高級男性政客內心深刻的失落。來自美豔妓女、天生尤物的否定，較諸直接的政治挫折，也許更加令人意氣難平。

孔尚任卻顯然從中感覺到快慰。實際上，他是把「性」作為獎賞給予所稱頌的一方，也作為鄙夷而給予了另一方。在他，這是歷史批判的一種依託，一種方式。此即開場第一齣侯方域登臺自報家門時點出的「久樹東林之幟」、「新登復社之壇」，以及吳應箕那句「小弟做了一篇留都防亂的揭帖」，所共同透露的內容——一直以來存在於南京且日趨激烈的黨派鬥爭。這鬥爭，在明朝已延續四十年之久，一邊是作為近倖小人集團的閹黨，一邊是堅持道義、真理與改革的知識分子陣營。此二者間的消長，關乎江山社稷興亡；至少在孔尚任看來，南渡之後閹黨得勢，是弘光政權病入膏肓、不可救藥的標誌。

二

雖然我們不會像孔尚任那樣，把明朝消亡僅僅歸結於政治和道德；

---

① 孔尚任《桃花扇》，人民文學出版社，1982，第 139 頁。
② 同上書，第 140 頁。

畢竟，將近四百年之後，我們已經走出了古典興亡觀及其話語體系，而擁有更多的觀察角度和不同的思考方向。可是，《桃花扇》所着力表現的內容，在短命的弘光朝歷史中仍有分量，乃至是相當重的分量。

這是那時代所特有的事實。

從 1644 年 5 月下旬圍繞「定策」發生的明爭暗鬥，到翌年 6 月 3 日（乙酉年五月初十）朱由崧出逃，一年之內，南京幾乎沒有哪件事與黨爭無關。豈但如此，我們對弘光朝各項事業，從政治到軍事，從民生到制度，均留下無頭蒼蠅般的印象，從頭到尾，一盆漿糊，沒有完整做成一件事，全都虎頭蛇尾、半途而廢，或乾脆只形諸語言不見於行動 —— 權舉一例，從皇帝到群臣一致信誓旦旦、反覆念及的恢復中原、為先帝復仇，也根本停留在口頭，直到最後也不曾實質性地發出一兵一卒；而唯獨對於一件事，人們貫穿始終、全力以赴、未嘗稍懈，這便是黨爭。福王之立、馬士英當政、史可法出督、阮大鋮起復、張慎言劉宗周姜曰廣呂大器高弘圖等先後罷退、左良玉反叛……所有的重大政治變故，差不多都釀自黨爭。直至崩潰前一個月，馬阮集團全神貫注去做的，仍是針對東林 — 復社陣營羅織罪名、圖興大獄，並以處決其中兩個活躍分子周鑣、雷縯祚，作為高潮。

它的根源，有遠有近。

遠的，是萬曆、天啟、崇禎三朝一系列起起伏伏，其中有兩大關節：一是天啟年間魏忠賢、客氏當道，屠戮東林；一是崇禎登基後定閹黨為「逆案」。更多的頭緒，先前我們已有交代，讀者若有不明，重溫即可，茲處不復贅及。

我們將了解的重點，放在近處。那是崇禎十一年（1638）秋天發生的一樁事，內容便是吳應箕在《桃花扇》第一齣所說的「小弟做了一篇留都防亂的揭帖」。

這份揭帖名叫《留都防亂公揭》。先解釋幾個名詞：古代把公開張貼的啟事、告示稱作「揭帖」；「揭」是它的簡稱；「公揭」，則是有多人具名的揭帖；至於「留都」，指的是南京。如若轉為當代語，《留都防亂公揭》略同於一張由南京部分人士集體署名的街頭大字報。

列名其上的「南京部分人士」，多達百四十餘。朱希祖先生曾以專文

對具體人數進行考辨[1]，我們在此且不管它，而着重注意上述人數所表現出來的聲勢。倘在今日，一張百人簽名的大字報也許算不了什麼，但這是在將近四百年以前，當時，受過一定教育的人縱非萬里挑一，千里挑一總是差不多的。所以，能有百人簽名，這張大字報在知識界顯然具有相當的代表性。

代表誰呢？主要是復社。這是明末的一個知識同人團體，欲知該團體勢力之大，我們來看眉史氏《復社紀略》的記載。據它說，早在十年前，亦即戊辰年（崇禎元年，1628），以姑蘇為首，各地青年學人社團（復社前身）成員即達七百多人；書中將這些姓名逐一開具，然後歎道：

> 按目計之，得七百餘人，從來社集未有如是之眾者！計文二千五百餘首，從來社藝亦未有如是之盛者！嗣後名魁鼎甲多出其中，藝文俱斐然可觀；經生家莫不尚之，金闆書賈，由之致富云。[2]

天下讀書人，沒有不崇尚復社的，甚至出版家也靠印他們的書發了財。《桃花扇》裏就有這麼一位書商蔡益所，專刻復社名流之作；他上場時以「貿易詩書之利」、「流傳文字之功」[3]自誇，倒是出版家的外俗內雅的好對。

須知以上尚是1628年的情形，又經十幾年，復社勢力之膨脹簡直令人側目。阮大鋮曾這樣煽動馬士英：「孔門弟子三千，而維斗等聚徒至萬，不反何待？」[4]維斗乃復社領袖之一楊廷樞的表字，阮大鋮說他「聚徒至萬」，肯定是危言聳聽，以說動馬士英出手鎮壓。另有說法稱，楊廷樞「聲譽日隆，門下著錄者三千人」[5]，這大約比較客觀。僅僅楊廷樞一人，身後追隨者即達三千；其他復社巨擘就算達不到這種規模，但把每個人的影響面都計算起來，無論如何會是個使人瞠目的數字。難怪有人要憤憤不平

[1] 朱希祖《書劉刻貴池本留都防亂揭姓氏後》，《明季史料題跋》，中華書局，1961，第21-24頁。
[2] 眉史氏《復社紀略》，中國歷史研究社編《東林史末》，神州國光社，1947年，第204頁。
[3] 孔尚任《桃花扇》，人民文學出版社，1982，第183頁。
[4] 朱希祖《書劉刻貴池本留都防亂揭姓氏後》，《明季史料題跋》，第23-24頁。
[5] 同上書，第24頁。

地告御狀說：「東南利孔久湮，復社渠魁聚斂。」⑥

　　復社興起，有一實一虛兩個背景。前者是崇禎初年定閹黨為逆案，為東林平反，形成一種直接而具體的刺激，令讀書人志氣大長，而東南一帶原係東林淵藪，此地年輕後學，率先躍起，集會結社、談經論世、指斥方遒。至於後者，則須聯繫晚明整體精神思想氛圍。主要自王陽明以來，明人講學之風大興。筆者曾往泰州崇儒祠謁訪，得見當年王艮為外出講學，仿孔子周遊列國的車制而自製的蒲輪車，雖非原物，而是今人想像下的贗品，卻也提供了一種形象。據說他就乘着這古簡之車，從江西出發，沿途聚講，直抵北京。明末學派林立，就是講學風盛所致。「東林」被誣為「黨」之前，其實是個書院的名稱，無錫至今有其舊址。萬曆二十二年（1594），顧憲成忤旨革職，返鄉講學，重修東林書院並任主持，名儒耆宿紛至沓來，很快成為思想、學術重鎮，最終給朝政以深刻影響。東林模式或東林經驗，既激於時代，反過來也是對時代的有力印證；由於經過了思想、歷史、倫理層面的究問與反思，歷來士大夫作為王朝政治「齒輪與螺絲釘」的那種功能，明顯朝着帶有自我意識的知識分子政治獨立性轉化了，所以，整個明末知識分子階層的鬥爭性、反叛性以及基於思想認同的群體意識，空前提高和增加，乃至現代的知識分子已可以從他們身上嗅到一些親切熟悉的氣息，這是從未有過的。

　　復社，作為東林的延續，而且基於對後者經驗的汲取，意識上更加自覺，一開始就迅速邁向組織化和統一。《復社紀略》記載：

　　　　是時（壬申年，1632）江北匡社、中洲端社、松江幾社、萊
　　陽邑社、浙東超社、浙西莊社、黃州質社，與江南應社，各分壇
　　坫，天如（張溥，表字天如）乃合諸社為一，而為之立規條，
　　定課程曰：「自世教衰，士子不通經術，但剽耳繪目，幾幸弋獲
　　（「弋獲」，獲得、獲取之意）於有司。登明堂不能致君，長郡邑
　　不知澤民；人材日下，吏治日偷，皆由於此。溥不度德，不量

---

⑥　同上書，第 23 頁。

力，斯與四方多士共興復古學，將使異日者務為有用，因名曰
『復社』。」又申盟詞曰：「毋非聖書，毋違老成人，毋矜己長，
毋形彼短，毋巧言亂政，毋干進辱身。嗣今以往，犯者小用諫，
大則擯。既佈天下，皆遵而守之。」又於各郡邑中推擇一人為
長，司糾彈要約，往來傳置。[1]

這件材料，將復社誕生經過、名稱含義、創始者等各方面情況，錄述
甚確。我們可以認定：第一，這是一個從思想認識到組織形式相當成熟的
社團，有宗旨、有規章，而且是跨越多地（從河南、山東到江浙、湖廣）
的全國性組織；第二，這是一個兼顧學術與政治的組織，由學術而政治、
由政治而學術，學用相濟、理論與實踐相結合；這意味着，它注重思想
性，是學人和知識分子而非官僚與政客的團體，但又不同於閉門式的單純
讀書會，強調所學所思「務所有用」，目標最終指向社會政治探索，以此
觀之，復社是針對社會、政治改進尋找思想之路的共同體，這一精神內核
與現代政黨已很接近。

至於張溥以「興復古學」詮釋「復社」之名，我們不必為其字眼所
拘。一來這跟張溥個人思想主張有關，我們知道他推崇前後七子的復古
論；二來在中國歷史上以及古代語境中，「復古」往往是現實批判的好用
工具，「改制」者往往「託古」。與復社從內容到形式的鮮明的歷史創新性
相比，「興復古學」一類遣詞，不會迷惑我們。相反的，我們恰要指出，
復社的主體是晚生後輩，跟其前驅東林相比，年輕氣盛乃其突出特點。東
林的構成，幾乎清一色是朝臣，縱不位居要津，亦有一官半職，抑或為致
仕之名宦。復社成員相反，比如我們較熟知的吳應箕及所謂「明末四公子」
陳貞慧、侯方域、方以智、冒襄，除方以智登過進士，餘皆為諸生。他們
的年齡，或許不算真正年輕（最年長的吳應箕，主筆《留都防亂公揭》時
年已四十四），但心態究非登堂入室的心態，普遍看上去疏狂不忌，這其
實亦是銳氣使然。

---

① 眉史氏《復社紀略》，中國歷史研究社編《東林始末》，神州國光社，1947 年，第 181 頁。

如果我們以復社成員為「學生群體」，則可以將復社視如明末的「學生組織」，而《留都防亂公揭》事件便是這群體和組織掀起的一場極具轟動性的「學生運動」。它有着明顯的青春色彩和青春氣質，衝動、激昂、理想主義，同時也不免浮誇、偏執、聳人聽聞。現代學潮所表現的那些特點，此一事件基本應有盡有。比如，不妨比照着「五四運動」來想像 1638 年 8 月復社學子們之所為，一樣的自視進步、崇高、熱血，也一樣的不容置疑、唯我獨尊、霸氣十足。和諸多現代學潮一樣，它也缺陷明顯，很有待商榷乃至可詬病之處，但這都不能掩其歷史價值。它是發生在傳統權力空間（廟堂）之外的群眾性政治運動，有着自發性、自主性，獨立表達了一種聲音與訴求；遠在十七世紀上葉，中國出現這一幕，頗能說明知識階層的思想活力，以及對權力加以分割的意願，這些深層次內容遠蓋過了它的某些缺陷。

三

　　一百四十餘人群起而攻之的，是阮大鋮。清朝官方所修《明史》，從近三百年歷史中確定了十餘人為「奸臣」，阮大鋮便分得一席之地。他名列《奸臣傳》最後一位，換言之，他是明代「奸臣」的壓卷之人。論其由來，即因天啟年間依附魏忠賢。以此崇禎元年（1628）遭彈劾，第二年定逆案，遂論罪，但網開一面，允許他「贖徒為民」，「終莊烈帝世，廢斥十七年，譽譽不得志。」[②]

　　照理說，一個廢斥了十七年，在整個崇禎朝都毫無機會的人，就是十足的落水狗，復社諸人為何還要「痛打」？關於這件事，筆者認為要從兩方面看；其一，復社方面確實不懂「費厄潑賴」，其二，事出有因，並非無故。

　　從阮大鋮方面說，他根本不是能甘寂寞的人。《明史》對他有幾個字的評價：「機敏猾賊，有才藻。」寫這句評語的人，礙於其「奸臣」身份，不

---

② 　張廷玉等《明史》卷三百八，中華書局，1974，第 7938 頁。

肯使用好字眼兒，但看得出來，實際認為此人非常非常聰明，非常非常有才。晚明盛產才子，而且是那種觸類旁通、全能通識型的才子，就像歐洲文藝復興以來之達‧芬奇、盧梭一流的人物。而即便在這些才子中，阮大鋮也要算一個佼佼者。作為飽讀詩書的人，筆墨文字就不必說了；他在出版、戲劇、音樂、園藝很多方面，都居頂尖的地位抑或深孚眾望。

　　十年前，我過訪同里，購得計成《園冶》一冊。計成乃是同里的驕傲，生於萬曆年間，精繪畫、造園藝術，這本《園冶》被目為「我國造園史上的巨著」[①]，傳至日本，更「尊為世界造園學最古名著」[②]。打開正文，當年赫然置於首位的，居然是阮大鋮所作《冶敘》。此文作於崇禎甲戌年（1634），亦即他遭復社攻擊前四年。此時他早已臭名遠揚，然而造園大師卻不避嫌疑，鄭重邀其為《園冶》首序，我們推測因為兩點：一、計成非黨無派，可能並不在意政治；二、阮大鋮在造園上的眼界、見地，是計成所欽佩的，請他作序，表示這方面的一種認同與借重。果然，阮大鋮文中提到，對造園他並不只是鑒賞家，也親施營造：

　　　　予因剪蓬蒿甌脫，資營拳勺，讀書鼓琴其中。勝日，鳩杖，
　　板輿，仙仙。[③]

　　大意是說，曾把府中一片荒地，加以清整，池上理山（「拳勺」語出《中庸》：「今夫山，一拳石之多」，「今夫水，一勺之多」，借指園林微觀山水造景），作為讀書彈琴處；趕上好天氣，輒請出老人，奉之遊娛。

　　阮氏才情最著處，是戲劇方面。他的這一天賦，在明末恐怕首屈一指。所著《十錯認》（《春燈謎》）、《燕子箋》等四劇，後世雖不演，當時可是名滿天下。對此，連敵人亦不能夠抹煞。吳梅村回憶了這一幕：

　　　　（復社）諸君箕踞而嬉，聽其曲時亦稱善，夜將半，酒酣，
　　輒眾中大罵曰：若閹兒媼子（「閹」指魏忠賢，「媼」指客氏），

---

①　羅哲文《總序》，《園冶》，中國建築工業出版社，1999，卷首（無頁碼）。
②　陳植《園冶注譯序》，《園冶》，第 5 頁。
③　阮大鋮《冶敘》，《園冶》，第 32 頁

乃欲以詞家自贖乎！引滿泛白，撫掌狂笑，達旦不少休。④

　　孔尚任將這情景悉數寫入《桃花扇》第四齣。雖然復社諸人意在羞辱，但對阮氏「詞家」分量是不否認的，只是正告他，詞曲上再了得，亦不能贖罪於萬一。阮大鋮的戲劇成就，不僅限於創作，實際上他擁有當時南京水平最高的一個私家劇團，這劇團並不營業，只供自己及親朋玩賞，而其親自調教，還延聘名師，當時第一流的行家如柳敬亭、蘇崑生都曾被羅致在府。《桃花扇》第四齣寫到復社諸人假意「借戲」，他聞訊後這樣說：

　　　　速速上樓，發出那一副上好行頭，吩咐班裏人梳頭洗臉，隨
　　箱快走，你也拿帖跟去，俱要仔細看。⑤

　　口氣儼然劇院老闆兼藝術總監，非常專業。他創作的本子，不讓外人演，只供其私家劇團獨家詮釋，演員、服飾、樂師⋯⋯都細予講求，務得愜要。親睹過阮氏私家劇團演出的張岱說：

　　　　阮圓海（圓海，阮氏之號）家優講關目，講情理，講筋節，
　　與他班孟浪不同。然其所打院本，又皆主人自製，筆筆勾勒，苦
　　心盡出，與他班鹵莽者又不同。故所搬演，本本出色，腳腳出
　　色，齣齣出色，句句出色，字字出色。余在其家看《十錯認》、
　　《摩尼珠》、《燕子箋》三劇，其串架鬥筍（劇情銜接和轉合）、
　　插科打諢、意色眼目（演員表情及交流），主人細細與之講明。⑥

　　評價何其之高。歷來，戲劇玩到這個地步的，除了他，便只有李漁李笠翁。據說，在他與朱由崧的關係裏，戲劇也是頗有分量的因素；朱由崧是個戲迷，而他不光是大行家，還有最好的劇團。

　　如果阮大鋮願意，他可以過很舒服的日子，以其博才多藝論，應該還

④　吳梅村《冒辟疆五十壽序》，《吳梅村全集》，卷第三十六，文集十四，上海古籍出版社，1990，第
　　773 頁。
⑤　孔尚任《桃花扇》，人民文學出版社，1982，第 30 頁。
⑥　張岱《陶庵夢憶‧西湖夢尋》，上海古籍出版社，1982，第 73-74 頁。

將是情趣豐饒、充滿創造的日子。可惜不。廢斥十七年，他簡直沒有一天將往事放下，這是根性所致。他生性錙銖必較、睚眥必報，假如受了一口氣，就無論如何咽不下，當年所以投靠魏黨，起因就是東林方面原答允委以一職，結果變卦，他一氣之下而投反方懷抱。再者，藉其一生來觀，此人權力慾過剩，當年剛剛振翅高飛，忽然跌落，一下沉淪十七年，權力的癮頭根本不曾過足，憋得難受，勢必一泄方快。最後，不能不談談人品；阮大鋮要才有才，要智有智，眼光、趣味也岐嶷不凡，但人品確確實實很劣壞。這又讓人慨歎人的矛盾性，人就是這樣，往往把頗好的東西與頗壞的東西並集一身，而難盡美。阮大鋮自某一面看可說是時之髦、人之傑，非常優秀，但自另一面看，卻又無恥之尤、彘狗不如。筆者給他這般劣評，主要不是因為往事，當年阿附權貴我們可以視為人性弱點，不讓人佩服，卻也不必疾之如仇；關鍵是弘光間起復之後，他真正展示了陋劣的嘴臉，一朝權在手，便把惡來行，利用職務實行人身迫害，乃至屠刀高舉。以往，他是名節有虧、不曾行惡，現在全然不同。這種人，任何時候都是社會毒瘤。

且將話頭拉回他東山再起之前。對於蟄伏中的阮大鋮，張岱有個觀察：

> 阮圓海大有才華，恨居心勿靜，其所編諸劇，罵世十七，解嘲十三，多詆毀東林，辯宥魏黨，為士君子所唾棄。[1]

張岱非東林—復社一脈，甚至對後者還有些微辭，故以上描述應無所偏。「居心勿靜」四字，是點睛之筆。前面我們曾問，一條十七年的「落水狗」，復社仍窮追「痛打」，是否過分？由張岱的觀察，可知還真如魯迅形容的：

> 況且狗是能浮水的，一定仍要爬到岸上，倘不注意，它先就聳身一搖，將水點灑得人們一身一臉，於是夾着尾巴逃走了。[2]

---

① 張岱《陶庵夢憶‧西湖夢尋》，上海古籍出版社，1982，第74頁。
② 魯迅《論「費厄潑賴」應該緩行》，《魯迅全集》第一卷，人民文學出版社，1980，第274頁。

這一段，簡直像特意寫給阮大鋮，形神兼備。「落水」後，他努力爬上岸，並不時聳身搖一搖，把水濺到別人身上，然後再「夾着尾巴逃走」；十七年，他始終是這麼做的。

四

而且還有更加具體的原因。《明史》說：

> 流寇逼皖，大鋮避居南京，頗招納遊俠為談兵說劍，覬以邊才召。[3]

「流寇逼皖」，是崇禎八年（1635）的事。為此，阮大鋮從老家安慶避亂到南京。但實際上，他來此遠非避亂。到了南京，就開始大肆活動，《明史》所說「頗招納遊俠為談兵說劍」，只其一端；我們從別的史料發現，他在南京廣為交納、到處公關。吳梅村說：

> 有皖人者，流寓南中，故閹黨也，通賓客，畜聲伎，欲以氣力傾東南。[4]

策劃《留都防亂揭帖》時，陳貞慧也說：

> 士大夫與交通者未盡不肖，特未有逆案二字提醒之；使一點破，如贅癭糞涸，爭思決之為快，未必於人心無補。[5]

可見活動重點，並非使槍弄棍之人，而是社會名流、有政治影響力的人物，且頗為奏效。之能得逞，一是「逆案」已歷多年，不少士大夫對此頗感淡然。二是阮氏本人確實風雅博才，與之交不失怡悅，況且他還擁有一個頂級劇團，誰不想飽飽眼福？三是施以恩惠，說白了，就是以財賄通

---

③ 張廷玉等《明史》卷三百八，中華書局，1974，第 7938 頁。
④ 吳梅村《冒辟疆五十壽序》，《吳梅村全集》，卷第三十六，文集十四，上海古籍出版社，1990，第 773 頁。
⑤ 朱希祖《書劉刻貴池本留都防亂揭姓氏後》，《明季史料題跋》，中華書局，1961，第 22 頁。

（阮大鋮相當有錢），連復社名流也在其列，例如侯方域。當時，侯南闈不中，又趕上河南聞警，便滯留南京，漸漸橐金頗匱，大鋮「乃假所善王將軍日載食，與侯生遊」[1]。這是侯方域自己的說法，因為事情有些尷尬，不免閃爍其辭；依《桃花扇》，則侯方域梳櫳李香君的全部費用（黃金三百兩），都是阮大鋮託他們共同的朋友楊龍友居中打點。

前面說到，自崇禎初起，復社勢力已盛，而它正式成立後的三五年內，更發展到無所不在的地步，從文化到政治，呼風喚雨，簡直是左右明末的一種在野的「霸權」。當事人吳梅村為我們言彼時復社名流的表現與心態：

> 往者天下多故（變亂，動盪），江左尚晏然，一時高門子弟才地自許者，相遇於南中，刻壇墠，立名氏……以此深相結，義所不可，抗言排之，品核執政，裁量公卿，雖甚強梗，不能有所屈撓。[2]

強勢若此，捨我其誰。就連對馬、阮深惡痛絕的孔尚任，也覺得復社諸君過於得理不饒人，以「熱鬧局就是冷淡的根芽，爽快事就是牽纏的枝葉」[3]，微諷其意氣太盛，而給自己種下禍根。不過，與復社講究寬容、策略，原是不可能的，它就是一個青春性、叛逆性組織，或者說，就是明末一個「憤青」集團。一來，它自視懷抱崇高理想，手握真理正義，只要「義所不可」，就「抗言排之」，為此絕不「有所屈撓」，這正是它要堅持、斷不放棄的東西；二來，它那樣人多勢眾、影響廣泛、一呼百應，滿世的粉絲和擁躉，滿面春風、花開堪折直須折，得意猶且不及，又怕着何來？

所以，當一條「落水狗」、一個已經被歷史釘上恥辱柱的人，居然在眼皮底下大肆活動、招搖過市，而非隱姓埋名、夾起尾巴做人，本身就不可容忍。況且，他們解讀出了其行徑的真正居心：攏絡人心、打通關節，

---

[1] 侯方域《李姬傳》，《壯悔堂集》，商務印書館，1937 年，第 130 頁。
[2] 吳梅村《冒辟疆五十壽序》，《吳梅村全集》，卷第三十六，文集十四，上海古籍出版社，1990，第 773 頁。
[3] 孔尚任《桃花扇》，人民文學出版社，1982，第 68 頁。

以便「翻案」。他們痛心於人心是如此易於忘卻，不過十年出頭的光景，醜類的罪惡就被淡漠，「閹兒媼子」的阮圓海已經高朋滿座、儼然南京社交界的一顆明星！若任由事情這樣下去，東林先輩的血豈不白流？

筆者設想，假使 1635 年阮大鋮遷至南京後，低調處世、離群索居、只當寓公，恐未必發生《留都防亂揭帖》事件。然而三年來，阮氏的張揚與跋扈，終令復社精英感到責無旁貸。他們的領袖，本有不少是東林舊耆和英烈的後代，旁人或能忘卻、淡漠，他們則刻骨銘心。《南疆逸史》關於顧杲寫道：

> 杲，字子方，端文公憲成之孫。為人粗豪尚氣，以名節自任。端文講學東林書院，清流多附之。由是東林遂為黨魁，皆引端文自重，而杲為其宗子，故雖未任而名甚高。阮大鋮既廢，居金陵，思結納後進以延譽，乃蓄名姬、製新聲，日置酒高會，士雅遊者多歸之。禮部主事周鑣惡之，曰：「此亂萌也。」因草檄，名曰《南都防亂》，引諸名士以排之，而難於為首者。杲曰：「捨我其誰！」[④]

「端文公憲成」，便是東林開創人顧憲成，而《留都防亂公揭》上的第一個署名人，正是顧憲成之孫顧杲（臺灣文獻叢刊本《南疆繹史》於茲不同，寫為「從子」，即顧憲成之姪；但據顧杲好友黃宗羲《思舊錄》「涇陽先生之孫」[⑤]，應誤），所以他會說：「捨我其誰！」

不過，《留都防亂公揭》卻並非由周鑣倡議和起草，雖然這說法傳之甚廣，連阮大鋮都以為如此。但參與策劃的陳貞慧在《防亂公揭本末》中特別指出：「阮以此事仲馭（周鑣表字仲馭）主之，然始謀者絕不有仲馭也。」他並且詳細講述了事情經過：

> 崇禎戊寅，吳次尾（吳應箕，表字次尾）有《留都防亂》一揭，公討阮大鋮。次尾憤其附逆也，一日言於顧子方杲，子方

---

④　溫睿臨《南疆逸史》，中華書局，1959，第 265 頁。
⑤　黃宗羲《思舊錄》，《黃宗羲全集》第一冊，浙江古籍出版社，1985，第 365 頁。

桃色·黨爭

曰:「呆也不惜斧鑕,為南都除此大懟。」兩人先後過余,言所以。……次尾燈下隨削一稿,子方毅然首唱,飛馳數函:毗陵為張二無(張瑋),金沙為周仲馭(周鑣),雲間為陳 子(陳子龍),吳門為楊維斗(楊廷樞),浙則二馮司馬(馮晉舒、馮京第)、魏子一(魏學濂)、上江左氏兄弟(左國棟、左國材)、方密之(方以智)、爾止(方以智族弟)。[①]

情節甚明:吳應箕率先提議,顧杲明確支持;兩人隨即來找陳貞慧,達成一致,吳應箕當場成稿,而顧杲領銜簽名,同時發出數封信給復社在各地的核心人物。

然據吳應箕《與友人論留都防亂公揭書》:

> 留都防亂一揭,乃顧子方倡之,質之於弟,謂可必行無疑者,遂刻之以傳。[②]

這封書信,是事情發生過程中,吳應箕為說服某同志而寫,並且他又恰是兩位最早的行動討論者之一,因而以上說法比之於陳貞慧,離事情原貌又進了一步。綜合起來,我們可以認定:行動的倡議來自顧杲,而文稿起草人是吳應箕。

按陳貞慧所述,發動這場攻勢,復社諸君當時也覺得冒風險;顧杲「不惜斧鑕」云云,以及陳貞慧所用「毅然」字眼,顯係此意。對此,筆者頗疑為時過境遷的自美之辭。就當日態勢言,復社方面對阮大鋮盛氣凌人,略無顧忌(請參考吳梅村所記「借戲」、徹夜辱笑阮大鋮一幕)。不過,在是否需要以「公揭」方式將阮大鋮示眾一事上,復社內部確有分歧。陳貞慧說:

> 仲馭、卧子極歎此舉為仁者之勇,獨維斗報書以「鋮不燃之灰,無俟眾溺,如吾鄉逐顧秉謙、呂純如故事,在鄉攻一鄉,此

---

① 朱希祖《書劉刻貴池本留都防亂揭姓氏後》,《明季史料題跋》,中華書局,1961,第22頁。
② 吳應箕《與友人論留都防亂公揭書》,《樓山堂集》,第十五卷,書,中華書局,1985,第176頁。

100   黑洞:弘光紀事

輩即無所託足矣」，子方因與反覆辨論。時上江有以此舉達之御
史成公勇，成公曰：「吾職掌事也。」將據揭上聞。會楊與顧之
辨未已，同室之內起而相牙，揭遲留不發，事稍露矣。[3]

復社重鎮楊廷樞，回信反對此舉，理由並不是「冒險」，而是小題大
做。他認為阮大鋮已成死灰，這麼一個人，只須令其在鄉里名聲掃地足
矣，不值得在南都大動干戈，那反倒抬舉了他。「無俟眾溺」的「溺」字，
與「尿」通，此處可解為「淹」，也可解為「尿」，如是後者，則復社中人
對阮大鋮的蔑視，可謂無以復加。

吳應箕也提到：

　　當刻揭時，即有難之者二：謂「揭行則禍至」，此無識之
言，不足辨矣；又謂「如彼者何足揭，而我輩小題大作」，此似
乎有見，而亦非也。[4]

存在兩種反對聲音：一是可能招禍，吳應箕對此以「不足辨」，一語
否之；二是「小題大作」論，這顯然指楊廷樞「不燃之灰，無俟眾溺」的
看法。

五

雖然內部有人反對，分歧到最後亦未消除，《留都防亂公揭》還是公
之於世了。由吳應箕所用那個「刻」字，我們得知它不是手寫品，而是
印刷品，所以必非一份，而是印了許多張貼到南京各處，「流毒之廣」可
想而知。一夜之間，阮大鋮臭了大街，《明史》說：「大鋮懼，乃閉門謝
客」[5]，《小腆紀年附考》的說法還要具體些：「匿身牛首山」[6]，遠遠躲到南京
郊外，一改三年來的張狂，重新夾起尾巴，效果極著。陳貞慧還說，事先

---

③　朱希祖《書劉刻貴池本留都防亂揭姓氏後》，《明季史料題跋》，第 22 頁。
④　吳應箕《與友人論留都防亂公揭書》，《樓山堂集》，第十五卷，書，第 176 頁。
⑤　張廷玉等《明史》卷三百八，中華書局，1974，第 7938 頁。
⑥　徐鼒《小腆紀年附考》，中華書局，2006，第 250 頁。

有個名叫成勇的御史，答應將公揭奏聞朝廷，未知是否果行。

假如說一直以來復社「品核執政，裁量公卿」，則在這一事件中又達到新的高峰，影響越出於士紳階層，而抵及市民社會，名聲大振。

至於公揭一文，本身實在談不上立意誠平，豈止危言聳聽，即向壁虛構、捕風捉影之處，亦復不少。比如，說阮大鋮在皖「每驕語人曰：『吾將翻案矣，吾將起用矣。』所至有司信為實然」，以致「凡大鋮所關說情分（請託說情），無不立應，彌月之內，多則巨萬，少亦數千」，情浮於辭，有誇張之嫌；又說，阮大鋮是因在老家觸了眾怒、小命難保，「乃逃往南京」，其實阮大鋮躲避的是戰亂；又說，阮大鋮交結之人雜亂不堪、形跡可疑，暗示其中有「闖、獻」奸細，言之無據；還說，「其所作傳奇，無不誹謗聖明，譏刺當世。」「《春燈謎》指父子兄弟為錯，中為隱謗。」[1] 不免欲加之罪、何患無辭了……凡此種種，不一而足。故爾，我們若視之為明代的「大字報」，也無不妥。

這些瑕玼，我們不予諱言，但要從中把握歷史方向，立足根本，鑒別是非。有學者論：

> 阮大鋮政治上失意，借寓南京編演新戲，交結朋友，聲歌自娛，這在當時的留都也是極平常的事。不料，顧杲、吳應箕、陳貞慧這批公子哥兒看得老大不順眼，心想秦淮歌妓、鶯歌燕舞乃我輩專利，阮鬍子來湊什麼熱鬧。崇禎十一年八月，他們寫了一篇《留都防亂公揭》廣泛徵集簽名，對阮大鋮鳴鼓而攻之，文中充滿了危言聳聽的不實之詞。[2]

公揭其文，確實不好。但文章不好，不等於事情做得不對。阮大鋮心懷仇怨，這連他的朋友張岱也不否認的，他的「交結朋友」絕不是什麼「極平常的事」。至於以「公子哥兒」一語括定復社諸人，將他們對阮大鋮的鬥爭，悄悄歸結於「秦淮歌妓、鶯歌燕舞乃我輩專利」，讀此，令人唯

---

① 《留都防亂公揭》，《國粹學報》，國粹學報館，1910 年第 74 期。
② 顧誠《南明史》，中國青年出版社，1997，第 70 頁。

覺無語。乙酉之變後，清兵南下，恰是這些「公子哥兒」，或戰至死，或為國自盡，而那個阮大鋮卻溜之大吉……可見論人論世，不能一葉障目，必得瞻前顧後、看到整體。復社諸君，在公揭一文中有其不可，於整體或大節卻無愧歷史；阮大鋮剛好相反，1638 年某種意義上他是「受害者」，但我們卻並不因此而免其「禍國者」惡名。吳應箕抗清「慷慨就死」（《明史》語）後，有個朋友在詩中寫道：

> 九死卿將一羽輕，齊山真共首陽名。乾坤此日猶長夜，枉使
> 夷齊號劣生。[3]

他說，就義了的吳應箕，將阮大鋮徹底變成一根羽毛，也暴露着整個世界的黑暗——作者在詩末諷刺性地注道：「時移文稱次尾劣生」。恰恰是這麼一個捐軀者，被官方文件以「劣生」相稱，黑白顛倒若此。可惜，作為後世治史者，有人也重複了這種顛倒。

再有，我們雖稱《留都防亂公揭》為明末「大字報」，覺得復社精英的做法與表現，讓人油然想到「革命小將」，但切不能忽視時間的不同。相似的情形，發生於十七世紀初與發生於二十世紀後期，不可同日而語。在當時，萬馬齊喑、暮氣沉沉，中國的歷史與文化在老路上已山重水復，精神如「鐵屋」（魯迅），文化如「醬缸」（柏楊），人格如「病梅」（龔自珍），當此情形下，復社的青春、躁動乃至孟浪，正是新的血液與生命，至少閃出一條歧路，走下去，雖不知如何，但總不是徘徊於老路，總能給人遐想的餘地。無論如何，最不應該用二十世紀的語境估衡十七世紀的事情，如果僅因偏激、過火一類字眼浮於腦海，便將復社與二十世紀某些現象同質化，我們恐怕既脫離了歷史，也解除了判斷力。情緒或方式似曾相識，不代表性質相同。復社是自發、自主現象，是對現實的不滿與反抗，是舊格局變革的先聲，不是「奉旨造反」，不是「導師揮手我前進」，不是「三忠於四無限」。前者使我們難得地領略一縷「青春中國」氣息，後者卻讓人痛切品嚐了沉重與呆愚。

---

③ 邢昉《哭吳次尾》，錢仲聯主編《清詩紀事》，明遺民卷，一，江蘇古籍出版社，1987，第 26 頁。

我一直認為孔尚任是從青春氣息去體會、捕捉那段往事，否則，他不會將劇中一切提煉成「桃花」的意象。他與劇中人，時代相近、語境相同，我們寧願信賴他的感受。「桃之夭夭，灼灼其華」。十七世紀上半期，以一個自我砥礪、奮發進取、蒸蒸日上的青春知識群體崛起為標誌，中國思想、文化和政治明顯引入新的因素，桃花一度燦爛。可惜這脆弱春光，難禁關外寒流長驅南來，使我們無緣見它如何結果，抑或結出怎樣的果實。

六

《留都防亂公揭》重創之後，還有一次交鋒，乃至上演肢體衝突。事見《桃花扇》第三齣「鬨丁」，筆者涉獵未廣，沒有找到有關此事的其他材料，但以《桃花扇》敘事皆有所本推之，這樣重要的情節，應非出於孔尚任的杜撰，讀者中高士倘知出處，幸為指點。我僅於祁彪佳（那時他在北京任職）稍後日記（四月初六）裏，看見一筆「時因江南所用之人，風波甚多，而礙手不少，連日與毛禹老商之未決。」[1] 不知此番學生鬧事，是否也在「風波甚多」之內。

事發時間，劇本注明為「癸未三月」，癸未年即 1643 年。年代如此確切，更顯得作者有所本。不過，月份上也許是二月而非三月。因劇中講得清楚：「今值文廟丁期，禮當釋奠。」[2] 亦即故事發生在丁祭日。考明代制度，朝廷規定「春秋仲月上丁祭先師孔子」[3]，即每年有兩次祭孔大典，分別在仲春、仲秋月的第一個丁日（一般每月有三個丁日）舉行，故稱「丁祭」。春季包括正月、二月、三月，相應為初春、仲春、暮春。因此，「仲春上丁」就是指二月的第一個丁日，具體在癸未年（1643），則為二月初三日（西曆 3 月 22 日）。

這樣，我們便有了非常具體的時間：1643 年 3 月 22 日。

地點為文廟亦即孔廟，也就是秦淮河北岸那座有名的夫子廟。丁祭，

---

① 祁彪佳《祁忠敏公日記》，《歷代日記叢鈔》，第八冊，學苑出版社，2005，第 335 頁。
② 孔尚任《桃花扇》，人民文學出版社，1982，第 23 頁。
③ 張廷玉等《明史》卷四十七，志第二十三，禮一，中華書局，1974，第 1225 頁。

既是國家大禮，也是學子向先師致敬的日子，所以，「孔子廟每年的丁祭，都是由學生來主持的。」④ 若在地方，由府、州、縣學的學生參加，北京、南京兩都，則為「國子監」的學生。國子監，是明代最高學府，「永樂元年始設北京國子監。十八年遷都，乃以京師國子監為南京國子監，而太學生有南北監之分矣。」⑤ 學生主要由郡縣學每歲揀選而來，規模龐大，「洪、永間，國子生以數千計」⑥，不遜於任何現代大學。故爾可以想像，丁祭那天，夫子廟是怎樣一番人頭攢動、水泄不通的景狀。

其間，前來參祭的復社諸人，意外地與阮大鋮撞個正着。戲中寫道：「［小生驚看，問介］你是阮鬍子，如何也來與祭；唐突先師，玷辱斯文。［喝介］快快出去！」小生是吳應箕，那個「驚」字有講究。此時距《留都防亂公揭》已歷五載，五年來「閉門謝客」的阮大鋮想必是銷聲匿跡，不怎麼拋頭露面的；誰知道眼下突然出現在這樣一個重要日子和重要場合，作為「公揭」的始作俑者，吳應箕豈止意外，更將驚其大膽，所以緊跟着有一句：「難道前日防亂揭帖，不曾說着你病根麼！」而阮大鋮這樣回答：「我乃堂堂進士，表表名家，有何罪過，不容與祭。」「我正為暴白心跡，故來與祭。」⑦

彼此言語相撞，爭着爭着，阮大鋮形隻影單、難敵眾口，羞怒之中率先破口大罵：「恨輕薄新進，也放屁狂言！」這一罵不要緊，四周全是毛頭學生，「輕薄新進」、「放屁狂言」豈不觸了眾怒？大家齊齊指定了他道：「你這等人，敢在文廟之中公然罵人，真是反了。」於是圍上來，一頓飽打。那阮大鋮養得一口好鬍，人稱「阮鬍子」，此番正好成為襲擊目標，「把鬍鬚都採落了」；然而這只算輕傷，打到後來，阮大鋮唱道：「難當雞肋拳揎，拳揎。無端臂折腰擷，腰擷。」⑧ 擷，便是跌、摔。肋骨捱了拳，胳膊折了，腰也摔壞了。阮大鋮見勢不妙，來個「三十六計，走為上」，落

---

④　歐陽予倩《桃花扇》（話劇），第一幕第一場，《歐陽予倩全集》，第二卷，上海文藝出版社，1990，第 343 頁。
⑤　張廷玉等《明史》卷六十九，志第四十五，選舉一，第 1678 頁。
⑥　同上書，第 1681 頁。
⑦　孔尚任《桃花扇》，第 24 頁。
⑧　同上書，第 25 頁。

荒而逃。

「襲阮事件」，因發生於丁祭日的國立大學學生集會，看起來似更有後世學潮的味道。其一哄而起、群情激昂的廣場性、群體性如出一轍，連肢體語言，也很合於「革命不是請客吃飯，不是做文章，不是繪畫繡花，不能那樣雅緻，那樣從容不迫，文質彬彬，那樣溫良恭儉讓。」[①]

需要特別在意 1643 年這個時間點，第二年，便發生了崇禎死國、清兵入關、福王南立、馬阮當政等大逆變。從這一時間窗口回看丁祭風波，對接下來的一系列事態，便有了清晰的意識。它不啻於將青春知識群體與阮大鋮之間的矛盾推向高點，所謂舊恨新仇，並蓄胸間，一旦找到缺口，怎能不決堤而出？

七

對弘光黨爭加以探問之前，我們先就材料的使用，明確一個原則。由於事涉真偽、情況複雜，為求客觀，我們對基本情節的諸家講述，不得不有所依違、取棄。凡與之有利害關係，或傾向過於鮮明，雖是親歷者，我們對於這樣敍說與論評，也只好束之高閣，例如黃宗羲的《弘光實錄鈔》、文秉的《甲乙事案》。可靠或合理的材料，應該符合兩點：一、中立的、沒有派別身份的作者；二、作者雖在「門戶」之中，但敍事論人能夠做到持平、求實。以此兩點繩之，我們從諸著內遴出兩種，作為了解弘光黨爭的主要依據。

一是李清所著《三垣筆記》。作者於弘光間先任工科給事中，再升大理寺丞，事多參決，是歷史目擊人和「在場者」。其次，他從崇禎朝起就與黨爭保持距離，置身其外。關於《三垣筆記》的寫作，他強調兩點，一是求實，「非予所聞見，不錄也」；二是「存其公且平者」，對某一方「不盡是其言」，對另一方也「不盡非其言」。他指出，關於這段歷史，官方「記注邸鈔，多遺多諱」，私家「傳記志狀，多諛多誤」，《三垣筆記》就是

---

① 毛澤東《湖南農民運動考察報告》，《毛澤東選集》第二版第一卷，人民出版社，1991，第 17 頁。

針對這種情況，「藉予所聞見，志十年來美惡賢否之真」。[2]

　　二是夏允彝（表字彝仲）的《幸存錄》。和李清不同，夏允彝有派別身份，他與陳子龍並為幾社兩大創始人，「時吳中名士張溥、張采、楊廷樞等結復社以為東林之續也，公亦與同邑陳公子龍、何公剛、徐公孚遠、王公光承輩結幾社，與之相應和。」[3]然而《幸存錄》乃是夏氏赴死之前，以超越黨派立場、痛思明末歷史的沉潛之心，所投入的寫作；書未竟，「聞友人徐石麒、侯峒曾、黃淳耀、徐汧等皆死，乃以八月中，賦絕命詞，自投深淵以死」[4]，臨歿前，喚其子完淳而特囑之：

　　　　余欲述南都之興廢，義師之勝衰焉，今余從義師諸公九京遊
　　矣！靡有暇矣！汝雖幼，南都之大政，於庭訓猶及聞之……余
　　死矣，汝其續余書以成！[5]

　　這樣一本著作，其誠切端肅，豈尋常文墨可比。這一點，為李清所證實。他晚年隱居著述期間，讀到《幸存錄》，不禁激賞：「獨夏彝仲《幸存錄》出，乃得是非正」，盛讚之「存公又存平」；對於自己寫《三垣筆記》，李清也引夏氏為同調，說：「苟彝仲見此，無乃首頷是記（指《三垣筆記》）亦如予首頷是錄（指《幸存錄》），而又以存我心之同然為幸也。」[6]

八

　　這段史事，線索概如《幸存錄》以下所述：

　　　　士英首以阮大鋮薦，舉朝力爭之，卒以中旨起為少司馬。大
　　鋮一出，日以翻逆案處清流為事。憲臣劉宗周（劉宗周，官左都
　　御史）以疏爭，士英、大鋮內用群璫（太監），外用藩帥，並收

[2]　李清《自序》，《三垣筆記》，中華書局，1997，第3頁。
[3]　沈眉史《夏公彝仲傳》，《夏完淳集箋校》，附錄二，上海古籍出版社，1991，第529頁。
[4]　王鴻緒《明史稿》，《夏內史集》，附錄，商務印書館，民國二十八年，第83頁。
[5]　夏完淳《續幸存錄自序》，《夏完淳集箋校》，卷十，上海古籍出版社，1991，第422頁。
[6]　李清《自序》，《三垣筆記》，第3-4頁。

勛臣為助，其意不過欲逐宗周輩，而內璫勛藩遂不可制。賄賂大行，凡察處者，重糾敗官者，贓跡狼籍者，皆用賄即還官，或數加超擢。時以擁立懷異心，並三案舊事激上怒。上實寬仁，不欲起大獄，故清流不至駢（連比成案）者。……而一時柄臣，務以離間骨肉危動皇祖母，欲中諸名流以非常之法。如楊維垣、袁弘勛、張孫振者，不啻人頭畜鳴。又，擁立操異論者不過數人，而柄臣自侈其功，凡人糾必欲以此誣入之。如妖僧等事，幾起大獄，卒致左帥（左良玉）以眾憤，有清君側之舉。士英盡撤勁兵以防左帥，敵已至維揚（揚州），而滿朝俱謂敵必無虞，且欲用敵以破左（左良玉），一時有識者謂亂政丞行、群邪並進，莫過於此。[1]

把前因後果以及層層遞進的關係，講得有條不紊，要言不煩。

我們已經知道，馬士英迎立福王，出於阮大鋮的謀劃。然而兩人的淵源，既比這個早，也比這個深。李清記載：

> 周輔延儒再召原任，阮光祿大鋮，迓之江干，情甚摯。延儒慮逆案難翻，問大鋮廢籍中誰為若知交可用者，大鋮舉原任宣府馬撫軍士英。時士英猶編戍籍，忽起鳳督（鳳陽總督），茫然，既知大鋮薦，甚感。[2]

據《明史》，周延儒再召為相、赴京，時在崇禎十四年（1640）九月。由此可知，《留都防亂公揭》之後，阮大鋮雖「閉門謝客」，暗中仍四處奔走；由此也可知，那時馬、阮已經沆瀣一氣。

縱如此，阮大鋮頭上頂着「逆案」罪名，既是先帝欽定，又相當於「反革命集團」案，不像普通罪名方便撤銷，而且不是他一個人的問題，牽一髮動全局；加上朝中東林佔優，阻力甚大。馬士英雖然擠走史可法，高居首輔，想要對阮知恩圖報或樹為羽翼，也不那麼容易。這便是夏允彝所

---

① 夏允彝《幸存錄》，《明季稗史初編》，上海書店，1988，第292-293頁。
② 李清《三垣筆記》，中華書局，1997，第94頁。

說的，「舉朝力爭之，卒以中旨起為少司馬。」為了阮大鋮，馬士英最後不惜動用非常手段，踢開規章，罔顧朝議：

> 諸閣臣皆以為不可，士英曰：「我自任之。」其（阮大鋮）
> 冠帶來京一旨，即士英手票。③

手票，是輔臣代皇帝草擬的旨意。馬士英利用票擬權，以朱由崧名義，允許阮大鋮按原品秩，穿戴正式朝服晉見。

這顯然是權奸才幹得出的事，但馬士英無所謂。朱由崧明知這道旨意並不出於自己，卻並不追究，而且如期接見了阮大鋮。原因毋待贅言，他的帝位拜馬士英所賜，那個將要接見之人，也在「定策」中立有大功。接見後，關於起用阮氏，高弘圖未表反對，但認為須走正常程序，交「九卿科道公議」，這樣，「大鋮出亦自光明」。馬士英哪會上這個當？

> 士英曰：「滿朝大半東林，一會議，大鋮且不得用。且有何
> 不光明？豈臣曾受大鋮賄耶？望陛下獨斷。」④

如今國人多以為古代皇帝權大無邊，可以為所欲為。實際並非如此。帝制中國，尤其在明代，法度頗嚴；至少就制度層面說，皇帝面臨諸多限制，其「一言堂」的自由也許還不及後世。比如任用官員，明代嚴格規定權在吏部，吏部負責詮選，必要時經群臣公議，絕對不可以「出於中旨」亦即由皇帝直接任命。這是一個重大原則，雖然也屢有破壞，但只要發生這種事情，總會引起朝臣強烈抗議。馬士英「望陛下獨斷」一語，公然違反國家制度。它只在兩種情況下會變成現實，要麼趕上一個剛愎自用的皇帝，要麼趕上一個身不由己、懦弱無能的皇帝。眼下情形，屬於後者。吃人嘴短，拿人手短；朱由崧在馬士英面前直不起腰來，只能默認後者之所為。

然而，阮大鋮恢復冠帶之後，馬士英卻沒有進一步行動，實質性地解

---

③ 同上書，第 94 頁。
④ 同上書，第 95 頁。

決他的職位。直接或者表面上的原因，是「舉朝大駭」，一片反對之聲。朱由崧接見阮大鋮，在六月六日（或六月八日），此後十多天，抨擊阮大鋮的奏章接連不斷，而輔臣高弘圖等紛紛乞休。[1] 李清則提供了這種說法：「時馬輔士英謂大鋮冠帶已復，且因薦叢議，意稍懈。」[2] 似乎在馬士英看來，為阮大鋮爭取到恢復冠帶的待遇，已經算對得起他，加上反彈如此強烈，馬士英也覺得犯不上為了阮大鋮樹敵太多；或者，他想把事情先放一放，等待更合適的時機。然而，在馬士英不曾出手的情況下，忽傳中旨，「即命添注（阮大鋮）兵部右侍郎」，時間是八月底或九月初[3]。李清揭祕說：

> 內傳起升阮大鋮兵部添注右侍郎，從安遠侯柳祚昌言也。……說者謂李司禮承芳發南都時，因失勢無與交者，獨大鋮杯酒殷勤，意甚感。此番傳升，實係承芳，士英不知也，頗慚恨。[4]

這阮大鋮真是厲害，無須馬士英，他照樣搞到「中旨」。一位侯爵為他提案，司禮監太監則幫他討得旨意，人脈遍於內外；這也有力證明，避難南京以來他對打通關節所下的苦功，復社的警覺絕非無中生有。

而馬士英的懈怠，也很堪玩味。他與阮大鋮之間，並非想像的那樣鐵板一塊。這一點，對弘光政局本有其意味，但東林—復社一方未能明辨，更談不上加以把握、從中周旋，反而多少有些「為淵驅魚，為叢驅雀」。

九

阮大鋮從上臺到翌年滿清兵臨城下逃往浙江前，總共就幹了兩件事：貪腐和構陷；兩件事都幹得很有力度，很瘋狂。李清說：

---

① 計六奇《明季南略》，馬士英特舉阮大鋮，中華書局，2008，第 41-43 頁。
② 李清《三垣筆記》，中華書局，1997，第 102 頁。
③ 徐鼒《小腆紀年附考》，中華書局，2006，第 255 頁。計六奇《明季南略》，中華書局，2008，第 44 頁。
④ 李清《三垣筆記》，第 102 頁。

> 阮司馬大鋮自受事以來，凡察處降補各員，賄足則用。嘗語
> 沈都諫胤培曰：「國家何患無財，即如撫按糾薦一事，非賄免即
> 賄求，半飽私囊耳。但命納銀若干於官，欲糾者免糾，欲薦者予
> 薦，推而廣之，公帑充矣。」⑤

不單自己受賄，還公然主張國家通過受賄擴大財源。在他帶領下，弘
光朝賄風大熾，至如夏允彝所說：「凡察處者，重糾敗官者，贓跡狼籍者，
皆用賄即還官，或數加超擢。」官場上的一切，無不用賄賂來解決。回想
《留都防亂公揭》對他的攻擊，此刻阮大鋮以實際行動，坐實了某些當初似
乎危言聳聽的指責，比如，「凡大鋮所關說情分，無不立應，彌月之內，
多則巨萬，少亦數千」。貪腐，顯然乃此人天性中所固有；他的富有，顯
然也是利用政治腐敗、權錢交易而來。他是此一遊戲的老手和高手。

我們的內容主要是黨爭，故對阮氏的貪腐問題不擬着墨很多。在貪腐
與黨爭兩件事情之間，前者調動了他的慾望，後者則調動了他的感情。對
於貪腐，他是順應本能去做；對於黨爭，他則傾注了巨大的愛憎。在本能
中，他展示了瘋狂，甚至是非理性（以弘光朝的朝不保夕，他貪得無厭去
攫取錢財，實在不可理喻）；而在愛憎中，他展示了專注、智慧、嚴密和深
刻，讓人見識到他的政治頭腦和才幹。

他陷身逆案，重返政壇並未使他徹底翻身、揚眉吐氣，對他來說，若
要如此，必須翻案。然而，逆案乃先帝欽定，當年，崇禎皇帝曾以親手燒
毀閹黨文件《三朝要典》的行為，警示逆案決不可翻。此人所共知，阮大
鋮再狂悖，也不便矛頭直指崇禎皇帝。這時，他絕頂聰明的腦瓜開始發揮
作用：

> 馬輔士英以薦阮光祿大鋮為中外攻，甚忿。大鋮亦語人曰：
> 「彼攻逆案，吾作順案相對耳。」於是士英疏攻從逆光時亨、龔
> 鼎孳、周鍾等，大鋮教也。⑥

---

⑤ 同上書，第108頁。
⑥ 同上書，第96頁。

什麼意思？李自成克北京，不少明朝官員投降歸順；同時，李政權也以「大順」為號。不是罵我「逆案」嗎，我就給他來個「順案」。難為阮大鋮想得出！一字之別，盡得風流，真是神來之筆、絕妙好對：逆、順成偶，我逆彼順──然而，到底誰是真正的「逆臣」，請試思之。

上面列為「順案」首要的三人，是崇禎末期極活躍的「清流」大名士，當時俱以正人自居，城破後卻「認賊為父」。三人中，除周鍾外，都算是敝同鄉，也即阮大鋮同鄉；龔鼎孳合肥人，光時亨桐城人。龔鼎孳和周鍾的行徑相對確鑿。龔氏先降闖、再降清，後在清朝官至尚書；周鍾據說曾向李自成上《勸進表》、代草《下江南策》，中有「獨夫授首，萬姓歸心，比堯、舜而多武功，邁湯、武而無漸德」[1]等語，馬士英的奏疏稱：「庶吉士周鍾者，勸進未已，又勸賊早定江南，聞其嘗驟馬於先帝梓宮（棺木）前，臣聞不勝髮指。」[2] 光時亨據說曾力阻崇禎南遷，而城破後又「躬先從賊」[3]；但後有不同材料說明他是被誣陷和冤枉的，清末，馬其昶先生說：「公初墮陴（城牆），及自經、投河，屢死不得，卒殞命於奸人（指馬、阮）之手，事既已驗白，而野史誣載，至今猶被口語。……當公之下獄也，獨御史必欲坐以『阻南遷』罪殺之。御史者，即初麗逆案，而後首迎降之張孫振雲。」[4] 李自成潰逃後，周鍾、光時亨脫身，輾轉回到南方，龔鼎孳則留在北京歡迎滿清；眼下，正好可以治這兩位南還之人的罪。

治「從逆諸臣」之罪，倫理甚正，又深得民意（當時南中這一呼聲很高），阮大鋮鬼就鬼在這裏。他是項莊舞劍，暗渡陳倉。不能正面和直接打擊東林──復社，就先迂迴、再牽連。比如以周鍾牽連周鑣。周鍾、周鑣是堂兄弟，又同為復社骨幹，而周鑣在《留都防亂公揭》事件中非常賣力，有人對阮大鋮說：「周鑣之名，以詆公而重，諸名士之黨，又以詆公而媚鑣。」[5] 阮遂「銜鑣刺骨」。他通過發動「順案」，先將周鍾下獄，繼而逮繫周鑣。其實，周氏兄弟素來不和，「以才相忌，各招致門徒，立門戶，

---

① 徐鼒《小腆紀傳》，卷十九，列傳十二，周鍾，中華書局，1958，第 207 頁。
② 同上書，第 208 頁。
③ 計六奇《明季北略》，中華書局，1984，第 434 頁。
④ 馬其昶《桐城耆舊傳》，黃山書社，1990，第 185 頁。
⑤ 徐鼒《小腆紀年附考》，中華書局，2006，第 250 頁。

兩家弟子遇於途，不交一揖」⑥。論理，兄弟反目若此，不合以周鍾牽連周鑣，但阮大鋮確是善做文章的人，連這種家族內部矛盾，他也能夠利用。《小腆紀年附考》記載，周鑣的叔父等告了一狀，稱：「家門不幸，鑣、鍾兄弟成隙，鑣私刻《燕中紀事》、《國變錄》等書，偽撰《勸進表》、《下江南策》以誣鍾；且鑣於陛下登極首倡異謀，是鍾罪止一身，鑣實罪在社稷也。」⑦雖然我們沒有旁證，但此事相當蹊蹺，周鑣叔父很像受人指使，將罪名一骨腦兒推在周鑣身上，或曾被暗示如此可以開脫周鍾，亦未可知。

要之，假「順案」為繩索，阮大鋮終於啟其翻案、復仇之幕。

十

弘光間，馬、阮並稱。但論做權奸的天分，馬士英不及阮大鋮遠甚。後者甲申年九月起用，權勢激增，大有後來居上之勢。起初，他以馬士英為靠山，後來實已將其甩開，而另抱粗腿。確定吏部尚書人選一事，顯示某種程度上，阮大鋮的權勢已能與馬士英分庭抗禮。當時，馬士英屬意張國維，阮大鋮則欲用張捷；某日，忽接中旨，任命張捷為吏部尚書。「內傳忽出，士英撫牀驚愕，自此始憚大鋮。」⑧要知道，阮大鋮此時官職不過是兵部右侍郎，馬士英卻是內閣首輔；換言之，總理幹不過一個副部長。其實，從阮大鋮通過大太監為自己拿到兵部右侍郎的任命一事，已見出苗頭。李清描述他的強勢：「阮少司馬大鋮意氣軒驚，侵撓詮政，其門如市。」⑨還提起一次親身經歷：

> 予以謁客過阮司馬大鋮門，見一司閽者，問曰：「主人在否？」閽者對曰：「若主人在，車馬闐咽矣，如此寂寂耶？」予為一歎。⑩

---

⑥ 同上。
⑦ 同上。
⑧ 李清《三垣筆記》，中華書局，1997，第 118 頁。
⑨ 同上書，第 113 頁。
⑩ 同上書，第 116 頁。

可惜弘光朝太短命，前後存世一年，阮大鋮則總共只有八個月來表現他的弄權天賦，從身陷逆案之人而冠帶覲見，而添注兵部右侍郎，而兵部尚書兼右副都御史（乙酉年二月初六，1645 年 3 月 3 日），雖未躋身內閣，但稍假時日，莫說入閣辦事（其實他後來雖無閣臣之名，已有閣臣之實），取馬士英而代之恐怕也指掌可取。

阮大鋮追逐權力的推動力之一，自然源於報仇雪恨的渴求。他曾當面對吳梅村發出警告：

> 吳學士偉業以奉差行與阮戎政大鋮別，大鋮曰：「上仁柔主，一切生殺予奪，惟予與數公為政耳。歸語聲氣諸君（你那些復社哥兒們），猿鶴夢隱，定不起同文之獄也。」[①]

似乎是網開一面：放下屠刀，猶可成佛；重點則實不在此，重點是「一切生殺予奪，惟予與數公為政耳」這一句。他當然不會停留於口頭威脅，以「順案」為突破口，切實付諸行動。

繼周鑣、雷縯祚下獄之後，更大的網拉開了。十月丙子（11 月 20日），安遠侯柳祚昌（亦即為阮氏奏請添注兵部右侍郎的那人），疏訐翰林院學士徐汧：

> 自恃東林渠魁、復社護法。狼狽相倚，則有復社之兇張采、華允誠，至貪至橫之舉人楊廷樞。鷹犬先驅，則有極險極狂之監生顧杲。皇上定鼎金陵，而彼公然為《討金陵檄》，所云「中原逐鹿、南國指馬、祈哀犬羊、分地盜賊」，是何等語！乞大奮乾斷，立逮徐汧，革去舉人楊廷樞、監生顧杲，先行提問，其餘徒黨，容臣次第參指，恭請斧鉞。[②]

疏入，皇帝的答覆是：「命已之。」要他們不要這樣搞。這答覆，有可能出自朱由崧，也有可能出自馬士英，因為後者可以代皇帝批覆，同時對

---

① 李清《三垣筆記》，中華書局，1997，第 115 頁。
② 李清《南渡錄》，《南明史料（八種）》，江蘇古籍出版社，1999，第 276 頁。

於興大獄抱着多一事不如少一事的態度。然僅過八天,另一個東林死敵張孫振,便再上一疏,這次矛頭所指已非復社楞頭青,而是東林巨魁、崇禎大僚吳甡和鄭三俊,以及現任蘇松巡撫祁彪佳。③

原因在於,復社僅為枝葉,後者才是大樹之根,抑或「針插不進,水潑不入」的地方保護傘。例如,祁彪佳之為阮大鋮忌,主要是因為用顧杲為幕僚,從而被目作庇護者。閱《祁忠敏公日記》,確有多筆涉及顧杲。九月二十八日:

> 旬餘來,盛傳詮部(吏部)議欲轉(改調)予,予知非欲優待,乃以議論意見不合,有外予之意也。前以一揭救左公祖(指左光先,「公祖」係尊稱),已拂當路意。又因錢牧齋(錢謙益)言,東義之警有嘉禾二友早知於未變之前,惟錫山顧生名杲者能知二友,乃聘來晤於吳門歸舟。及予至吳門,屢於禮賢館晤之……不知顧生曾以討檄得罪阮圓海,而予獨取用,又觸忌甚矣。④

十月十六日:

> 薄暮,顧子方(顧杲,表字子方)偕台州顧南金入署,留酌於水鏡齋。顧甚知南中局面消息,語多所未聞,且深勸予言去。⑤

從以上看,祁、顧相識乃是近期的事,祁從前並不知道顧杲曾主持《留都防亂公揭》。祁與顧交往,沒有庇護關係,祁遇事會諮詢於顧,與其說顧受益於祁,不如說倒是消息靈通的顧杲對祁彪佳幫助更多。南京政局日壞,祁是從顧杲那裏了解到,辭職的建議也來自顧杲,而祁彪佳接受了這建議。十月二十一日,祁彪佳接錢謙益信,「已知予深為時局所忌,勢不能留」⑥。二十六日,與赴任途中路過的楊龍友晤,楊是馬士英親戚,祁

---

③ 同上書,第 281 頁。
④ 祁彪佳《祁忠敏公日記》,《歷代日記叢鈔》,第八冊,學苑出版社,2005,第 494 頁。
⑤ 同上書,第 500 頁。
⑥ 同上書,第 502 頁。

彪佳乘便表示歸志,「求其轉達馬瑤草,必放予歸」[1]。十一月初一,得知柳祚昌「參徐九一、楊維斗諸君子」事[2]。十一月初五,從友人書信讀到張孫振對他的指控:

> 至是,見掌河南道張孫振言予力爭皇上監國(當初,祁彪佳認為朱由崧立即登基不妥,宜以監國過渡)、阻建年號,請與吳鹿友(吳甡)、鄭玄岳(鄭三俊)同誅而末之。誣予無所不至,甚且指為奸貪。予唯一笑置之。[3]

由是請辭益堅,終於十一月十四日得到批准。其間有一重要情節,即祁彪佳拿到張孫振彈劾奏章後,曾轉交給楊龍友,後者傍晚即過府拜訪,且帶來馬士英手札一封,「以予才固殊絕,不肯即放」,楊龍友還轉達馬士英如下看法:「但論其(指祁彪佳)做官甚好,不必問意見異同也。」[4]祁虎佳對此感受良好,記入日記時,對馬士英略其姓氏而稱「瑤草」,語氣欣慰。有野史說,張孫振劾祁彪佳為馬士英所嗾,據此則明顯不實。換言之,張孫振的幕後另有其人;這個人,從祁彪佳日記的線索求之,只能是「阮圓海」。

由祁彪佳所記,阮大鋮與其黨徒步步緊逼、張網掘阱的態勢,一目了然。不少史著,包括《小腆紀傳》、《清史稿》,甚至權威的《明史》都說,顧杲、黃宗羲遭到逮捕。如《明史》稱:「大鋮又誣逮顧杲及左光斗弟光先下獄」[5],《小腆紀傳》「黃宗羲傳」記述:「時方上書闕下,而禍作,與杲並逮」[6]。這是一個錯誤,顧、黃並未被捕。但逮捕令確已下達,對此,黃宗羲述之甚明:

> 阮大鋮得志,以徐署丞疏逮子方及余。時鄒虎臣(副都御史鄒之麟)為掌院,與子方有姻連,故遲其駕帖。弘光出走,

① 祁彪佳《祁忠敏公日記》,《歷代日記叢鈔》,第八冊,學苑出版社,2005,第503頁。
② 同上書,第504頁。
③ 同上書,第505頁。
④ 同上書,第505頁。
⑤ 張廷玉等《明史》卷三百八,中華書局,1974,第7941頁。
⑥ 徐鼒《小腆紀傳》,卷五十三,列傳四十六,儒林一,中華書局,1958,第571頁。

遂已。⑦

具體經辦者加以拖延，以此倖免。吳應箕也是逮捕對象，「周鑣下獄，應箕入視，大鋮急捕之，亡命去。」⑧倖免者還有侯方域，他得到風聲逃離南京前，留書阮大鋮，立此存照：

> 昨夜方寢，而楊令君文驄（即楊龍友）叩門過僕曰：「左將軍兵且來，都人洶洶，阮光祿颺言於清議堂，云子與左有舊，且應之於內。

痛罵辣諷：

> 士君子稍知禮義，何至甘心作賊，萬一有焉，此必日暮途窮，倒行而逆施。……僕且去，可以不言語，然恐執事不察，終謂僕於長者傲，故敢述其區區。⑨

並非人人有此幸運，復社名流陳貞慧確實被捕，幾死⑩。又下令逮捕呂大器、左光先（浙江巡按、左光斗堂弟）、戶科給事中吳適。呂大器因先已返回四川老家，「以蜀地盡失，無可蹤跡而止」⑪；左光先倒是抓到了，但押解途中「亂亟道阻，間行，走徽嶺得免」⑫；吳適不幸，真的身陷囹圄，罪名是「東林嫡派，復社渠魁」⑬──至此，東林、復社已公然是論罪依據。終於，屠刀也舉起來了，刀下之鬼便是周鑣、雷縯祚，兩人於乙酉年四月初九（1645 年 5 月 4 日）遇害：

> 謂二人實召左兵（左良玉兵變），趣賜自盡。乃各作家書，互書「先帝遺臣」於腹，投繯死。遺命勿葬，如伍子胥抉目事，

⑦ 黃宗羲《思舊錄》，《黃宗羲全集》第一冊，浙江古籍出版社，1985，第 365 頁。
⑧ 徐鼒《小腆紀傳》，卷四十六，列傳三十九，義師一，第 480 頁。
⑨ 侯方域《癸未去金陵日與阮光祿書》，《壯悔堂文集》，卷三，商務印書館，1937，第 53 頁。
⑩ 趙爾巽等《清史稿》，列傳二百八十八，遺逸二，中華書局，1977，第 13851 頁。
⑪ 張廷玉等《明史》卷二百七十九，第 7143 頁。
⑫ 馬其昶《桐城耆舊傳》，黃山書社，1990，第 177 頁。
⑬ 徐鼒《小腆紀傳》，卷十四，列傳七，吳適，第 160 頁。

置棺雨花臺側，未浹月（不足一個月）而南都破矣。[1]

以上，僅為零散迫害，實際上阮大鋮已做好準備，隨時開展一個全面打擊東林—復社分子運動，將其一網打盡，並擬就一份名單：

> 時孫振與阮戎政大鋮欲阱諸異己，有十八羅漢、五十三參、七十二菩薩之說。[2]

《幸存錄》也說：

> 未幾，有妖僧者，自稱先帝，又自稱為某王，殆類病狂者，而張孫振與大鋮欲藉以起大獄，流傳有十八羅漢五十三參之名，海內清流，皆入其內，如徐石麒、徐汧、陳子龍、祁彪佳之屬咸列焉，即余未嘗一日為京朝官、楊廷樞一老孝廉，而羅織俱欲首及之。[3]

之前，名單認定工作早就悄悄進行，「阮大鋮作正續《蝗蝻錄》、《蠅蚋錄》，蓋以東林為蝗，復社為蝻，諸和從者為蠅為蚋。」[4] 蝗、蠅易懂，蝻是蝗之幼蟲，蚋便是蚊子。他總共編了三本名冊（《蝗蝻錄》共有正、續兩本），以蝗、蝻、蠅、蚋為比喻，分別列入東林、復社成員，以及東林、復社的追隨者。然後，一直等待合適的時機。甲申年十二月起，接連發生大悲和尚、南來太子等案，因案情牽及帝位，阮大鋮認為是絕好由頭，就此發難。所謂「羅漢」、「菩薩」等名目，與魏忠賢編造《東林點將錄》，比照《水滸傳》一百單八將給東林要人逐一加派渾名的做法，一脈相承，等於阮大鋮不打自招。此名單，《小腆紀年附考》第 327、328 頁有較詳披露，於茲不贅。而所有史家一致認為，名單一旦落實，國中清流，將無孑遺。

事在一髮千鈞之際。李清說：「非上寬仁，大獄興矣。聞馬輔士英亦

① 徐鼒《小腆紀傳》，卷十九，列傳十二，周鑣，中華書局，1958，第 207 頁。
② 李清《三垣筆記》，中華書局，1997，第 122 頁。
③ 夏允彝《幸存錄》，《明季稗史初編》，上海書店，1988，第 308 頁。
④ 徐鼒《小腆紀年附考》，中華書局，2006，第 327 頁。

不欲，故止誅大悲。」⑤ 夏允彝也說：「馬（士英）意頗不欲殺人，故中止。」⑥ 除此外，還有更重要的原因，即左良玉突然兵變，以清君側之名，拔營東來，阮大鋮輩已無力將大獄付諸現實。

乙酉年三月二十五日⑦（1645 年 4 月 21 日），左良玉自武昌反。左良玉與東林淵源甚深，他的「清君側」，公開理由之一是替東林打抱不平，時人有詩，將該事件形容為「東林一路踏江南」⑧。左氏起兵前，在宣言中怒斥阮大鋮：

> 睚眥殺人，如雷縯祚、周鑣等，鍛煉周內，株連蔓引。尤其甚者，藉三案為題，凡生平不快意之人，一網打盡。令天下士民，重足解體。⑨

事變既生，馬士英、阮大鋮悉遣江北重兵迎拒左良玉，黃淮防線為之一空，清兵渡淮時，「如入無人之境」⑩。以此觀之，明不亡於寇虜，而亡於黨爭之說，倒也鑿然。

十一

夏允彝之子夏完淳，被郭沫若歎為「神童」。郭這樣說：

> 夏完淳無疑地是一位「神童」，五歲知五經，九歲善詞賦古文，十五從軍，十七殉國，不僅文辭出眾，而且行事亦可驚人，在中國歷史上實在是值得特別表彰的人物。⑪

這位絕世的少年，於年僅十七被滿清大員洪承疇殺掉之前，踐行父親臨終之託，續完《幸存錄》。其中對弘光朝事的一番總結，令歷來識者撫

---

⑤ 李清《三垣筆記》，第 122 頁。
⑥ 夏允彝《幸存錄》，《明季稗史初編》，第 308 頁。
⑦ 據李清《南渡錄》，《南明史料（八種）》，江蘇古籍出版社，1999，第 385 頁。
⑧ 計六奇《明季南略》，中華書局，2008，第 210 頁。
⑨ 張廷玉等《明史》卷三百八，中華書局，1974，第 7943 頁。
⑩ 計六奇《明季南略》，第 203 頁。
⑪ 郭沫若《夏完淳》，《夏完淳集箋校》，附錄二，上海古籍出版社，1991，第 573 頁。

膺擊節：

> 朝堂與外鎮不和，朝堂與朝堂不和，外鎮與外鎮不和，朋黨
> 勢成，門戶大起，清兵之事，置之蔑聞。[1]

自崇禎十七年五月福王監國，至弘光元年五月朱由崧北狩，一年之內，國家態勢基本如此。

這也便是乃父於南京陷落、痛不欲生之際，所劌切書寫的反思：

> 二黨之於國事，皆不可謂無罪，而平心論之，東林之始而領
> 袖東林者……皆文章氣節足動一時，而攻東林者……皆公論所
> 不與也。東林中亦多敗類，東林者亦間有清操獨立之人，然其領
> 袖之人，殆天淵也。東林之持論高，而於籌敵制寇，卒無實著。
> 攻東林者自謂孤立任怨，然未嘗為朝廷振一法紀，徒以忮刻，可
> 謂聚怨而不可謂之任怨也。其無濟國事，則兩者同之耳。[2]

何為痛定思痛，莫過於此。

除夏允彝以「清流」營壘同志身份，所道出的悔恨自責之聲，我們也應看一段李清從黨派之外做出的評論：

> 至魏忠賢殺（魏）大中，謂為大鋮陰行贊導者，亦深文也。
> 但一出而悍傲貪橫，鋤正引邪，六十老翁復何所求？而若敖（通
> 「熬」，煎熬）已餒，何不覓千秋名，乃遺萬年臭？[3]

兩段話並而齊觀，才是比較完整的認識。就東林—復社來說，國家危難時刻，未能聚焦主要矛盾，全力赴當務之急，確係難辭之咎。然而與這種過激相比，以阮大鋮為代表的一班貪橫之徒，滿懷私慾，毫無急公近義之心，才是葬送國家的真正根源。這樣的是非，必須分清。

所以，黃宗羲在讀到夏氏父子的《幸存錄》、《續幸存錄》後，很不

---

① 夏完淳《續幸存錄》，《明季稗史初編》，上海書店，1988，第 322 頁。
② 夏允彝《幸存錄》，《明季稗史初編》，上海書店，1988，第 293 頁。
③ 李清《三垣筆記》，中華書局，1997，第 114 頁。

贊同，面對同一營壘裏出現這種議論，他略無避諱，針鋒相對寫出《汰存錄》，加以批評：

> 愚按：君子小人無兩立之理，此彝仲學問第一差處。莊烈帝亦非不知東林之為君子，而以其倚附者之不純為君子也，故疑之。亦非不知攻東林者之為小人也，而以其可以制乎東林，故參用之。卒之君子盡去，而小人獨存，是莊烈帝（即崇禎皇帝）之所以亡國者，和平之說害之也。彝仲猶然不悟，反追惜其不出乎此，可謂昧於治亂之故矣。④

這段話，是直接針對剛才夏允彝那段引文而發，語氣之激烈，不免令人感到對那樣一位殉國烈士有失恭讓。但在黃宗羲看來，事關大是大非，「當仁，不讓於師」，何況同道？他認為，善與惡沒有調和的可能和必要；推動歷史和政治朝善的方向發展，是必須堅持的立場，不存在對惡妥協的問題，這是治亂之別的根本。他再次重複了對於帝權的批判，指出帝王（哪怕是崇禎皇帝那樣就個人品質而言相對不壞的帝王）本質上不以天下之治為目標，為了家天下私利，他們對於「君子」（善）和「小人」（惡），採取參用手法，從中制衡，這正是國家不得其治、終於頹亡的原因。隨後，他提出如下觀點：

> 凡一議之正，一人之不隨流俗者，無不謂之東林。……今必欲無黨，是禁古今不為君子而後可也。⑤

什麼是「東林」？古往今來，所有推動歷史進步、努力建造好社會、與奸惡勢力不懈鬥爭的健康力量，凡屬這種追求或這樣的人，無論出現於何朝何代，都是「東林」；歷史本來有「黨」，天然存在正邪之分，怎麼取消得了，又何能混淆？

醍醐灌頂，耳目一新。

---

④ 黃宗羲《汰存錄》，《黃宗羲全集》第一冊，浙江古籍出版社，1985，第329頁。
⑤ 同上。

讀《汰存錄》，筆者油然想到約三百年後的魯迅。這兩位浙江老鄉之間，真有太多的相似之處。黃宗羲如此苛對夏允彞，某種意義上我頗感不忍。不過，放下尊敬和仰視，我以為黃宗羲所談處在更高的層面。夏允彞的反思，為明朝解體而發；黃宗羲則是從歷史正義的高端，論析基本原則，以及人們應有的抉擇。朝有存亡，代有興替；把握住正確的歷史觀，總比一時一地的得與失重要。

　　同時也猛然意識到，從東林到復社，明末黨爭中前仆後繼、代代湧現的知識精英，是如此朝氣蓬勃。他們的信念、激情，以及因此迸發出來的不可思議的才華，乃是中華持續千年的文明繁榮和新的苦悶所共同作用、孕育的結果。不消舉更多的例子，單單一個夏完淳，倘若你肯去讀一讀那部將近八百頁的《夏完淳集箋校》，定會為這個犧牲時年齡不過十七歲的少年，有着如此高貴的人格、如此巨大的才華、如此豐厚的學識、如此精深的思索，而目瞪口呆。他的形象，描寫出一個真正的「青春中國」，一個在思想、文化乃至社會政治上潛藏甚而已經展露出原創能力的中國。至此，筆者不禁再度感慨於滿清的入主，之於中華文明可能的豹變乃是極嚴重的干擾。興許，東西方文明的賽跑，就差在這二三百年之間。

Chapter 5

降附・名節

降附名單中不少人，歷來「遇事敢言」、「有直聲」，清議甚佳，乃至是東林、復社名士。

在盛行以名節論是非的明末政壇，這令人大跌眼鏡，構成十足的反諷。

觀察這個「名節」系統，我們除了從中看到中國特有的經濟、社會、文化的形態，也看到了歷史的陰影。

明末的投降問題，既引人注目，又淆亂迷離。

當時，楊士聰寫了一本小冊子《甲申核真略》。他在「凡論」裏開頭便說：

> 稱核真者，以坊刻之訛，故加核也。坊刻類以南身記北事，
> 耳以傳耳，轉相舛錯，甚至風馬牛不相及者，其不真也固宜。①

他所講的「坊刻」，指甲申國變後推出的一批書。明代印刷術既已發達，而明人的時事意識、政治意識、新聞意識、市場意識更是前所未有。驚世之變後，出版家反應迅疾，第一時間付諸行動。他們知道什麼書好銷，也知道怎樣內容合乎讀者口味，於是，以親歷、見聞的名目，或編或撰，大量推出紀實作品。以我看來，這其實是中國的第一次紀實作品出版熱。不過也跟今天相仿，名曰「紀實」，裏面卻有不少屬於掛羊頭賣狗肉，打着親歷、見聞的旗號，實際只是道聽途說，即便捕風捉影、張冠李戴、無中生有一類情形，亦復不少。一個主要原因，即如楊士聰所說，「以南身記北事」。好些編者、作者，事變發生時，根本身在南方。既然並不在場，況且又是短時間匆就而成，哪怕沒有捏造之心，對實際事實疏於核實終歸難免。舉個例子，後被阮大鋮借題殺掉的周鑣，便是「以南身記北事」的一位。他一個人就編輯了兩本這樣的書，一名《燕中紀事》，一名《國變錄》，被失睦的親戚告發為「私刻」。② 這兩本書，我們現在不能看到，難斷其品質；不過以其遠離北京，仍敢採用《燕中紀事》、《國變錄》這樣追求現場感的書名，確令人不得不抱一點懷疑。

對於「紀實熱」中的失實和作偽，楊士聰概括了三種主要情況。一種無意，一種故意，一種刻意：

> 綜前後諸刻而論之，有三變焉。其始國難初興，新聞互競，

---

① 楊士聰《甲申核真略》，《甲申核真略（外二種）》，浙江古籍出版社，1985，第7頁。
② 徐鼒《小腆紀年附考》，中華書局，2006，第250頁。

得一說則書之不暇擇者，故一刻出，多有所遺，有所誤，有所顛倒，此出於無意，一變也。既而南奔偽官，身為負途之豕，私撰偽書，意圖混飾，或桃僵李代，或淵推膝加，且謬謂北人未免南來，一任冤填，罔顧實跡，此出於立意，又一變也。十七年之鐵案既翻，占風望氣者實煩有徒，歸美中璫，力排善類，甚至矯誣先帝，他為收葬之言，掊擊東林，明立逢時之案，捉風捕影，含沙射人，此陰險之極，出於刻意，又一大變也。[③]

他的概括，算是比較全面了。情況確如他所說，當時，有關北京的真相，有多種原因可以導致歪曲與變形。不過，楊士聰沒有提及他為何要如此強烈地批評和抱怨「不真」、「風馬牛不相及」、「耳以傳耳，轉相舛錯」。他有難言之隱。

崇禎十六年（1642），楊士聰任職左諭德，甲申之變他正在京城，和其他數百名京官一道，被李自成逮捕、羈押，當眾官遭受酷刑時，他卻因與闖軍部將王敦武交好，受到保護。後來，李自成潰走，滿清入城，他又通過已經降清的門人方大猷幫助，脫身南逃。但有報導說，他投順了李闖，得授官職「偽戶政府少堂。徐凝生《國難紀》云：『親見門粘欽授官銜。』」[④]

關於楊士聰曾經投降，似為孤說，姑置不論；然而他先後從「寇」「虜」兩邊都得到好處，總是事實。假如再加上未能盡「主辱臣死」的義務，那麼，這個從北京全身而退的明朝中級官員，道德層面上便有三個難言之隱。南來後，這陰影一直籠罩着他。他仍希望為朝廷做事，史可法也曾請旨以他為江北監軍，然而「不果」，只好落寞過江，輾轉遷徙，年五十二而終。吳偉業為作墓誌銘，論之：「悒悒不得志以死」，「忠矣而不遂其名」。[⑤]

無疑地，《甲申核真略》在他實為「發憤」之作。以當時輿論，明朝

---

③ 楊士聰《甲申核真略》，《甲申核真略（外二種）》，第 7 頁。
④ 計六奇《明季北略》，中華書局，1984，第 603 頁。
⑤ 吳偉業《左諭德濟寧楊公墓誌銘》，《甲申核真略（外二種）》，浙江古籍出版社，1985，第 57-59 頁。

諸臣在闖軍帳下受刑辱而不能死，均為可恥，像楊士聰這樣，居然能夠毫髮無傷地從北京逃出來，更必然大虧名節。針對這種氛圍，楊士聰憤然寫道：

> 自南中欲錮北來諸臣，遂倡為刑辱之說，計將一網打盡。坊刻豎儒，未喻厥旨，乃謬引刑不上大夫之說，橫生巧詆，何比擬之非倫也。余偶未罹賊刑，茲於受刑諸臣，悉為明著於篇，以質公論。[1]

從這段話可見，「北來諸臣」怎樣變成了過街老鼠。這種道德義憤不留絲毫餘地，北京每個倖免於難的官員一概有罪，而為眾口唾罵、千夫所指。楊士聰以為其中存有極大不公，今天我們也以為如此；他指控南方出版物在報導、記述和反映甲申之變上，存在以道德劫持事實或出於政治鬥爭需要歪曲事實的情況，我們也同意這一看法。不過，他的反駁與澄清不僅徒勞，甚至天真可笑。在當時，別的不說，單單他「偶未罹賊刑」這一點，就絕不可能得到諒解。面對這種情節，每個人所展開的想像都將是：此人必已降賊。

更極端的例子，是光時亨。他在崇禎末年任刑科給事中，以城破前「力阻南遷」聞名於史。多種史籍述稱，城破後光時亨降於李自成，如《甲申傳信錄》、《弘光實錄鈔》等等，總之持其說者甚眾，大約正如楊士聰所說「耳以傳耳，轉相舛錯」，互抄互襲，以致最初所出已不可考。幾年前我寫《龍床》，從諸家唯見此說，未嘗疑之；嗣後，偶然讀到馬其昶《桐城耆舊傳》中的《光給事傳弟五十一》，這才知道光時亨降闖也許子虛烏有。據該書述，城陷之時，光時亨正與御史王章巡城，混亂中王章被殺，光時亨從城牆墮落，摔壞左腿，爬到一間尼庵，半夜自經，被尼姑發現解救。又與御史金鉉一齊投河，金鉉身亡，光時亨則被人救起。之後「潛行南還」，在宿遷被劉澤清派士兵捉拿，送到南京。阮大鋮因舊怨，將其列入附逆案中，乙酉四月與周鍾、項煜等同日被殺。到唐王朱聿鍵時，其子

---

① 楊士聰《甲申核真略》，《甲申核真略（外二種）》，浙江古籍出版社，1985，第9頁。

光廷瑞替父伸冤，給事中方士亮具疏求平反，得到黃道周支持，「得旨昭雪」，恢復原官銜，又授光廷瑞以內閣中書之職。[2]

馬其昶稱其所本為《桐城軼事》，以及左光先的《野史辨誣》；前者「記被誣下獄及昭雪事甚詳」。這兩件材料，我都不曾眼見。比之於光時亨曾降李闖的眾口一辭，馬其昶一家之言有些單弱，我們未必立刻加以採信。但這種在同一件事上南轅北轍、截然相反的敘述，提醒我們充分注意明末歷史的複雜性。

<h2 style="text-align:center">二</h2>

如楊士聰所說，在南方，「北來諸臣」背負了沉重壓力，身陷白眼之中。這處境，固然源自一種極端化的倫理道德話語（後面我們再具體討論），但也要看到，北京陷落後發生的許多事，對明末的精英階層構成很大打擊，使他們倍感顏面掃地，難對世人。

《甲申朝事小紀》開列了投降李闖的明朝官員詳細名單，具其姓名及所授官職。那是一份相當長的名單，我逐個數下來，總計一百四十五人。其中分三種情形：迎降擁戴者、接受大順委任者、得錄用而未授職者。[3]《平寇志》也寫到大致相同的情形和數目，只是未曾具體列出每人姓名。[4]

北京落於李自成之手後，投降確實成風。《明季北略》「內臣獻太子」條記：三月二十日，也即城陷第二天，李自成從太監處搜得藏匿的崇禎諸子，太子與李自成交談時先提了三點要求，然後又講了這樣一句：「文武百官最無義，明日必至朝賀。」果然，次日接受朝賀時，趕到者多達一千三百餘人。「自成歎曰：『此輩不義如此，天下安得不亂！』於是始動殺戮之念。」[5]又一條記道，二十三日投順者點名，發現幾個已經「削髮」（出家免禍）的官員赫然在列，乃「令人盡拔其餘毛，詈云：『既已披剃，

② 馬其昶《桐城耆舊傳》，黃山書社，1990，第184-185頁。
③ 抱陽生《甲申朝事小紀》，書目文獻出版社，1987，第639-644頁。
④ 彭孫貽《平寇志》，卷之十，上海古籍出版社，1984，第224頁。
⑤ 計六奇《明季北略》，中華書局，1984，第458頁。

何又報名？」」李自成對劉宗敏、李過、牛金星等說：「各官於城破日，能死便是忠臣。若身體髮膚受之父母，不敢毀傷，削髮之人，不忠不孝，留他怎的？」[1] 作為勝利者，出於自身利益，李自成確實需要從舊朝官吏中錄用一些人，為其服務。但他對於厚顏如此的降附者，反感遠多於欣賞。《平寇志》敍述首輔魏藻德晉見時情形：

> 首呼魏藻德，叩首膝行前。自成起旁揖之，詰曰：「若受特恩，為何不死？」藻德哭曰：「方求效用，那可死？」自成、金星皆笑。藻德叩首求試，自成揮起之。[2]

李自成的態度，根本是奚落、戲弄與蔑視。

李自成規定，三月二十一日為百官朝賀日，如打算歸順，於這一天「投職名」報到。《明季北略》說：

> 百官報名者甚眾，以擁擠故，被守門長班用棍打逐。早起，承天門不開，露坐以俟，賊卒競辱之，竟日無食。有云：「肚雖飢餓，心甚安樂。」[3]

闖軍剛剛入城，眾官懼朝服冠帶惹禍，便紛紛銷毀。到三月二十日，得到令百官投職名的消息，又後悔莫甚，倉猝間爭相前往戲班子搶購戲服，致一頂戲冠之價陡至三四兩銀子。這樣，第二天才得以「各穿本等吉服入朝」。其中有個楊枝起[4]，得到赴部授職通知，行前對家人眉飛色舞道：「我明日此時便非凡人矣。」他因此得外號「不凡人」。但楊枝起的表現，並非個別。「新授偽官皆繡衣，紅刺謁客，交錯於途。」[5] 揚眉吐氣、奔相走告，至為京城一景。

倘以上列諸事，述者或係轉抄，非得之親見，那麼我們來看一位目擊者的記敍。復社名流、無錫監生顧杲，當時正在北京。他在《一席記聞》

---

① 計六奇《明季北略》，中華書局，1984，第 474 頁。
② 彭孫貽《平寇志》，卷之九，上海古籍出版社，1984，第 217 頁。
③ 計六奇《明季北略》，第 472 頁。
④ 《明季北略》記為錢位坤。
⑤ 彭孫貽《平寇志》，卷之十，第 224 頁。

中，從一個無錫人的身份，寫了四位同籍者的表現，並特別聲明所寫為
「予之目見耳聞者數事」。此四人，一是兵部職方司主事秦汧，最後那段日
子裏，他受守城之命，三月十八日九城俱陷時，正在城上，忽見李自成在
眾降官「導迎」下走來，其中還有一位與之同年的朋友。秦汧當即跪地，
報上官職，口稱「恭迎聖駕」，卻沒人搭理他。「汧又高聲大喊。時兵馬之
聲，如風雨驟至，汧雖高聲大喊，賊終不問。」另一位無錫人，秦汧的姑
父、翰林學士趙玉森，三月二十日趕到禮部主事王孫蕙寓所：

> 涕泗交零，曰：「予受知崇禎固深，然國破家亡，實其自作
> 之孽。予將捐性命以殉之，理既不然，將逃富貴以酬之，情亦不
> 堪，奈何？」孫蕙曰：「方今開國之初，吾輩當爭先著。」玉森
> 曰：「甚合吾意。」遂同詣賊報名。

他們在報名處，遇見第四位無錫人，禮部主事張琦：

> 遇張琦拱手而不言，琦曰：「無棄故人，老夫尚可揚塵舞
> 蹈。」因與俱焉。

正走着，忽然看見前方秦汧的背景：

> 急呼與語。汧曰：「吾決計已久，慮無同志，得諸公共事，
> 宦途不患無幫手，況趙姑夫尤休戚相關者乎。」握手大笑，揚揚
> 而前，不復楚囚相向矣。

故事還沒完。「既至，孫蕙獨有所奏，三人皆愕然。」原來王孫蕙棋高
一招，預先備好表文，且保密，以防仿效。趙、秦二人不免心有惱恨，多
虧張琦勸道：「勿以小嫌而傷同氣。」「由是趙、秦皆不言。」⑥
為求證顧杲這段記敍得之親見，而非耳食，筆者做了些許考據。顧杲
自述其城陷後經歷：「城外無可藏身，賊初入城，尚不妄殺，予因得俯仰於
其間，更伺吾邑之列士大夫者。」亦即，借居在某位無錫籍官紳家中。起

---

⑥ 顧公燮《丹午筆記》，一席記聞，《丹午筆記·吳城日記·五石脂》，江蘇古籍出版社，1999，第
　26-27頁。

初，我曾設想這位無錫籍官紳或許就是王孫蕙，卻又覺情理上不通，遂予放棄而另行搜求。後來，終於在《平寇志》裏發現一條關鍵線索：

> 及都城陷，孫蕙偕同里秦汧、趙玉森、張琦等至馬世奇寓，謀謁賊，世奇不可。[①]

進而又從《明季北略》看到：「公弱冠，即受知顧端文公」[②]，至此豁然得解。馬世奇，崇禎四年（1631）進士，時任左庶子。他不但同為無錫人，關鍵在於他是顧杲祖父顧憲成的門生；「端文」，即顧憲成死後諡號。以這層關係，顧杲城陷後「俯仰於其間」之地，當為馬府無疑。換言之，三月二十日，顧杲在馬家親見王孫蕙一行前來動員馬世奇參加他們的投降行動，而遭拒絕。至於馬世奇，他在拒絕投降後次日自縊身亡，後來受到弘光朝廷的表彰，得諡「文忠」。

順便說一下，王孫蕙對於藏在袖中的那篇奏章，很下了一番功夫，可謂得意之作。中有佳句：「燕北既歸，宜拱河山而受籙；江南一下，當羅子女以承恩。」一時盛傳。宋企郊傳達了李自成的評價：「主上以公表及周庶常草詔，可作新朝雙璧。」[③]「周庶常」指周鍾，其《勸進表》也寫出了漂亮的頌詞，稍後我們可以欣賞。

三月二十三日，崇禎遺體收殮入棺，陳放於東華門某庵，命明朝官員前來告別。文秉《烈皇小識》述其場景：

> 諸臣哭拜者三十人，拜而不哭者六十人，餘皆睥睨過之。[④]

「哭拜」，表示對死者仍守君臣之分；「拜而不哭」，則是既不願落得忘恩負義的罵名，又忌憚開罪新統治者、引火焚身；至於「睥睨過之」，當然是清楚地表示與舊主一刀兩斷。第一種人僅三十位，第二種六十位，而第三種多到不必計數，以「餘皆」二字括之。我們難以確切說出明朝京官總

① 彭孫貽《平寇志》，卷之十一，上海古籍出版社，1984，第253頁。
② 計六奇《明季北略》，中華書局，1984，第523頁。
③ 彭孫貽《平寇志》，卷之十一，第253頁。
④ 文秉《烈皇小識》，《明季稗史初編》，上海書店，1988，第180頁。

數。從《憲宗實錄》中看到，成化二十三年（1487）七月乙卯，亦即朱棣忌辰那一天，於奉先殿舉祭，點名後發現「文武官不至者一千一百一十八員」。[5] 前面所引《明季北略》，也稱三月二十一日在承天門投順的人數，有一千三百多；而「廿三辛亥諸臣點名」一條，又有「百官囚服立午門外，約四千餘人」[6] 之句。可見明朝京官是個相當龐大的群體。他們當中，只有三十人做到仍然效忠崇禎皇帝，六十人願意承認曾經是崇禎皇帝的臣屬，餘下的，全部「睥睨過之」了。

這比例有些驚人。

三

在中國，投降屬於醜行，一般認為投降者多是些品質低劣或駁雜的人。然而甲申之變，人們發現並非如此。降附名單中不少人，歷來「遇事敢言」、「有直聲」，清議甚佳，乃至是東林、復社名士。例如陳名夏、周鍾、侯恂、龔鼎孳、魏學濂、張家玉、方以智，包括前面曾經提過的楊枝起。在盛行以名節論是非的明末政壇，這令人大跌眼鏡，構成十足的反諷。到弘光間，過去一直作為「小人」而被打壓的阮大鋮之流，對此如獲至寶，以「順案」之名（以李自成號「大順」及諸臣投順，一語雙關）打擊報復，雖屬藉題發揮，卻也有根有據。

侯恂，河南歸德人，明末四公子之一、《桃花扇》主角侯方域之父，前吏部尚書、東林耆宿，名將左良玉所以政治上傾向於東林，就是因為曾受侯恂提攜。他於崇禎九年（1636）因失職而下獄；三月二十日，闖軍克京翌日，他便和另一罪臣董心葵自獄中放出，二人「備言中國情形及江南勢要，自成大賞之」。二十三日午門點名，眾降官「囚服立午門外」，「日晡，自成出，據黼座」，侯恂則作為投誠模範，與大順諸要人牛金星、劉宗敏、李過等，登上午門、「在主席臺就坐」了。[7] 他在大順政權中的官職

---

⑤ 《明憲宗實錄》卷二九二，國立北平圖書館紅格鈔本影印本，1962，第 4955 頁。

⑥ 計六奇《明季北略》，第 473 頁。

⑦ 同上。

是「工政大堂」①，等同明朝的工部尚書。然《甲申核真略》有獨家之說，稱闖軍欲用侯恂為侍郎，「恂不肯，要以大拜，賊即許之，俟東征旋師如約」，即等李自成從山海關班師後正式舉大拜之禮，末了，「賊敗歸西走，因不果」。②楊士聰既以親歷者身份述之，我們便引在這裏備聞。但這一材料只涉及侯恂是否正式授職，不涉及是否投降，後一事實還是不變的。

陳名夏，南直溧陽人，崇禎癸未（1643）會元、探花，官編修，兼戶、兵科都給事中。他是復社大才子，歸降李闖後，仍授編修。有關他的投降，《明季北略》講了一段曲折故事。城陷後，陳名夏匿於其北京小妾娘家。得知崇禎煤山自縊兇信，幾次自殺，都被小妾一家解救。之後，潛出逃遁，途中被闖軍抓獲。不料，審訊他的闖軍王姓刑官，原係山西諸生，昔時南遊受困，在溧陽遇到陳名夏，陳留其一飯並贈程儀少許。此事與其人，陳名夏早已忘卻，王某卻銘記在心，此時邂逅，即刻相認。陳因而免禍，但「涕泣求去」，王某卻說：「先生大名在外，去將安之，留此當大用。」陳堅不從，悄悄溜走，途中又遭俘獲，陳自稱係被王某所釋，於是送回王處。這次，因王某薦舉之故，被授編修；其間，又因有親戚打着他的名號，得王某寬刑減罪，「於是陳通賊之名大著」。而陳名夏對所授「偽職」終不肯就，「日夜求歸」，王某拗不過，「乃贈其行貲，陰護出城，故陳歸最早」。計六奇說，故事得之「北來一友，述之甚詳」；同時又表示，這與一般所知究竟大相徑庭，「未敢擅為出脫也，姑附所聞，以俟公論。」③即便陳名夏降闖之事存疑，他於弘光元年從「從賊案」脫身，跑到河北大名府降清④卻是千真萬確。他是清朝的第一任吏部「漢尚書」，後至「宰相」（弘文院大學士），為清初「南臣領袖」。

魏學濂，浙江嘉善人，東林巨擘魏大中次子。他一家在明末聲望極高，海內景仰。乃父英名不必說，即其兄長、魏大中長子魏學洢，也被目為人間楷模。魏大中獄中慘死後，魏學洢領得父親屍體，千里「扶櫬

---

① 計六奇《明季北略》，中華書局，1984，第 640 頁。
② 楊士聰《甲申核真略》，《甲申核真略（外二種）》，浙江古籍出版社，1985，第 19 頁。
③ 計六奇《明季北略》，第 601-602 頁。
④ 趙爾巽等《清史稿》，卷二百四十五，列傳三十二，中華書局，1977，第 9633 頁。

歸，晨夕號泣，遂病。家人以漿進，輒麾去，曰：『詔獄中，誰半夜進一漿者？』竟號泣死。崇禎初，有司以狀聞，詔旌為孝子。」⑤魏學濂本人到甲申之變前，也都高風亮節，「有盛名」⑥，曾在崇禎元年從浙江徒步至京上訪，伏闕訟冤，血書上疏，致「天子改容」⑦，對推動東林黨冤假錯案平反，有重大貢獻。李自成逼進京師，他屢有建言，引起崇禎重視，特別召見，準備委以重任。「無何，京師陷，不能死，受賊戶部司務職，頹其家聲。」⑧《平寇志》、《甲申朝事小紀》等，都明確記載他就任大順「吏政府」司務，後來官方《明史》也採取了這一說法。但其降附經過，撲朔迷離，諸說竟至懸殊。一說城陷後魏學濂與陳名夏、吳爾塤、方以智相遇於金水橋，大家商議以死報先帝，魏學濂反對，說：「死易爾，顧事有可為者，我不以有用之身輕一擲也。」並說出了太子等尚在，自己所聯絡的真定、保定義師「且暮且至」這樣的理由。後傳來太子被捉並遇害的消息，而所約義師遲遲不至，於是，魏學濂賦絕命詩二首而自縊。這段敘述，毫未提及降附之事，此為「未降說」。然而，《明季北略》同時也錄述了截然相反的說法。例如《忠逆史》：「學濂初聞賊急，有老僕經事大中（自魏大中時即為魏家僕人），勸主人盡忠，勿負先老爺一生名節，學濂唯唯。先以事遣此僕歸，遂率先投款。初改外任，以韓霖薦，留用，授偽戶政府司務。」《北回目擊定案》則描述了魏學濂做「偽官」的情狀：乘一頭驢，「穿偽式黃袍，負一偽敕，在草場閱敫，指揮得意。」⑨除上述敘事外，彭孫貽《平寇志》亦陳有具體經過：

> 學濂與山西解元韓霖同受天主教，霖薦學濂於金星。學濂
> 廷謁，金星曰：「汝是忠孝之家，必當錄用。」引見自成，再拜
> 曰：「小臣何能，不過早知天命有歸耳。」授戶政府司務，學濂
> 南平兩浙策。⑩

---

⑤ 張廷玉等《明史》卷二百四十四，中華書局，1974，第6337頁。
⑥ 同上。
⑦ 計六奇《明季北略》，第609頁。
⑧ 張廷玉等《明史》卷二百四十四，第6337頁。
⑨ 計六奇《明季北略》，第611-612頁。
⑩ 彭孫貽《平寇志》，卷之九，上海古籍出版社，1984，第220頁。

情節相距甚遠，紛紜難定。而《甲乙史》獨有一說：

> 甲申四月三十日丁亥，庶常魏學濂自縊。學濂素負志節，一
> 時墮誤，知愧而死，亦愈於靦顏求生者矣！[①]

亦即，既非未降，亦非降後洋洋得意，而是在糾結苦痛中自盡。計
六奇認為此說較為可信，「實為學濂定論也」。《明史》最終也採納這一說
法，「既而自慚，賦絕命詞二章，縊死。去帝殉社稷時四十日矣。」[②]

龔鼎孳，南直合肥人，兵科給事中。文名極高，《清史稿》稱他「天
才宏肆，千言立就」[③]，與錢謙益、吳偉業並為清初詩文「江左三大家」。崇
禎間，他以青年才俊亮相北京政壇，姿態激進，揮斥方遒，連劾重臣，雖
因此身陷縲絏，卻也名聲大振。李清《三垣筆記》，對崇禎一段涉筆最多
的三四人中就有龔鼎孳，我粗粗統計，不少於九條，可見他的活躍。但對
於這個活躍的身影，李清明顯不以為然。我們曾講過，李清反感黨爭，而
龔鼎孳正好是一個黨爭積極分子。李清筆下的龔鼎孳，基本是一種形象：
上竄下跳，挑撥離間，唯恐天下不亂。李清提到同僚傅振鐸一句話：「凡招
權納賄，言清而行濁者，雖日講門戶，日附聲氣，而亦真小人也。」[④]蓋即
藉指龔鼎孳。這且不表，李自成佔領北京後，龔鼎孳降附；由於過往的政
治姿態，也由於極高的才名，他成為投降者中必被提及的一個代表。四個
月後，馬士英在南京奏《請誅從逆疏》，所舉第二個例子便是龔鼎孳，而
且是僅有的兩個被描述了具體情節的例子之一（另一個是周鍾）。說到這
情節，也確實匪夷所思。馬士英寫道：

> 龔鼎孳降賊之後，每見人則曰：「我原要死，小妾不肯。」
> 小妾者，其為科臣時收取秦淮娼婦也。[⑤]

---

① 計六奇《明季北略》，中華書局，1984，第 612 頁。
② 張廷玉等《明史》卷二百四十四，中華書局，1974，第 6337 頁。
③ 趙爾巽等《清史稿》，卷四百八十四，列傳二百七十一，中華書局，1977，第 13325 頁。
④ 李清《三垣筆記》，中華書局，1997，第 53 頁。
⑤ 抱陽生《甲申朝事小紀》，書目文獻出版社，1987，第 39 頁。徐鼒《小腆紀年附考》，中華書局，
   2006，第 222 頁。

聽起來根本像是藉口，因為很難想像，如此大事能為一介小妾所左右。不過，這小妾並非尋常之人。她名叫顧媚，人稱「橫波夫人」，原是秦淮河畔頭等名妓，《青樓小名錄》引袁枚語：「明秦淮多名妓，柳如是、顧橫波，其尤著者也。」⑥她於癸未年（1643）歸於龔鼎孳，從此專寵。閱孟森《橫波夫人考》，不覺為其所述訝然：

> 芝麓（龔鼎孳號）於鼎革時既名節掃地矣，其尤甚者，於他人諷刺之語，恬然與為酬酢，自存稿，自入集，毫無愧恥之心。蓋後三年芝麓丁憂南歸，有丹陽舟中值顧赤方，是夜復別去，紀贈四首，中有「多難感君期我死」句，自注：「赤方集中有弔余與善持君（顧媚歸龔後，龔號之曰善持）殉難詩」云云。生平以橫波為性命，其不死委之小妾，而他人之相諷者，亦以龔與善持君偕殉為言，彌見其放蕩之名，流於士大夫之口矣。⑦

原來竟非藉口。在龔鼎孳，已然「生平以橫波為性命」。顧不讓他死，他就因她不死，且毫無愧色，每在詩文中「恬然」論之，對別人的諷刺，輕鬆答以「多難感君期我死」。難怪他會逢人就說「我原要死，小妾不肯」；這話別人以為無恥，龔鼎孳自己卻沉浸在「多情」之中。我們不知道該說他特立獨行，還是放蕩墮落。總之，他和陳名夏一樣，先降闖（「以鼎孳為直指使，巡北城」⑧），復降清；入清後官也做得很高，至刑部尚書。

說到降附，最出名的還是周鍾。

周鍾，南直金壇人，「金壇名士，復社之長」⑨，在復社中地位與楊廷樞相埒，名氣大得不得了。周家為本地望族，出過不少人物，「同祖七進士」⑩，舉家先後七人進士出身，簡直是高產。奇怪的是，這些人形形色

---

⑥ 余懷《板橋雜記》（劉如溪點評），青島出版社，2002，第 45 頁。
⑦ 孟森《橫波夫人考》，《心史叢刊》二集，大東書局，民國二十五年，第 39 頁。
⑧ 趙爾巽等《清史稿》，卷四百八十四，列傳二百七十一，第 13324 頁。
⑨ 計六奇《明季北略》，第 605 頁。
⑩ 同上書，第 500 頁。

色、雜然不一，致有「俱以美錦而多染糞穢」①之譏。他的伯父周應秋、周維持皆為魏忠賢門下走狗，尤其周應秋，天啟末年任吏部尚書，係閹黨首要分子。周鍾本人與其從兄弟周鑣，反而是復社中堅，均以「聲氣」重於當世。然而北都淪陷，庶吉士周鍾卻成為最徹底的投降者。馬士英《請誅從逆疏》不過六百字，卻有一半筆墨花在他身上：

> 而又有大逆之尤者，如庶吉周鍾，勸進未已，上書於賊，勸其早定江南。又差人寄書二封與其子，一封則言殉節死節；一封則稱賊為新主，盛誇其英明神武，及恩遇之隆，以搖惑東南。親友見之，無不憤恨，立毀其家。昨臣病中，東鎮劉澤清來見，誦其勸進一聯云：「比堯、舜而多武功，邁湯、武而無慚德。」又聞其過先帝梓宮之前，揚揚得意，竟不下馬。微臣聞之，不勝髮指！②

馬士英雖與阮大鋮狼狽為奸，但以上列諸事卻非他所捏造，而為多書共載。周鍾《勸進表》，有些書如《平寇志》、《丹午筆記》所錄，比馬士英疏中還多一句：「獨夫授首，四海歸心。」③獨夫，當然指的是崇禎皇帝。《勸進表》和《下江南策》，這兩個文本肯定存在，惟是否出周鍾之手還有異說。我們所見的辯誣，來自周鍾伯父周維持和胞弟周銓。他們說那兩個東西全是周鑣偽造：「鑣、鍾兄弟成隙，鑣……偽撰《勸進表》、《下江南策》以誣鍾。」④由此我們對周家內部的混亂加深了印象，也正因此，對周維持、周銓的辯護也不敢輕易相信。此外，還有人主動與周鍾爭「著作權」，此人就是龔鼎孳。他不平於《勸進表》歸於周鍾名下，因對人說：「表文皆我手筆，介生想不到此。」⑤又，《甲申朝事小紀》載周鍾又為李自成起草過《即位詔》，編者收錄書中時改題《闖賊李自成僭位詔》，並

---

① 計六奇《明季南略》，中華書局，1984，第 500 頁。
② 抱陽生《甲申朝事小紀》，書目文獻出版社，1987，第 39-40 頁。
③ 彭孫貽《平寇志》，卷之十，上海古籍出版社，1984，第 221 頁。顧公燮《丹午筆記》，遇變紀略，《丹午筆記・吳城日記・五石脂》，江蘇古籍出版社，1999，第 38 頁。
④ 徐鼒《小腆紀年附考》，中華書局，2006，第 250-251 頁。
⑤ 彭孫貽《平寇志》，卷之十，第 221 頁。

在旁邊添注「係周介生筆」。中云：

> 茲爾明朝，久席太寧，浸弛綱紀。君非甚暗，孤立而煬蔽恆
> 多；臣盡行私，比黨而公忠絕少。⑥

其文真偽不得而知，但上述對明朝政治的評論，卻頗中鵠的。周鍾降附經過，《平寇志》述說最詳：

> 庶吉士周鍾，寓王百戶家，百戶約同死，鍾未應。同官史可
> 程、朱積、吳爾塤等並詣鍾，邀入朝。百戶挽鍾帶，不聽出，絕
> 帶而行。⑦

由於周鍾名氣太大，對於他的歸順，闖軍很有喜出望外之感：

> 金星至，見鍾呼曰：「此周介生先生乎？」命作《士見危致
> 命論》，即薦之自成。鍾欣然自得，每誇牛老師知遇。⑧

牛金星的仰慕，使周鍾有特殊優待。降附諸官，一律只准騎驢，獨周鍾「揚揚然乘馬」，「屢過大行梓宮前，揮鞭不顧，同輩皆腹誹之。」《明季北略》的描述也是如此：

> 賊中深慕其名，呼為周先生，《勸進表》實出其人，逢人便
> 誇「牛老師極為歡賞」……同館多含涕忍恥，幾幸生還，惟鍾揚
> 揚得意，乘馬拜客，屢過梓宮，揮鞭不顧，一時輩中猶腹誹之。⑨

闖軍西去後，周鍾潛回故鄉，很快以「從逆案」首惡被捕，乙酉年四月初九處死。⑩

如果說普遍的屈膝投降對明朝是種挫敗，那麼，眾多「聲氣」明星、「名節」大腕捲入其中，則是更嚴厲的一擊。計六奇就周鍾事件評論說：

---

⑥　抱陽生《甲申朝事小紀》，第 28 頁。
⑦　彭孫貽《平寇志》，卷之九，第 215-216 頁。
⑧　同上書，第 219 頁。
⑨　計六奇《明季北略》，第 605 頁。
⑩　同上書，第 200 頁。

三十年雄踞文壇，聯屬聲氣，一旦名節掃地，書林選刻，刊
落名字，文章一道，尚可信乎？[1]

　　這個評論，不單適用於周鍾，也適用於整個明朝的意識形態。明朝，
以倫常為標榜，後五十年光陰幾乎盡耗於名節比拚，然而卻這樣收尾。「文
章一道，尚可信乎？」的確是這麼個問題。那些道德文章，難道竟是廢紙
不成？

四

　　倘若以為搞政治運動乃是我們當代專利，明末的人將很難同意。

　　北京發生的事情南傳之後，很多地方不約而同掀起批判與聲討的怒
潮。其過程，與我們熟知的當代政治運動如出一轍。先是口誅筆伐，發表
大字報（當時的名稱是「檄」），舉行控訴集會；隨之出現打砸搶燒，衝
擊、搗毀被批判對象的府宅或祠堂，甚至演為騷亂；最後，由官方成立專
案組，對各涉嫌人員審查其罪行，做出處理，公佈決定。在弘光朝，這個
過程歷時兩月，從五月初一直持續到七月方見出眉目。

　　所以如此，只能到明代意識形態中找原因。投降現象，歷代都有，以
往卻並未就此釀成群眾運動。那是因為，各朝從未像明朝這樣發起長期的
倫理競賽，政教一體地進行了充分的思想動員；其次，明代知識精英的組
織化趨向更是重要基礎，砥礪名節不光是個人思想修養的磨練，還通過結
社方式發展成「人盯人」的互相提攜與監督的集體義務，如復社初立，張
溥為之訂盟約：「毋非聖書，毋違老成人，毋矜己長，毋形彼短，毋巧言
亂政，毋干進辱身。嗣今以往，犯者小用諫，大則擯。既佈天下，皆遵而
守之。」[2] 於是，一人之逆不復只關係其本人，也被視為組織之恥，而群起
攻之。

　　這種情形下，倫理始終置於很高的高度，保持着緊張狀態，隨時準備

---

[1]　計六奇《明季北略》，中華書局，1984，第 605 頁。
[2]　眉史氏《復社紀略》，中國歷史研究社編《東林始末》，神州國光社，1947 年，第 181 頁。

戰鬥與還擊；眼下，國難之際居然發生如此嚴重的道德危機，則勢將有乾柴烈火的反應。我們從以下反應可窺出這種趨勢：「京師陷，江南人士謂學濂必死國難。」[3] 出於魏氏「家風」，所有人為魏學濂做出的設想與期待都僅為一途，亦即他只許以身殉國。可以想像，「降賊」醜聞一旦傳回，家鄉該怎樣沸騰。無獨有偶，周鍾也面臨同樣處境：

> 周鳳負才名，嘗以忠孝激發之氣自任。故里中子弟，初聞京師陷，意鍾必死，知己預為《傳》以俟之。[4]

亦是期以必死。至有自命知己者，按照這種預期，早早寫好表彰的傳記，靜候他死國的消息傳來。細予體會，「群體正義」的後面，已是一派肅殺之氣。

說起魏學濂降附，還有一離奇情節。據說他熱衷象緯圖讖，測算結論：「謂自成必一統有天下」，以此降。降後，「觀賊所為，知必無成，慚恨無極」，終於自殺。所以，彭孫貽說他的投降是「象緯誤之」。[5] 其事未確，但情理上完全可能。蓋自董仲舒以來，「天命觀」植入儒家倫理，象緯圖讖之學很多人相信。魏學濂受象緯誤導，先降，繼而被現實所教育，發現李自成並非「真命天子」，悔而自殺，是比較合乎邏輯的。而他先降後死，其中有個時間差，傳導到家鄉，遂致一波三折：

> 南歸者至家，知學濂污偽命，懷忿者群起攻之，幾毀其家。[6]

嘉興全府（嘉善隸屬嘉興）「紳衿」聯名發表討魏檄文，大張撻伐。據載，此時，面對魏家門上對聯之「家有『忠孝世家』牌坊」語，「鄉人怒」，想毀掉牌坊。激動的人群，甚至「欲焚其故廬」。魏學濂之子魏允枚，不懼眾怒，隻身出門力爭，說相信父親決不投降，一定會殉難而死。魏大中遺孀、其母忠節公夫人，「親出拜眾曰：『吾子必當死難，若等姑待

③　彭孫貽《平寇志》，卷之十一，上海古籍出版社，1984，第246頁。
④　抱陽生《甲申朝事小紀》，書目文獻出版社，1987，第44頁。
⑤　彭孫貽《平寇志》，卷之十一，第247頁。
⑥　同上書，第246頁。

之。」眾退。越三日，而京師報至，果於三月廿八日縊死。遂免於燬。」[1]

嘉善魏家因魏學濂「終成正果」而渡過一劫，金壇周家則無此幸運。周鍾「降賊」消息傳來，「合學紳衿遂相與詬詈之」，那篇假定周鍾死節、將其作為忠臣表彰的傳記，被銷毀，自命周鍾知己的傳文作者，也被逐出士紳圈外。朝廷為崇禎皇帝所頒正式訃告（五月初六發佈）到達的那天，「諸縉紳哭臨三日」，並齊至當地文廟，毀掉周鍾祖父的從祀牌位。之後，衝到周家，「碎其門榜」。[2] 這不單單是訴諸暴力，也是嚴厲的精神審判。古人以「門楣」為臉面，所有榮光都體現在門上，從形制到裝飾（比如匾額），如果榮耀極大，則門不足載而延伸為牌坊；牌坊實質就是門外之門，並完全擺脫日常實用，唯用於旌表。「碎其門榜」，象徵着其家族從道德和名譽上遭到唾棄。

帶頭砸周的，是以張爕、史弘謀、段彥史等十一人為首的當地生員。[3] 如在今天，此類事件我們稱為學潮。相關史料沒有提及鬧事的具體規模，但估計聲勢頗壯。因為周鍾身份特殊，他與楊廷樞、徐汧同為復社創立者，計六奇在《明季北略》裏說他「為復社之長」，在《明季南略》寫到楊廷樞時又說「與金壇周鍾為復社長」[4]。明末「江右四大家」之一的陳際泰，「海內得其文，怪不敢視，自金壇周鍾歡揚，始翕然宗之。」[5] 藉此可想其影響力之大。當時，復社首腦不止是精神領袖，往往也是學界宗師，阮大鋮曾說：「孔門弟子三千，而維斗（楊廷樞）等聚徒至萬。」[6] 我們不太清楚周鍾門徒的數目，但他既與楊廷樞同為復社之長，恐怕也少不了。這就是為什麼他的問題反響格外強烈，以致引發學潮——在他屁股後頭，有一大群追隨者；眼看老師做出這種「表率」，充滿失望與痛苦的學生頓覺「造反有理」。

嘉善魏家、金壇周家的遭遇也在別的地方上演，南籍降附諸臣家室在

---

① 計六奇《明季北略》，中華書局，1984，第 612 頁。
② 抱陽生《甲申朝事小紀》，書目文獻出版社，1987，第 44 頁。
③ 同上。
④ 計六奇《明季南略》，第 256 頁。
⑤ 同上書，第 164-165 頁。
⑥ 朱希祖《書劉刻貴池本留都防亂揭姓氏後》，《明季史料題跋》，中華書局，1961，第 23-24 頁。

其鄉邑普遍受到衝擊、圍攻：

> 先是北京之變，諸生檄討其搢紳授偽職者，奸人因之，焚劫
> 以為利，項煜、錢位坤、宋學顯、湯有慶四家蕩洗無遺，又焚時
> 敏家，三代四棺俱毀。[7]

這樣的場景，我們不陌生，但近四百年前它也曾在中國出現，這一點
筆者先前倒想像不到。

五

情況如此嚴重，朝廷若不引導，「打砸搶」或有燎原之勢。《小腆紀
年附考》記，五月十八日乙巳，「明以大理寺丞祁彪佳為右僉都御史，巡
撫蘇、松。」[8]「巡撫」之意，一為巡視，二是撫平，使事態平息、地方穩
定。不過，徐鼒所記祁彪佳動身日期並不準確。查《祁忠敏公日記》，清
楚地寫着：「初九日，早行。」[9] 足足要早九天。而祁彪佳使命的討論，則
為五月初一，亦即福王監國當天，由史可法親自主持議定。[10] 徐鼒之誤並
不奇怪，他不可能見過祁彪佳日記，後者於民國二十六年（1937）才被發
現。對我們來說，祁彪佳日記留下的時間記錄，更足以表現事態的緊迫與
朝廷的重視。

整個五月和六月，祁彪佳在蘇州、松江兩府，各處巡視。所到處幾
乎必有一項內容：會見當地「諸生」。這些人，正是「鬧事」主體。五月
十二日，「發文訖，即至文廟，易墨衰行香，與諸生言辨上下定民志之
意。」[11] 五月十三日，「出會鄉紳孝廉於玉華山，訊其地方利病。」[12] 五月
十五日，「抵丹陽，會有司紳衿，讀詔書訖，以君父大義諭之諸生，且

---

[7] 徐鼒《小腆紀年附考》，中華書局，2006，第 177 頁。
[8] 同上。
[9] 祁彪佳《祁忠敏公日記》，《歷代日記叢鈔》，第八冊，學苑出版社，2005，第 449 頁。
[10] 同上書，第 443 頁。
[11] 同上書，第 450 頁。
[12] 同上書，第 451 頁。

言忠孝之心不可無，忠孝之名不可有。」①五月二十一日，「少泊馬（碼）頭，江陰諸生具呈。」②五月二十二日，「令縉紳俱出迎，齎詔至縣開讀，下午會諸紳孝廉文學於（無錫）公署。」③……之所以在不同地方頻繁、重複做同一件事，其原因在五月二十五日和二十八日兩天日記中交待最清楚：

> 二十五日，往文廟行香。時吳中當借名從逆士民囂變之後。予乃對諸生痛哭以告：必守禮恪法；嗣後條陳，必投匣而進，公呈必僉押由學官轉申。……如不吾從，吾不能一日在。諸生咸踴躍聽命。④

> 二十八日……延吳門諸生章美、周茂蘭、華渚等二十餘人來晤。蓋前此吳門焚搶從逆之家，多青衿為之倡，而此諸生者，皆表表才品，心甚非之。有糾繆一帖，甚得風俗紀綱之正。予故延其來晤。⑤

看來，當時在朝中主政的史可法為應付這場危機而採取的措施是，果斷派出一位威望素著的特使，借重他的正面形象和感召力，化解、消弭騷動。應該說，這是機智簡明的一招，祁彪佳也很好地運用了個人魅力。當然，他並不一味只是曉之以理、動之以情，也曾做出嚴厲處斷，例如在常熟：

> 時宦敏以被焚搶泣訴於沿途。薄暮抵常熟，署印（代理官職）州倅（倅，副職）陳淳來謁，詢其焚搶之事，出所訪姓名，令連夜拘提。⑥

---

① 祁彪佳《祁忠敏公日記》，《歷代日記叢鈔》，第八冊，學苑出版社，2005，第451頁。
② 同上書，第454頁。
③ 同上書，第454頁。
④ 同上書，第455-456頁。
⑤ 同上書，第456頁。
⑥ 同上書，第457頁。

第二天：

> 即至公署審搶犯。予昨所行拘者，多不肯吐，而捕官別拘三
> 人，皆有時份家之真贓，乃立梟於門，而搶時宦妻子尼菴者，其
> 犯亦杖斃之。即刻張告示，餘者皆不究。人情大安。[7]

這位遭到焚搶的時敏，為北京兵科官員。他在城陷前對人說：「天下將
一統矣。」隨即投附大順。及闖軍敗走，時敏「遁歸故里」，而在他回來
之前，家中已遭焚搶，且「波及族黨」。對於這個確切的「從逆者」的投
訴，祁彪佳仍予受理，依法處置打砸搶人員。他認為，從逆是從逆，法度
是法度；法度不可因某種理由而破壞，不管那理由如何高尚。他這樣奏聞
朝廷：

> 民情囂動，借名義憤，與其振之使懼，不如威之使服。國法
> 誠申，人心自正。宜將從逆諸臣先行處分，使士民無所藉口，則
> 焚掠之徒可加等治。[8]

同時公告地方：

> 叛逆不可名，忠義不可矜，毋借鋤逆報私怨，毋假勤王造
> 禍亂。[9]

既明確「叛逆」應予追究，又指出「正義」不能用以違法，一切都該
分清是非，納入法度解決。他以理性和清明，阻止了亂局蔓延。

六

江南這場騷亂，不止是一時一地的激變事件。事實上，它傳遞了一種
重要的歷史信息，在中國倫理意識和文化心理演變中，具有標誌性意義。

---

[7] 同上書，第 458 頁。
[8] 徐鼒《小腆紀年附考》，中華書局，2006，第 177 頁。
[9] 同上。

此前在中國，投降現象雖不正面，卻似乎未至千夫所指、切齒憎惡。漢代大儒揚雄就有這種「污點」，曾作《劇秦美新》諛王莽新朝，但當時並不為此改變對他的評價，他死時，桓譚盛讚其學「必傳」，說他「文義至深」、「必度越諸子」。[①] 三國中，降來降去頗為普通，或自動降，或被勸降，或無奈而降 —— 徐庶因孝降於曹操，即是一例。乃至還有「詐降」，把投降作為軍事智慧加以運用。此外，如諸葛亮七擒孟獲的故事，降而叛，叛而再降，反反覆覆，一方略無愧色，另一方也寬洪大量。只要對方比自己高明，就服輸願降；如又心感不甘，卻不妨翻悔……直至徹底服帖，整個過程非常坦然，絲毫不存心理負擔。

也曾有因投降遭嚴厲制裁的例子。最著名的，大概是武帝時的漢將李陵。他於天漢二年（前99）以五千兵力，在浚稽山一帶（今蒙古境內）迎擊匈奴八萬騎兵，終於不支，被俘、投降。「聞陵降，上怒甚。」不過，暫時亦未如何。一年多後，武帝派將軍公孫敖「深入匈奴迎陵」，無功而返，卻從匈奴俘虜口中得知，「李陵教單于為兵以備漢軍」。這令武帝大開殺戒，「族陵家，母弟妻子皆伏誅」。細辨之，武帝滅門之懲非因李陵投降，而為他膽敢訓練和幫助敵軍。只可惜這是錯誤的情報，說明單于練兵的並非李陵，而是名叫李緒的另一降將，大概匈奴老外分不清中國人姓名，誤以李緒為李陵。後來，「陵痛其家以李緒而誅，使人刺殺緒」。李陵降敵之事，當時輿論並不以為多麼可恥。太史令司馬遷便公開辯護說，「陵提步卒不滿五千」，「轉鬥千里，矢盡道窮」，「身雖陷敗，然其所摧敗亦足暴於天下」，認為他雖敗猶榮，實為英雄。[②]

甚至宋代，情形亦未至於明代的樣子。比如聲名赫赫的楊家將之「楊老令公」。他本名楊業。對於這個人物，很多人是從小說戲曲得以了解，在那裏面，他被改名「楊繼業」。京劇《李陵碑》描寫，楊繼業於最後的困境中，毅然碰死於李陵碑，所以此戲別名《碰碑》。這其實不是事實。《宋史·楊業傳》記載，楊業在一個叫陳家谷的地方遭到圍困，「馬重傷不

---

① 班固《漢書》，卷八十七下，中華書局，1962年，第3585頁。
② 班固《漢書》，卷五十四，第2454-2457頁。

能進，遂為契丹所擒。」③ 換言之，他沒有「英勇就義」，而是當了俘虜，被俘後第三天絕食而死。明清小說戲曲的改動，說明對楊繼業居然當了俘虜這一點已不能接受，而是「白玉微瑕」，於是安排他自盡，且刻意杜撰一個血濺「李陵」之碑的情節。這苦心一筆，悄然透露了道德倫理的極致之變。

　　這種演進，其大背景不難回答，無非是儒家思想。不過，如此一語帶過，未免馬虎。為有切實認識，需要旁搜遠紹，搞清其觀念上的流變。在此，我們的探源工作從一個關鍵字着手，亦即大家再熟悉不過的「忠」。為什麼從它着手？因為投降所以「可惡」，就是因它而起。若非這個字，人們對於投降就不必有那大的義憤。投降＝背叛；背叛＝不忠，是一套關聯話語與邏輯。既如此，就一定要先到源頭看一看。

　　於是，我找來《論語》和《孟子》，以乏味然而可靠的檢索方式，對「忠」的每個出處及語義，一一稽考，結果有些意外。

七

　　在《論語》裏，「忠」總共出現十六次，比預計的少。而《孟子》中更少得可憐，只出現了六次，與現在作為中華「四字美德」而居首的地位，太不相稱。我又發現，在孔子及其弟子那裏，「忠」似乎只是人的一般優良品質，並不專屬於「臣之事君」。《論語》固然說過「君使臣以禮，臣事君以忠」④，卻還說過「吾日三省吾身：為人謀而不忠乎？與朋友交而不信乎？傳不習乎？」⑤「居處恭，執事敬，與人忠。雖之夷狄，不可棄也。」⑥ 所指對象，都是「人」而非「君」。另外，「忠」字在孔子口中，基本含義是講真話，根本沒有後世禮教那些沉重內容。他常將「忠「與「信」並提，稱為「忠信」；「信」乃心之誠，「忠」是言之誠。所以，「子貢問

---

③　脫脫等《宋史》，卷二百七十二，中華書局，1977，第 9305 頁。
④　朱熹《四書章句集注》，論語·八佾第三，中華書局，1983，第 66 頁。
⑤　朱熹《四書章句集注》，論語·學而第一，第 48 頁。
⑥　朱熹《四書章句集注》，論語·子路第十三，第 146 頁。

友。子曰：『忠告而善道之，不可則止，毋自辱焉。』」①；又說：「忠焉，能勿誨乎？」②意思是，要講真話，同時善於使人接受；對某人「忠」，就不能不把心裏話和盤託出。

至於孟子，他對「忠」的解釋，更明確地作為人性善的一種，抑或完善人格的體現。他說：「教人以善謂之忠」③；與政治、做官無關：「有天爵者，有人爵者。仁義忠信，樂善不倦，此天爵也；公卿大夫，此人爵也。」④「君子居是國也，其君用之，則安富尊榮；其子弟從之，則孝弟忠信。」⑤做官只表示安富尊榮罷了，能以人品吸引很多人相追隨，才說明他「孝悌忠信」。對於君主，孟夫子可不認為有何「必忠」的道理，「君之視臣如土芥，則臣視君如寇讎」⑥，彼此是講道理和對等的關係。尤其以下一句，簡直振聾發聵：「無罪而殺士，則大夫可以去；無罪而戮民，則士可以徙。」⑦無異乎說，君主無道就該遭到背叛。

這樣看來，先秦儒家一則還沒有對君主非忠不可的「忠君」思想，二來「忠」之一字亦非唯君主才配享用，而是人與人正直以待的普遍道理。在先秦，假如越出儒家範圍之外來看，「忠」字在甚至不一定是好的字眼。我曾於《十批判書》見郭沫若引用一段慎到的話：

> 亡國之君非一人之罪也，治國之君非一人之力也。將治亂在乎賢使任職，而不在於忠也。故智盈天下，澤及其君；忠盈天下，害及其國。⑧

然而人人皆知，中華有四德：忠、孝、節、義，而以「忠」居其首。很多人以為這「四德」是自古就有的體系。但通過上述追溯可知，居「四德」之首的「忠」字，在孔子、孟子那裏，第一重要性並不怎麼突出，第

---

① 朱熹《四書章句集注》，論語·顏淵第十二，中華書局，1983，第 140 頁。
② 朱熹《四書章句集注》，論語·憲問第十四，第 149 頁。
③ 朱熹《四書章句集注》，孟子·滕文公章句上，第 260 頁。
④ 朱熹《四書章句集注》，孟子·告子章句上，第 336 頁。
⑤ 朱熹《四書章句集注》，孟子·盡心章句上，第 358 頁。
⑥ 朱熹《四書章句集注》，孟子·離婁章句下，第 290 頁。
⑦ 朱熹《四書章句集注》，孟子·離婁章句下，第 291 頁。
⑧ 郭沫若《十批判書》，《郭沫若全集》，歷史編第 2 卷，人民文學出版社，1982 年，第 170 頁。

二並不具備後來的含義或主要不是後來的含義。所以，這個「忠」字掛帥的道德體系，不是真古董。那麼，它究竟是何時的傑作呢？

我們不妨明代為終點，一個朝代一個朝代向前尋其蹤跡。結果發現，大部分朝代都要排除掉，因為它們並不真正奉儒家倫理為圭臬。這裏，附帶指出我們知識上一個普遍的誤區，即，但凡說到儒家思想和倫理，人們十有八九以為它在二千多年來中國歷史和文化中一直居統治地位。其實，那是沒有的事。

我們可以明確地說，自帝制以來，中國歷史上大大小小二十五個朝代（依《二十五史》計數），儒家稱得上居統治地位的，前後不超過五個朝代[9]，只佔五分之一。秦代僅尊法家，這是大家都知道的。魏晉是一段張揚個性、及時行樂的時光。南北朝佛教最最時髦。由隋至唐，儒教總算有些起色，韓愈號稱「文起八代之衰」，他是儒家的大人物，對儒家復興居功至偉，但從另一面看，既然到他這裏才「起八代之衰」，可知先前儒家一直頹唐不振，事實上，韓愈也未能使唐代成為儒家一統天下，總的來說，儒、佛、道三家在唐代此消彼長，最多打個平手。至於五代十國和元代，大家知道它們一個是「五胡亂華」，另一個索性「以胡滅華」，都未給儒家多少空間。

到此為止，我們尚未提到的便只有兩漢和兩宋。確實——儘管說來有點難以相信——到明代以前，大約一千五百年間，只有漢、宋兩朝真真正正「獨尊儒術」，是儒家的一統天下——這還要除掉武帝之前的西漢初期，那時尊的是黃老之學。那麼，忠君觀是由漢儒開發出來的嗎？否。儘管漢儒開了「獨尊儒術」的先河，可他們卻不那樣暮氣沉沉，相反，漢儒的精神很是向上而進取的。限於篇幅，這裏長話短說：漢代道德風尚，有「孝」的熱誠，對於「忠」字卻只淡然；他們並不欣賞「君要臣死，臣不得不死」這種氣節。

於是，只有宋了。不錯，我們如今以為「自古便有」的以忠、孝、節、義一字排開的美德次序，是晚至宋代才演述和開發出來的價值觀，

---

[9] 它們是西漢、東漢、宋、明、清。

距今也就一千年歷史。此前中國不特別地講究這一套；或雖然有之，卻非人人為之匍匐的天條，比如貞節這東西，宋以前婦人改嫁另適者從不稀奇。

關於「忠」字如何經宋儒闡釋，脫離古意、被匡定為禮法那種特定倫理關係，筆者從《朱子語類》中恰好見到一條相當直接的憑據。講學中，朱熹教導說「事君須是忠，不然，則非事君之道」[1]，這引來學生趙用之的提問：

> 用之問：「忠，只是實心，人倫日用皆當用之，何獨只於事
> 君上說『忠』字？」[2]

結合我們先前對「忠」字的考察，顯然，趙用之的疑惑正原自先秦時孔孟的本義。其次由這一問，我們也確切知道，直到那時「獨只於事君上說『忠』字」，還是一種新有的界說。對此，朱熹答道：

> 曰：「父子兄弟夫婦，皆是天理自然，人皆莫不自知愛敬。
> 君臣雖亦是天理，然是義合。世之人便自易得苟且，故須於此說
> 『忠』，卻是就不足處說。」[3]

他說，父子兄弟夫婦之情，發自內心，源於天性，君臣卻不是這樣，雖然合於天理，卻更多靠義務維持。既然主要是義務，人便易生「苟且」之心，這是人性的一個弱點，為彌補這弱點，就需要在君臣之間特別地強調「忠」。

這真是一個應該矚目的重要時刻。由這番問答，我們親眼目睹「忠」字怎樣從「人倫日用皆當用之」的一般道德，變成「獨只於事君上」的特殊道德。從此，一代又一代中國人，就再也不能從這種語義逃脫，明末那些憤怒的焚掠者如此，「文革」中高呼「三忠於四無限」的我們也不例

---

[1] 黎靖德輯《朱子語類》，卷十三，學七，力行，《朱子全書》，第十四冊，上海古籍出版社、安徽教育出版社，2002，第394頁。

[2] 同上書，第399頁。

[3] 同上書，第399頁。

外。《朱子語類》還有一句問答，也讓我驚奇不已；一位曾姓弟子談自己的理解：「如在君旁，則為君死；在父旁，則為父死。」朱熹基本肯定，卻又細緻地做出糾正：「也是如此。如在君，雖父有罪，不能為父死。」[④]裏面的意思讓人眼熟，搜索記憶，然後想起「爹親娘親不如毛主席親」。

不過，宋人雖對中國倫理有如此重要的貢獻，自己其實卻沒來得及很好享用。一則理學真正成大氣候要等到南宋，有些晚，而我們知道，從北宋初期直到中期，柳永、歐陽修、王安石、蘇軾等知識分子，都還沒有多少方巾氣。二來理學從知識分子意識形態演為一般社會道德範式，需要一個傳播過程，儘管二程、周敦頤、朱熹、陸九淵等的講學已不遺餘力，但尚局限在知識階層，對普眾的影響，還不能立竿見影。

這果實被誰收穫了呢？那就是經過元代間隔一百年後而「恢復中華」的明人。我不知道若非之前的百年異族統治，明代是否有那麼強烈的復興儒學的使命感。總之，從一開始明代意識形態就抱着重振漢官威儀的志向，對此，既近且好、甚至唯一的選擇，自然是以宋為師。明代士子接過宋儒的衣鉢，將它好好地發揚光大了，而明代的統治者也從國家層面大力褒獎和推動。所以，道學風氣興於宋而弘於明，終於在社會全面鋪開。這就是為什麼宋、明兩代，晚景相像，而兩者的社會心理與反應卻並不相同——明末的悲情氣質，比宋末強烈許多。雖然南宋末年也出現了古來少有的悲情形象文天祥，但他的身影在當時頗為孤獨，到了明末，文天祥式人物就絕非一個二個，而是屈指難數、俯拾即是。明代士子常把「國家三百年養士」一語掛在嘴邊，在他們，這話可不空空洞洞，而是沉鬱頓挫、擲地有聲的。因為，雖然每個王朝都「養士」，但只有明朝以「名節」養士，士子們的道德歸屬感、使命感特別沉重。所以，歷來於改朝換代之際都不免發生的降附現象，偏偏在明末才形成那麼大刺激，恰似潔癖者一腳踩在狗屎之上。我們若不能想像明人這種潔癖傾向有多嚴重，可以打量一番至今林立各地的貞節牌坊。不知大家可曾留意，這些貞節牌坊絕少有建於明代之前。它們是男人給女人立的，或丈夫給妻子立的，而依禮教的

---

④　同上書，第 401 頁。

觀念，臣子之於君主就好比女人之於男人、妻子之於丈夫，道理完全相同；因此，和「好女不事二夫」一樣，好的臣子也不該侍奉二君。

八

話說回來，並非只有中國才講「忠」。其他文化和文明，也主張效忠國家、奉事以忠。可見「忠」在有些方面，也反映了人類「普世價值」。本文討論的，是一種比較特殊的「忠」，產於中國式君權崇拜的觀念及歷史。這種「忠」沒有「普世性」，只有特殊性和極端性，以致經常閃現不可理喻、出人意表的驚人之見。

比如，通常接受「偽職」、切實為敵工作的人，才算投降者，而在明人眼裏，這遠遠不夠。從當時江南各地人士「討降」檄文中我們發現，那些在京遭受拘禁與拷打的官員，也是指責和清算的對象，也列入「從賊」範圍。楊士聰《甲申核真略》突出談到了這一點：

> 且辱與榮，對者也。冠裳車服，賊之所謂榮者，吾既以為辱；則桎梏桁楊，賊之所謂辱者，吾將以為榮。榮辱有何定哉！自南中欲錮北來諸臣，遂倡為刑辱之說，計將一網打盡。①

「刑辱之說」的意思是，那些被闖軍抓起來並且用刑的明朝官員，縱使並未加入大順政權，也個個算有罪之身。這道理，無論怎麼看，都古怪極了。遭此大難，悲慘之至，不表同情與慰問已很過分，怎麼還要問罪呢？大家不知，那是根據兩個理由。一是「刑不上大夫」，身為朝廷命官而被庶民（農民軍）拷打，看上去是你受皮肉之苦，折辱的卻是朝廷體統，故爾有罪。二是「主憂臣辱，主辱臣死」，既然君上已然自盡，臣子就再無活下去的道理，何況這種「偷生」還白白地送給「賊寇」凌辱自己的機會。歸根到底，崇禎死後，諸臣別說屈膝投降，活着就算有罪，在江南聲

---

① 楊士聰《甲申核真略》，《甲申核真略（外二種）》，浙江古籍出版社，1985，第 8-9 頁。

討過程中，有位諸生就怒斥道：「主辱臣死，豈主死尚可臣生！」②

所以，南都有關「附逆」之議，普遍主張除明確投降的外，要增加「徘徊於順逆之間」③這種情況。有人於奏疏中，提至如下高度：「變故危亡之際，正臣子致身見節之時。亙古迄今，大義無所逃於天地間也。」④這就是「死忠」的奉君之道。從「死忠」角度看，逃生與投降半斤八兩，於「大義」都不能容。

好在並非所有人都是這樣高調。史可法就能夠在一片狂熱中，主張寬容。他上了一道《論從逆甯還疏》，對那些漂亮辭藻加以駁斥：

> 先帝慘殉社稷，凡屬臣子皆有罪，在北始應從死，豈在南
> 獨非人臣耶？即臣可法謬典南樞，臣士英叨任鳳督，未聞悉東南
> 甲，疾趨北援；鎮臣高傑、劉澤清，以兵力不支，折而南走，是
> 首應重論者臣等罪也。乃以聖明繼統，不惟斧鑕未加，抑且恩
> 榮疊被，獨於在北諸臣，毛舉而概繩之，豈散秩閒曹，責反重於
> 南樞鳳督哉。宜將從逆諸臣擇罪狀顯著者，重處示儆。若偽命未
> 污，身被刑拷者，可置勿問。……總之應罪者罪，無為報怨之借
> 題；應寬者寬，無令人心之解體。使天下曉然知君臣大義，不但
> 在北者宜死，即在南者亦宜死，而聖明宥過；不但在南者姑寬，
> 即在北者亦姑寬，必有全身忍詬之人，為雪恥除兇之計，寬以死
> 而報以死，或亦情理之所必至也。⑤

看來古代也好，今天也罷，凡腳踏實地、勇於擔當者，一般都不在道德上唱高調，而用心比較平和，倒是一些沽名釣譽之徒，往往激昂。

研究降附者的資料，發現一種有趣現象，即親屬中倘若一個在南、一個在北，經甲申之變便如隔天淵，在南者依然故我，在北者卻一律成為反

---

② 盧涇才《殺賊誓言》，《南明史料（八種）》，江蘇古籍出版社，1999，第597頁。
③ 劉宗周《慟哭時艱立伸討賊之義疏》，《劉子全書》，卷之十八，奏疏，華文書局股份有限公司影印本，1968，第1258頁。
④ 宗敦一《大彰衰鉞事疏》，《南明史料（八種）》，江蘇古籍出版社，1999，第657頁。
⑤ 史可法《論從逆甯還疏》，《史忠正公集》，卷一，商務印書館，民國二十五年十二月，第11頁。

面人物。例如史可法與史可程，左懋第與左懋泰，周鍾與周鑣，顧杲與顧
菜。史可程投降後仍為庶吉士，闖軍曾命他寫信招降史可法，只因大順崩
潰過快，其事「不果」。[1] 左懋泰任「偽兵政府侍郎，鎮守山海關」[2]。周鍾事
詳前。顧菜被委任為「偽四川成都府同知」。[3] 他們都是親兄弟和堂兄弟，
或一母同胞，或同受家訓，道德品性即有所差，應不至天壤之別。然而，
在北者竟無一例外全部降附而名節不保。如謂巧合，豈不太巧？如係偶
然，又何至於這麼整齊分明？道德、名節解釋得了嗎？

《丹午筆記》載有顧杲為哥哥投降事，而寫給後者的一封信。頭一句就
提到，早先曾收到顧菜於城危時寄回的家書，裏面「以死自誓」。顧杲說
當時睹此語，「弟既痛楚，旋復痛快。蓋悲兄之死，而幸國家有忠臣、先
人有肖子。」然而，「不圖今日乃至於斯也！」他批評哥哥：

> 生死之際，雖難顧天地之慘何似，況罵賊求死，不過一啟
> 口之易耳。城破苟免，一誤也。被執苟免，二誤也。入京而又苟
> 免，三誤也。……至於名繫偽籍，其玷已甚，不可復云誤矣。[4]

所論頭頭是道：先有「三誤」，及拜「偽職」，則「其玷已甚」，不再
是「誤」了。這樣一種經過，適用於降附者中的大多數，除開少數削尖腦
袋的干進之徒。

其實，很多人在投降前，最初都和顧菜一樣有赴死之志，或表現得並
不怕死。例如明末百科全書式通才、「四公子」之一的方以智，「聞變，
走出……潛走祿米倉後夾衖，見草房側有大井，意欲下投，適擔水者數人
至，不果」，第二天一大早，就被四處找尋的家人找到，逼着他去闖軍處
報到（「家人懼禍，已代為報名矣」），他就這樣稀裏糊塗歸附了闖軍。[5] 再
如庶吉士張家玉，「賊怒，縛柱上欲剮之，顏色不變，異而釋之。愈欲其

① 計六奇《明季北略》，中華書局，1984，第 607 頁。
② 同上書，第 621 頁。
③ 同上書，第 646 頁。
④ 顧杲《上兄菜書》，《丹午筆記‧吳城日記‧五石脂》，江蘇古籍出版社，1999，第 46-47 頁。
⑤ 計六奇《明季北略》，第 585 頁。

降，不可。遣人往拘其父母，乃降。」⑥ 他是因孝而降，沒有滿足朱熹的願望，讓與父母的「天理自然」給忠君的「義務」讓道，但我認為他是一個真正能擔當的人。幾年後，他在東莞抗清，「矢盡炮裂，欲戰無具」，「自投野塘死」。⑦

歸結起來，絕大多數投降者或未能一死了之者，無非只因心中「私」字一閃念。我們現在管這種情形叫「人性」。比如眷戀生命，比如懦弱，比如猶疑，比如不忍連累家人……哪怕像龔鼎孳那樣，「我原要死，小妾不肯。」這些，本來都屬於正常人性，不高大，但也談不上可恥。照我們今天的觀點，每個人作為生命個體，允許而且應該擁有一點自我的空間，在重大的關頭可以替自己做些考慮。在美國，哪怕是幹了壞事的犯罪嫌疑人，法律也承認他有權首先保護自我而「保持沉默」。而我們的「傳統道德」，不會給個人這種空間。因為我們要求的「忠」，基於人身依附及佔有，是個人無條件、無保留地對「所有者」（君主、國家等）的服從和獻出。糟糕的是，這種要求還完全以「正義」面目出現。

九

以上，是甲申之變亦即北京城陷後的投降情形。等到翌年乙酉之變亦即南京城陷時，又有一次，文豪錢謙益便是領銜者之一。這先後兩次投降高潮，對象不同。北京之降，降於本國暴動者；南京則降於異國入侵軍。在今人眼裏，後者嚴重性大概遠遠超過前者。明人未必這麼看，未必認為投降李闖的罪過，比投降滿清要輕。這也是古代倫理的獨特處。盛傳慈禧說過一句話「寧贈友邦，不予家奴」，歷來作為她是賣國賊的證據，其實這種思維在舊倫理中極其自然，我們倘若吃透了「忠」的各層面關係與含義，即知必然如此，與愛國或賣國反而沒什麼聯繫，比如「樣板戲」裏有臺詞：「三爺最恨被共軍逮着過的人！」心理與慈禧是相通的。

---

⑥ 同上書，第 618 頁。
⑦ 抱陽生《甲申朝事小紀》，書目文獻出版社，1987，第 849 頁。

從洪承疇降清算起，投降問題橫穿二朝（崇禎、弘光），令人焦頭爛額。對於視「名節」為壓箱底兒之寶的明朝來說，是沉重打擊。但楊士聰卻有別致的見解：

> 商周之際，僅得首陽兩餓夫。北都殉節，幾二十人，可謂盛矣。自開闢以至於今，興亡代有，萬無舉朝盡死之理。[1]

首陽兩餓夫，指伯夷、叔齊兄弟，他們都是商末孤竹君之子，武王伐紂後，恥食周粟，餓死首陽山。楊士聰說，較之商亡僅兩人殉之，北京之陷有近二十人死節，還有什麼不滿意呢？興亡代代有，也並未見過滿朝文武全都死光的情形。

他說的乃是實話。跟過往比，乃至包括後世，明代士大夫的「名節」真是最過硬的了。以前，殉國的例子零零散散，如伯夷、叔齊、屈原、文天祥；就連受明代意識形態影響很大的清代，也只出現了王國維等極少數例子。明末殉國者之多，數量或抵得過以前歷代總和。弘光政權幻滅後，殉國者成批湧現，僅本文提到的一些人，如史可法、左懋第、祁彪佳、顧杲等，後都自盡而死。雖然我們知道此一現象深受名教影響，但對死難者本人，我還是葆有很大的敬意；因為曾經考察過他們的事跡、思想以及時代背景，從而了解做出那樣的舉動並不都是出於迂腐。言及於此，也不能不從另一端感到些困惑。例如降清且助其平定中原的洪承疇，當時與吳三桂是一文一武兩個頭號「大漢奸」，但二百多年後，這種評價消失了，而代以「功在千秋」。孫中山有《讚洪文襄》一詩，稱道他「滿回中原日，漢戚存多時」；他還這樣回答洪氏後人的提問：

> 余致力喚起民眾推翻滿清，目的在於推翻其腐敗帝制。洪文襄降清，避免了生靈塗炭，力促中華一統，勞苦功高。[2]

政治家思路果然實用。不過「滿回中原」、「力促中華一統」或有之，

---

① 楊士聰《甲申核真略》，《甲申核真略（外二種）》，浙江古籍出版社，1985，第9頁。
② 王宏志《洪承疇傳》，人民文學出版社，2009，第410頁。

「避免了生靈塗炭」則是沒有的事，了解過清兵南下史的讀者，心中都有一本賬。關鍵是，歷史究竟有無一定之理？是否能以結果論（實利）而朝秦暮楚？何況對洪承疇的這一評價，每一句我看亦很適用於吳三桂，為什麼不把他也一道「平反」呢，是因他後來又舉兵叛清嗎？再有，這樣評價洪承疇，置當年快意嘲諷洪承疇、為之殺害的少年英雄夏完淳於何地？這都令人困惑。

世間歷來有「英雄」和「普通人」之分。我覺得恰當的態度是，對英雄應有英雄的尊重，對普通人也應有普通人的尊重。這不同的尊重，各自體現了一種社會公正與善意。但在中國，有時兩種尊重都不存在。

作為個人行為，投降或不投降，受制於每個人對生命價值的理解與追求，以及氣質、個性等等因素，這些方面千差萬別，既無一定之道理，也很難一概而論，該褒該貶，要結合每個人具體情況來看。

個人行為之外，還有一個國家倫理層面，我們需要討論的也就是這個層面。國家倫理，作用在於鼓勵、引導、規範社會和人民價值觀，告訴他們什麼是正確的，以及怎樣做符合社會的共同利益。就此而言，投降不論何時何地，都不是國家所願面對的情形，因為它與失敗相聯繫，是不幸的境地。但在不讚賞的同時，能否基於現實，有所容納、諒解與接受，對國家倫理而言，卻是有關理性、博大和善意的更深刻考驗。

姑以「貪生怕死」的美國人為例。朝鮮戰爭期間，美軍士兵隨身攜有「投降書」，是一個長方形布質印刷品，上端是美國國旗，下面同時用多種文字印了一句話，大意為「我是美國人，請不要殺我……」云云。換言之，美國大兵未曾臨陣，政府卻先替他們準備好投降書，且附以國旗給予鄭重認可。比這略早幾年，珍珠港事件後，日軍大舉進攻菲律賓，美菲聯軍抵抗。到 1942 年 4 月，終於不支。5 月 3 日，美軍司令溫賴特中將奉羅斯福總統之命，電令菲全境軍隊停止抵抗，並宣佈拒絕投降者將以逃兵論處。

他們顯然不以投降為美事，但萬一事不可為，也並不以投降為恥。很多非常注重榮譽的民族，都曾經能夠投降。例如二戰時德國；甚至文化上與我們相仿、視投降為奇恥大辱的日本，也能做出無條件投降的決定。在

西方價值觀中，投降雖為可悲結局，同時卻也配得上嚴肅的尊重。為使投降安全而體面，他們甚至聚在一起制訂了優待俘虜的國際公約。

中國文化心理不會贊同這一點，我們對於投降從骨子裏抱以蔑視，甚至歷來有殺降傳統。秦將白起曾經坑殺趙國降卒四十萬；晚至十九世紀中期，李鴻章也將數萬太平天國降軍盡行誅滅。當時，李的盟友、英國人「常勝軍」統帥戈登異常震驚，覺得只有野蠻人方能至此。他不知道，以中國文化心理，一旦投降即人格喪盡，不復可享「人」的尊重。

之如此，關鍵在於投降與道德形成了綁定：投降意味着不忠、背叛，而非絕境下對生命的最後一點尊重。這是根源。

當美國大兵掏出投降書、舉起雙手時，無論他本人抑或其政府、國家與人民，都不認為這一行為代表背叛。他只是無力或不必繼續去做某種徒勞的事情。就本來意義而言，投降只是當事不可為時，一種以求自我保護的處置。小至個人，大到國家，都可能採取。它和品格、道德無關。不僅如此，從國家倫理層面上不歧視投降，包含了對個人生命的尊重。它承認，生命面臨危險時個人有權將其安危置於首位，只要這對於國家並無實際的損害。如果更進一步，國家應該認為，公民為保護其生命安全所採取的行動，不但不違背，相反恰好符合國家利益。

帝制中國卻沒有這種觀念，它認為個人是皇權的「私有物」，其生命、身體及一切概不屬於自己，他們沒有任何自我權益需要考慮。基於單方面索取的關係，皇權對其子民提出了終極佔有的要求。子民之於君上，不單為之服務、工作，也隨時為之獻上生命。為保證這種關係，建立了一整套人身依附的倫理秩序，臣為君死、子為父死、婦為夫死，使社會——從家庭到國家——都納入同樣的邏輯，由此建成一個「名節」系統。

觀察這個「名節」系統，我們除了從中看到中國特有的經濟、社會、文化的形態，也看到了歷史的陰影。換言之，這套東西對中國來說，並非自古而然，而是隨着歷史變化，逐漸走到這一步。在漢唐盛世，還沒有這麼嚴苛的「名節」系統；它不是漢文明上升期的產物，卻明顯隨着宋明悲情歷史而凸顯和強化。十六世紀起，歐洲經歷過一次宗教改革；早其四五個世紀，中國實際上也有類似的過程，所不同的是，歐洲從中得到解放，

中國得到的反而是束縛。從宋儒到明儒，古典儒學變為新儒學，其結果，中國社會倫理愈益保守。而這一過程，恰逢漢族中國兩次亡國。我們無法判斷在這種歷史結局與國家倫理之間，什麼是因什麼是果，抑或互為因果；但顯然，悲情愈來愈多地投射於民族心理。降附現象在明末喚起的反應，肯定與自信無關，而是十足悲情的流露，某種輸不起或自閉的因素已深深潛入我們的氣質。

這過程後來還在繼續，還有進一步的發展。作為二十世紀中國人，我們清楚明末的情況其實不算最糟，類似楊士聰那種人當時尚能「善終」，如在當代，難乎其難。五十年代至七十年代，從潘漢年到劉少奇，多少人含冤於「叛徒」名下。「叛徒」、「投降」這類罪名，殺傷力之大無以過之，扣上此帽，連國家主席也無望生還。1975 年 8 月 4 日，毛澤東又就《水滸》談話：「《水滸》這部書，好就好在投降，做反面教材，使人民都知道投降派。」[1] 江青、姚文元等即以此攻周恩來、鄧小平。9 月 20 日，周恩來接受最後一次大手術，推入手術室前，他奮力喊道：「我不是投降派！」[2] 其中，有政治的嚴酷，更有歷史的沉重。

---

① 毛澤東《建國以來毛澤東文稿》第十三冊，中央文獻出版社，1998，第 457 頁。
② 中共中央文獻研究室編《周恩來年譜（一九四九 ── 一九七六）》下卷，中央文獻出版社，1997，第 721 頁。

Chapter 6

錢穀・貪忮

明末財政問題的癥結，內在於體制之中。戰爭消耗多少、一年賦稅欠收多少、天災造成糧食減產多少，這些數字可以統計出來，明明白白擺在那兒。但是，有多少錢因制度之故暗中化於無形，連政權及其官僚系統本身往往也不清楚。這是最可怕的地方。

一

　　大學時，偶讀袁宏道尺牘一件，喜其文字，隨手抄在本子上，中有句云：「錢穀多如牛毛，人情茫如風影，過客積如蚊蟲，官長尊如閻老。」[①]當時，對「錢穀」兩字似懂非懂，卻未求甚解，以望文生義的方法囫圇了之。後因屢屢見之，終於去查《辭源》，乃知「錢穀」本指錢幣和米糧，引申出來，輒為賦稅，也轉而代指官府中從事錢糧會計工作的幕屬。

　　「錢穀多如牛毛」，或者解為賦稅繁重，或者解為賦稅繁重致相關胥吏眾多，皆可。聯繫實際，袁宏道信中有此一句並非偶然。該信寫於萬曆二十三年乙未（1595），那時袁宏道剛中進士不久，頭一回做官，在吳縣當縣令，沒多久，就辭職不幹了。稔於明史者知道，萬曆年間，正是明朝賦稅走向橫徵暴斂的開端。我們從袁宏道此信，也可略為推知他迅速辭官的原由；其中之一，大概是不耐向百姓徵斂的煩劇。

　　袁宏道不妨一走了之，明朝賦稅加劇的勢頭卻未嘗停歇，以後五十年間愈演愈烈。這次做「弘光」系列，追索明朝滅亡的軌跡，筆者於其間感受最強烈的，尚非人們就這段歷史通常熱議的道德問題、政治問題、文化問題和民族衝突問題，而主要是財政問題。在這一點上，王朝陷入一個大泥塘，一種惡性循環。而其原因，則困惑難解。自然界有些吐絲類動物，除一般熟知的蜘蛛、春蠶，據說希臘有吐絲蛇，南美有吐絲貓、吐絲蛙。以我看來，明朝晚期財政仿佛也有此奇特功能，只不過動物吐絲通常作為捕獵的手段，在明朝，卻是自我纏繞，越纏越緊，直到使自己窒息。奇怪的是，既沒有人逼它如此，它也盡有其他選擇，然而終其最後卻一意孤行，未思別策。

　　關於明朝天下為清人所奪，我一直存有諸多茫然：富國為何輸給了窮國？強國為何被弱國所亡？落後國家為何戰勝先進國家？發達生產力為何鬥不過原始生產力？低級文明為何擊敗了高級文明？其方方面面，均有乖於我們的常識。

---

① 《袁宏道集箋校》，上海古籍出版社，1981，第 219-220 頁。

這兩個對手 —— 如果算得上對手 —— 彼此反差有多大？我們來看萬曆初年成書的《殊域周諮錄》對建州女真生活形態的描述：

> 建州頗類開原，舊俗其腦溫江上自海西下至黑龍江謂之生女直，略事耕種，聚會為禮，人持燒酒一魚胞，席地歌飲，少有忿爭，彎弓相射。可汗以下以樺皮為屋。行則馱載，止則張架以居。養馬弋獵為生。其阿迷江至撒魯江頗類河西，乘五板船疾行江中。乞列迷有四種，性柔刻貪狡，捕魚為食，着直筒衣，暑用魚皮，寒用狗皮，不識五穀，惟狗至多，耕田供食皆用之。死者刳腹焚之，以灰燼夾於木末植之。乞里迷去奴兒干三千餘里，一種曰女直野人，性剛而貪，文面椎髻，帽綴紅纓，衣綠綵組，惟袴不襜。婦人帽垂珠珞，衣綴銅鈴，射山為食，暑則野居，寒則室處。一種曰北山野人，乘鹿出入。又一種住平土屋，屋脊開孔，以梯出入，臥以草鋪，類狗窩。一苦兀，在奴兒干海東，人身多毛，戴熊皮，衣花布，親死刳腸胃，曝乾負之，飲食必祭，三年後棄之。其鄰有吉里逃，男少女多，女始生，先定以狗，十歲即娶，食惟腥鮮。[2]

作者嚴從簡，嘉靖間任行人司行人，相當於明朝的職業外交家。他的描述雖不免夾雜着漢族優越感，或受到《山海經》志異述奇風格的影響，以致多少有些過分渲染。但正像書名表示的，《殊域周諮錄》的編撰，是備皇帝就涉外事務諮政之用，其基本文獻價值是有保障的，一直以來，也確被目為明代重要的涉外史料。將以上描述去粗取精，我們從中可獲如下主要信息：晚至嘉靖年間，白山黑水間的女真人仍以漁獵為主，只有極初步的耕種；衣食起居，都還跡近原始狀態；社會簡單，文化蒙昧。此前，作者還引述了來自《後漢書》、《北史》、《文獻通考》和《元志》等四種舊文獻對該地文明狀況的記載，如「冬則厚塗豕膏（豬油）禦寒，夏則裸袒尺布蔽體」，「臭穢不潔，作廁於中，環之而居」，「以尿洗面。婚嫁男

---

② 嚴從簡《殊域周諮錄》，二十四卷，女直，中華書局，2000，第 743-744 頁。

就女家」,「秋冬死,以屍餌貂(將逝者之肉作為捕貂的誘餌)」,「無市井城郭,逐水草為居」等,可見東漢至明代嘉靖這一千多年,該地雖非沒有進化,但進化相當緩慢。

按這樣的描述,兩者在物質和精神文明上落差之大,何啻萬里?若置今日,即最發達與最不發達國家之間,也難找到相埒的情形。可歷時不足百年,花團錦簇的天朝上國,居然被「暑用魚皮、寒用狗皮」,不識五穀、以狗耕田、以魚胞盛酒的野蠻部落所吞。這結果,雖令「天方夜譚」黯然失色,卻是千真萬確的現實。

其誇張程度,打個比方,猶如當今頭號富強之邦美利堅合眾國,被加勒比某個小小近鄰所滅。這種情形,不要說作為現實,就算我們身邊有人當作假設提出,也會被視為癡人夢語。但十六世紀晚期至十七世紀中葉中國歷史的那次巨變,實際就是如此,乃至尤有過之。何以見得?我們且藉弗蘭克名著《白銀帝國》所繪當時世界經濟版圖略窺一二:

> 另一個甚至更為「核心」的經濟體是中國。它的這種更為核心的地位是基於它在工業、農業、(水路)運輸和貿易方面所擁有的絕對與相對的更大的生產力。中國的這種更大的、實際上是世界經濟中最大的生產力、競爭力及中心地位表現為,它的貿易保持着最大的順差。這種貿易順差主要基於它的絲綢和瓷器出口在世界經濟中的主導地位,另外它還出口黃金、銀錢以及後來的茶葉。這些出口商品反過來使中國成為世界白銀的「終極祕窖」。世界白銀流向中國,以平衡中國幾乎永遠保持着的出口順差。當然,中國完全有能力滿足自身對白銀的無厭「需求」,因為對於世界經濟中其他地方始終需求的進口商品,中國也有一個永不枯竭的供給來源。[1]

弗蘭克說,直到十八世紀中期,中國在世界經濟中的獨大地位,無人可以撼動。今天美國所擁有的實力,當時中國即使不更強,至少不比

---

[1] 弗蘭克《白銀資本》,中央編譯出版社,2000,第182頁。

它差。一邊是「世界經濟中最大的生產力、競爭力及中心地位」，一邊是「以樺皮為屋。行則駄載，止則張架以居」。這兩者的關係，如形容為泰坦尼克巨輪之於小舢板，大約不為過。

泰坦尼克號因被冰山撞沉，多少不失悲劇的意味。明朝卻是在小舢板觸碰之下，散架解體，簡直叫人哭笑不得。但我們的誤區可能在於過分強調了結果。關於結果，筆者認為滿清其實是地道的「摘桃者」。姑不論攻破北京、逼死崇禎、將明朝徹底變成「危房」的，乃是李自成大順軍，而且無論此前此後，明朝這個「豆腐渣工程」的晚期症狀都暴露無遺，大廈將傾、朽木難支，每個角落發出讓人心驚肉跳的喀喀喇喇的聲響，滿清所要做的，不過是走到近旁跺一跺腳而已。

歸根結蒂，明朝的崩壞無自外力，而死於自我潰爛。

這種潰爛，非朝夕可致，而有長期和內在的過程。其次，對它的觀察不能停留在表面，停留在那些有形的現象和集中爆發的事態上，比如，黨爭、玩職、朝政失控、盜寇橫生之類。中國人由於歷史認知力的局限與偏差，注意力往往放在現象的層面，而忽視邏輯的層面。非等事情發展和暴露於表面，方能覺察，而實際上，病根早已植下，卻遲遲不被認識。所導致的情形，往往頭疼醫頭、腳痛治腳，等真正發現根由所在，倉猝欲加挽回和補救，輒為時已晚，束手無策。

原因是中國的政治觀、歷史觀，形而上學傾向嚴重，過於看重高蹈虛衍的義理，追求政治詞語、道德詞語的漂亮與堂皇，以為這就可以感化天下、穩定人心，而不在意社會的切實改善。遠的不說，近處我們即曾親有體驗——1957 至 1977 的二十年，當代中國正是在抽象崇高的口號中渡過，每年都自認「形勢大好，比以往任何時候更好」，實際上，明明有一系列經濟數字擺在那裏，提示着相反的現實，當權者卻吝其青眼。所以，滿口仁義道德，往往卻與現實真況隔之甚遠。有人說，數字亦不足信，因為數字能造假。不錯，數字可以造假，甚至很常見，然而，數字終究是相關聯的整體，造假者可編造其一部分，卻不能將整個數字都做成假的，以致天衣無縫。就此而言，數字即便被造假，到頭來它也會以某種方式，為我們指示哪些地方曾遭塗改。

因此有關明末的歷史變故，本文將回到數字，從具體的財政環節入手，觀察世態、提取細節、梳理問題。最終我們也許發現，在一堆貌似雜亂無章而枯燥的數字中，所見所得更勝於各種疊牀架屋的宏論。

二

人類一到了有國家的階段，就發生財政這個環節。因為，一來國家存在共同利益，二來國家需要管理而管理又需要經費，故爾財政的發生是免不了的。那麼，國家財政從何而來？當然不會憑空而降，一分一厘都來自勞動者，每個勞動者把自己勞動成果交出一部分，共同形成了國家財政。換言之，國家財政源於稅收，古代中國稱之為賦稅。賦稅一詞，原本是兩個單獨的字，以後逐漸並稱，但自歷史過程言，先有賦後有稅，而且含意也不同，略作辨析可了解更多的歷史信息。

1920 年初，胡適與胡漢民、廖仲愷之間，就井田制問題往還過幾通書信，其中有如下的論述：

> 古代賦而不稅。賦是地力（書中誤印為「地方」，我們代為更正）所出，平時的貢賦，同用兵時的「出車徒，給徭役」，都是賦。稅是地租 —— 純粹的 Land tax。古代但賦地力，不徵地租。後來大概因為國用不足，於賦之外另加收地租，這叫做稅。[1]

他所講的「古代」，比我們現在一般所稱早很多，起碼在春秋以前，亦即早期國家時期。「賦而不稅」的意思，是當時只有賦還沒有稅。不過「但賦地力，不徵地租」這句話，中間缺少一些環節，乍看不易理解；而胡適隨後的解釋也不完全恰當 —— 之所以在賦以外又出現了稅，原因並非「國用不足」，主要是「公田」之外出現一定規模的「私田」，對於後者，國家以收取租費的方式加以承認，並使之與前者相區別，這便是起初稅的由來。

---

① 《胡適書信集》，上冊，北京大學出版社，1996，第 226 頁。

我們應注意「賦」這個字的古義，與兵、行伍、兵役相通。《論語·公冶長》：「由也，千乘之國，可使治其賦也，不知其仁也。」朱熹注解說：「賦，兵也，古者以田賦出兵，故謂兵為賦，《春秋傳》所謂『悉索敝賦』是也。」[2] 又，《周禮·地官·小司徒》：「以任地事而令貢賦。」鄭玄注解說：「貢謂九穀山澤之材也，賦謂出車徒給繇役也。」[3] 胡適所論就是據這一句。其實，我們留心一下「賦」字的組成——一個「貝」加一個「武」——即略知它的原意。貝殼在文明早期曾用作貨幣，以「貝」為偏旁的字一般都與財物有關，故爾「貝」、「武」為伍，無非是以財助武。由此可見，賦最初產生時，理由也是堂堂正正的：國家乃利益共同體，它向人民提供保護，人民也須一齊出力使國家擁有這種能力。怎樣出力呢？一是物力，如糧食、車輛、工具、布帛等各種物資（貨幣發達後，也包括金錢）；一是人力，包括服兵役或被徵為勞役。

當時主要以田地的多少來分配和計算所承擔賦的大小，所以也稱「田賦」，此即胡適所謂「賦是地力所出」。但春秋以前，土地還不曾私有化，土地是以「分茅列土」的方式，封賞給諸侯領主。名義上，「普天之下，莫非王土」，統統屬於王者，封國之君只是領有其地，但後者負責組織耕種並享受部分利益。這當中，涉及古代田制問題，例如「井田」是否存在，由於文獻不足，歷來爭論無定，我們在此不便也不須具體介入。不過應能肯定，在古代土地所有權方面，不是後來的個人私有性質，而是所謂「公田」（「公」在這裏，不宜等同或套用現今之「全民所有」概念），其法定擁有者是王室，王室則將土地世襲領屬權授予諸侯領主。根據古籍，「公田」產生的賦，為十取其一。阮刻本《十三經注疏·春秋左傳正義》說：「公田之法，十取其一。」[4] 孔穎達疏引趙岐注曰：「民耕五十畝而貢上五畝，耕七十畝者以七畝助公家，耕百畝徹取十畝以為賦。」[5] 不過，這十取其一之賦，是盡歸王室，還是諸侯領主亦從中分一杯羹，不得而知。魯

---

② 朱熹《四書章句集注》，論語·公冶長第五，中華書局，1983，第 77 頁。
③ 《十三經注疏·周禮注疏》，鄭玄注、賈公彥疏，上冊，卷第十一，北京大學出版社，1999，第 279 頁。
④ 《十三經注疏·春秋左傳正義》，卷第二十四，宣公十三年至十八年，第 664 頁。
⑤ 同上。

哀公曾對孔子學生有若說:「二,吾猶不足。」田賦從十取其一提高到十取其二,他仍覺不夠用。對此有若做出了那個有名的回答:「百姓足,君孰與不足?百姓不足,君孰與足?」[1] 從這番問答,似乎田賦並不通通歸於王室,諸侯領主也部分據為己有,也許這是春秋時期王室開始衰微以後的情形。

綜上所述,古代由「公田」產生的賦,不是勞動者個人與國家之間發生的關係,而是諸侯領主作為「王土」領屬者向國家(王室)履行的義務。借《詩經·小雅·北山之什》中《北山》一詩,我們粗粗知道一點具體情形:

> 陟彼北山,言采其杞。偕偕士子,朝夕從事。王事靡盬
> (盬:止息,停歇),憂我父母。
>
> 溥天之下,莫非王土。率土之濱,莫非王臣。大夫不均,我從事獨賢。
>
> 四牡彭彭,王事傍傍。嘉我未老,鮮我方將。旅力方剛,經營四方。
>
> 或燕燕居息,或盡瘁事國。或息偃在牀,或不已於行。
>
> 或不知叫號,或慘慘劬勞。或棲遲偃仰,或王事鞅掌。
>
> 或湛樂飲酒,或慘慘畏咎。或出入風議。或靡事不為。[2]

詩以諸侯領主治下某小吏口吻寫成,他終年忙碌、筋疲力盡,以應「王事」,而感歎着「王事靡盬」。頭一句所提到的枸杞,便是王室貢賦的內容之一。他還抱怨,雖然「莫非王臣」,但「大夫」(高級官員)卻置身事外,「燕燕居息」、「息偃在牀」、「不知叫號」,貢賦壓力都在「我」這種小吏身上。既然小吏都為此「盡瘁事國」、「慘慘劬勞」,則從事實際生產的勞動者,負擔更可想而知;對於他們,作者以「叫號」(呼叫號哭)給予形容。

---

① 朱熹《四書章句集注》,論語·公冶長第五,中華書局,1983,第135頁。
② 余冠英注譯《詩經選》,人民文學出版社,1985,第238-239頁。

「賦而不稅」的情形，是隨王權的興衰而改變的。孔子於《春秋》宣公十五年（前594）記道：「初稅畝。」③不多不少，只有這三個字，然而，「微言大義」。這三個字，標誌中國歷史一大變故，千百年來與每個人息息相關的「稅」字，就此立足。

左丘明替孔子這貌似不動聲色的三個字，作了是非明確的「傳」：

> 「初稅畝」，非禮也。穀出不過藉，以豐財也。④

有關這句話，我們援引一下胡適的看法。他說：「藉字訓借，借民力耕田，公家分其所收，故叫做藉。」又說：「藉即是賦」。⑤也就是說，左丘明指出，初稅畝是不講「禮」、違反古制的，自古民力所出只有十取其一的賦，如今卻超出於此再收一份，這是與民爭財、奪財於民。他的用心極好，不過初稅畝的提出，卻並不只是簡單的道德問題。其背後，是私田的大量出現。

首先要排除一種誤會，以為私田是剛出現的全新事物。《詩經》中，有一篇據信為西周時的《大田》這樣吟道：

> 雨我公田，遂及我私。彼有不獲稚，此有不斂穧；彼有遺
> 秉，此有滯穗。⑥

裏面那個「私」，便指的是與公田相對的私田。詩人祈禱，下雨的時候，公田旁邊的私田也能沾上光；還說，公田收成不佳，自家私田也好不了，公田如果豐收，自家私田也能盈盈有餘，頗寫出那時私田的弱小，以及擁有者惴惴不安的內心。

關於公田與私田的關係和格局，《孟子》有段著名描述：

> 方里而井，井九百畝，其中為公田。八家皆私百畝，同養公

---

③ 《十三經注疏·春秋左傳正義》，卷第二十四，宣公十三年至十八年，北京大學出版社，1999，第664頁。

④ 同上書，第672頁。

⑤ 《胡適書信集》，上冊，北京大學出版社，1996，第226頁。

⑥ 余冠英注譯《詩經選》，第242頁。

田。公事畢，然後敢治私事，所以別野人也。[①]

它遭到胡適強烈質疑，認為是孟子杜撰的。這懷疑有一定道理，畢竟除了孟子的描繪，再無旁證。所謂中間一百畝公田、四周有八百畝私田圍繞之，這圖景也太過規正，不近自然，倒很像人腦刻意的想像。不過，孟子可能想像了一幅井田的圖畫，而公田、私田並存這一點卻未必出於他的想像，至少《大田》一詩證明私田是存在的。而且作為合理推論，古代地廣人稀，總會有新開墾的土地，統治也遠沒嚴密到後世「天網恢恢，疏而不漏」的地步，假如新的耕地開墾以後並未都納入「公家」賬面，有些被悄悄隱瞞下來，完全可能。

如果私田開發愈來愈多，慢慢地，普天之下就不一定「莫非王土」了，這是一個根本性的經濟和社會變革跡象，同時與此相伴的，顯然還有生產工具的改進與技術的進化。實際上，私田力量漸漸能與公田相頡頏，是財富結構偏離王權中心的開端，勢必觸發制度上的嬗替。大量逸於王權治外甚至不為其所知的私田，在諸侯領主眼皮子底下湧現着，等發展到相當規模，很難不引起垂涎，令他們打起從中抽利的算盤。對諸侯領主來說，最大誘惑在於私田不在「貢賦」之內，抽取之利不必歸諸王室，而可盡入自家囊中。這就是為什麼從私田所抽之利，要重新立一個名目，不稱「賦」而稱「稅」——賦乃「王事」，稅卻是諸侯所為。孔穎達疏曰：

> 又孟子對滕文公云：「請野，九一而助。國中，什一使自賦。」鄭玄《周禮匠人》注引孟子此言，乃云「是邦國亦異外內之法」。則鄭玄以為諸侯郊外、郊內其法不同。郊內，十一使自賦其一。郊外，九而助一。是為二十而稅二。[②]

其中提到「國中」、「野」，「郊內」、「郊外」，應該分別對應着編造在冊、封國領地既定的公田，以及新開墾且未計入「王土」畝數的私田。

---

① 朱熹《四書章句集注》，孟子·滕文公章句上，中華書局，1983，第 256 頁。
② 《十三經注疏·春秋左傳正義》，卷第二十四，宣公十三年至十八年，北京大學出版社，1999，第665 頁。

公田舊賦十取其一，照收不變；而從「郊外」私田這部分，「九而助一」，另收一份由邦國笑納──兩者相加，「是為二十而稅二」。就是說，現在諸侯領主和王室一樣，也有一份單獨的收入。可以預見，由於私田發展前景遠超公田（前者蕃衍不息，後者卻保持不變），諸侯領主及其社會基礎土地私有者的財富、權力，必將蓋過王權。

　　簡單歸納一下，「賦」是王權中心或古代「公」有制的產物，「稅」則是王綱解紐並向私有制時代過渡的象徵。

<h1 style="text-align:center">三</h1>

　　以上我們用了一點篇幅，將賦、稅在古代的由來及演變略事說明。之後歷朝各代，有其不同的賦稅制度，且隨生產經營的擴展增加了課稅的品種，如鹽稅、茶稅、酒稅、礦稅等。不管如何變來變去，有個基本規律不變；即每當新朝初建，賦稅一般或有蠲免或有減輕，與民休息；然而好景不長，貪慾總是難耐，而政治也歷來不免日益溷殽的趨勢，所以過不了多久，故態復萌，重新回到橫徵暴斂。

　　前面曾說，作為隨國家而生的事物，賦稅作為國家收入原本是必要和合理的。但在冥頑惡戾的權力體系下，所謂必要性最終都會被利用來巧奪豪取，而原本的合理性則不能剩下一星半點。黃宗羲在《明夷待訪錄》的《田制》篇中說：「魏、晉之民又困於漢，唐、宋之民又困於魏、晉」[3]，他驚訝於歷史總是維持着人民處境每況愈下的奇怪趨勢，而沒有相反的跡象。他指出，癥結即在賦稅：「吾見天下之賦日增，而後之為民者日困於前。」[4]

　　關於賦稅之重如何不堪，他很快聯繫了明朝現實來說明：

　　　今天下之財賦出於江南；江南之賦至錢氏（指五代十國之吳越錢氏王朝）而重，宋未嘗改；至張士誠而又重，有明亦未嘗改。

---

③　黃宗羲《明夷待訪錄》，《黃宗羲全集》第一冊，浙江古籍出版社，1985，第 24 頁。
④　同上書，第 23 頁。

故一畝之賦，自三斗起科至於七斗，七斗之外，尚有官耗私
增。計其一歲之獲，不過一石，儘輸於官，然且不足。[①]

唐以後，經濟重心南移，而重賦隨之亦至，不斷升級。以至於明代，
每畝一年所獲糧食不過一石，而承擔的賦稅，從三斗至七斗不等，再算上
其他「法外」侵奪，最終可達「儘輸於官，然且不足」的地步。連國中最
富庶地區都被壓得不能喘息，貧苦之地人民景況更不待言。

我們還記得，初稅畝之前的田賦，比例為十分之一，眼下卻達到十
分之三至十分之七，乃至「盡輸於官，然且不足」。黃宗羲提到，漢代文
景二帝「三十而稅一」，是比較好的時期；光武帝「初行什一之法，後亦
三十而稅一」。三十則稅一，稅率相當於 3% 多一點。他認為這比較合理，
主張回到那種樣子，並駁斥擔心「三十而稅一」可能不夠用的觀點：

或曰：三十而稅一，國用不足矣。夫古者千里之內，天子食
之，其收之諸侯之貢者，不能十之一。今郡縣之賦，郡縣食之不
能十之一，其解運至於京師者十有九，彼收其十一者尚無不足，
收其十九者而反憂之乎！[②]

亦即，根本不是夠不夠用的問題，而是慾壑難填，但凡貪婪便永遠沒
個夠。

回到「三十而稅一」，願望甚好，卻實在只是空想。簡單拿古今作對
比，這思路本身有問題。且不說社會經濟水準與結構已有很大差異，即從
制度和權力機器的發展變化論，十七世紀前後較諸紀元之初，早就不可同
日而語。

這裏講一個細節：錦衣衛。

明代錦衣衛起初為皇家私人衛隊或中央警衛部隊，後擴大職權，向祕
密警察組織過渡。它由朱元璋創建，卻又於洪武六年由他親手解散，「詔
內外獄毋得上錦衣衛，諸大小咸徑法曹（還權於國家正式司法機構）。終

---

① 黃宗羲《明夷待訪錄》，《黃宗羲全集》第一冊，浙江古籍出版社，1985，第 24 頁。
② 同上。

高皇帝世，錦衣衛不復典獄。」③「靖難」後，成祖朱棣為加強偵伺箝制，重新起用了這組織，此後終明之世不再廢棄，反而大為膨脹。朱元璋時代，錦衣衛人數不曾踰於二千，到世宗嘉靖皇帝，卻達六萬以上，翻了三十倍。這數字，我們是從《明史》兩條記載分析而來。世宗本紀：十六年（1537）三月，「革錦衣衛冒濫軍校三萬餘人」。④ 刑法三：「世宗立，革錦衣傳奉官十六（十分之六），汰旗校十五（十分之五）。」⑤ 既然革去的三萬餘人為總數之一半，則未革之前錦衣衛規模應為六萬人以上。然而，這六萬餘人僅是其正式在編人員，即所謂「旗校」，此外錦衣衛還豢養了眼線、打手等眾多臨時僱傭人員。王世貞（他就生活在嘉靖年間）提供了這樣的數字：「仰度支者（靠錦衣衛開銷維持生活者）凡十五六萬人」。⑥ 十五六萬人好像也不算很多，殊不知，根據《明史》食貨志，當時中國總人口從洪武至萬曆一直徘徊於五六千萬之間。⑦ 以五六千萬人口，而有十五六萬錦衣衛，若按比例換算（其間人口增長約二十倍），相當於現在中國十三億人口，要供應一支三百多萬人的祕密警察部隊。

　　這便是制度成本。從秦漢到明代，極權體制生長了小二千年，越來越嚴密，也越來越臃腫。錦衣衛這地道的皇家鷹犬，用途只是為帝王看家護院，只是令「賢智箝口，小人鼓舌」，然而所耗費用，一分一厘均來自它所塗毒的人民。算算這一類賬，就明白何以「天下之賦日增」，以及古代何以什一即夠，現在漲到十分之三至十分之七或更多，仍大感不足。

　　可見，黃宗羲回到古代的願望極好，可能性卻為零。而且以我們現代人看，問題遠遠不是退回古代、用時間減法方式所能解決。問題不出在時間上，出在制度上。時間只是使制度的弊病益發放大了而已，而弊病早已

---

③ 王世貞撰、董復表輯《弇州史料》，前集卷十七，萬曆二十五年（1597）刻本，廣東省立中山圖書館縮微品，1988。

④ 張廷玉等《明史》卷十七，中華書局，1974，第 215 頁。

⑤ 張廷玉等《明史》卷九十五，第 2336 頁。

⑥ 王世貞撰、董復表輯《弇州史料》，前集卷十七，萬曆二十五年刻本，廣東省立中山圖書館縮微品，1988。

⑦ 原文：「戶口之數，增減不一，其可考者，洪武二十六年，天下戶一千六十五萬二千八百七十，口六千五十四萬五千八百十二。弘治四年（1491），戶九百一十一萬三千四百四十六，口五千三百二十八萬一千一百五十八。萬曆六年（1578），戶一千六十二萬一千四百三十六，口六千六十九萬二千八百五十六。」張廷玉等《明史》卷七十七，第 1880-1881 頁。

內在於制度當中。舊時代中國的批判者們，一旦對現實不滿，每每想回到古代，原因是他們看不到事情的根源。對此暫點到為止，留待後面再作討論。

關於人民賦稅如何被消耗，還可去了解另一個群體：宗藩。明立國後，就皇室子孫爵位制度做出規定，大的種類有四：親王、郡王、將軍和中尉。具體是，皇子封親王，親王諸子年滿十歲封郡王（親王長子為世子，將來襲親王爵，不在此列）。郡王諸子授鎮國將軍，孫輔國將軍，曾孫奉國將軍，四世孫鎮國中尉，五世孫輔國中尉，六世以下皆奉國中尉。[1] 這是一個龐大群體，連清朝官方所修《明史》都感到不能完全統計，而以「二百餘年之間，宗姓實繁，賢愚雜出」一語了之。我們所見着的一個確切數字，出現在《穆宗實錄》。隆慶五年（1571）六月，河南巡按栗永祿、楊家相以及禮科給事中張國彥奏「於今日當宗支極茂之時，則竭天下之力而難給」。他們說：

> 國初，親郡王、將軍才四十九位，今則玉牒內見存共兩萬八千九百二十四位，歲支祿糧八百七十萬石有奇；郡縣主君及儀賓不與焉。是較國初殆數百位矣。天下歲供京師者止四百萬石，而宗室祿糧則不啻倍之，是每年竭國課之數不足以供宗室之半也。[2]

宗支一年消耗的祿糧，超過了輸往京師總量的一倍。該數字中包含如下細節：一、這是截止於隆慶年的統計（之後明朝還有七八十年歷史），至此，明室宗支從區區四十九人，成長為近三萬人的「大部隊」；二、皇家女性後代並未計於其內；三、僅為「玉牒」登記在冊的名錄。

這近三萬之眾的親王、郡王、將軍、中尉等，是怎樣從國家財年中拿走八百七十萬石的（約佔四分之一以上）？《弇山堂別集》卷六十七「親王祿賜考、各府祿米、諸王公主歲供之數」，有具體的數目。例如就藩於開封的周王：

---

① 張廷玉等《明史》卷一百十六，中華書局，1974，第 3557 頁。
② 《明穆宗實錄》卷五八，國立北平圖書館紅格鈔本影印本，1962，第 1424 頁。

周府：周王歲支本色祿米二萬石，襲封（第二代）歲支本
色祿米一萬二千石，郡王初封歲支祿米二千石，襲封一千石，俱
米鈔中半（半給糧食半折錢幣）。兼支：鎮國將軍歲支祿米一千
石，輔國將軍歲支祿米八百石，奉國將軍歲支祿米六百石，鎮國
中尉歲支祿米四百石，俱米鈔中半。③

周王這一脈所得是比較多的，其他親王基本為每年一萬石，低者可至
一千石，以下郡王、將軍、中尉等類推。

黃仁宇《萬曆十五年》自序云：「以總額而言，十七世紀末期的英國，
人口為五百萬，稅收每年竟達七百萬英鎊，折合約銀二千餘萬兩，和人口
為三十倍的中國大體相埒。」換言之，如分攤到人頭，中國民眾賦稅負擔
極輕。我們用具體的史料，來展示這一點。《明史》食貨志載：

嘉靖二年（1523），御史黎貫言：「國初夏秋二稅，麥
四百七十餘萬石，今少九萬；米二千四百七十餘萬石，今少
二百五十餘萬。④

由此可知，嘉靖初歲入約為小麥四百七十萬石或稍差，米二千二百
萬石稍多，按每石米合零點五八四兩、每石小麥為米價百分之八十折以銀
價⑤，全部約合銀一千五百萬兩。當然，這僅為稅收大頭糧食的數額，加
上其他經濟作物和工商收入，估計與黃仁宇所說萬曆初的二千餘萬兩差不
多。而人口數量，萬曆初年全國六千萬出頭，四十年前的嘉靖初年只少不
多，我們也按六千萬計算。這樣，攤到每個人頭上賦稅所出約僅零點三三
兩。而十七世紀末英國人均納稅四兩，較中國多十倍而有餘。這樣看來，
十六世紀初的中國人，比之於十七世紀末的英國人，日子豈不太過輕鬆？

然而，以上的賬算得有點糊塗，或者說太書獃子。我們再看一些數
字：洪武二十六年（1393），「核天下土田，總八百五十萬七千六百二十三

③ 王世貞《弇山堂別集》，卷六十七，臺灣學生書局影印本，1965，第 2853 頁。
④ 張廷玉等《明史》卷七十八，第 1897-1898 頁。
⑤ 明代白銀價格本身及與糧食之間的折算率，前後變化極大。這裏是以嘉靖間價格為準，來源於秦佩
珩《明代米價考》一文，見其《明清社會經濟史論稿》第 199-210 頁，中州古籍出版社，1984。

頃」①，到弘治十五年（1502），「天下土田止四百二十二萬八千五十八頃」②，減少一半有餘。什麼原因呢？土地當然不會不翼而飛。「嘉靖八年（1529），霍韜奉命修會典，言：『自洪武迄弘治百四十年，天下額田已減強半，而湖廣、河南、廣東失額尤多。非撥給於王府，則欺隱於猾民。』」③原來是被宗藩或豪強吞併，而關鍵在於，吞併者將田產據為己有，卻並不將賦稅額度帶走，造成國家能收得上稅的田畝「已減強半」，比國初少一半還多。此外還有一種情形：「屯田多為內監、軍官佔奪，法盡壞。憲宗之世頗議釐復，而視舊所入，不能什一矣。」④亦即屯田這部分，稅收損失極大，弘治年間已不及國初十分之一。

民田減少一半，屯田幾乎收不上稅，按理說國家財政至少也比國初下降一半以上才對，但前面所引《明史》食貨志資料顯示，嘉靖年間較洪武年間出入很小。這意味着什麼呢？必然地，虧空部分有人頂上。能是何人？只有小民百姓。小民百姓田地被人奪走，朝廷不管不問，賦稅卻一分也不少要，此之謂「虛糧」。嘉靖二年，「令天下官吏考滿遷秩，必嚴核任內租稅，徵解足數，方許給由交代。」⑤下了死命令，官員必須足額完成稅收任務，方可升遷。官員於是盯牢里甲，里甲則盯牢小民，已然無田卻仍須納糧的小民，只好「三十六計，走為上」。明後期，離鄉逋賦之民極多。人消失了，賦稅卻不消失，逃走者其稅糧又被轉嫁，由他人他戶包賠：

> 人去而糧猶在，則坐賠於本戶，戶不堪賠，則坐之本里，或
> 又坐之親戚。此被坐之家，在富者猶捐囊以償，貧者則盡棄產
> 而去。⑥

這是天啟七年（1627）吳應箕行經河南真陽（今正陽），遇農夫所聞之

---

① 張廷玉等《明史》卷七十七，中華書局，1974，第 1882 頁。
② 同上書，第 1882 頁。
③ 同上書，第 1882 頁。
④ 同上書，第 1885 頁。
⑤ 張廷玉等《明史》卷七十八，第 1898 頁。
⑥ 吳應箕《真陽驛與汝寧守王乾純先生書》，《樓山堂集》，第十四卷，中華書局，1985，第 160 頁。

後，致書當地父母官反映的情形。以他所睹，「畝之疆界尚在，而禾麥之跡無一存者，計耕作久廢矣。」農民逃亡非常嚴重。

所以，假使只算書獃子賬，萬曆初年中國百姓日子，不知比十七世紀末英國人好過多少，然而到社會現實的實際中看一看，就知道中國的事情從不能以表面數字為憑。人頭稅賦算下來是零點三三兩，可是「額田已減強半」、屯田所入「不能什一」、「人去而糧猶在，則坐賠於本戶，戶不堪賠，則坐之本里，或又坐之親戚」，把這些也都考慮在內，則英國以五百萬人口而稅收「和人口為三十倍的中國大體相埒」，似乎也非單從數字上看起來的那麼懸殊。除非英國的數字也和中國一樣，不能直截了當算經濟賬，而要知道經濟賬後面還隱藏着社會賬、政治賬。像那個零點三三兩，目為真實的人均數字是一種算法，目為國家賦稅讓擁有土地較少者承擔而擁有土地最多者反得逍遙其外，則是另一種算法。兩種算法下，明代百姓的日子，會有天壤之別。

又何況十六世紀中期起，國家「多事」，而在原有賦稅基礎上「加派」不斷。這平添的負擔，是一筆單獨的款項，不在歲入之內。到後來，「加派」的錢糧竟然超過歲入。

《明史》食貨志：

> 世宗（嘉靖皇帝）中年，邊供費繁，加以土木、禱祀，月無虛日，帑藏匱竭。司農百計生財，甚至變賣寺田，收贖軍罪，猶不能給。二十九年（1550），俺答犯京師，增兵設戍，餉額過倍。三十年（1551），京邊歲用至五百九十五萬，戶部尚書孫應奎蒿目無策，乃議於南畿、浙江等州縣增賦百二十萬，加派於是始。[7]

萬曆末期，女真崛起，邊事日緊。「至四十六年（1618），驟增遼餉三百萬。」第二年，再增二百餘萬兩，並且不是臨時性的，成為每年固定徵收的款項：「明年，以兵工二部請，復加二厘。通前後九厘，增賦

---

⑦　張廷玉等《明史》卷七十八，第 1901 頁。

五百二十萬，遂為歲額。所不加者，畿內八府及貴州而已。」① 全國僅北京周遭和無油水可揩的貴州倖免。當時，其實國庫充實，但是，有史以來最大的守財奴萬曆皇帝一毛不拔②，而寧肯盤剝人民。

崇禎三年，在五百二十萬基礎上，遼餉「增賦百六十五萬四千有奇」③，接近七百萬兩。崇禎十年（1637），起楊嗣昌為兵部尚書，「因議增兵十二萬，增餉二百八十萬。」稱「剿餉」，以為平寇之用。崇禎皇帝就此發表上諭說：「不集兵無以平寇，不增賦無以餉兵。勉從廷議，暫累吾民一年，除此腹心大患。」④

所謂「暫累吾民一年」，實際並非如此。「初，嗣昌增剿餉，期一年而止。後餉盡而賊未平，詔徵其半。」⑤ 一年後未停，僅減半而已。到崇禎十二年，楊嗣昌等又「有練餉之議」，「於是剿餉外復增練餉七百三十萬。」⑥

以上，即明末有名的「三大徵」。《明史》為之算了一筆總賬：

> 神宗末增賦五百二十萬，崇禎初再增百四十萬，總名遼餉。至是，復增剿餉、練餉，額溢之。先後增賦千六百七十萬，民不聊生，益起為盜矣。⑦

而崇禎時的評論家則說：

> 萬曆末年，合九邊餉止二百八十萬。今加派遼餉至九百萬。剿餉三百三十萬，業已停罷，旋加練餉七百三十餘萬。自古有一年而括二千萬以輸京師，又括京師二千萬以輸邊者乎？⑧

總之，崇禎十二年以後，每年三餉總和已與國家財政年度收入相垺。

---

① 張廷玉等《明史》卷七十八，中華書局，1974，第 1903 頁。
② 「時內帑充積，帝靳不肯發。」張廷玉等《明史》卷七十八，第 1903 頁。
③ 張廷玉等《明史》卷七十八，第 1903 頁。
④ 張廷玉等《明史》卷二百五十二，第 6510 頁。
⑤ 同上書，第 6515 頁。
⑥ 同上。
⑦ 同上。
⑧ 御史衞周胤語。張廷玉等《明史》卷七十八，第 1904 頁。

未有三餉前，百姓人均年納稅銀三點五兩，至此人均達七兩以上。由此乃知黃宗羲「盡輸於官，然且不足」言之不虛。

三餉所徵，據說是用來對付外族侵略和內部反叛的。他們一是來自苦寒之地的原始部族，一是飢寒交迫的烏合之眾，而堂堂明帝國既以傾國之力欲予擺平，理應輕鬆使之化為齏粉。然而十幾年下來，數億銀兩似乎全部打了水漂，「虜」既未卻，「寇」亦未平，這是怎麼回事？尤不可思議的是，熬盡民脂、加徵如此巨款，朝廷竟仍然無錢可用。

四

崇禎元年，亦即朱由檢登基第二年，七月，寧遠前線明軍「以缺餉四月大噪」。[9] 騷亂先起自四川、湖廣籍士兵，迅速蔓延所有十三座兵營。巡撫畢自肅、總兵官朱梅、通判張世榮、推官蘇涵淳被捉、關押，悉遭毒打，畢自肅受傷嚴重。多方籌貸弄到七萬兩，士兵方才作罷。畢自肅脫身後，上疏引咎，隨即自殺。[10] 十月，錦州發生同樣事件。袁崇煥緊急請餉，朝中議此，頗為其趨勢擔心：「前寧遠譁，朝廷即餉之，又錦州焉。各邊尤而效之，未知其極？」[11]

真是奇怪，萬曆四十八年（1620）起，歲增「遼餉」五百二十萬，遼東士兵卻能接連數月餓肚子。後來，類似情形更加常見，各處屢報士兵幾個月乃至經年領不到餉。如崇禎十六年五月，河南巡撫秦所式報告「撫鎮缺餉五月有餘」[12]；該年十月，李自成歷史性地破潼關，克西安，吏部尚書李知遇聞訊，兩次上疏，說「吃緊尤在發餉」，而「秦中之餉」，「骨髓已枯」，懇請皇帝「賜發天帑」。[13] 崇禎十七年三月初一，「昌平兵變，以缺餉故也。」[14] 為此，「京城戒嚴，亟遣官以重餉撫之，乃戢，然居庸已不可守

⑨ 張廷玉等《明史》卷二百五十九，第 6714 頁。
⑩ 計六奇《明季北略》，寧遠軍譁，中華書局，1984，第 94 頁。
⑪ 同上書，第 94-95 頁。
⑫ 彭孫貽《平寇志》，卷之六，上海古籍出版社，1984，第 135 頁。
⑬ 抱陽生《甲申朝事小紀》，下冊，李知遇請發秦督疏，請撥餉接濟疏，書目文獻出版社，1987，第 734-735 頁。
⑭ 趙士錦《甲申紀事》，《甲申紀事（外三種）》，中華書局，1959，第 6 頁。

矣。」① 這次，譁變直接生於肘腋，其距北京城破已不過半月之遙……

　　近年世界金融危機，歐洲聞有瀕臨「國家破產」者，例如冰島。而在十七世紀四十年代，明朝國家財政其實也到了此種地步。劉尚友記述 1644 年的情形說：「國計實窘極，戶部合算海內應解京銀兩歲二千萬，現在到部者僅二百萬。」② 工部營繕司員外郎趙士錦，於三月十五日（城破前第三天）奉命管節慎庫，交接時，他為親眼所見而震驚：

> 主事繆沅、工科高翔漢、御史熊世懿同交盤…… 新庫中止二千三百餘金。老庫中止貯籍沒史家資，金帶犀杯衣服之類，只千餘金；沅為予言，此項已准作鞏駙馬家公主造墳之用，待他具領狀來，即應發去。外只有錦衣衛解來迤納校尉銀六百兩，寶元局易錢銀三百兩，貯書辦處，為守城之用。③

庫內存銀總共不到五千兩。他在《北歸記》中重複了這一點：

> 庫藏止有二千三百餘金。外有迤納校尉銀六百兩、易錢銀三百兩，貯吳書辦處；同年繆君沅云：「此項應存外，為軍興之用。」予如是言。④

崇禎十七年元旦一大早，朝罷，朱由檢留閣臣賜茶：

> 閣臣並云：「庫藏久虛，外餉不至，一切邊費，刻不可緩，所恃者皇上內帑耳。」上默然良久曰：「今日內帑，難以告先生！」語畢，潸然淚下。⑤

同一事，《平寇志》記曰：

> 又言：「兵餉缺乏，民窮財盡，惟發內帑，足濟燃眉。」帝

---

① 劉尚友《定思小紀》，《甲申核真略（外二種）》，浙江古籍出版社，1985，第 66 頁。
② 同上書，第 67 頁。
③ 趙士錦《甲申紀事》，《甲申紀事（外三種）》，中華書局，1959，第 7 頁。
④ 趙士錦《北歸記》，《甲申紀事（外三種）》，第 21 頁。
⑤ 錢𣿇《甲申傳信錄》，上海書店，1982，第 7 頁。

言：「內帑如洗，一毫無措。」明睿（左中允李明睿）奏：「祖宗三百年畜積，度不至是。」帝曰：「其實無有。」[6]

內帑，即皇家私房錢。李自成破潼關後，吏部尚書李知遇請求「賜發天帑」，也指的是這個。大臣與民間普遍以為，皇家還有很多私房錢，現在應該拿些出來。朱由檢表示說「沒有」，旁人都不信，李明睿鼓起勇氣表示懷疑，言下之意，請皇上坦言到底有沒有。朱由檢只得重複一遍：真沒有。這段對話，頗有小品《不差錢》中趙本山與小瀋陽之間打啞謎的風味。

直到後來，仍盛傳朱由檢留着大把內帑未用，以致白白落入李自成之手。《樵史》稱：「賊入大內，尚有積金十餘庫。」對此，抱陽生替崇禎鳴屈，質問「不知十餘庫何名？」「安有所謂十餘庫積金？而紛紛謂懷宗（滿清起初給崇禎所上廟號）不輕發內帑，豈不冤哉！」[7]

究竟如何？正如抱陽生所說，倘若真有這筆錢，請指出錢在何庫，庫為何名？我找到一條內帑貯處的記載，《明史》食貨志：

> 嘉靖中……時修工部舊庫，名曰節慎庫，以貯礦銀。尚書文明以給工價，帝詰責之，令以他銀補償，自是專以給內用焉。[8]

明顯地，節慎庫為內帑所藏地之一。而前引《甲申紀事》表明，城破前最後清點此庫者，是趙士錦；他親眼得見，「庫藏止有二千三百餘金」。崇禎沒有撒謊。

不過，大臣與民間的猜測本來也並不錯。為什麼？仍看趙士錦所敍：

> 庫中老卒為予言：萬曆年時，老庫滿，另置新庫。新庫復滿，庫廳及兩廊俱貯足。今不及四千金，國家之貧至此。[9]

這是庫房老看守的證詞，他描述當年節慎庫金銀爆棚，另造新庫仍不夠貯放，以致每個角落都填得滿滿當當，朱翊鈞朱扒皮的搜刮功夫確實天

---

[6] 彭孫貽《平寇志》，卷之八，上海古籍出版社，1984，第172頁。

[7] 抱陽生《甲申朝事小紀》，下冊，崇禎庫藏，書目文獻出版社，1987，第512頁。

[8] 張廷玉等《明史》卷七十九，中華書局，1974，第1928頁。

[9] 趙士錦《甲申紀事》，《甲申紀事（外三種）》，第7頁。

下無雙。這海量內帑是如何耗盡的？抱陽生說：「明熹宗在位七年，帑藏懸馨」[1]。此人即朱由檢之兄、支持魏忠賢胡搞的天啟皇帝。不過，這只是聊備一說。皇家花錢，隨心所欲，沒有記錄、不受監督，來無影去無蹤。天啟皇帝雖為人憊懶，但若以為唯獨他才是敗家子，亦未必公允。楊士聰就講到一件事：

> 神廟（萬曆皇帝）自辛丑（1601）以後，不選淨身男子者二十年。至熹廟時選一次，先帝（崇禎皇帝）十七年乃選三次。宮中增萬人，每月米增七萬二千石，每年靴料增五萬兩，此皆可已而不已之費也。[2]

每月米增七萬二千石，按崇禎初期每石值銀一兩計[3]，年八十六萬四千兩，若以崇禎十六年銀價換算，則每石值銀三點三兩，年二百八十五萬一千二百兩。[4] 可見，朱由檢敗家本領亦自不俗。總之，我們只知道原本滿滿當當的內庫變得空空如也，卻無法知道怎樣至此。那是祕密，而極權體制下從不缺少不此類祕密。

五

不久前下臺的穆巴拉克，埃及國內外輿論普遍認為他在瑞士及蘇格蘭等地銀行祕密藏有巨額財產，數十億至二百億美元不等。[5] 穆氏信誓旦旦，苦心婆心，堅稱無有，呼籲輿論靜候數字核查，然而沒有人信他。這怪不得輿論，他在位三十年，隻手遮天，人稱「現代法老」，這時候怎麼狡辯都沒用，大家沒法相信他。

所以，崇禎表示內帑已空：「這個真沒有」，卻沒有人信他，大家詭異

① 抱陽生《甲申朝事小紀》，下冊，崇禎庫藏，書目文獻出版社，1987，第512頁。
② 楊士聰《甲申核真略》，凡論，《甲申核真略（外二種）》，浙江古籍出版社，1985，第7頁。
③ 此處都僅指北京米價，至於別地，崇禎初即可高至每石值銀四兩。參秦佩珩《明代米價考》，《明清社會經濟史論稿》第199-210頁，中州古籍出版社，1984。
④ 顧公燮《丹午筆記》：「前明，京師錢價，紋銀一兩，買錢六百，其貴賤在另數。至崇禎十六年，竟賣至二千矣。」《丹午筆記·吳城日記·五石脂》，江蘇古籍出版社，1999，第64頁。
⑤ 《再見穆巴拉克》，「深度國際」，CCTV4，2011年5月27日。

地相視一笑，扮着鬼臉：「這個可以有。」

十七年元旦那天，崇禎雖一再說沒錢，李明睿卻似乎忘掉了「君無戲言」，鍥而不捨做他思想工作：

> 內帑不可不發，除皇上服御外，一毫俱是長物，當發出犒軍，若至中途不足，區處甚難。留之大內，不過杇蠹。先時發出一錢，可當二錢之用，急時與人萬錢，不抵一錢之費。[6]

君臣之間，連基本信任都失去了。

豈止是君臣，連關係最近的皇親國戚，也不信皇帝已經破產。進入三月，崇禎最後那段日子，整天都在設法措餉，各種招數齊出並至。「初六日，會議措餉，凡在獄犯官……皆充餉贖罪。」[7]所有因罪繫獄官員，出錢即可釋放免罪。恐怕沒有什麼成效；初十，又想出一個點子，「令勛戚、大璫（大宦官）助餉」[8]。似乎比較靠譜，因為這是最肥的一個人群，且其作為皇家親倖，同枝連理，當此危急關頭，總該施以援手。然而，事實令崇禎連同我等數百年後的旁觀者，都大失所望。

我們來看看崇禎的老丈人、嘉定伯周奎的表現。勸捐前，崇禎先將他從伯爵晉為侯爵，給一點甜頭，隨即派太監徐高前往「宣詔求助」，要他帶個頭：

> 謂：「休戚相關，無如戚臣，務宜首倡，自五萬至十萬，協力設處，以備緩急。」奎謝曰：「老臣安得多金？」高泣諭再三，奎堅辭。高拂然起曰：「老皇親如此鄙吝，大事去矣，廣蓄多產何益？」奎不得已，奏捐萬金。上少之，勒其二萬。奎密書皇后求助，後勉應以五千金，令奎以私蓄足其額。奎匿宮中所畀二千金，僅輸三千。[9]

---

⑥　彭孫貽《平寇志》，卷之八，上海古籍出版社，1984，第173頁。

⑦　錢𣪢《甲申傳信錄》，上海書店，1982，第11頁。

⑧　計六奇《明季北略》，初十徵戚璫助餉，中華書局，1984，第445頁。

⑨　同上書，第445-446頁。

一味耍賴，能賴多少是多少，甚至女兒偷偷給的五千兩，也從中尅扣二千兩。周奎究竟何種心態？覆巢之下，焉有完卵？朝廷完蛋，「廣蓄多產何益」，徐高把道理講得很清楚，他也不應不懂。比較合理的解釋是，老國丈大概和別人一樣，認定崇禎藏着大把內帑不用，還到處伸手索取。

助餉令下達後，北京出現奇怪一景：眾太監紛紛在其房產門口，貼出大字啟事：「此房急賣。」[1] 其實當然不賣，意在哭窮耳。

捐款最多的，是太康伯張國紀，二萬兩。周奎捐了一萬，考慮到「其餘勛戚無有及萬者」，他其實不算最摳門。宦官中，東廠太監徐本正和王永祚、曹化淳合捐五萬，王之心捐了一萬。文官中，首輔魏藻德只捐五百。罪臣、前首輔陳演從獄中放出，被召至御前，「極言清苦」，一文未掏。其餘百官，就捐款事宜「相率共議」，或以單位名義或以省份歸屬湊份子，「如浙江六千，山東四千之類」。全部捐款，總數大約二十萬兩。[2]請記住這個數字，因為很快我們將面對另一個與之對比的數字。

我查到的捐款記錄大致如上。這場在明朝首都最後幾天內發生的捐款運動，很有象徵性。公共捐款，從來不僅僅關乎錢財，它真正表示的，是認同度和凝聚力，是一個政權是否被發自內心地愛護與支持。崇禎號召的這場捐款，表面上也並不冷清，有個捐，有集體捐，乃至不乏聲稱「裸捐」者，但在內心，他們非常冷漠，懷抱鬼胎和欺詐，想盡辦法逃避責任，雖然他們就是這政權一直以來通過損害人民利益所豢養、呵護和喂肥的那批人。

六

三月十九日凌晨，崇禎煤山殉國。提及這一歷史時刻，人們眼前通常晃動着滿城烽煙、飛矢如雨的戰爭景象，筆者卻總想起節慎庫的空空蕩蕩、四壁蕭然。

---

① 抱陽生《甲申朝事小紀》，上冊，徵戚助餉，書目文獻出版社，1987，第 152 頁。
② 錢𣊓《甲申傳信錄》，上海書店，1982，第 12 頁。

這當世第一強國，從百年來全球首富淪至一貧如洗，究竟怎麼回事？歷來很少有人注目於此，更不曾就這一層刨根問底，我為之不解。

當年，批判「文革」和「四人幫」時，有一句我們耳熟能詳的話：「國民經濟到了崩潰的邊緣」。套用此語，則崇禎自縊時，明朝國民經濟不是到了崩潰邊緣，而是已經崩潰。三月十九日，不過是帝國從政治上崩潰的日期，而在經濟或財政上，它早已崩潰。關於明朝之亡，我們需要更多從這個角度重新認識。

但是，隨後卻有出人意表的事情發生。

李闖攻入北京後，一度軍容頗整，旋即失去耐性，開始大肆「拷比」，勒逼官紳貴戚交出錢財。其間，毒刑用盡，慘不待言，種種情形在《甲申紀事》、《北歸記》、《甲申核真略》、《甲申傳信錄》、《定思小紀》、《遇變紀略》、《李闖小史》、《甲申朝事小紀》、《明季北略》、《流寇長編》、《崇禎長編》、《爝火錄》、《丹午筆記》等眾多由親歷者或後人編撰史料中，述說極詳，可備披覽，我們於茲不事渲染，而僅欲指出：這一後續故事的發生，勢所必然；農民革命本即起於寒餒，以劫富濟貧為理想，一旦成功，必償夙願，人人奮勇，個個爭先。《明季北略》說，面對軍紀弛亂，李自成曾試加制止，而軍卒一片譁然，說：「皇帝讓汝做，金銀婦女不讓我輩耶？」[3] 在他們而言，道理確實是這個道理。

闖將頭號大將劉宗敏，一馬當先，堪稱表率。進城後，日夜以弄錢、搞女人為能事。趙士錦因被劉宗敏扣押在府，得以親眼目擊：「每日金銀酒器紬疋衣服輦載到劉宗敏所，予見其廳內段疋堆積如山。金銀兩處收貯。大牛車裝載衣服，高與屋齊。」[4] 四月七日，李自成到劉邸議事，見其三進院落之中幾百人在受刑（「追贓」），有的已經奄奄一息，因「不忍聽聞，問宗敏得銀若干。宗敏以數對。自成曰：『天象不吉，宋軍師（宋獻策）言應省刑，此輩宜放之。』宗敏唯唯。」[5] 「唯唯」者，口頭答應而已，劉宗敏自不會停止「追贓」，李自成實際也無力約束之。但劉宗敏卻有一條好

③　計六奇《明季北略》，四月三十日自成西奔，中華書局，1984，第 491 頁。
④　趙士錦《甲申紀事》，《甲申紀事（外三種）》，中華書局，1959，第 13 頁。
⑤　同上書，第 14 頁。

處，即數目一次要夠，乾脆俐落，不再囉嗦；別的人，要了一次，還有第二次：

> 在宗敏處者，每人派過數目不增。在李大亮處者，所派雖少，納完又增。[1]

對不同部門官員，索要亦有差，而原因也很是奇特：

> 押予隊長姚奇英為予言，兵部官大可痛恨，我輩遣人來買明朝武官做，必要幾千金。故今兵部官追餉獨多。[2]

彭孫貽提到一份按級別的追款數額分配表：

> 賊勒派各官，毋論用否（不論是否現職），限內閣十萬，部院、京堂、錦衣、掌印七萬，科道五萬，吏部二萬，翰林一萬，部曹數千，勛戚無限數，人財並沒。[3]

這只是最低限度，實則不以此為限。彭孫貽還說，總共有八百名官員遭拷比：「縛文武勛戚、大僚津要八百員，送權將軍劉宗敏拷訊，五人一鎖，二賊露刃押之」[4]；到四月初八（乙丑），僅劉宗敏一人便「拷索銀一千萬兩」，而全部加起來為七千萬兩，其來源，「大約侯家十之三，宦寺十之三、百官十之二，商賈十之二」。[5]

所謂出人意表的事情，就發生在這個過程中。

先來看周奎，亦即一個月前崇禎發起捐款時，摳摳索索只肯掏一萬兩的那位老國丈：

> 偽制將軍李嚴據奎第，奎獻長公主併銀十萬助軍，希免餉。
> 嚴數其為國至戚，鄙吝不忠，夾足箍腦，奎復輸銀十萬，嚴笑

---

① 趙士錦《甲申紀事》，《甲申紀事（外三種）》，中華書局，1959，第 12 頁。
② 同上。
③ 彭孫貽《平寇志》，卷之十，上海古籍出版社，1984，第 228 頁。並見《甲申紀事》，《甲申紀事（外三種）》，中華書局，1959，第 12 頁。
④ 彭孫貽《平寇志》，卷之九，第 220 頁。
⑤ 同上書，1984，第 237 頁。

曰：「此賊慳吝，不與殺手不吐也。」燒烙鐵熨其膚，一熨承銀一萬，累四十熨，遍身焦爛，承四十萬矣。先後追銀六十萬兩，珍玩幣帛不計其數。[6]

再看陳演，亦即被崇禎從獄中放出，希其以捐款贖罪，卻堅稱自己「清苦」、最後一毛未拔的前首輔：

大學士陳演，每自稱廉相，劉宗敏收拷演，夾足者再，徵其黃金三百六十兩，或曰勒銀三萬兩，金三千兩，珠三斗，更於平則門外土庵中，發其所瘞白金一萬兩。[7]

捐款運動中僅捐五百以示廉潔的現首輔魏藻德，這次也神奇地交出一萬三千兩。退休大太監王之心，人傳「家貯見銀三十萬」，崇禎勸捐，他以「連年家計消乏」，獻銀一萬。等闖軍用刑追要，卻交出十五萬兩現銀附帶諸多珍玩。闖軍「以為未合見銀三十萬之數，夾之至死」，如此看來，現銀三十萬的傳聞，倒確實有些「冤枉」他了。[8]

就這樣，闖軍從貴族、大僚、太監和富人嘴裏，摳出了七千萬兩白銀！而不久前，在崇禎皇帝緊急動員下，眾官戚以揮淚如雨、砸鍋賣鐵狀，僅捐二十萬兩。兩者相差，踰三百五十倍之多。

七千萬兩白花花的銀子，迅速「腐蝕」了起自寒餒的農民軍。他們何曾見過如此的金山銀山，「革命鬥志」霎時銷磨一空。與吳三桂、滿清聯軍大戰一片石的前一周，大順政權的領袖們全身心撲在驟然所獲之巨大財富上：

戊辰（四月十一日），自成聚劉宗敏、李過於宮中，拘銀鐵諸工各數千，盤斂庫金及拷訊所得，並金銀諸器鎔之，千兩為一餅，中鑿一竅，貫大鐵棒，凡數萬餅，括騾馬數千輛，馬騾橐駝

---

⑥ 同上書，第 225 頁。
⑦ 同上書，第 225 頁。
⑧ 楊士聰《甲申核真略》，《甲申核真略（外二種）》，浙江古籍出版社，1985，第 12 頁。

數千，裝載歸陝。[1]

此事，《明季北略》亦有記，惟日期稍後，為四月十六日，金銀熔鑄形式則為「大磚」而非「餅」。[2]十天後，李自成從山海關敗回北京，當夜啟程西去，「大驅馬騾三千、橐駝一千載輜重歸陝，以偽將軍羅戴恩將親信萬騎監之而西」[3]，蔚為壯觀。而《丹午筆記》有更生動的情景：「闖賊之焚宮西走也，百萬之眾，各有所攜，倉皇奔走則棄之，狼藉滿途……大半委棄山西，後有得此致富者。」[4]俗云「英雄難過美人關」；其實，金錢一關「英雄」們歷來也不好過。眼看叱咤風雲的起義大軍，被阿堵之物弄得狼狽如此，只能憫而歎之。

目送闖軍滿盆滿缽、車載駝馱、逶迤而去的長龍般背影，筆者眼前不禁再度浮現趙士錦筆下一貧如洗的國庫。剎那間，越過國家破產、破落的景象，我們重新看到它「富強」的一面。七千萬兩，闖軍一個月在京追款所得，居然達到明朝年財政收入總和三倍有餘！它們來自一個大約一千人的群體（以「縛文武勛戚、大僚津要八百員，送權將軍劉宗敏拷訊」加以估算）。可惜彼時沒有「全球富豪排行榜」，否則，以明帝國首屈一指的發達國家地位，這千把人中當不乏十七世紀「全球富豪榜」的前××強乃至首富。

似乎，我們得修正一下明朝業已一貧如洗的說法——它仍是當世最富之國度。只不過，富得不是地方，泰半財富都跑到一小撮人腰包裏去了。這些人，只及當時中國總人口的幾萬分之一。

算算這樣的賬，好處顯而易見，許多事情都一目了然，不必鈎玄摘祕、多費脣舌。數字是枯燥的，卻也是簡明、直觀的，不會跟我們兜圈子、玩弄辭藻、搞形而上學。把一組組數字排列開，嚴肅、客觀的事實就在其中。人類也是漸漸明白數字的重要性。誠實、透明且管理有序的社會

---

① 彭孫貽《平寇志》，卷之十，上海古籍出版社，1984，第 239 頁。
② 計六奇《明季北略》，十六癸酉載金入秦，中華書局，1984，第 488 頁。
③ 彭孫貽《平寇志》，卷之十，第 241 頁。
④ 顧公燮《丹午筆記》，李闖西走，《丹午筆記·吳城日記·五石脂》，江蘇古籍出版社，1999，第 43 頁。

及其制度，有很嚴格的數字意識，不僅尊重它，而且借重它實行管理。相反，也有對數字抱玩忽態度的，指標張口就來，比如「七年趕英，十年超美」之類，後果自然無待多言。

七

以下，明代歷史舞臺從北京移到南京；此刻，我們的寫作難度加大了。在古代，官史中各種統計數字不難尋找，所以直到崇禎為止，無論在《明史》、《明實錄》（包括其中的未完成本《崇禎長編》）中，可徵引、利用的材料還算豐富。官史以外，當時私家治史，也不乏講求實證的力作，例如王世貞的《弇山堂別集》和沈榜的《宛署雜記》。逮至弘光間及弘光後，雖然感激於時代，民間寫史湧起高潮，各種親歷記、回憶錄和評傳目不暇給，以致在我看來構成了中國報告文學或非虛構寫作一次罕見爆發。然而，欲從中求取當時財經方面的線索，常常空手而回。這或係私史的一個先天不足，畢竟不能佔有官方的各種確切資料。另外，這段歷史在清朝早中期的敏感性，可能也在相當程度上造成材料的流失。不過，也不是沒有主觀上的原因，比如過於看重別的東西。同樣是講述弘光史事，李清《三垣筆記》就難得地有幾段財政方面的細說，顯出眼光不同。全祖望給此書寫跋道：「當時多氣節之士，雖於清議有功，然亦多激成小人之禍，使皆如映碧先生者，黨禍可消矣。」[⑤] 這是從黨禍角度看，恐怕跳出氣節、清議還有另一功效，亦即着眼點更易放在實務上，故爾當大家都不甚關心數字時，李清卻能夠留意。

不過，即便《三垣筆記》，也沒有連貫地關注和勾勒弘光朝的財經脈絡，在這方面，我感覺具有一種完整性的，是李天根所著《爝火錄》。

這書成稿較晚，在清朝乾隆年間。作者藉藉無名，連生平亦不甚詳，平生除了這部《爝火錄》，不曾留下別的。但他對此書卻頗為自負，說：「欲知弘光、永曆事者，觀此足矣！」所以這麼自信，是由於編寫完全抱

⑤ 李清《三垣筆記》，中華書局，1997，第 251 頁。

着實證的態度，窮稽究核，以致敢於宣稱「無一字出之於己」。點校者做了統計，該書「引用史籍一百一十七種，各省通志、府、縣志十七種，文集、年譜二十種。」當中，多稀見亡佚史料，「繆荃孫在當時便已經指出，有不少均為『不可見之書』。時至今日，散失的自然就更多了。我們根據謝國楨先生的《晚明史籍考》增訂本作了統計，其中為謝氏列為『未見諸書』的有十四種，為謝氏未著錄的有四十種，兩者共計六十一種。這就是說，《爝火錄》所引用的書，有半數以上在今天已難於見到了。」[①]

按我個人體驗，讀《幸存錄》、《甲乙事案》、《弘光實錄鈔》、《青燐屑》等，難免跟隨作者扼腕悲憤，雖然這也是那段歷史的一種內在情緒。讀《爝火錄》，情緒化反應幾乎沒有，因為作者很注重出示材料和資料，大臣們在討論什麼、朝廷做出了什麼決定、涉及什麼問題、包含什麼具體內容和背景……比較一下從兩種書得來的印象，我發現前者所帶來的淆亂和歧義，都被後者簡化。關於弘光朝何以短短一年即告垮臺，只須平靜面對所有的資料，也就不再為之困惑。

八

1644 年 6 月 7 日，福王朱由崧在南京監國，同時發佈《監國諭》。這個文件，諸多史著如《弘光實錄鈔》、《甲乙事案》、《平寇志》、《明季南略》，提都未提，《聖安皇帝本紀》、《南渡錄》、《國榷》、《南疆逸史》、《小腆紀年附考》等，雖提及，卻極簡。唯一備其全文（或至少接近於全文）者，蓋即《爝火錄》。由於諸家的淡漠，我原以為那不過官樣文章，但從《爝火錄》細讀原文才知並非如此，其實是個重要的歷史文本，包含許多重要信息。

一般來說，即位詔書之類，確乎都是官樣文章，其話語多半不必認真對待。但此番有所不同。這次，是明朝遭受重創、大行皇帝死於非命、國勢近於瓦解之際，倉猝間扶立新君、為此而發佈的文告。它會如何談論、

---

① 倉修良、魏得良《點校說明》，《爝火錄》，浙江古籍出版社，1986，第 1-3 頁。

認識和總結所發生的一切呢？這是我們頗為好奇的事情。

果然，《監國論》第一條就說：

> 連年因寇猖獗，急欲蕩平，因而加派繁興，政多苟且，在
> 朝廷原非得已，而民力則已困窮。今寇未平，軍興正棘，盡行蠲
> 派，實所不能，姑先將新加練餉及十二年以後一切雜派，盡行蠲
> 免，其餘新舊兩餉及十二年以前各項額徵，暫且仍舊，俟寇平
> 之日，再行減卻。貪官猾胥朦朧混派，使朝廷嘉惠窮民之意不獲
> 下究，詔差官會同撫按官即行拿問，一面題知。如撫按官徇私容
> 庇，並行重處。[2]

包含三點內容：一、承認多年以來加派過重，民力竭窮；二、宣佈停
徵「三餉」中的練餉，及崇禎十二年以後其他雜派（練餉之徵，即起於崇
禎十二年），但此前兩項餉額，即遼餉和剿餉暫時不能停收；三、承認歷
年除由國家明確規定的加派外，地方政府或「貪官猾胥」也有自作主張另
行加派者，對此中央將派人會同地方官堅決制止。

雖然「大赦天下，與民更始」，從來是新君即位的一個「習慣動作」，
我們不必信以為真。不過，將上面這段話從反面讀，又自不同，它等於官
方的一個自供狀：多年來，國家到底壞到什麼程度，又壞在什麼地方。關
於「三餉」保留兩餉，附帶補充一個材料；《國榷》載：「又議赦書，史可
法曰：『天下半壞，歲賦不過四百五十餘萬，將來軍餉繁費，則練餉剿餉等
項未可除也。』」[3] 經過如此，但據《監國詔》，談遷應該是將「遼餉」誤寫
為了「練餉」。

歷數下來，《監國詔》欲「與民更始」的條款多達三十條。每一條，
我都從反面看，作為明朝所以走到今天的自供狀。本文先前涉及的明朝賦
稅，不論傳統的、歷來要收的，或是因為「有事」而額外加派的，有兩個
特點，即：一、都是大宗的，二、都是「合法」的（即由朝廷經過「合法」

---

② 李天根《爝火錄》，浙江古籍出版社，1986，第 122 頁。
③ 談遷《國榷》，中華書局，2005，第 6083 頁。

程序明文規定）。現在，經《監國詔》我們才獲知，除此之外尚有許許多多以各種名義、由地方或權勢者擅自收取的費用，這部分錢物也有兩個特點，一、極其瑣碎、分散，二、沒有任何合法性。

例如第二條中說，在漕糧運輸環節，「官旗」（官員、旗校）「向有劃會使用、酒席飯食、花紅（賞金）等項，民間所費不資」，這些巧立名目的報銷入賬內容，最後也都「混徵」在漕糧之內而由百姓負擔，是典型的借飽私囊、揮霍民脂現象，歷年由此究竟貪蠹多少，無法統計。着令禁止，「有仍前混徵者，官吏、弁旗並行拿究。」[1]

第三條宣佈，崇禎十四年以前「南北各項錢糧」，凡是百姓欠而未繳者，從此蠲免（已解在途者除外）。但特別強調，官吏不許將這一旨意向民眾瞞而不宣，而繼續「混徵」；其次，已解在途的部分，不許官吏「通同侵盜」，亦即藉朝廷蠲免之機將民已繳納、已在運往國庫的錢糧竊為己有。[2] 從所強調的這兩點，足可想像各地吏治之壞達於何種地步，誠所謂「碩鼠」滿地。

第四條說：「江南、浙西之民，最苦白糧一項，合行改折一半。」[3] 所謂「白糧」，是明代一種「特供品」，取自蘇州、嘉興等江南五府，以當地所產優質白熟粳米、白熟糯米，經漕運輸往京師，供應宮廷、宗人府（皇親）或作為百官俸祿之用。轉用我們當代語彙，就是「特權階層」之專用物資。除悉數取自江南，它另有一特點，即「民收民解」，農民不單按期按量繳糧，還要自行組織運輸；一句話：一條龍服務，負責到底。此項費用極其浩巨，史稱「民一點糧解，未有不賠累、破家、流涕、殞命者」，「江南力役重大莫如糧解」。[4]

第五條「十庫錢糧……不許私派擾民。」[5] 需要注意的，是「私派」二字。既申禁止，就可知其存在；並且，不到相當程度，顯然也無須上諭特申。

① 李天根《爛火錄》，浙江古籍出版社，1986，第 122 頁。
② 同上。
③ 同上。
④ 此外參引鮑彥邦《明代白糧解運的方式與危害》，其於「白糧」問題研究深入，文載《暨南學報（哲學社會科學）》1982 年第 3 期。
⑤ 李天根《爛火錄》，第 122 頁。

第十三條:「近因餉匱,派報營官富戶助餉,甚為騷擾。除曾奉明旨酌減外,其餘盡准豁免。但寇亂未靖,軍興不敷,各人亦應捐輸助國,以勵同仇,即照捐數多寡,分別甄錄。」⑥此條雖與普通民眾無關,卻同樣踰於法外,我們不因被「騷擾」者是富人,就覺得可以容納一種非法行徑。重要的是,這個朝廷已完全不講規矩,以致捐款都成為搞錢、勒索的方式。

第十四條:「關稅增加太多,大為商民之害。今止照崇禎三年舊額,徵解其正稅,之外一切新加、私派、捐助等項,盡行除免。如有額外巧立名色,婪行侵肥,大法不赦。至於柴米二項,原無額稅,近年自私設立,甚至藉名禁糶,索騙多端,殊為可恨,以後俱行裁免。又各關冗員、冗役為害商民,須撫按官嚴行清察,務令裁就原額,如徇情虛應,定坐通同之罪。」⑦此條所涉,係商業稅及財物流通中產生的收費。明朝的苛捐雜稅以及因腐敗而來的濫收、亂收,於茲洋洋大觀。詔書表明,明末之稅,除所謂「正稅」亦即依法而收的外,還以新加、私派、捐助等方式增設了許多別的稅。這需要特別注意,因為既然是「巧立名色」、亂增亂設,必然不列入財政統計之內,換言之,人民賦稅負擔實際遠遠大於官方匯總的數額。這些妄行增設的稅收,多少入了國庫,多少被地方和官吏「婪行侵肥」,只能是無法確知的謎。這且不論,更有一些費用,連「徵收」的名義都沒有,而是官吏們假公權直接從事「索騙」。詔書中提到「借名禁糶」,禁糶,是特殊情況(例如如災荒)下實行的糧食貿易管制⑧,卻被官吏藉以索賄、敲詐商賈。至於「各關冗員、冗役」一句,尤其可怕,它描繪出明末稅務機關因瘋狂斂財之需而膨脹不已,人員大超「原額」,形成一支「為害商民」的收費大軍,這種現象因有巨大利益驅動,似乎已成痼疾,致詔書一面厲命「嚴行清察」、「務令裁就原額」,一面非常擔心旨意被「徇情虛應」,根本得不到執行。

---

⑥ 同上書,第 123 頁。
⑦ 同上書,第 124 頁。附注:此段引文中「徵解其正稅,之外一切新加、私派、捐助等項」,點校者斷為「徵解其正稅之外,一切新加、私派、捐助等項」,筆者以為不當而改之,特說明。
⑧ 參葉向高《論本邑禁糶倉糧書》,陳夢雷等《古今圖書集成》,經濟彙編,食貨典,第一百一卷,荒政部,中華書局,民國二十三年影印。

十二天後，朱由崧正式即皇帝位，所頒即位詔書又有幾條關於減稅降賦的內容。如，民間交易（買賣田產、房產等），「先年稅契不過每兩二分三分，今已加至五分」，現規定「每兩止取舊額三分」；如，朝廷鼓勵開墾屯種，但官吏往往「新墾未熟而催科迫之」，致使民間全無積極性，現規定凡新墾之地都待「三年成熟後」再徵其賦，且「永減一半」。[①]

兩份詔書信誓旦旦的承諾，我們不必理會。以弘光朝的情形，且不說它是否真的準備做到，客觀講，也很難或不可能做到。但透過所列舉的那些擬予糾正、拗救的現象，我們對明朝末年的賦稅有了更多細節性認識。在這些細節面前，我們覺得「賦稅沉重」這樣一語話，現在是那樣不痛不癢、蒼白無力；我們甚至覺得那無法再稱為「賦稅」，而根本就是洗劫和強奪。

為此，引證一個材料。崇禎十六年，有無知生員名蔣臣者，於召對時建議：「鈔法可行，歲造三千萬貫，一貫直一金，歲可得三千萬兩。」什麼意思？就是大量印鈔。身為國家財政高官的戶部侍郎王鰲永，也罔顧常識地附議：「初年造三千萬貫，可代加派二千餘萬，以蠲窮民。此後歲造五千萬貫，可得五千萬金。所入既多，除免加派外，每省發百萬貫，以佐各官養廉之需。」因缺餉而抓狂的崇禎皇帝，對這種胡言亂語，居然立即採納施行。「乃設內寶鈔局，晝夜督造，募商發賣，而一貫擬鬻一金，無肯應者，京商騷然，卷篋而去。」[②]

這樣的國家，倘若還能維持下去，才是咄咄怪事。

九

所以，南京政權所幻想的延其國祚，根本是個無法完成的任務。我們不談賢愚正邪，也不談君是否明君、臣是否能吏，在弘光朝，這些其實是偽命題。都說「事在人為」，誠有是言，然而當國家信譽徹底透支的時

---

① 李天根《爝火錄》，浙江古籍出版社，1986，第 149 頁。
② 徐鼒《小腆紀年附考》，中華書局，2006，第 35 頁。

候，這句話只能改作「事不可為」。《明季北略》記：

> 崇禎末年，在京者有「只圖今日，不過明朝」之意，貧富貴賤，各自為心，每云：「韃子、流賊到門，我即開城請進。」不獨私有其意，而且公有其言，已成崩解之勢矣。[3]

並評論道：「當時政敝民玩如此，申酉之變，不察可燭。」「玩民」在先，於是「民玩」隨後。國家對人民極盡刻薄，人民對國家也就毫無眷戀。所謂「韃子、流賊到門，我即開城請進」，不是因為相信未來更好，只是知道沒法比現實更壞。

「萬曆末年，合九邊餉止二百八十萬。」「至四十六年，驟增遼餉三百萬。」僅「遼餉」一項即在原來整個邊防費用基礎上暴增一倍有餘。然而，「時內帑充積，帝靳不肯發。」明明有錢，卻捂住不用，非轉嫁於百姓，盤剝民間，且不斷加碼，橫徵暴斂數十年之久。百姓就像取之不盡的提款機，皇帝及其就食者似乎「爽」得不行，居然不知道何謂寅吃卯糧，等真需要錢時，卻發現提款機已不能工作。

這便是弘光朝的終極困境。跟二三十年前不同，此番朝廷真正缺錢，真正窘於財政。它最不可能就賦稅減這免那，卻偏偏在《監國詔》、《即位詔》中做出許多保證和承諾。我們與其視為謊言，不如視為笑話。事到如今，明朝已明了其所以落到這田地，根因即在榨民過度，為生存計，它必須停止壓榨。

然而事情的荒謬性在於，也是為了生存，它恰恰又必須繼續壓榨。一開始，弘光朝就處於這種二律背反的焦慮。討論《監國詔》條款時，向百姓讓步的幅度本來更大，提出「三餉」並廢，卻遭到史可法反對，要求僅廢「練餉」，而將「遼餉」和「剿餉」均予保留。這自非別人比史可法更「愛民」，而是史可法比別人更務實，知道實難盡免。

後來，李清《三垣筆記》的一筆敘述，等於為我們具體解釋了原因：

> 上（朱由崧）即位後，楚鎮及四鎮頻以匱告……楚鎮兵五

---

③　計六奇《明季北略》，北都崩解情景，中華書局，1984，第 350 頁。

萬餘，需銀一百八萬，四鎮兵各三萬，需餉二百四十萬，本色
一百萬。……京營六萬，需餉一百二十萬……復有江督、安
撫、蕪撫、文武操江，鄭鴻逵、鄭彩、黃斌卿、黃蜚、蔔從等八
鎮，共兵十二萬，計餉二百四十萬，合之七百餘萬。而大司農綜
計所入（一年全部財政收入），止六百萬。而七百萬之外有俸祿
國用之增，六百萬內有水旱災傷之減，太倉（國庫）既無宿儲，
內帑涸無可發，漕糧改折，此盈彼絀。①

收支懸殊，根本為負數；一年所入，不談全部國用，僅供應軍隊都
還差一百萬兩以上，而六百萬收入本身實際卻並不能保證，會因災害等減
少。所以說「七百萬之外有俸祿國用之增，六百萬內有水旱災傷之減」，
裏外出入，豈止是捉襟見肘？

況且李清所列賬單，只是「固定支出」，除此之外，還有大量隨機
發生的用款。讀書中，筆者隨手記下一些：甲申五月二十八日，晉平西
伯吳三桂為薊國公，「給誥券祿米，發銀五萬兩、漕米十萬石，差官齎
送。」②七月初四，組建以左懋第為首的北使團，「給銀三萬兩，為山陵道
里費。」③七月初九，命戶兵二部發銀十萬兩，以及與一千匹騾馬等值的銀
兩，「接濟山東撫鎮軍前急需」④，同日，御史陳藎奉命募兵雲南，給予餉
銀三萬兩。⑤八月，太后（弘光之母）由河南迎至，「十四日，諭戶、兵、
工三部：『太后光臨，限三日內搜刮萬金，以備賞賜。』」十六日，有關
內監為安置太后請求給予工科錢糧、宮中陳設用具等「約數十萬兩」，工
部等「苦點金無術，懇祈崇儉」，朱由崧「不聽」，結果不詳（料不能完
全應命）。十七日，工部侍郎高倬報告，為迎迓太后，光祿寺已「費銀
六千八百六十餘兩，廚役衣帽工料銀九百四十餘兩」。⑥九月二十日，「給

① 李清《三垣筆記》，中華書局，1997，第108-109頁。
② 李清《南渡錄》，《南明史料（八種）》，江蘇古籍出版社，1999，第147頁。
③ 溫睿臨《南疆逸史》，中華書局，1959，第4頁。
④ 李天根《爝火錄》，浙江古籍出版社，1986，第271頁。
⑤ 同上書，第367頁。
⑥ 計六奇《明季南略》，中華書局，1984，第83-84頁。

黑洞：弘光紀事

河南巡撫越其傑十五萬兩，令募兵屯田。」⑦乙酉年春，籌備弘光皇帝大婚，僅採辦禮冠一項，「需貓睛、祖母碌，又重二錢珠及重一錢五分者數百粒，又一錢及五分珠千粒，監臣商人估價數十萬」，戶、工二部和京兆三方，百般努力，措得二萬餘兩，「內府執言不足」，後經聖旨「定為三萬」。⑧而據《爝火錄》，除禮冠外，還有「常冠一萬兩」⑨。餘如，宮中銀作局僱用工匠一千人，「人日給工食銀一錢二分，每月支銀三千六百兩」，全年四萬三千二百兩⑩……凡此種種，不一而足，它們都不在《三垣筆記》七百餘萬兩兵餉之內。

十

我們曾一再說，南京弘光政權坐擁東南「天下財賦所出之地」，物力充裕。那是相對而言。跟滿清或大順、大西比，它的條件算最好的。不過，此時江南今非昔比，一來戰亂年代，生產較承平時大降，二來多年重賦，民力早剝光抽盡，三來上天示儆，《爝火錄》載：「大旱，自五月至是（甲申十一月）不雨。」⑪也就是說，從朱由崧登基起，江南春、夏、秋三季無雨，旱情十分罕見。祁彪佳日記也屢次提到大旱，並記下自己作為地方官率民眾祈雨的情形。八月二十八日，戶科吳適奏言：「舊都草創，一事未舉，萬孔千瘡，憂危叢集。又況畿南各省是處旱災……」⑫，這場大旱對弘光朝確如「屋漏偏遭連夜雨」，歷來富甲之江南，在這一年其實是老牛喘汗，力所不支，民生倍艱，吳江詩人潘檉章描述說：「升斗竭所餘，滿腹輒廢厄。」⑬靠乞食和別人賙濟弄點飯吃，所謂詩酒風雅，全然談不上的。

即便朱由崧本人，我們也不能說他鋪張奢侈。例如前面引述過乙酉年

---

⑦ 溫睿臨《南疆逸史》，第4頁。
⑧ 李清《三垣筆記》，第110頁。
⑨ 李天根《爝火錄》，第444頁。
⑩ 李清《三垣筆記》，第109頁。
⑪ 李天根《爝火錄》，第367頁。
⑫ 同上書，第309頁。
⑬ 潘檉章《和陶乞食詩贈乞食諸君》，錢仲聯主編《清詩紀事·明遺民卷》，二，江蘇古籍出版社，1987，第779頁。

春他為自己辦婚事，花了三四萬兩銀子做禮冠，似乎相當破費，然而跟他父親、老福王朱常洵當年相比，卻只能稱為寒酸。朱常洵的身份不過是親王，連皇太子都不是，可萬曆皇帝為了給他辦婚事，單單蓋房子就花了二十八萬兩銀子，婚禮上再用掉三十萬兩[1]，真是揮金如土。後來，為朱常洵「之國」，萬曆皇帝又賞田四萬頃為他送行[2]，派出「舟千一百七十二艘、從卒千一百人」[3]的嚇人船隊，滿載而往。所以，朱由崧以堂堂帝尊，結婚有幾萬兩可用，草民雖不免咋舌，在他卻已算是克奉節儉、委屈之至了。

當臣工們屢以國用不支提請凡事從簡，壓低甚至回絕他的某項開銷時，朱由崧也不耐煩、也曾摔臉色，不過他的生活確實談不上花天酒地，那倒不是因為其品質較父親、祖父為佳，而是實在沒有條件供給他那樣的生活。他這個皇帝，當得比較憋屈。從登基之日起，財政問題就像繩索一樣，始終纏繞着他。《監國詔》、《登極詔》裏那樣的漂亮話，若在過去各朝，都是說說而已，對朱由崧卻可不是什麼漂亮話，而是必須面對的現實。

按李清開出的賬單，弘光朝即便緊緊巴巴過日子，一年起碼也有一百五十萬兩左右的窟窿。到處都在伸手要錢。史可法督師揚州啟程前，上《請頒敕印給軍需疏》，詳細開列了大炮、鳥銃、刀槍等「各項軍器」造買費用，要求授權他支配「貯淮揚之銀」、「泊河湖之米」、「解北之銀」，外加「二三十萬金，攜帶前行」。[4]五月二十九日，時任巡撫應天安徽等處御史的左懋第，上疏索要長江戰船，說：「即以水兵六千計之，亦須少舡三百餘隻，或募或造」，戰船之外，如「水陸士卒、火藥器械之類」所費，也應「次第計算，請命施行」。他沒有提出具體數額，但想必該是一大筆錢。[5]乙酉年二月十三日，督餉侍郎申紹芳報告，兩淮運使所押解的白銀一萬兩，居然被總兵鄭彩擅自「截留」。[6]同年三月二十一日，汝寧總兵

---

① 張廷玉等《明史》卷一百二十，中華書局，1974，第 3649-3650 頁。

② 同上書，第 3650 頁。

③ 談遷《國榷》，中華書局，2005，第 5072 頁。

④ 史可法《請頒敕印給軍需疏》，《史忠正公集》，卷一，商務印書館，民國二十五年，第 4 頁。

⑤ 李天根《爝火錄》，浙江古籍出版社，1986，第 202 頁。

⑥ 同上書，第 400 頁。

劉洪起，「以缺餉撤兵還楚」⑦……

　　說是要「與民休息」，實際容不得「休息」。朝廷第一要務便是搞錢，我們不清楚承諾蠲免的各項是否果行，卻看見了不少「開源」、「創收」的新辦法、新品種。例如，增設酒稅。「馬士英奏沽酒，每斤定稅一文。」⑧一旦增設，即遭爭搶，插手部門多達十一個，戶部尚書張有譽反映：「京城糟坊不滿百，酒每斤稅錢一文，既委府佐，又責五城，凡十一衙門，豈成政體！」⑨又如，增設洋稅即出海稅：「馬士英疏請設洋稅，開洋舡每只或三百兩，或二百兩，設太監給批放行，於崇明等縣起稅，如臨清關例。」⑩又如，「納銀充貢」：「廩生納銀三百兩，增生六百兩，附生七百兩。」⑪幾個名詞代表明代府州縣官學學生的不同種類，廩生相當於正牌公費生，增生是擴招生，此外又額外增取、附於諸生之末者，稱「附生」。古代學而優則仕，諸生將來前途是拔貢（進入國子監），然後有做官資格。所以「納銀充貢」實即變相賣官鬻爵。又「免童生應試」，「上戶納銀六兩，中戶四兩，下戶三兩」，溧陽知縣李思謨因拒不執行這項政策，竟遭「特降五級」處分。⑫不久，變相賣官變成明碼標價：

> 武英殿中書納銀九百兩，文華中書一千五百兩，內閣中書
> 二千兩，待詔三千兩，拔貢一千兩，推知銜二千兩，監紀、職方
> 萬千不等……至乙酉二月，輸納富人授翰林、待詔等官，故更
> 云「翰林滿街走」也。⑬

　　計六奇回憶說，這樁買賣還頗為興隆：「予在書齋，今日聞某挾貲赴京做官矣，明日又聞某鬻產買官矣，一時賣菜兒莫不腰纏走白下（南京別稱）。」⑭中國人普遍有做官夢，朝廷既然肯賣，想過一過官癮的人也很踴躍。

---

⑦　同上書，第 419 頁。
⑧　同上書，第 345 頁。
⑨　同上書，第 375 頁。
⑩　同上書，第 346 頁。
⑪　同上書，第 361 頁。
⑫　計六奇《明季南略》，中華書局，1984，第 98 頁。
⑬　同上書，第 98-99 頁。
⑭　同上書，第 99 頁。

此外，尚有許罪官輸銀自贖、命官員佐工（捐款）等招數，不一而足。過去，把「拜金主義」按在資本主義頭上，好像只有資本家才掉在錢眼兒裏。其實「封建主義」何嘗不愛錢？眼下，明朝便毫不掩飾「金錢至上」的嘴臉，為了錢，禮義廉恥全顧不上了。

說來亦屬無奈，該收的錢很多收不上來，例如，「兩浙巡鹽李挺欠課二十六萬兩」[1]，蘇州、松江兩府三年欠徵三百十一萬八千五百兩，已徵而未上繳九十五萬六千多[2]。朱由崧急眼了，和朱家諸先帝一樣，他開始疑心大臣辦事不利，而派所信任放心的閹奴到地方催要。五月十五日，登基當天，即命太監王肇基前往浙江督催金花銀，被高弘圖勸阻，朱由崧畢竟剛從監國「轉正」，不便堅持，乃「責成撫按嚴催，不許怠玩」。[3]過了幾個月，他不再客氣，「遣司禮監太監孫元德往浙閩，督催內庫及戶工二部一應錢糧」，「凡年額關稅、兩浙鹽漕、備練商價、給引行鹽，一概隨解。」[4]

事情周而復始。僅數月，曾經以「與民更始」面目出現的弘光政權，便打回原形。有御史名彭遇颺者，在《爝火錄》中是個反面人物。他對馬士英說：「岳武穆言大誤，文臣若不愛錢，高爵厚祿何以勸人？武臣必惜死，方養其身以有待。」他主動請纓「募兵十萬」，別人問他「餉從何出」，答：「搜刮可辦也。」[5]我觀其言，倒不失坦率。「文官不愛錢，武將不怕死」是岳飛名言，彭遇颺敢於駁斥，道德上可鄙，證之以現實反而不錯。至於「搜刮可辦」，更是不折不扣的大實話。不搜刮怎麼辦？敢問有誰能夠不搜刮而搞到銀子？果不其然，我們看到後來戶部正式奏請，在徽、寧等府「預徵來年條銀」[6]，朝廷又回到寅吃卯糧的老路上了。

八月，與弘光帝和太后她老人家母子團聚的同時，在內臣親自坐鎮督催錢糧的浙江，「東陽民變」復起。先是，「縣令姚孫榘（《爝火錄》

---

① 李天根《爝火錄》，浙江古籍出版社，1986，第 395 頁。
② 同上書，第 396 頁。
③ 同上書，第 243 頁。
④ 同上書，第 344 頁。
⑤ 同上書，第 345 頁。
⑥ 同上書，第 443 頁。

作「姚孫槼」）藉名備亂，橫派各戶輸金」，當地一名叫許都的富戶，被坐「萬金」，卻只拿出來幾百兩，姚孫槼大怒，「指為結黨造反，執而桎梏之，時輸金者盈廷，哄然沸亂」，在縣衙當場把姚孫槼拖到堂下痛打，後陳子龍與許都友善，以免死說其自首而已，不料浙江巡撫左光先背信，誅殺許都等，復激事變，左光先調兵鎮壓，致東陽、義烏、湯溪數地民眾「各保鄉寨拒敵」，而官兵大敗。[7]

此事後雖平息，卻像一道醜陋的傷疤，刻在弘光朝面黃肌瘦的臉上。

十一

關於明末財政，歷來談得最多的是拮据。無論在當時臣工奏章，還是後人史論中，缺餉、逋欠、災減之類字眼，隨處可見。這些，都突出了一個「無」，令人們注意力容易放在所謂「困難」上，進而把原因歸之於動亂、戰爭、天災等「客觀因素」或「不可抗力」。

其實，明末財政問題的癥結並不在此，比所謂「困難」更嚴重的，是「亂」。它比較隱蔽，內在於體制之中，缺乏透明性，極易被所謂「困難」所掩蓋。戰爭消耗多少、一年賦稅欠收多少、天災造成糧食減產多少，這些數字可以統計出來，明明白白擺在那兒。但是，有多少錢因制度之故暗中化於無形，不單普通民眾不知道，甚至連政權及其官僚系統本身往往也不清楚。這是最可怕的地方。

甲申五月二十六日，御史米壽圖疏論「清核錢糧」。他說：

> 軍興以來，民間搜括已盡，庫藏空虛已極，今加派已荷新諭蠲免，而朝廷之有仍還之朝廷。如先帝發造舡銀兩，果否造舡若干？費銀若干？餘銀若干？如發興屯銀兩，今屯未興而原銀化為烏有。若置之不問，亦可惜矣。諸如此類者，當察明清理，為兵餉之用。……今後不論是何衙門，有一官便有一官職掌，不得

⑦　文秉《甲乙事案》，《南明史料（八種）》，江蘇古籍出版社，1999，463-464 頁。

坐耗儲糈，見害則避，見利則趨，須改弦易轍，實心為國雪恥復
仇，以盡臣職。①

他提出的問題非常值得注意：許多錢下落不明且不被追究，成為無頭
賬。從他的敘述，我們發現兩點：第一，不是貪污造成（雖然可能存在貪
污），而是制度混亂所致，疏漏百出，支取、投放之後並不隨以嚴格的審
計；第二，這裏只舉了軍隊造船、屯田用銀兩個例子，但推而可知必不限
於此 —— 制度相同，既然此處稀鬆，它處也絕無嚴謹周到的道理。

還有一種情形。例如乙酉年二月二十二日，御史鄭瑜糾朱大典先前任
漕撫時「侵贓百萬」。聖旨批答：「朱大典創立軍營，所養士馬豈容枵腹？
歲餉幾何？不必妄計。」② 鄭瑜所糾固然有不屬實的可能（不負責任或出
於派系的糾彈並不少見），但聖旨的批答也實在糊塗得緊。糊塗之一，僅
憑推測、未經核實，即假定那筆錢用於軍餉開支；糊塗之二，就算用於軍
餉，漕銀是漕銀，軍餉是軍餉，兩筆款子應按規程各自收發，豈能隨意混
淆、處置？這都顯示制度本身太過苟且。

現象顯現於財政，但根子在別處。如果朝廷能夠認識到手中錢一毫一
厘都來自百姓 —— 像本文開始所說 —— 國家的作用不過是匯聚民力、代
為管理並使之用於國家共同利益，它還會這樣玩忽人民錢物嗎？問題就在
於朝廷把人民的錢，看成了自己的錢，怎麼用都是它的自由，糟蹋掉也可
以不負任何責任。

所以，不足是一回事，濁亂是另一回事；不足雖然堪憂，濁亂卻能致
命。在濁亂的制度下，錢再多也毫無意義，它們也許花得全不是地方，也
許相當一部分被揮霍、浪費和私吞。相反，即便不足但管理有序、使用恰
當，卻仍可切實辦成一些事。

既然濁亂帶來巨大弊端，為何不採取健全、嚴謹的制度加以克服？答
案也簡單：濁亂，其實是被喜歡和需要的。世上立權為私的制度，往往有
意留下一些不周密、潦草、含混之處，給「特權」以迴旋空間。專制政體

---

① 李天根《爝火錄》，浙江古籍出版社，1986，第 190 頁。
② 同上書，第 403 頁。

喜歡人治、迴避法治，歸根到底即因法治會剝奪某種特殊的「自由」，人治則有利於保存這種「自由」，使一小部分人最大限度享受權力帶來的利益。因此從經濟上講，專制政體就是通過掌控權力，確保少數人利益集團在社會分配秩序中的優先地位不被動搖。這種循權力大小搭建起來的分配秩序，完全比照着弱肉強食的動物法則。首先，在自己和人民之間，劃出一道界限，形成單獨的圈子，來分享比人民大得多的利益。其次，在他們內部，也有一些預設的規則。比如，君權強固時由皇帝及其親眷攫取最大好處；君權贏弱時，主要利益份額向權臣轉移，後者因此得到一個屬於自己的瘋狂撈取的黃金時間 —— 歷史上，這種時間通常出現在王朝末年。

我們看明朝中期到晚期，便一直保持着兩個勢頭。一是貪慾本身在提速，二是貪慾的主體逐漸交接。

王世貞《弇山堂別集》卷六十七「親王祿賜考」、「各府祿米」、「諸子公主歲供之數」，載有自國初至嘉靖之間，皇族歲貢、賞賜等錢物額度的變化和比對。《明史》食貨志也記載着「仁、宣以來，乞請漸廣」，至憲宗「皇莊之名由此始」，大量田畝被皇室、宗藩侵奪的具體資料。[3] 對裏面的資料略事研究，就可清楚看見貪慾提速的軌跡：大致，中期以前雖一直也在上升，但趨勢尚緩，中期起突然加速，歷正德、嘉靖、萬曆三朝，逐浪而高，萬曆末年登峰造極。萬曆皇帝一生的聚斂事業，斬獲驚人，殊為盡興。然而達此成就的同時，他也使朱姓皇朝千瘡百孔，遍體潰爛，很多史家同意這樣的結論：明朝之亡，亡於萬曆。

崇禎有句名言：「朕非亡國之君，諸臣盡亡國之臣耳。」[4] 貌似警人耳目，卻從根子上便錯了。他光顧給自己打分，覺得算不上亡國之君，卻忘掉之前幾位皇帝都很有亡國天分，早把亡國之事辦得差不多。到崇禎這兒，猛然發覺祖宗基業完蛋在即，試圖不當亡國之君，卻為時已晚。所謂「臣盡亡國之臣」，想把責任一古腦兒推到臣屬身上，實在並不厚道。

---

③　張廷玉等《明史》卷七十七，中華書局，1974，第 1886-1889 頁。
④　彭孫貽《平寇志》，卷之八，上海古籍出版社，1984，第 189 頁。

和自然界道理相同，獅子垂垂老矣或力所不支時，次一等的掠食者也就開始大顯身手。他們一直垂涎欲滴地等着，眼下豈容坐失良機？這個次級貪忮系統接替皇族貪忮系統開始瘋狂運轉的標誌，是魏忠賢集團出現。魏忠賢有如一團酵母，匯集了官僚階層的各種腐敗菌群，以最快的速度生長。

明朝從此進入君弱臣強、臣貪甚於君貪的格局，從天啟、崇禎到弘光，都是如此。喜歡當木匠的天啟皇帝，完全被魏忠賢玩於股掌。崇禎皇帝似乎強勢，不斷砍大臣腦袋，但這僅為表像而已。別的不說，那位兩次入閣拜相的周延儒，「賄來不逆，賄歉不責。故門人親故，自賄及為人行賄，不拒也。」[1] 不光本人受賄，兄弟受賄，連兄弟的親家翁也大肆招賄：「路禮曹邁，與正儀（周延儒之弟）為兒女姻，復為招搖，候選候考者多趨焉。於是有以七千求詞林，五千求科，三千求道者。邁尋改吏部。」[2] 索性直接從禮科調到吏部，專司幹部人事任用。又如皇家特務機關東廠，其辦案人員的方式是「擇肥而攀，俟罄擄既飽，然後呈廠」。[3] 亦如皇帝心腹錦衣衛，《三垣筆記》記其金吾吳孟明，「緩於害人，而急於得賄」，下面報來某案，並不直接捕人，「必故泄其名，沿門索賂，賂飽乃止。」[4] 甚至相互配合，形成「索賄一條龍」。當時一個很有名的言官吳昌時（後被處決），就和東廠達成默契，凡因行賄受賄受到偵緝的，先通報吳，由吳前去索數千金「方免」。更有甚者，吳昌時對此不但不隱諱，反而洋洋得意，屢對人言，李清說他就親眼曾見。[5]

及至弘光，君弱臣強格局益發明顯。此時，權力集團作為一個饕餮團夥，權臣已據主席，君上反而叨陪末座，只是從中取一杯羹而已。朱由崧並非不欲多得，問題是得不到。天下之壞，令他處處須仰仗權臣；皇位得之於此，苟安復得之於此，哪裏能討價還價？九月二十八日，當淮揚巡撫田仰受大帥劉澤清慫恿，額外替後者「請餉」時，朱由崧答：

---

① 李清《三垣筆記》，中華書局，1997，第 188 頁。
② 同上書，第 183 頁。
③ 同上書，第 4 頁。
④ 同上書，第 4 頁。
⑤ 同上書，第 5 頁。

東南餉額不滿五百萬，江北已給三百六十萬，豈能以有限之財，供無已之求？田仰着與劉澤清從常措辦。⑥

　　語氣不掩怏怏，顯出心理的不平衡。這種不平衡，看看朱由崧迎接母后及為自己辦婚事時，在花錢上如何不能暢懷，即不難了解。從頭到尾，朱由崧沒有當過一天「像樣」的皇帝，不論在權力上，還是金錢和享樂上。他留下了不好的名聲，然而加以核實，無非是看看戲以及太后薨臨前派人到民間「徵女」。坊間傳說他在宮中如何縱淫腐化，據李清講皆為不實之詞。當然，並非他不想那樣。他也曾派人到各省直接搞錢，但實際搞到多少又是另一回事。他最後作為俘虜從蕪湖押回南京時，「以無幔小轎入城，首蒙包頭，身衣藍布衣，以油扇掩面」⑦，這寒酸的形象，仿佛又回到一年前作為福王被迎至南京的光景。

　　反觀眾權臣，卻風光無限。其中，武臣大帥儼然一方諸侯，享受獨立王國待遇，賦稅獨吞，過着帝王般生活。「時武臣各佔分地，賦入不以上供，恣其所用」⑧。有人對此提出批評，然而設四鎮時卻明確宣佈，那是強勢的將軍們「理應」得到的。他們中較好者如高傑，心中還有職責，願以所積用於軍務、積極北進。但這僅為個例，其餘武臣，全都只顧窮奢極慾，而且沒有止境。最肆無忌憚的是劉澤清，他在淮安「大興土木，深邃壯麗，日費千金」⑨，「四時之室具備，僭擬皇居」⑩，規制比照皇宮。甲申年秋收後，各鎮臣立即展開瘋狂掠奪，御史郝錦奏：「各鎮分隊於村落打糧，劉澤清尤狠，掃掠民間幾盡。」⑪但恰恰此人，偏偏還要哭窮，唆使地方官為他額外「請餉」。

　　對四鎮所擁特權，別的武臣不免妒嫉而加攀比。七月十四日，操江（長江防務及水師統帥）劉孔昭上疏要求增加經費，特意詳細援引四鎮軍餉額度，及「田土聽其開墾，山澤聽其開採，仍許於境內招商收稅」等優

---

⑥　李天根《爝火錄》，浙江古籍出版社，1986，第 332 頁。
⑦　計六奇《明季南略》，中華書局，1984，第 224 頁。
⑧　李天根《爝火錄》，第 236 頁。
⑨　同上書，第 332 頁。
⑩　計六奇《明季南略》，第 31 頁。
⑪　李天根《爝火錄》，第 418 頁。

厚政策，加以對照，大談自己的困難，如何「水師與陸師不同」，又如何「今日防江甚於防邊」，總之，擔子既比四鎮重，兵餉亦應比四鎮優；並抱怨此前兩次致函有關方面，而「旬日以來，未見議覆」。[1] 實際上，操江大人並無意於江防，而只是借題撈一把。後來，弘光從南京出奔，想投靠他，他閉關不納，隨即自己逃走，「自太平掠舟順流而東」，「滿載白糧入海」[2]。

文職要員，無軍餉可侵吞，亦無收稅、「打糧」之特權，卻有官爵可賣。關於阮大鋮如何「賄足而用」，我們已在別處備說頗詳，這裏再舉一例。有一次，他對人這樣說：

> 考選某某，以二千金相送，推之不去。往我居省桓時，兩人各送一卮，皆白物（銀質）耳，今則黃（金質）爵，不納不已。[3]

「推之不去」和「不納不已」，既畫盡阮氏之厚顏，亦極寫朝中賄風之熾。阮大鋮有一個幫手，亦即賴彼之力當上吏部尚書的張捷：「是時張捷秉銓，部務皆阮大鋮一手握定，而選郎以貪黷濟之，吏道龐雜已甚。」[4]

不過，阮大鋮雖稱巨貪，卻並非弘光朝官風的典型。因為他一面貪忮，一面還搞黨爭，卷在意識形態當中。典型的弘光官僚，應是馬士英一類。官場爭鬥，一般意在政治，而馬士英積極爭權，卻純為奪利。他政治野心的腳本上，只寫着一個字：「錢」；所謂「爭權奪利」，到他這兒才真正歸於一體。他奮勇出頭擁立福王、以重兵挾迫朝廷撐走史可法、與阮大鋮結盟等，都沒有多少意識形態色彩，並非要搞「路線鬥爭」，只是搶下權柄以便搞錢。他對政治立場並不關心，祁彪佳被阮大鋮排擠辭職時，他託人帶口信，清楚表明了這一點；一切人和事，只要不有礙他搞錢就好。他任首輔後，呼朋引伴，資源分享，周圍迅速形成一個貪賄集團。六月十三日，呂大器下臺前告了馬士英一狀，歷數「其子銅臭為都督，女弟

---

① 李天根《爝火錄》，浙江古籍出版社，1986，第 279 頁。
② 徐鼒《小腆紀年附考》，中華書局，2006，第 369 頁。
③ 李清《三垣筆記》，中華書局，1997，第 108 頁。
④ 李天根《爝火錄》，第 372 頁。

夫未履行陣為總戎，媾姬（即姻姬，媾同姻，泛指姻親）越其傑、田仰、楊文驄先朝罪人，盡登臐仕（即高官厚祿。這裏連同前半句，用《詩・小雅・節南山》典：「瑣瑣姻亞，則無臐仕。」）亂名器。」⑤ 只要沾親帶故，俱委肥缺，而此時距他得位才不過一個來月。有個小故事：

> 馬士英黷貨無厭，賄賂千名百品，日令僧利根次其高下。總憲李沾進帶，士英不之重也，囑利根譽為至寶，士英轉以獻帝，亦囑中宮讚其非常，帝每束以視朝。⑥

故事說，馬士英因賄物實在過多，就專門聘用一位利根和尚，每天替他鑒定諸物品質。這利根和尚，大概是當時的「鑒寶」權威。左都御史李沾進呈一條玉帶，馬士英瞧不上，卻讓利根和尚吹噓為至寶，轉送給朱由崧，讓左右太監把利根和尚的鑒定意見轉告朱由崧。可憐朱由崧無知受騙，信以為真，經常束着這條帶子臨朝視事。此事似令人想到「指鹿為馬」之類典故，細辨輒不同。趙高戲君出於權奸的驕橫，馬士英耍弄朱由崧卻只關乎錢財，把後者作為「假冒偽劣」受賄品的去處。

任何人稍具理智，都無法理解以朝不保夕的國勢，弘光文武大員為何如此瘋狂聚斂？而斂來巨額財富又置之何地？但轉而一想，身在那種利益集團，權力和制度對他們做出的強烈暗示，原本在此。正像藝術家「為藝術而藝術」，他們是「為撈而撈」，這種身不由己、飛蛾赴火般的衝動，必欲一逞而後快。

乙酉五月十一日，馬士英從南京倉皇出逃，率衞卒三百從通濟門出，「門者不放，欲兵之。乃出私衙元寶三廳，立刻搶盡。」⑦ 他逃走後第三天，興奮不已的南京市民，衝入其在西華門的府宅，及其子馬錫位於北門橋的都督公署，大肆搶掠。「次掠及阮大鋮、楊維垣、陳盟家，惟大鋮家最富，歌姬甚盛，一時星散。」⑧ 其中，馬士英家「有一圍屏，瑪瑙石及

---

⑤ 同上書，第 237 頁。
⑥ 同上書，第 366 頁。
⑦ 計六奇《明季南略》，中華書局，1984，第 214 頁。
⑧ 同上書，第 216 頁。

諸寶所成，其價無算，乃西洋貢入者。百姓擊碎之，各取一小塊即值百餘金。」[1]

清兵入城，未及逃走或留下迎降的官員們，紛紛解囊討好新的統治者，「致禮幣有至萬金者」[2]。禮部尚書錢謙益，刻意不拿錢，只獻出一些物品，「蓋表己之廉潔也」。然瞧瞧這份禮單，亦知所謂「廉潔」若何：

> 太子太保禮部尚書兼翰林學士臣錢謙益百叩首謹啟。上貢計開：鎏金銀壺一具，法琅銀壺一具，蟠桃玉杯一進，宋製玉杯一進，天鹿犀杯一進，夔龍犀杯一進，芙蓉犀杯一進，法琅鼎杯一進，文王鼎杯一進，法琅鶴杯一進，銀鑲鶴杯一進，宣德宮扇十柄，真金川扇十柄，弋陽金扇十柄，戈奇金扇十柄，百子宮扇十柄，真金杭扇十柄，真金蘇扇四十柄，銀鑲象箸十雙，右啟上貢。[3]

此件是當時為豫王多鐸做登記工作的王佐親眼所見，抄錄後帶出，應屬可靠。至於這些東西佔錢氏家財幾何，我們是無從估計的。

十二

乙酉年五月十四日忻城伯、京營戎政總督趙之龍縋城而出，遞降表於豫王多鐸；次日，大開洪武門恭請多鐸入南京。以此為標誌，弘光政權結束。同時意味着，明朝作為全國性政權、從「國家」意義上消失。

這也是南京首次以中國首都的地位，為外國軍隊所佔領。

在這背景下，發生了既令人震驚又耐人尋味的場景：五月二十五日，弘光皇帝朱由崧被押回，當他所乘小轎穿行於南京街道時，「夾路百姓唾罵，有投瓦礫者」。[4] 這是在外國佔領軍的注視下，百姓對自己的前國家元

---

① 計六奇《明季南略》，中華書局，1984，第 214 頁。
② 李天根《爝火錄》，浙江古籍出版社，1986，第 476 頁。
③ 同上書，第 366-367 頁。
④ 計六奇《明季南略》，第 224 頁。

黑洞：弘光紀事

首做出的舉動。南京人民不歡迎滿清佔領，但是，他們仍然明確表達了對明朝的唾棄。這是兩個單獨的問題，它們並不矛盾。

我們也記得，崇禎末年，北京市民有「只圖今日，不過明朝」的民諺，用一語雙關方式，曲折道出對「明朝」的厭倦。

明朝百姓沒有感覺到幸福。他們認為在這樣一個社會裏，自己受到了過於嚴重的剝奪。本文耗數萬言，細針密縷，羅列和爬梳種種數字，都是為此提供一些實證。

約翰·羅爾斯說：

> 一個正義制度必須形成自我支持的力量。這意味着它必須這樣被安排：使它的社會成員產生相應的正義感，以及為了正義的理由而按照它的規範行動的有效慾望。[5]
>
> 一個組織良好的社會是一個被設計來發展它的成員們的善並由一個公開的正義觀念有效地調節着的社會。因而，它是一個這樣的社會，其中每一個人都接受並了解其他人也接受同樣的正義原則，同時，基本的社會制度滿足着並且也被看作是滿足着這些正義原則。[6]

他強調制度設計問題，認為制度是否形成支撐，並非從外部徵集和尋求而來，而在於要讓正義原則預置於制度內部；只要做到這一點，無須號召和鼓動，社會成員自然能夠主動和由衷地擁戴、熱愛這一制度。

他還探討了制度間的競爭：

> 一個正義觀念，假如它傾向於產生的正義感較之另一個正義觀念更強烈，更能制服破壞性傾向，並且它所容許的制度產生着更弱的不公正行動的衝動和誘惑，它就比後者具有更大的穩定性。[7]

---

[5] 約翰·羅爾斯《正義論》，中國社會科學出版社，1988，第 252 頁。
[6] 同上書，第 440-441 頁。
[7] 同上書，第 441 頁。

中國古代社會，不缺乏正義的理念，只是缺乏將理念轉化為制度設計的能力。儒家思想體系，雖然尊崇君權，但並不一味充當君權的馴服工具，它的「民本」原則，在古代世界各政治、倫理思想體系中，具相當的先進性。正因此，每當朝代更迭之際，新的統治者都不得不推出若干惠民政策，作為與民更始的表示。

但是，儒家思想體系終究不能前進一步，從理念拓展到制度建設。重「道」輕「器」，止於明道、論道而不輔之以形而下制度層面的精確設計，是吾國文明一大弱項。以為有好的理念，就會有好的現實。這使得儒家倫理最後往往陷於空談，那些正派、正統的儒家官僚，能夠在言論上發表極好的見解，卻無法轉化、落實於有效的政治實踐。

二千多年，中國所以在王朝週期性震盪中徘徊，根子就是不能突破制度瓶頸。由於未從制度上解決問題，便只好通過舊朝爛透、再換新朝的辦法加以緩解，如此循環往復、故伎重演。人民所能指望的，無非是「多行不義必自斃，子姑待之」，苦苦等待當朝貪飽吸足、自取滅亡，然後藉着新朝新氣象，過上幾天好日子。這種節奏從未改變。1644-1645 年之間，中國也是如此。

Chapter 7

民心‧頭髮

我們不把滿清在北方進展順利，視為北方民眾怯懦的結果；也不認為南人在抗清中的奮不顧身表現，可以將歷來的南人柔弱、北人剽悍這種看法加以顛倒。一般來講，北人勇鷙，南方民風偏軟，是客觀特點。明清代際南北民眾的表現，所以各反其常態，並非民風有變，而是別有原委。

峰巒如聚，波濤如怒，

山河表裏潼關路。

望西都，意躊躕。

傷心秦漢經行處，宮闕萬間都做了土。

興，百姓苦；亡，百姓苦！[①]

這支題為《潼關懷古》的《山坡羊》，乃元人張養浩所作。天曆二年（1329），「關中大旱，飢民相食，特拜陝西行臺中丞。既聞命，即散其家之所有與鄉里貧乏者，登車就道，遇餓者則賑之，死者則葬之。」[②] 想來，此曲或即張養浩途經潼關，感念交集而就。到任後，他未嘗家居，止宿公署，晝出賑飢，晚歸祈禱，「終日無少怠。每一念至，即撫膺痛哭」[③]。積勞過度加上無盡憂傷，這六旬老者終致不起，短短四個月殉職於任上。就此言，《潼關懷古》或是張養浩一生所作散曲的絕筆。其間，「宮闕萬間都做了土」，書盡歷史之可悲與不公；緊跟其後那句「興，百姓苦；亡，百姓苦！」湧自肺腑，撕帛裂雲，一吐為千古歎。

但恐怕張養浩亦不能料，時隔三百年，令他感慨萬端的潼關，將再次如火如荼演繹「興亡」一幕。崇禎十六年十月初六，「李自成陷潼關，督師尚書孫傳庭死之。」[④] 西安門戶為之洞開，僅六天，西安告破。翌年正月初一亦即甲申年元旦，李自成建大順國，次日發兵，出潼關進軍北京。四個月後，從原路敗回，再過潼關。當年十二月下旬至翌年（1645）一月中旬，順清兩國集結大軍在潼關決戰。一月十二日潼關陷落，李自成率部從西安南逃，從此流竄。

一年多內，潼關迭面世變。李自成四過潼關，兩番得意，兩度失意。他先以「寇」入、以「帝」出，數月後相反，以「帝」入而以「寇」離。

---

① 蕭善因選注《元散曲一百首》，上海古籍出版社，1982，第48頁。
② 宋濂等《元史》卷一百七十五，列傳第六十二，中華書局，1976，第4092頁。
③ 同上。
④ 張廷玉等《明史》卷二十四，中華書局，1974，第333頁。

在他，此可謂成王敗寇、一線之間。但三百年前，為救濟飢民而來的張養浩，置身歷盡興亡的潼關，心中只想到三個字：百姓苦。

二

一部二十五史，所述無非興亡。然而，這字眼之於庶民卻可以說沒什麼關係。興也好，亡也罷，舊符換新桃，無非你方唱罷我登場。那些憂君之傷、亡國之痛，寫滿史冊，其實都是士夫臣子的情懷，與真正的庶民多半無關。問題在於，修史的能力及權力，握於後者之手，庶民何感何想，後人其實概無所知。而這往往成為盲點，使人不知不覺中以為正史野史的主題和感情，能夠反映時世、代表民心。

那是沒有的事。真實的時世、民心怎樣？崇禎末，北京流傳民諺：「只圖今日，不過明朝。」一語雙關。又說：「韃子、流賊到門，我即開城請進。」[5] 對於明亡，不悲痛，不眷戀，一言以蔽之，痛癢無關。這朝廷、這國家，不以人民願望而建，亦不曾就任何事情聽取人民意見，人民沒有認同感，亡與不亡，干我何事？所以趙士錦才目睹了北京居民如下表現：三月十九日晨，北京全城告破，「至午後，百姓粘『順民』二字於帽上，往來奔走如故。」[6] 城破前，北京人確實感到恐慌，因為他們不知道是否會大禍臨頭，等到傳來消息「好了好了，不殺人了」，馬上恢復平靜。「奔走如故」幾個字，盡現民眾的無動於衷；佔領軍要求帽上粘「順民」二字，無非一是表示順服，二來寓有「大順子民」之意，對此，大家也毫無心理障礙地接受。一代王朝轟然倒地，這場巨變，我們在將近四百年後說起，每每還有驚天動地之感，可當時京城民間，竟如此平淡或冷淡，簡直像什麼也沒發生。

無獨有偶，清末民初鼎革，人民又有類似表情。當時的啟蒙者倍感痛心，歎為「麻木」，從中抽取出國民性。這固然不錯，然而想一想二千

---

⑤ 計六奇《明季北略》，北都崩解情景，中華書局，1984，第 350 頁。
⑥ 趙士錦《甲申紀事》，趙士錦等《甲申紀事（外三種）》，中華書局，1959，第 9 頁。

多年代代興亡，從來是權力者遊戲，無論怎樣，百姓所得不過是個「苦」字，那麼，怎能不「麻木」，又為何不「麻木」？作為經歷甲申之變的人，計六奇把明朝崩解原因歸於「各自為心」[1]。這個總結，或者更在點子上。大家心腹不一，成王敗寇是你們之間的事，小民操什麼心！

三

不單不操心，在北方，朝廷崩解之後的亂世，還被當作短暫的機會加以利用。

雖然同樣壓榨嚴重，但因土地瘠薄，氣候較差，物產不足，北方百姓生存普遍比南方更難。這也就是為什麼暴亂會在北方發展壯大。在中國，加入暴民行列，幾乎都是走投無路、萬不得已，但凡尚存一點餘地，就不致有此決斷。換言之，李自成百萬之眾，僅為最不堪生活的一小部分赤貧之民，這以外，介於一貧如洗與尚可掙扎、能忍與忍無可忍之間，人數更多。他們只須很小的理由，就會迴避直接變身為「草寇」。骨子裏中國民眾都不願而且懼怕惹事，但這不表示心中不藏着不滿與怨恨。所謂「良民」，只產生於幸福、合理的社會；在嚴重不公平的社會中，本質上沒有「良民」。之所以很多人保持着「良民」表像，沒有一變而為「暴民」，不過是他們在忍氣吞聲與鋌而走險之間進行着換算，如果得不償失，大多數人就都選擇忍耐。顯而易見，忍耐雖苦，卻至少性命無虞。

不過，這以某種平衡未曾失去或被打破為前提，比如說統治秩序的存在。在好社會中，絕大多數人有自覺遵守法度的意願，他們認為，制度不僅對自己形成直接保障，即便其中某些限制，其實也是從反方向體現了自己的利益。相反在劣壞的社會，如果人們盡力不觸碰法度，通常不是出於擁戴和主動遵守，而是因為懼怕；一旦不必懼怕，法度便立刻顯出可笑和空洞的樣子，成為眾人亟欲突圍的對象。

甲申國變後就出現了這一幕。崇禎死亡消息傳開，一夜之間，京畿周

---

[1] 計六奇《明季北略》，北都崩解情景，中華書局，1984，第 350 頁。

遭立即「盜賊橫生」。闖軍佔領北京的後期，軍紀失控，搶淫頻發，史家多有述載。但實際上，京城並非最亂的地域，真正亂得無法收拾的，是河北、山西、山東、河南四省的廣大鄉村。這些地方，一時成為真空，法度蕩然；無數介於一貧如洗與尚可掙扎、能忍與忍無可忍之間的民眾，有如掙開束縛，趁機大行劫掠。如果說北京城內大順軍隊將卒所為，尚屬有組織的報復，則廣邈鄉間的情形，完全是無組織的混亂。平時隱忍壓抑的鄉民，此時一無所忌，紛紛變身為不曾加入起義軍的自發亂民。可以說，在這一刻，沒有庶民為崇禎之死如喪考妣，相反，倒被證明根本是一件大快人心之事。

亂民劫掠的對象，主要不是本地富戶。後者一般蓄有家丁，莊園也築有圍堡，足以抵擋無組織的自發亂民。同時，中國鄉村龐大嚴密的宗族關係，也發揮了令亂民「兔子不吃窩邊草」的作用。因此，受害者多是因戰亂而生的大量逃亡者。這些人中，有不少官吏、儒生和商人，甚至王族，想像中往往攜有浮財，是很好的洗劫對象——之所以說「想像中」，是因很多人倉皇而逃，實際已不名一文。

例如邊大綬。他最有名的事跡，是崇禎十五年在米脂縣令任上，毀李自成祖父、父親之墓，將骸骨「盡數伐掘」「聚火燒化」。甲申時，他已回到河北任丘老家，與人「密謀欲興義師」。四月底，闖軍自北京潰退，一股部隊出現在任丘，將邊大綬捉住，五月初一啟程押往太原。在途凡七日，清兵追擊迫近，邊大綬乘隙逃出。後來他將這段經歷記為一文，題《虎口餘生紀》[2]。後半部分，記從闖軍逃脫後，孤身還家，一路親睹親歷「土賊」遍地的情形：

> 遇二鄉民持梃，蓋搶營者，詢余何來。余詭云：「亦搜物者。」捨之而南。余北走不百步許，聞後面喊聲，意追者至，停步伺之，則四五傖父（村夫），各執槍棒，圍余曰：「汝從賊來耶？」余應曰：「我逃難耳。」索財物，余曰：「赤身財與何

---

② 收於抱陽生《甲申朝事小記》。另有中國歷史研究社編、神州國光社出版之「中國歷史研究資料叢書」本，題《虎口餘生記》，脫誤較多，茲依《甲申朝事小記》所載。

藏！」盡上下與之，換破衣二件，僅蔽體。^①

之後晝伏夜出，白天藏身廢棄窯洞，「月出甚高，余始敢出穴，不辨東西，視月所向，攀緣上下。經墟墓澗澤中，磷光螢焰，殊非人境」。沿途討飯果腹，「凡經由土寇之叢藪處，余已作乞丐形，無阻撓者」。二十天後，終於接近故鄉，在肅寧縣西柳村遇見一位親戚，這才換掉乞丐裝，並留宿。睡了一夜，「黎明，聞炮聲震天，乃土賊為亂，闔鄉戒嚴，傍午始息。」俟其回到家中，已五月二十九日，「計被執時，正滿一月。」^②

邊大綬所經歷的，在當時北方四省極為普遍。《明季南略》稱「遍地皆白棒手與官兵搶奪，實甚於賊。」^③ 所謂白棒手，是徒執一棍、到處行劫者。趙士錦四月十四日從東便門逃出北京，與人結伴南還。「至天津十里許，過一村，其居民遙望予同行輩有七十餘騎，遂遠避高阜上。予等為言，予輩實南下者，非不良人也。」^④ 可見情形紛亂如麻，到處有強人出沒。這種亂象，過了黃河始有緩減，但整個長江以北，氣氛仍極緊張，各鄉由士紳出面組織民團，護村巡寨。這些民兵神經緊繃，常有過激反應；趙士錦寫道：「泰州城外，鄉兵防禦甚嚴。舟至即刀棘相向，奸與良弗辨也。」^⑤ 同行者居然有兩人因此命喪黃泉，趙士錦本人腰部受重傷，強撐回到常熟家中，養傷百日始愈。

每當王朝終末，中國總有一段渙亂時光。其間，除嚴重的兵燹之厄，也有大量的民眾滋擾現象。為什麼？並非中國的人性較別處為劣，實在是役抑既深且久，平時無任何管道與途徑，二三百年才等來一點點放縱的機會。換言之，王朝解體，便是小民集中宣洩之時。眼下大明的倒掉，遺老孤臣心如刀攪，而在芻蕘之夫，卻唯覺興高采烈，因為秩序終於不在，天下終於大亂。這樣的時刻，可謂千年一夢，古今所共；直到現代，毛澤東《湖南農民運動考察報告》「『糟得很』和『好得很』」一節，所談仍是這樣

---

① 邊大綬《虎口餘生紀》，抱陽生《甲申朝事小記》，書目文獻出版社，1987，第 400 頁。
② 同上書，第 400-401 頁。
③ 計六奇《明季南略》，中華書局，1984，第 188 頁。
④ 趙士錦《北歸紀》，趙士錦等《甲申紀事（外三種）》，中華書局，1959，第 23 頁。
⑤ 同上書，第 24 頁。

的問題：「農民在鄉裏選擇，攪動了紳士們的酣夢。鄉裏消息傳到城裏來，城裏的紳士立刻大譁。我初到長沙時，會到各方面的人，聽到許多的街談巷議。從中層以上社會至國民黨右派，無不一言以蔽之曰：『糟得很』。」[6]他說：「你若是一個確定了革命觀點的人，而且是跑到鄉村裏去看過一遍的，你必定覺到一種從來未有的痛快。」[7]

四

然而，論證明王朝不得民心，並非本文的題旨。倘若那樣，此文幾乎可以說純屬多餘，因為歷來在明末農民暴亂問題上，以此為題旨的文章早就不可勝數。

本文之作，首先與另一個問題有關，亦即我曾經講過的，明朝之亡，非以甲申年為準——當然，你願意說它亡過兩次，亦無不可：甲申年三月十九日晨，崇禎自縊、北京城破，某種意義上，明朝崩潰了；但是，事後證明這是一次假死，五月初三，隨着朱由崧在南京監國，它又活了過來，以完整的政權體系，繼續統治國中最大一片區域，直到整整一年後；乙酉年五月二十二日，朱由崧作為俘虜被押回清軍佔領下的南京，這象徵着中國的統治權正式易手，之後在福建、廣東、雲南以至緬甸，雖仍有明朝殘餘存在，卻已是流亡政府，因此明朝之亡的合理界限，應位於1645 年 6 月。

本文之論，即從明王朝在北京、南京先後兩次解體引出，或許，每個明史愛好者都曾注意到它，並和筆者一樣深為困惑：這兩次解體所喚起的反應，不論在士大夫階層，還是民間，差異極其懸殊。士大夫的表現，筆者已在《降附·名節》中加以描述，本文所談着重於民間方面。

北京之崩，一般民眾的態度大致如前所述。從北京市民「奔走如故」到晉冀魯豫鄉村的「土賊」蜂起，都說明百姓即便不是興高采烈，至少也

---

⑥　毛澤東《湖南農民運動考察報告》，《毛澤東選集》第一卷，人民出版社，1991，第 15 頁。
⑦　同上書，第 16 頁。

與己無關、漠然以對。這還不包括民眾如何對待所謂「賊寇」。雖然我讀過的史料，幾無例外都對闖軍採取謾罵、詆毀，其中很多作者的學問、人品，筆者頗存敬意，但他們亦不能改變一個事實，即「賊寇」們在許多地方為民間所歡迎與追隨。雖然很多知識分子的着述避談這種情形，卻仍有蹤跡可察。在此，舉個比較生動的例子。闖軍節節勝利的甲申年三月，路振飛致信張國維：

> 承問敝鄉事，言之憤鬱。敝鄉愚民疾視長上，編歌捏謠，佇望賊來，若謂其實行假仁假義也者。三月九日，偽官孫某到，誘士民颺去，溫言撫諭，共信為真。士民但求賒死，不顧孔孟道義，不顧祖宗德澤，並不顧一身節義，相率迎賊。[1]

他所謂「敝鄉」，是河北曲周縣。從所述中，我們見該地人民盼闖軍之切，從「編歌捏謠，佇望賊來」，到「相率迎賊」，宛然如繪。相反的，亦能想見明王朝怎樣盡失民心。言及此，路振飛用了「憤鬱」一詞，既生氣又鬱悶，有羞於提及之感。在他看來，一是因為民「愚」，二是闖軍「實行假仁假義」。然而，如果假仁假義都能博民歡心，豈不說明朝廷連假仁假義也沒有麼？

曲周民眾的表現，在北方應該很有代表性。我迄今所閱史料，未見北方諸省民眾主動抵抗闖軍的記錄。無論《保定城守紀略》、《榆林城守紀略》，都沒有民眾的身影。《守汴日志》中有，但要麼為官府脅迫：「二十五日丙寅，下令民間有男子一人不上城者斬。」[2] 要麼以利誘之：「臨時僱募壯丁，每次人給錢百文、餅四個。百姓蜂擁願僱，雖日用數十人，不缺。」[3] 此番開封圍困，自崇禎十四年二月十二日起，至九月十八日止，「城中白骨山積，斷髮滿地，路絕行人」[4]，最後靠掘黃河解圍。

以上是北方的情形。然而，到了南方，或者說長江中下游一帶，卻有

---

① 《漕撫路振飛上總督張國維書》，趙士錦等《甲申紀事（外三種）》，中華書局，1959，第 25 頁。
② 李光壂《守汴日志》，中州古籍出版社，1987，第 5 頁。
③ 同上書，第 7 頁。
④ 同上書，第 31 頁。

明顯區別。

《甲申朝事小記》有篇《桐城事紀》，敍述從崇禎八年到弘光元年這十年間，安徽桐城及其左近一些戰亂的經過。到這一帶橫虐的，是張獻忠。他從河南殺至淮北的鳳、泗，之後繼續南下。然而，一開始就不順利。以往在北方，「所至皆用土著為嚮導，以故道路曲折，及虛實堅瑕，莫不盡知之，由此勢如破竹。」這一貫的經驗，在桐城一帶居然不靈，當地百姓「無與賊通，城以故獲全」。張獻忠攻城不下，在城外劫掠一番，引兵西去。西山有位老太太，大概很能幹，有些婦女事先齊集她家暫避。漸漸，「流賊」消息迫近，「諸婦女皆懼，啼泣不知所為」：

> 嫗曰：「以吾一人死，而易若等速走，毋啼泣為也！」因扶杖出，曰：「旦日當於某地覓我。」嫗遂至路口。賊尋至，曰：「嫗亦知此間有馬牛女子乎？」嫗曰：「知之。」賊曰：「導我往，不然，且殺。」嫗乃前行，群賊隨之。嫗故紆迴，引賊他往。凡數里，不前。賊趣之，嫗罵曰：「死賊！吾晌者誑若，此間荒僻，非有馬牛女子也。」賊怒，拔刀刺嫗而去。當嫗之誘賊去也，嫗家婦女盡奔入深谷林薄，皆免。

轉日，人們按老太太預先所說地點，果然找到她，初尚能言語，抬到家，就死了。在龍山，居民拆毀河橋，以阻農民軍。張部捉得一男子，命其修橋，說：「修好免死。」男子回答：「我倒能活命，可大家卻活不成了。」拒絕，被殺。在潛山，官軍與張獻忠大戰，曠日持久，「軍中食盡」，派人到集市上求援：

> 「官兵圍賊，賊且敗矣。軍中不暇作食，縣人當速濟之。」於是人家各炊熟米麥數百餘車，募壯士強弓勁弩護入軍中。軍中既得飽食，而縣人夜持火炬，鳴金鼓，出西門，取山徑噪而前。賊疑救兵且至，遂解圍去。[5]

---

⑤　抱陽生《甲申朝事小記》，書目文獻出版社，1987，第 477-493 頁。

張獻忠在皖鄂之間東遊西蕩，來了走，走了又來，折騰七八年，始終得不到民眾支持。上面幾個故事，民眾對張獻忠是排拒的，鬥智鬥勇，對官軍卻搞「支前」活動，還用「麻雀戰」騷擾張獻忠──較諸李自成在北方所得民眾的對待，真可謂天懸地殊。

南北民眾立場形同冰炭，什麼原因？不妨思考一番，我們俟後討論。作為背景材料，這裏先交待一下：桐城居深山，方百餘里，在明清兩代有「文獻名邦」[①] 之稱。明季左光斗、方以智、光時亨，清初張廷玉（《明史》總裁）、戴名世（著名文字獄「南山集案」事主）等名臣碩學，俱出該地；康、雍、乾間，桐城更以「三傑」方苞、劉大魁、姚鼐，被尊一代文藪。

五

是否意味着，南方民眾擁護與愛戴朝廷呢？非也。朝政陋劣、官奸吏滑、師如虎狼，這些都是不分南北的。王朝種種弊竇，北方有的，南方一點也不少。如果北方民眾滿懷厭憎，南方民眾也沒任何理由感到喜歡。

我們藉桐城一支官軍，略覘其情，其為羅九武所部。由它的表現，我們可以知道所謂官軍在殘虐居民上，是怎樣不讓「流賊」。戊寅年（1638）十月，張獻忠再圍桐城，城內守軍即羅九武部。到十二月，城中食罄，「多餓死，或割死人肉以為食」。縱當此時，城內官軍仍不中斷「入人家劫掠」，「十百為群，橫縣中」。這時，典史張士節出面召集「少年數百」，說：「賊亂於外，兵亂於內，一縣中如困湯火。今吾與若等潰圍力戰，或以是激勵三軍之士，而少紓賊禍。」他要率這幾百青年，組成敢死隊，出城殺敵，冀能以此激勵官軍士氣，轉變「賊亂於外，兵亂於內」態勢。「少年皆從之，於是歃血祭纛，每夜出襲賊，斷賊頭，奪其馬牛及其糧食」，頗為成功。不料，戰罷回城，「皖兵輒要劫之於路，而謂所殺者皆官兵，

---

① 毛慶蕃《題辭》，馬其昶《桐城耆舊傳》，黃山書社，1990，卷首。

於是少年皆逃散，不敢復殺賊。」[2] 後來，張獻忠又引兵他去，桐城因解圍，而這居然被羅九武引為己功，「自以城守功高，驕悍不可法度治，時時劫掠居民」。人民不堪，訴於地方官張亮。張亮是正派人，是非分明，「右民而左兵」，於是「兵皆怨，相謀作亂。」桐城的燈會很有傳統，癸未年（1643）元宵節，羅九武假裝好意，以「逆賊遠遁」、「以示休息」，提議准許民眾放燈，「固請之」，縣官也就同意了。「居數日，軍民皆送燈公堂，兵忽亂，驅民盡擊之」。顯然這是策劃好的惡作劇，向縣官當面示威，以報復後者膽敢向着百姓。這樣，「桐人苦兵之擾也，紛紛渡江而南，張亮恐邑空虛難守，禁之不能止。」[3] 羅九武並不因此稍斂，「自謂城守功高，桐之子女玉帛相隨入兩營者，不可勝計。」福王立於南京後，羅九武升了官，「乘中外危疑，益肆剽掠無忌。」乙酉年（1645）四月，左良玉東犯，「安慶戒嚴，羅九武等乘間遂掠倉庫」；四月八日夜，羅九武在桐城「命其兵作亂，大掠三日乃止。十七日，分兵入西鄉焚掠。又數日，分兵入東鄉、南鄉、北鄉焚掠。少婦幼女男子，被擄者凡五六千人，相號於道。」[4] 直到清兵打下桐城，此害方除：「散其所部兵。凡所諒子女，俱令釋去。」「斬九武等於市」。[5]

說起來，明季動亂，最大受益者便是挾武自重的軍人。他們由人民所納賦稅供養，所為卻未必是護衛人民，相反往往借亂滋事，剝奪搶拿，無所不至。所以很多稗史中，記述者都慨歎兵賊等同。

李自成進軍北京引發的大潰退，四月間達到高潮。其中最具震動性的，是總兵高傑南逃。之所以震動極大，有兩個原因：第一，這支軍隊規模龐大，據說達四十萬之眾，且作風剽悍，破壞性非尋常可比；第二，它逃至南方後，意欲佔據揚州，由此以及一些陰差陽錯的緣故，導致軍民激烈衝突，釀成嚴重流血事件。

因時局極亂，高傑軍抵南方的具體時間，諸史不甚了了，惟《熷火錄》

---

[2] 抱陽生《甲申朝事小記》，書目文獻出版社，1987，第 487 頁。
[3] 同上書，第 492 頁。
[4] 同上書，第 494-495 頁。
[5] 同上書，第 495 頁。

明確記為四月初六：

> 初六日癸亥……總兵高傑，率其部下李成棟、楊繩武等
> 十三總兵、四十萬眾渡河，大掠晉中，鼓行南下，邳、泗之間驚
> 曰：「高兵至矣！」居人奪魄。穎守將張上儀發巨炮遮擊之，
> 始卻。①

　　隨後行止未詳，據《國榷》，四月二十七日馬士英為扶立福王，「徵
總兵黃得功、劉良佐、高傑等聯舟南下」②，則高傑當於此時軍次揚州附
近。五月九日，朱由崧在南京以監國身份入居大內，第二天，高傑即動手
取揚州：

> 總兵高傑兵欲入揚州，士民不納，遂恣攻掠，城外廬舍俱
> 空，江南北大震。③

　　高傑橫暴，固因本人及所部起自草莽，漫無軍紀，然而也明顯與定
策、迎立過程中朱由崧的借重有關，劉宗周《再陳謝悃疏》就直言不諱：
「陛下又挾鎮臣以為藩，寧負百姓，而不敢失諸鎮之心。」④皇上既有此心
態，高傑等自然感到無論如何，都不在話下。

　　高傑欲取揚州，與抗敵無關，與剿寇無關，跟任何軍事原因通通無
關，而與兩點有關：一、安頓家小。對此，高傑本意是過江，而非佔據揚
州：「總兵高傑大掠江北，聲言欲送家眷安頓江南，約劉澤清刻日渡江。」
朝廷聞訊，「勉以大義，而江南輦轂重地，不便安插家口。」⑤於是轉以揚
州為目標，「以繁富爭之」⑥。二、軍閥間負氣。此由著名的「設四藩」而
起，五月十三日，史可法上《議設四藩疏》，提出「其一淮徐，其一揚
滁，其一鳳泗，其一廬六」⑦的規劃，但幾天後，十七日史可法又上《四不

① 李天根《爛火錄》，浙江古籍出版社，1986，第77頁。
② 談遷《國榷》，中華書局，2005，第6078頁。
③ 同上書，第6088頁。
④ 劉宗周《劉子全書》，卷之十七，奏疏，華文書局股份有限公司影印本，1968，第1292頁。
⑤ 李天根《爛火錄》，第131頁。
⑥ 計六奇《明季南略》，中華書局，1984，第33頁。
⑦ 史可法《史忠正公集》，卷一，商務印書館，民國二十五年十二月，第3頁。

可無疏》,「四藩」規劃變了,變成「淮海」(劉澤清)、「徐泗」(高傑)、「鳳壽」(劉良佐)、「滁和」(黃得功),原方案內的揚州消失,變成「督師應屯駐揚州,居中遣調」。[8] 這個變動的祕密在於,五月十三日規劃裏「黃得功分地揚州」[9],高傑、劉澤清都不滿,內哄一觸即發,「時得功兵至天長,高、劉整師應敵」[10],此外還有李棲鳳、張文昌兩支部隊,也摩拳擦掌。職是之故,揚州被從「四藩」範圍抹掉,改為史可法的督師駐地。

　　「揚州居天下膏腴」,「子女瑰寶累萬萬」[11],繁華程度,當世罕匹,這僅格局上即可看出。它很特別地有新、舊兩城。新城之闢,純因商貿、娛樂業極盛,規模巨大,舊城容不下,猶如市場經濟高速發展後今天許多大城市所創建的各種新區。《甲申朝事小記》稱新城為「肆賣區」,亦即以經營為主的非居住性質的專門商業區。這種只為商業而形成的城區,不像古代城市一般兼具軍事功能,城防設施應該較弱抑或未設防。所以高傑兵至,才能夠暢通無礙地大行搶掠,「廬舍焚掠殆盡」。起初揚州人「厚犒之」,希能令彼退兵,但「不去」,由此揚人關閉市場、退入舊城、登城死守。[12] 高傑兵於是被激怒,暴行滔天,有說其「得城內百姓則殺之,若居城外者,截其右手,殺人甚眾」[13],有說「殺人則積屍盈野,淫污則辱及幼女」[14]。五月二十二日,發生最嚴重的事態,進士、新授兵部職方司主事鄭元勛出城至高傑軍營充當調解,返回時,被守城民眾疑為高傑奸細,「猝碎其首,臠割之殆盡」[15],「僅存遺骨數寸」[16]。二十六日,已至揚州的史可法與高傑達成協議,「將傑兵移駐瓜州」[17](瓜洲,今揚州邗江區,時轄於江都縣),事件遂以此解決。

　　以上簡述其經過,實際上,事件內容頗為複雜。

⑧　計六奇《明季南略》,第 26 頁。
⑨　同上書,第 33 頁。
⑩　李天根《爛火錄》,第 132 頁。
⑪　抱陽生《甲申朝事小記》,書目文獻出版社,1987,第 215 頁。
⑫　計六奇《明季南略》,第 32 頁。
⑬　同上書,第 36 頁。
⑭　同上書,第 33 頁。
⑮　抱陽生《甲申朝事小記》,第 216 頁。
⑯　李天根《爛火錄》,第 132 頁。
⑰　史可法《報高兵移瓜州疏》,《史忠正公集》,卷一,第 6 頁。

第一，高傑欲入揚州，出於個人小算盤不假，但名正言順、手續完備──是「奉旨」而來。五月二十三日他在給朝廷的奏疏中稱：「奉旨分防揚、儀，人人登陴罷市，撫道（地方官）不出。」[1]此亦獲證於史可法：「鎮臣高傑之兵奉旨駐揚，揚人堅不肯納。」[2]我們前面曾說，五月十三日提出了「四藩」方案，五月十七日又加以修正，最終決定史可法開府揚州；現在看來，這當中似乎還有一次調整，即曾決定將揚州撥與高傑為駐地。如此，則高傑欲入揚州非但不是狗私擅行，倒屬於執行命令和公務。自高傑方面言，阻其入城，類同叛亂；予以攻打，師出有名。

第二，關於高傑部在揚州的焚殺，據史可法就鄭元勛被害所上之《悍民慘殺鄉紳疏》[3]云：「初到之時不無騷擾」，係其先頭部隊所為，高傑本人時尚未至，「及鎮臣既至，取犯兵而斬以狥，日不下十數人」，整治頗嚴。此亦證於《甲申朝事小記》鄭元勛傳：「入傑營，曉以大義，且責其剽掠狀。傑為心折，好慰元勛曰：『前事特副將楊成為之耳。』出禁令退舍（退還民居），且誅楊成。」[4]鄭元勛返回城裏之為亂民所殺，即因其轉告高傑話語時，人們將「誅楊成」誤為「誅揚城」，一時激憤而譁。

第三，此事與羅九武之在桐城有所不同。高傑部犯有眾多暴行無疑，而揚州民眾亦非單純受害者。萬元吉從南京前往揚州路上，「兵民構禍，寸步皆阻。揚州民尤甚」，「兵與民相殺，民又與兵相殺」。[5]史可法也提到，揚州百姓「日於河邊草際取零兵而殺之，因是結釁愈深，竟不可解。」[6]

第四，鄭元勛被害，凸顯事件中民眾並非「絕對無辜」。鄭氏乃徽州歙縣人，客居揚州，急公好義，勇於擔當。他因與高傑曾有一面之交，此時挺身而出：「事急矣！吾不惜此身以排鄉人之難。」而單騎造傑。其時，情實不可測，家僮阻之，鄭氏叱而堅往。至則果然說動高傑，高傑「斂兵

① 計六奇《明季南略》，中華書局，1984，第 34 頁。
② 史可法《報高兵移瓜州疏》，《史忠正公集》，卷一，商務印書館，民國二十五年十二月，第 6 頁。
③ 該疏《史忠正公集》未錄，茲據《明季南略》所載片斷。
④ 抱陽生《甲申朝事小記》，書目文獻出版社，1987，第 233 頁。
⑤ 計六奇《明季南略》，第 33 頁。
⑥ 同上書，第 34 頁。

五里外」，表示：揚州四周還有很多其他部隊（「七大將士」），均因缺餉而捱餓，「豈獨蒙惡聲乎？遣騎詢之，果吾兵，當盡誅以謝。他人非吾責也。」保證管好自己部下。鄭元勛拿到高傑的保證書，「急走城上，集公府訟言之。或扣馬止之，勿聽。」人們先入為主，認定他是高傑同黨，根本不聽他說些什麼，「露刃圍之數重，頃刻刃起，遂及於難。」[7] 事後，揚人亦悔鄭氏之冤，而將其神化：「自後，揚人常夜見公於城上，峨冠緋袍，指揮而過，若天神然。」[8]

第五，高傑部先前在淮北的劣跡，經傳聞而放大，揚州民眾多少有耳食之嫌。彼此尚未謀面，成見已鑄，勢不兩立。例如，五月初七揚州士紳王傅龍奏道：「東省（山東）附逆，河北悉為賊有，淮、揚自為守。不意賊警未至，而高兵先亂。自傑渡河掠徐，至泗、至揚，四廂之民，何啻百萬，殺人則積屍盈野，淫污則辱及幼女。」[9] 這裏面有事實，但未必盡屬事實。所以，史可法關於揚州衝突總結了三條：「揚人惟利兵去，各兵惟願駐揚，好事者遂造為不根之言。」揚州人堅決不肯駐軍，各軍偏偏又都願駐於揚州——針尖麥芒，遂成膠着，而各種恐怖傳聞則在當中起着催化發酵作用。

這一事件，粗看是非分明（官軍荼毒民眾），細看又有些含混。暴行僅出於高傑手下一部分將士、其統帥可能並不知情，有些暴行可能來自其他部隊但賬卻都算在高傑部的頭上，民眾也有暴力表現且反應過激、拒絕調解，同時從高傑乃「奉旨」駐防角度言，揚人所為反而「不合法」。然而，是非在此其實不重要，重要的是揚州衝突表明，人民對朝廷不信任、拒絕和抵制。實際上，這就是一次民間自發抵制朝廷的事件。

揚州人民明明知道高傑入揚州係有旨意，是朝廷正式決定，這一點，高傑本人應曾向城內明示，首輔史可法也一再加以證實。由此可見，民眾所拒絕的不單是高傑，實際矛頭最終針對朝廷。朝廷派高傑駐軍，冠冕堂皇的說法當然是抵禦虜寇、守護揚城，而民眾的堅拒，無異乎否認這種可

---

[7] 抱陽生《甲申朝事小記》，第 233-234 頁。
[8] 計六奇《明季南略》，第 36 頁。
[9] 同上書，第 33 頁。

能性，無異乎公開指出朝廷及其軍隊根本不會保護民眾。他們寧願相信和依靠自己，自行擔負守衛任務，也不願引狼入室、開門揖盜——在他們眼裏，如今朝廷之於虜寇實無分別。朝廷派去調查的兵部員外郎萬元吉發回報告，稱：

> 揚州、臨淮、六合，所在兵民相角。兵素少紀律，民更近乖張。一城之隔，民以兵為賊，兵以民為叛，環攻弗釋。[1]

他的描述比較客觀，雙方各有責任。在軍隊一方，「素少紀律」是事實，是事態導火索；在民眾一方，有旨不奉，亦屬「乖張」。「一城之隔」四字，特別生動地揭示了彼此認識上的睽隔：城牆之內，「民以兵為賊」；城牆以外，「兵以民為叛」。中間只一道牆，立場竟如隔天淵，根本無解（「弗釋」）。關於兵民敵對情緒，萬元吉在另一奏疏中，分析荊襄（左良玉防地）、江北（「四鎮」防地）兩地前景時，指出：

> 兩處兵民積怒深怨，民必爭迎賊以報兵，兵更退疑民而進畏賊，恐將士之在上游者卻而趨下，在北岸者急而渡南，金陵武備單弱，何以當此。[2]

一年後，當左良玉起事時，這兩點幾乎全被言中。

「一牆之隔」而其心各異的情形，表現為兵民嫌怨，內裏則是民間社會與朝廷已經脫節。不難認定，揚州衝突實質在民眾對朝廷信任全失，乃至欲與現政權相切割，而萌發出類乎於自治的意識。

六

南方民眾的離心離德，揚州衝突是一次集中表現，小於此規模的，尚有許多事例。

---

[1] 文秉《甲乙事案》，《南明史料（八種）》，江蘇古籍出版社，1999，第433頁。
[2] 徐鼒《小腆紀年附考》，中華書局，2006，第184頁。

我們且據文秉《甲乙事案》，以甲申國變至弘光被執為時間段，從中摘錄一些例子。

甲申四月二十八日，鳳陽總督馬士英部將莊朝陽，「行劫單縣，為民所殺」。③ 馬士英標兵在淮安西門外焚劫，當地「義師」（民眾自發武裝）逮其三十多人。④ 同日，蘇州士民焚掠在北降臣項煜、湯有慶、錢位坤、宋學顯等四家，常熟焚掠時敏家，海鹽焚掠陳之遴家。⑤ 六月初十，廣昌伯、四鎮之一劉良佐，報告朝廷：「臣開鎮臨淮，士民張羽民等不服。」臨淮民眾則反訴：「叛鎮環攻，生靈塗炭。」⑥ 情形與揚州一樣，惟事態較小。八月中旬，浙江東陽民變，波及義烏、湯溪等地；起因係官府不公，至「哄然沸亂」，浙江巡撫左光先派兵鎮壓，「諸民各保鄉寨拒敵」。⑦ 八月下旬，蕪湖民搶稅銀，主事陳道暉上奏：「抄關稅銀，被賊入署掠盡。」⑧ 乙酉年二月，浙江巡按「縱奴強掠市錢，民為罷市」。⑨ 此人曾當馬士英問「餉從何出」時，答以「搜刮可辦」，至此踐其所言，致杭州罷市。四月，貴州籍明軍在徽州「肆行劫掠」，「土人汪爵率眾禦之，殺其首惡數人」，朝廷「命擒爵抵罪」。⑩ 五月十二日，弘光皇帝、馬士英、阮大鋮先後逃離南京後，「百姓亂，擁入內宮，搶掠御用對象，遺落街衢」；又，「百姓千餘人」擒輔臣王鐸，「群毆之」，「鬚髮皆盡」；將馬士英與其子宅邸「焚毀一空」，「次掠阮大鋮石心腸、楊維垣家」。⑪ 五月二十五日，朱由崧押回南京，「帝坐小轎入城」，「夾路百姓唾罵」，「有投瓦礫者」，⑫ 不得民心至此。

他著亦各有記載。如《爝火錄》卷二記，甲申年五月，「蘇州楓橋一帶，米牙斛腳千群，推官倪長玗部署之，練充鄉兵，防守澣墅，馴其驕

③ 文秉《甲乙事案》，《南明史料（八種）》，第 431 頁。
④ 同上書，第 435 頁。
⑤ 同上書，第 436 頁。
⑥ 同上書，第 446 頁。
⑦ 同上書，第 464 頁。
⑧ 同上書，第 468 頁。
⑨ 同上書，第 520 頁。
⑩ 同上書，第 539 頁。
⑪ 同上書，第 552-554 頁。
⑫ 同上書，第 558 頁。

悍，消叢聚。」米牙，即米行；斛腳，乃米行腳伕，在最底層，跡近所謂
「流氓無產者」，且群體特徵突出，極易「叢聚」。至今蘇州倪家弄口猛將
堂東牆，存有《奉憲禁斛腳多勒陋弊碑記》，康熙三十一年（1692）八月
立，文字多剝蝕，然自碑名中「多勒陋弊」四字，可略知其意而領略「斛
腳」之「驕悍」。倪長玗用組成鄉兵的辦法，來消除為亂的潛質。不久倪
長玗他任，接替者另搞一套，致「斛腳」們「遂相聚思亂，民皆逃徙，
勢甚炎炎」，上級只好仍讓倪長玗管事，後者「曉以大義散解之，一境始
安。」① 又如《平寇志》記，乙酉年二月，福建汀州民變，由渾名「閻王豬
婆」的人領頭，「盤踞燕子湖，劫掠橫行」。巡撫張肯堂派寧化知縣于華
玉招撫，「既往，賊橫，幾不免」。不過，於華玉仍設法予以說服，帶着
幾百人回來。張肯堂將其改編，「命華玉率之勤王」，但走到浙東就「各
散去」。②

<h1 style="text-align:center">七</h1>

考諸以上，我們發現南北民心應無不同。說來，南北百姓，皆苦，
各有所苦。曩者多以為南方自然條件好，物產豐盈，日子較北方好過。客
觀而言，確有此差別。然而卻有些只知其一，不知其二。北方貧瘠，生存
倍艱，不過要看到，北方民眾的經濟負擔較南方輕很多。黃宗羲說「今天
下之財賦出於江南」③，這是強調的語氣，不能理解為北方百姓不出賦稅徭
役。不過，明朝財賦泰半落在東南人民肩上，大概是不錯的。那條大運河
為何是明朝生命線？即因賴此東南錢糧才源源北上，為朝廷輸血。如謂北
京乃明朝心臟，大運河便是使它維持搏動的血管。自朱棣遷都北京以來，
大運河從東南瘋狂吸血二百餘年，每位東南百姓一年勞作的果實，「解運
至於京師者十有九」④。東南人民除了貢獻糧食、鹽、棉花、絲織和庫銀，

---

① 李天根《爝火錄》，浙江古籍出版社，1986，第110頁。
② 彭孫貽《平寇志》，卷之十二，上海古籍出版社，1984，第270頁。
③ 黃宗羲《明夷待訪錄》，《黃宗羲全集》第一冊，浙江古籍出版社，1985，第24頁。
④ 同上。

黑洞：弘光紀事

甚至要從收到運一條龍負責到底。例如貫穿整個明朝、蘇松常嘉湖五府承擔的「白糧」，不僅「全徵本色」，且「民收民解」，費用驚人，沿途要受各關津閘壩官吏的勒索，支付縴夫費用，支付特殊情況下的臨時轉運、賃屋等費，經常遭到各地流氓地頭蛇劫奪與敲榨，趕上惡劣氣候也會造成額外損失……不一而足。最終加以核算，我們來看一位學者的研究：

> 史稱萬曆年間吳江縣「大率費米六石有餘，始完正米一石」。及至崇禎年間的官方報告，亦指出每船自起解至制銷需「費至一千五百兩」，平均每石費用為三兩，按當時法定的一般糧價折算約為六石左右。如果再把解戶因途中漂損而賠納的部分計算在內，那麼總的費用當然就更加浩大了。例如萬曆年間松江府有一位名叫宋憲的解戶，因糧解「半遭沉溺，半為歇家侵漁」，一般之使費竟「負官稅幾二千金」，亦即共虧欠二千兩，平均每石耗費高達四兩，約折算為八石左右。[⑤]

可見南方條件雖較北方為佳，而若將沉重負擔考慮在內，一般人民的景況也並不寬餘。

對明末北方多處爆發農民起義，史家往往提及極端化年景。如：「歲儉，無所得食，遂群聚為寇。」[⑥]「崇禎二年，秦大旱，粟騰貴。」[⑦]「草根木皮盡，人相食。」[⑧]北方自然條件差，較易遭遇極端化年景，南方一般較少。不過戰亂背景下，這種事情也同樣在南方出現，辛巳年（1641），張獻忠圍困下的桐城，便「城中食亦匱，多餓死，或割死人肉以為食。」[⑨]

但很奇怪的，大動亂卻只從北方湧起。《平寇志》載，短短一二年內，發生在陝西的起義，「其有名目者」（已闖出名頭的），即有紫金梁、滿天星、蠍子塊、老回回……「凡二十四家」，晉、豫兩省則有英王、王鎮虎、

---

⑤ 鮑彥邦《明代白糧解運的方式與危害》，《暨南學報（哲學社會科學）》1982年第3期。
⑥ 彭孫貽《平寇志》，卷之一，第1頁。
⑦ 同上書，第3頁。
⑧ 同上書，第7頁。
⑨ 抱陽生《甲申朝事小記》，書目文獻出版社，1987，第487頁。

朱溫、趙令君……「凡三十八家」；又說「賊盡響河北」[1] 亦即影響遍及河北全境，非以「蜂起」則不足以形容。而南方雖有零星事件，卻始終未顯燎原之勢；相反，以我們前面舉到的幾例，倒有些虎頭蛇尾，草草了事，官府輕易即予擺平。更有甚者，南方民眾對於南下的北方造反者，一般不表支持，反而排斥、抵制，乃至與官府、官軍聯手打擊。在北方，造反者所到之處迎附蜂起，常常裏應外合。甲申國變後，趙士錦一行逃離北京南還，北方沿途多是乘亂而起態勢，一過淮河，情形立變，由此以迄東海，州縣居民紛紛組建鄉兵，嚴防死守，欲將「賊寇」堅拒門外。前述桐城民眾對張獻忠，也持敵意。眾多史述顯示，李自成、張獻忠在南方各地（荊楚至江浙，以及四川），難以聚集在北方的那種「人氣」；南方民眾與他們的關係即便不是排斥的，也在心理上表現疏離狀態。

這豈不有乖「邏輯」？既然南方民眾生存也很逼仄，所受壓榨或且過之，一樣苦大仇深，為何不與北方民眾同仇敵愾呢？「凡是敵人反對的，我們就要擁護；凡是敵人擁護的，我們就要反對。」[2] 依照階級鬥爭學說，解釋不通。

除了階級鬥爭，有別的解釋。民風大概就是一種可能的解釋。一般認為，北人剽悍，南人柔弱。南人缺少北人那種孤注一擲、好勇鬥狠的氣質，比較懦弱，比較膽小，容易息事寧人。以此性格，不光慎於「舉事」，連「從亂」也不大敢。這種地域之見，通俗易懂，又似乎總能驗之於日常見聞，因而彈此調者歷來不少。

事情如截止於乙酉年五月，我們或許只能將原因歸結於南人心態及秉性。到那時止，東南民眾看上去只是一副忍氣吞聲、得過且過的樣子，面對橫徵暴斂、侵奪搜刮乃至洗劫焚掠，敢怒不敢言。北方造反者明明已經創造了濃厚的反抗氣氛，他們居然也不順勢而動，加入暴動洪流。這不是民風柔弱、膽小怕事，是什麼？

然而，我們需要等候歷史翻到下一頁。

---

[1] 彭孫貽《平寇志》，卷之一，上海古籍出版社，1984，第 14 頁。

[2] 毛澤東《和中央社、掃蕩報、新民報三記者的談話》，《毛澤東選集》第二卷，人民出版社，1991，第 590 頁。

當清兵攻下南京，進而向東南腹地拓展時，出現了令人震撼的情形。這支關外鐵騎，從佔領北京到向冀、晉、陝、豫、魯，亦即整個黃河中下游北中國的推進，很少面臨抵抗。抵抗在此，主要看民間行為，而非正規武裝力量。因為明朝官軍勢力已在「大順」掃蕩下，或逃或降，基本絕跡，如果發生抵抗，只能靠當地民眾。然而，很少看到這種記錄。素來認為剽悍、尚勇的北中國人，比較安靜地接受了異族佔領和統治，連推行種族歧視的「薙髮」政策時，北方亦是波瀾不驚。反而在南方，尤其普遍認為民風軟弱的江浙一帶，滿清卻遭遇殊死抵抗，其慘烈、壯闊，二千年來無匹。

讀這段歷史，讓人困惑。同是中國人，為何南北兩地對滿清佔領，反應懸殊？又為何身材孔武、性格亦更剛猛的北方民眾帖然以從，而從體力到性格都偏弱的南人，反倒爆發了巨大抵抗能量？倘執著於民風論，對此或許永遠想不通。我後來體會到，事情當在別的層面，與民風無關。換言之，我們不把滿清在北方進展順利，視為北方民眾怯懦的結果；也不認為南人在抗清中的奮不顧身表現，可以將歷來的南人柔弱、北人剽悍這種看法加以顛倒。一般來講，北人勇鷙，南方民風偏軟，是客觀特點。明清代際南北民眾的表現，所以各反其常態，並非民風有變，而是別有原委。

拆解答案之前，我們先對東南抗清情形，取得直觀的了解。

八

南方的抵抗，不限於少數人或個別群體，而有上下一體、不分階層的全民性。且極具恆心與韌性，前仆後繼，幾年內，江、浙、皖、閩四地均可稱「野火燒不盡，春風吹又生」。為便於觀察，我們挑選兩個比較完整、集中的事件，了解其情形。

揚州陷落，是一大標誌，就此宣告清兵南侵事態不可改變，當時人們對此已非常清楚。乙酉年五月十三日，揚州消息傳至嘉定——同日，趙之龍、錢謙益等在南京議定向滿清投降，而朱由崧、馬士英等已逃離，嘉定人尚不知也——他們僅從揚州陷落消息，即預測到前景，而有組織鄉兵

之議。從一開始，這就是民眾的自發行為。知縣錢默想溜之大吉，「百姓遮道止之，乃聽士民議，按籍抽丁，以備他變。」[1] 他們攔住縣官，迫使他行使應有的職責。按籍抽丁，就是家家戶戶出人，全民皆兵。之後暫時平靜，三十日，錢默還是逃走，鄉兵一度散去。六月初四，清兵到嘉定，明朝吳淞總兵吳志葵每有騷擾，群眾則尚未採取明顯行動。閏六月十二日，滿清下達薙髮令，「至縣，遠近大譁，始謀舉事矣。」[2] 十三日，「人心愈憤」：

> 市上大呼曰：「安得官軍來，為我保此髮膚！」苟有倡義者，即揭竿相向矣。於是諸鄉義兵，不約而起……六里內一呼回應，動以數萬計，無不地自為守，人自為戰者。[3]

崑山也同日起義，殺掉滿清委派的縣令。起義民眾還主動攻打太倉，所以如此，因為那裏在一些士大夫表率下，「城中無不辮髮者。四境之民怨之。」[4]

嘉定抗清，確實是典型的民間自發現象。這體現於兩點：一、有極大廣泛性，「動以數萬計」。二、明顯帶着民間自發現象的特徵或局限性——缺乏組織，效率較差，又不計代價、不問後果，只靠一腔熱血，激情使然。以下描述，便顯現了這一點：

> 七月初一日庚戌，追擊李成棟於婁塘，鄉兵會者十餘萬人。成棟分騎力戰，鄉兵皆潰，遂屠婁塘，與太倉合。時，會兵磚橋東，不下十餘萬人，奈諸鄉兵本村農烏合，推排擠塞，紛吷如聚蚊，多適為累。北兵每戰必分左右翼，鄉兵不識陣勢，名為蟹螯陣。[5]

情形可悲，乃至可笑。不過，這種「村農烏合」、雜亂無章、「多適為

---

[1] 朱子素《嘉定縣乙酉紀事》，《中國野史集成》第三十三冊，巴蜀書社，1992，第 183 頁。
[2] 同上書，第 184 頁。
[3] 同上書，第 184 頁。
[4] 同上書，第 184 頁。
[5] 同上書，第 187 頁。

黑洞：弘光紀事

累」的面貌，這種以匆匆之輩而敢然與野戰軍接殺、螳螂奮臂般的反抗，正好凸顯了東南抗清的民眾自發性。

再看兩個單獨的鏡頭。

閏六月十八日，清兵李成棟部進攻羅店，在一條河邊，與當地鄉兵遭遇：

> 與鄉兵隔水語曰：「棟等不過奉命守吳淞，與羅店初無仇釁。今假道歸婁東，幸諸君寬其一面。」鄉兵支某、陸某等戟手罵曰：「汝曹檻羊牢豕耳。莫作此想。」[6]

羅店距吳淞不遠。過去敝母校在此辦有農場，某年深秋，筆者曾隨全班前來務農兩週。其野渡舟橫、衰草萋萋的水鄉景象，至今在目。今睹此文，羅店記憶油然喚起。兩相對照，頗訝於那樣柔靜的地方，也曾有性情如此剛烈的農夫。「檻羊牢豕」，不僅罵對方為牲畜，而且是被關起來、因而死定的牲畜。

不過，支、陸二農夫雖然豪氣干雲，卻尚不能與一個名叫朱六的同鄉相比：

> 有清將一人，失其姓名，身長八尺餘，面色如鐵，乘馬押陣，偶失隊。鄉兵朱六，於道傍登圂邊，北將單騎過其前，不意中突出抱之，同墮河中。北將倉卒拔刀，未及出鞘，朱六用兩手緊束之，疾呼求救。鄉兵聞呼聲甚迫，亟返視，見朱六正與北將相搏，濺水如濤山浪屋，大笑。爭下水擒之，立刻梟斬，首級奇大，幾如五升碗。[7]

從名字一望便知，這是最普通的農民。明代這種階層的人，一般有姓無名，所謂名字，不過以排行代之。注目以上場景，我們不免要想一個問題：這位很可能大字不識的農民，究竟哪裏得來一種精神，使他迸出驚人

---

[6] 同上書，第185頁。

[7] 同上書，第189頁。

勇氣和力量，敢於撲向如此健碩的勁敵？

　　真正大出意外的當數清兵。他們入關以來，所向披靡，一帆風順，或許已習慣於受降。偏偏來到江南，這些吳儂軟語、身形苗條，傳說中膽小如豆的「蠻子」，反而誓死不從。從閏六月中旬到八月中旬，清兵用了兩個月，反反覆覆，才算敉平。

　　一旦到手，就開始屠城。

　　屠城之事，入關前他們常幹。努爾哈赤時期，對於所攻之城素事燒殺。不降殺，降亦殺；或洗擄一空，焚城而去。所以如此蓋因當時女真形態未脫原始，征伐目的惟在財帛子女。這種情況到皇太極時，隨着滿清萌生入主中國之念，而發生改變。1631 年，圍攻大凌河城，守將祖大壽抵抗極頑強，後送養子祖可法至清營為人質，一見面，諸貝勒即大為不解問道：「爾等死守空城何意？」祖可法回答，是因有遼東永平等處降民遭屠戮的前車之鑒。對此，岳託貝勒當即表示：「遼東之事我等不勝追悔」[①]。過了二個月，岳託向皇太極建言：「先年克遼東、廣寧誅漢人拒命者，後復屠永平、灤州，以是人懷疑懼，縱極力曉諭，人亦不信。」建議為使「人心歸附」「大業可成」，拋棄屠戮舊習。皇太極「嘉納之」。[②]之後，滿清確實一洗陋習，其下北京、南京後的表現，可圈可點，在冀、晉、魯、豫、陝等北方各地，亦罕有劣跡。在它，自然想努力扮演仁義之師，客觀上卻亦因所到之處未遭抵抗。一旦膽敢抗拒，就絕不手軟，而故伎重施。四月在揚州，發生了入關後第一次屠城慘案。眼下，則輪到嘉定。

　　揚州之屠，主要是洗劫，在這自古繁華之地一逞獸性，恣意淫搶。嘉定之屠，更多出於報復、泄憤，以懲其士民之不降不順，非殺盡而後快：「肆其殺掠，家至戶到，雖小街僻巷，無不窮搜，甚至亂葦叢棘中，必用槍亂攪，知無人，然後已。」屍體遍野的同時，還有個怪現象，每具屍體「皆傷痕遍體」。何以如此？「此屢斫使然，非一人所致也。」原來，人雖已被殺死，卻還會有兵卒隨時在已經「寂然不動」的屍體上再砍幾刀。這

---

① 王先謙《東華錄》此句寫為：「殺遼東民乃太祖時事，我等亦不勝追悔。」多出「太祖時事」等字樣。見該書天聰六，《續修四庫全書》，三六九，史部，編年類，上海古籍出版社，2000，第 88 頁
② 蔣良騏《東華錄》，卷二，中華書局，1980，第 32 頁。

顯然超越了殺戮本身，成為非理性的宣泄。滿城之中，「刀聲砉砉然，達於遠邇。乞命之聲，嘈雜如市。」「斷肢者，血面者，被砍未死、手足猶動者，狼藉路旁，彌望皆是。」最後，河道裏屍首水泄不通，船篙竟無可下之處，白花花的人體脂肪浮滿河面③……這樣的屠城（之前城外鄉間的殺戮不計在內），七月初四、二十六日、二十七日一共進行了三次，史稱「嘉定三屠」。

九

略早，常州府江陰縣已發生更加可歌可泣的抵抗。

較之嘉定，江陰的不同在於，抵抗得到一定的組織。兩位明朝低級別官員（典史）陳明遇、閻應元，先後擔任領導者。一般民眾，也較有秩序意識，許多問題事先有商議，議後能遵行。大家決定，「其老弱婦孺與不能同志者，宜速去」；轉移老弱婦幼後，「城門盡閉」，逐一討論守、戰、不同隊伍的服色與旗幟、聯絡外援等事項。決定啟發官府庫藏封條，將錢物用於抵抗運動；一旦發現不夠，有個叫程壁的徽商立刻捐出三萬五千兩。這樣，江陰得以比較迅速地進入軍事狀態，「分隊伍，樹旗幟，鳴金進止」，「集教場」、「填塞道路」、「分途出入」；加強警戒，防範奸細，「燈火徹夜，互為盤詰」，事實上也果然盤獲了間諜，「命拘之獄」。④

江陰全民抗戰的氣氛，不特堪比嘉定，且尤有過之。「四鄉居民不約而至者數十萬計。三尺童子，皆以蹈白刃無憾。有不至此，共訐之。」⑤「咸以效死勿去為念。」⑥「各鄉保鄉兵距城五六十里者，日入城打仗，荷戈負糧，棄農不顧。不用命者互相攻訐，雖死無悔。」⑦「鄉兵陣伍散亂，進退無節。然清兵所至，盡力攻殺，多有斬獲；即不勝，亦未嘗俯首效順也。」⑧

---

③ 朱子素《嘉定縣乙酉紀事》，《中國野史集成》第三十三冊，巴蜀書社，1992，第188頁。
④ 韓菼《江陰城守紀》，《中國野史集成》第三十三冊，巴蜀書社，1992，第125頁。
⑤ 同上書，第124頁。
⑥ 同上書，第127頁。
⑦ 同上書，第130頁。
⑧ 同上書，第130頁。

自閏六月初一起事，這座僅由莊稼漢守衛的城池，清兵久不能下。

> （守衛者）合鄉兵二十餘萬人與在城民兵，分保而守。城門
> 用大木塞斷，派十人守一垛。卯時，喊「殺」一聲；午時再派十
> 人，喊「殺」一聲；酉時，仍換前十人，隨宿。夜半，再換後
> 十人更番，周而復始。城下設十堞廠，日夕輪換，安息燒煮。
> 公屋無用者，毀拆磚瓦，使瞽目人傳遞不停⋯⋯井井有條，絲
> 毫不亂。①

清將二都督大怒：「我得北京、得鎮江、得南京，未嘗懼怯，未嘗費
力；不要說江陰拳大的地方，就如此費力。」「二都督恃勇，衣三層甲，腰
懸兩刀，肩插兩刃，手執隻刀，獨登雲梯」，卻被城上守民「群刺其面」，
一湯姓童子，「持鈎鐮槍，用刀鈎斷其喉管」。②

僅持一個半月，七月中旬，滿清以精銳王牌博洛貝勒（他也就是後在
福建勸降鄭成功之父鄭芝龍的人），「悉統所部共幾二十萬來江陰」③。同時
抵達的，還有大炮百門。殺雞真正用上了牛刀。七月十九日，博洛發起攻
擊，炮轟整整一週，「炮聲震天，聞二百里。一晝夜用火藥萬五千斤」④。城
牆或裂或陷，幾不能保，閻應元亦傷右臂。然每次進攻，卻總被擊退，城
牆則迅速修復。守民極英勇，「一人立城上，頭隨彈去，而身僵立不仆；
一人胸背俱穿，直立如故。」⑤「大雨；民立雨中受炮，毫無降意。」⑥

其間，恰逢八月十五中秋日。這慘烈的戰場，居然出現遼遠浪漫的
一幕：

> 百姓攜壺觴登陴，分曹快飲。許用（一諸生）仿楚歌，作五
> 更轉曲，令善謳者登高傳唱，和以笙笛簫鼓。時天無纖翳，皓
> 月當空，清露薄野，劍戟無聲。黃弩師鼓胡琴於西城之敵樓，

---

① 韓菼《江陰城守紀》，《中國野史集成》第三十三冊，巴蜀書社，1992，第 134-135 頁。
② 同上書，第 136 頁。
③ 同上書，第 140 頁。
④ 同上書，第 143 頁。
⑤ 同上書，第 141 頁。
⑥ 同上書，第 145 頁。

歌聲悲壯，響徹雲霄。外兵爭前竊聽，或怒　、或悲歎，甚有泣
下者。⑦

此情此景，堪為華族自古抗敵史上大美之圖，留載史冊。

不屈，直至八月二十日。這天，清軍又從南京調來重炮二十四門，
「較前更大，每舟止載一位」，一發炮彈重達二十斤。二十一日，雨勢甚
急，清軍發炮猛攻，城上守民見炮火閃亮，即避伏垣內，俟炮聲停頓，
復登城守禦。不料，清軍發現這種情況，加以利用，轉放空炮，「煙漫障
天，咫尺莫辨，守城者謂炮聲霹靂，兵難邃入」，實際清兵卻潛渡城河，
從煙霧中蜂擁突上……江陰終於告陷！⑧

「閻應元坐東城敵樓，索筆題門曰：『八十日帶髮效忠，表太祖十七朝
人物；十萬人同心死義，留大明三百里江山。』題訖，引千人上馬格鬥，
殺無算。奪門西走，不得出，勒馬巷戰者八，背被箭者三。顧謂從者曰：
『為我謝百姓，吾報國事畢矣。』自拔短刀，刺胸血出。」⑨ 未死，次日被
俘，殺於博洛貝勒前。

「陳明遇令閉衙舉火，焚死男女大小共四十三人，自持刀至兵備道前下
騎搏戰，身負重創，握刀僵立倚壁上，不仆。」⑩

城陷，百姓「猶巷戰不已，清兵用火攻敗之。四民（即士、農、工、
商）駢首就死，咸以先死為幸，無一人順從者。」清兵「下令從東門出者
不禁，又下令十三歲以下童子不殺」，然合城百姓拒為所誘，「男女老少
赴水、蹈火、自刎、投環者不能悉記。內外城河、泮河、孫郎中池、玉帶
河、湧塔菴河、裏教場河處處填滿，疊屍數重」。⑪

八十天來，為對付這僅由老百姓守衛的彈丸小城，清軍調集兵力二十
多萬，喪失三位王爺、十八位大將⑫；所折兵士，據許重熙《江陰城守
記》：「清兵圍城者二十四萬，死者六萬七千，巷戰死者又七千，凡損卒七

---

⑦　同上書，第 146 頁。
⑧　同上書，第 147 頁。
⑨　同上書，第 147-148 頁。
⑩　同上書，第 148 頁。
⑪　同上書，第 148 頁。
⑫　同上書，第 144 頁。

萬五千有奇。」① 以上僅為戰死數，負傷者還未計於內。而他們的對手，不過是田間陌阡的農夫。這樣一場城守奇跡，古往今來，未之聞也。

八月二十二日、二十三日，清兵大開殺戒，屠城兩天（《明季南略》則說「清兵屠城凡三日，晨出殺人，暮則歸營。」），「滿城殺盡，然後封刀。」倖免者，僅躲在寺觀塔上隱蔽處的五十三人而已。至此，前後八十一天，江陰人以「城內死者計九萬七千餘人，城外死者七萬五千餘人」② 的代價，替明朝國人表示，中國「不至拱手獻人」③。

十

日寇南京大屠殺無人不知，而 1645 年清兵在揚州、嘉定、江陰連續三次大屠殺，知道的人大概已不多。從當時人口比例講，後者比南京大屠殺有過之無不及。時過境遷，這類記憶卻往往被歷史衝淡。我們重新提及，如果只為翻翻舊賬，沒有必要；重要的是，從中收取一些新的發現和認識。

重新認識首先從一點講起：揚、嘉、江三次屠城，本都可以「避免」。此話怎講？前面提到皇太極時滿清調整政治戰略，放棄了屠戮舊俗，公道地說，入關後直至揚州事件前，清兵比明軍、李自成紀律都好，更遑論張獻忠。揚、嘉、江之屠，直接原因都是遭遇抵抗。

反過來，三地遭屠也為我們作了強烈的標記：到 1645 年夏天為止，滿清入侵的過程，只在東南引發抗戰，在別的地方都望風順從、波瀾不興。這個要點，我們且將它記下。

次而還有兩個要點：第一，南京投降後，清兵沿鎮江、無錫東進過程中，在很多地方絕無擾民，更不必說屠戮。第二，發生大慘案的江陰、嘉定兩地，亦非一開始即呈惡性對抗態勢，而是因為當中發生一個重要關節。

且看親歷者計六奇的所見：

---

① 許重熙《江陰城守記》，《中國野史集成》第三十三冊，巴蜀書社，1992，第 152 頁。
② 韓菼《江陰城守紀》，《中國野史集成》第三十三冊，第 149 頁。
③ 許重熙《江陰城守記》，《中國野史集成》第三十三冊，第 152 頁。

初三日甲寅，下午，清兵三百餘騎自北而南，穿錫城中而走，秋毫無犯，觀者如市。

初四日乙卯，五更時分，穿無錫城中走，至傍晚止，約萬人，馬三萬餘匹，奔放縱橫，見者面面相覷，寂無人聲。

初七日戊午，下午，清兵到無錫，穿城而過，一夜不息。月夜張買貨物，清將殺四人，懸其首於南、北門禁，城中頗稱秋毫無犯。水陸俱進，水多於陸。

初八日己未，清兵又過無錫一日，舟中俱有婦人，自揚州掠來者，裝飾俱羅綺珠翠，粉白黛綠，亦一奇也。④

這幾筆記述，均取自計六奇乙酉年五月日記，非同於傳聞。兩次用了「秋毫無犯」一詞。初七所記「清將殺四人」，味其上下文，被殺者應係清兵中個別擾民者。唯一負面場景，是初八來自揚州的清兵載豔婦以過。之後，閏六月、七月間，日記也有兩筆關於清兵經過無錫的記敍，皆無劣行，且又一次提到「城中秋毫無犯」⑤。

另外，蘇南抗清雖熾，卻並不僅此一種情形，也有立即投順的。如「常州豎順民旗，至丹徒迎清兵。」⑥「無錫選貢士王玉汝等具肉一百擔、面一百擔、羊三頭以迎清兵。傳聞清兵惡門神，城中各家洗去，皆粘『大清萬歲』於門上。」⑦前亦曾提及，太倉城內一律歸順。關於無錫的歸順，計六奇還交待了以下原由。據說劉光斗（前明朝御史、大理寺右丞，已降清）致信王玉汝，告以：「師至而抗者屠，棄城而乏供應者火，公有心人，當為桑梓圖萬全。」⑧王玉汝接受了這看法，出面與清軍溝通。當然，無錫也有不降的一派，他們在顧杲帶領下，入太湖打遊擊。凡已歸順的地方，滿清並未加害，這個事實應予承認。

就連反抗最烈的嘉定、江陰兩地，起初其實也已歸順清朝。這一點，

④　計六奇《明季南略》，中華書局，1984，第 232 頁。
⑤　同上書，第 233 頁。
⑥　同上書，第 231 頁。
⑦　同上書，第 231 頁。
⑧　同上書，第 232 頁。

後來有所留意的人不多，抑或為了突出清兵兩次暴行的殘酷，而有意掩蓋。但實事求是起見，我們在此專門強調：起義之前，嘉定、江陰均已歸順。

請看《江陰城守紀》的記述。六月二十四日，清朝委任的知縣方亨到達江陰，當即提出一個問題：

> 亨曰：各縣已獻冊，江陰何以獨無？耆老出，遂諭各圖造
> 冊，獻於府，轉送於南京，已歸順矣。[1]

所謂圖冊，即包括黃冊（戶籍）、魚鱗冊（土地登記）、稅簿等在內的重要政府檔案，其移交，象徵政權交替，而江陰由「耆老」為代表，向新政權交出了這些圖冊，所以說「已歸順矣」。嘉定情況也一樣：

> （六月）十四日乙丑，北安撫周荃至縣，取邑篆（大印）冊
> 籍而去。[2]

從手續上說，兩地都已接受和承認新朝統治。其次，從時間來看，江陰起義為閏六月初一，嘉定為閏六月十三日，而一個月前清兵即已出現和經過該地，均未受到反抗。不單如此，滿清向江陰、嘉定都委派了縣令，他們也各自露面、到任（清朝嘉定縣令張維熙和江陰方亨一樣，六月二十四到達，因躲避明朝總兵吳志葵抓捕遁去，於閏六月初六復來），到此為止，兩縣人民均未宣佈起義。

事態急轉直下，是因一個十分特殊的導火索：薙髮令。

薙髮令完全是災難性、摧毀性的，其所造成的軒然大波，怎麼形容都不過分。它在東南一帶觸發的決絕抗爭，僅《明季南略》一書之中，即有形形色色、不可勝數的實例。無錫五牧鎮，一位養魚鷹的薛姓老者「以薙髮自縊死」。[3] 武進諸生許某，為逃避薙髮，整整一年「晝則閉戶，夜半

---

① 韓菼《江陰城守紀》，《中國野史集成》第三十三冊，巴蜀書社，1992，第 122 頁。
② 朱子素《嘉定縣乙酉紀事》，《中國野史集成》第三十三冊，第 182 頁。
③ 計六奇《明季南略》，中華書局，1984，第 235 頁。

始出」④，順治三年（1646）才被發現。天啟進士、無錫人華允誠，誓不薙髮，為此「杜門者三年」，直到被告發，清撫土國寶勸其薙髮，「不從」，解至南京，遭毒打，「拔公髮幾盡」，仍不從，稱「吾不愛身易中國之冠裳也」，卒見害。⑤ 無錫泰伯鄉諸生鄒來甫，創下更久的記錄，「不剃髮，隱居教授，至康熙初年」。⑥ 宜興盧象晉為不薙髮，不惜裝瘋，還是被識破，「捕置獄中」。⑦ 名臣徐汧聞知薙髮令下，「誓不屈辱，曰：『以此不屈膝、不被髮之身，見先帝於地下。』遂自沉於虎邱後溪死。」⑧ 復社領袖楊廷樞，「清至不剃髮。丁亥四月，時隱山中被執，大罵不屈。」⑨ 然後被殺⋯⋯

　　江陰、嘉定起義，純因滿清強制推行薙髮令。就兩個事件本身而言，我們明確給出結論：沒有薙髮令，則沒有起義。前面說過，薙髮令下達前，政權已經移交，民眾雖不滿，卻並未拒絕新統治者——尤其是，並不曾出現將拋卻性命以示抗爭的苗頭。薙髮令一下，這才民怨沸騰，而至生不如死、忍無可忍。

　　我們且藉江陰起事經過，還原一下過程：在交出地方圖冊後，民眾普遍認為歷史一頁就此翻過——

　　　　閏六月朔（每月初一稱朔），方（亨）行香，諸生耆老等從至文廟。眾問曰：「今江陰已順，想無事矣。」方曰：「止有薙髮耳，前所差四兵為押薙髮故也。」眾曰：「髮何可薙耶？」方曰：「此清律，不可違。」

　　回到衙中，常州府詔文正好送到，當眾開讀，同時命書吏抄成佈告，其中有「留頭不留髮，留髮不留頭」一語。這不知是何人得意之筆，大概以為編成這種順口溜有助於「政策宣傳」。可惜效果太強烈，讀至此，抄

---

④ 計六奇《明季南略》，第 236 頁。
⑤ 同上書，第 237 頁。
⑥ 同上書，第 239 頁。
⑦ 同上書，第 240 頁。
⑧ 同上書，第 255 頁。
⑨ 同上書，第 256 頁。

佈告的書吏投筆於地，說：「就死也罷！」方亨正欲鞭懲該吏，現場已當即譁變，宣佈「反了」。二十多天後，對峙中，清兵從城外射來勸降書，所談同樣着重於薙髮，稱：「南北兩直、山、陝、河南、山東等處俱已薙髮，惟爾江陰一處敢抗違國令，何不顧身家性命耶？」又稱：「爾等係清朝赤子，錢糧事小，薙髮為大。」意謂，答應薙髮，朝廷即可免除錢糧，「不動爾一絲一粒」。如此勸降，簡直本末倒置，以小人之心度君子之腹。第二天，「江陰通邑公議回書」，人們這樣回答：

> 江陰禮樂之邦，忠義素著。止以變革大故，隨時從俗，方謂雖經易代，尚不改衣冠文物之舊。豈意薙髮一令，大拂人心，是以城鄉老幼誓死不從，堅持不二。[1]

斬釘截鐵。「公議回書」的表述非常清楚：江陰人民承認「變革」，不反對「易代」，本已接受清朝統治；一切因薙髮而起，此令不除，江陰全體百姓誓死不從。

十一

撥草尋蛇，辨跡追蹤。末了，鎖定目標，卻發現根源竟是微末的頭髮。正是為這微細纖紗之物，一方寧願罔顧性命，另一方則死死咬定，萬事皆有商量、唯獨頭非剃不可！

我們來看順治二年（1645）十月的一件事：

> 陝西河西道孔文譚上奏：臣家宗子衍聖公孔允植，已率四世子孫，告之祖廟，俱遵薙髮訖。但念先聖為典禮之宗，顏、曾、孟三大賢並起而羽翼之。其定禮之大者，莫要於冠服。先聖之章甫縫掖（指冠服），子孫世守之。是以自漢暨明制度，雖各有損益，獨臣家服制三千年來未之有改。今一旦變更，恐於皇上崇儒重道之典，有未備也。應否蓄髮，以復先世衣冠統，惟聖裁。得

---

① 計六奇《明季南略》，中華書局，1984，第 245-246 頁。

旨：薙髮嚴旨，違者無赦。孔文譚奏求蓄髮，已犯不赦之條。姑
念聖裔，免死。[②]

那時，曲阜孔府雖已薙髮，卻深受愧對祖宗的折磨。顯然在所有商議
之後，由孔文譚出面，請求清廷給予孔府特恩，保留其「三千年來未之有
改」的服制。注意：僅是特例，無涉旁人。然而旨意下來，絕不開恩，重
申「違者無赦」；對膽敢以此上奏的孔文譚，僅看孔夫子薄面，才饒其不
死，「着革職永不敍用」。

可見在薙髮問題上，清廷斷然不容討價還價；哪怕歷三千年未改的孔
府，現在也非改不可。

至此我們應該補充說明，薙髮並非滿清鐵腕政策的全部。薙髮成為焦
點，是因由此觸發慘劇太多。實際上，滿清要推行的是一個整體褫奪華
夏衣冠的計劃。所以，繼閏六月強推薙髮令後，七月初九（戊午）又追發
通知：

諭禮部：官民既已薙髮，衣冠皆宜遵本朝之制。從前原欲即
令改易，恐物價騰貴，一時措置維艱，故緩至今日。近今，京城
內外軍民衣冠遵滿式者甚少，仍着舊時巾帽者甚多，甚非一道同
風之義。爾部即行文順天府五城御史，曉示禁止。官吏縱容者，
訪出並坐。仍通行各該撫按，轉行所屬，一體遵行。[③]

從這個計劃，我們發覺滿清是很不相同的征服者。歷史上，北中國
多次被異族佔領，到元代，更是全境陷落。然而，他們卻沒有哪個想到迫
使華族易服，否則曲阜孔家何能「三千年未之有改」。之如此，是因那些
「狄夷」均未越出武力征服者層次，只顧奪取中國疆土和人民，擁而有之，
便稱心如意。滿清之不同，正在於覺悟到不能只做武力征服者。入關以
前，它即着手認識中國文化，招納、任用漢人文士，完全是知己知彼，有

---

② 王先謙《東華錄》，順治五，《續修四庫全書》，三六九，史部，編年類，上海古籍出版社，2000，
　　第 248 頁。
③ 同上書，第 244 頁。

民心·頭髮

民心·頭髮

241

備而來。它懂得，在中國，衣冠服制絕非穿衣戴帽，而連結着華族的民族認同、文化差異與等級。中國人實際上不怕國土淪失，只要冠服未改，就並不覺得已被征服，甚至反而藏在冠服的優越感下，對征服者投去蔑視的目光。

那是大有根據的：

端委搢紳，諸華之容；剪髮曠衣，群夷之服。……棺殯槨葬，中夏之風；火焚水沉，西戎之俗。全形守禮，繼善之教；毀貌易性，絕惡之學。[1]

以上幾句，出自南齊顧歡的《夷夏論》。其寫作早在滿清入關之前約一千二百年。比它更早，有《漢書》對匈奴的描述：「夷狄之人貪而好利，被髮左衽，人面獸心，其與中國殊章服，異習俗，飲食不同……是故聖王禽獸畜之，不與約誓」。[2] 還有東晉江統《徙戎論》的名句：「非我族類，其心必異；戎狄志態，不與華同。」[3]

何謂文化？從赤身裸體到以獸皮遮羞，即是文化；從以獸皮遮羞再到峨冠博帶，更是文化。人體修飾的每一種變化，都是文化使然，也無不表徵了文化差異。這樣一想，我們也就明白冠服髮式之不同，並非無關痛癢，的確標識着文化上的高卑美惡。故而，正如顧歡所說：「捨華效夷，義將安取」[4]，作為當時自居「天下」最高等文化的華族來說，變易服制，何啻奇恥大辱。幸好過往「諸夷」不大懂得中國人這種心思，對自身文化上的「卑微」亦渾然不覺；這樣，中國總算沒有提前發生為了頭髮而血流成河的慘劇，曲阜孔家也才得以「三千年未之有改」。此時不然，越過山海關的這支「胡虜」，明了其文化上的「卑微」，也知道中國人的「驕傲」以什麼為根基，如欲摧毀之必須從哪裏下手……對於中國來說，如果征服者不獨擅長武力，還對文化有意識有想法，麻煩就格外之大了。

---

① 李延壽《南史》，卷七十五，中華書局，1975，第 1876 頁。
② 班固《漢書》，卷九十四下，中華書局，2002，第 3834 頁。
③ 房玄齡等《晉書》，卷五十六，中華書局，1974，第 1533-15322 頁。
④ 李延壽《南史》，卷七十五，第 1876 頁。

十二

還剩下最後一個問題，那也是筆者最想探究的：明亡之際，同是中國人，南北兩地的情形為什麼那樣不同？先是對「賊寇」的態度，北人支持，南人牴觸；然後是對「胡虜」的態度，北人順服，南人反抗。兩個反差彰彰明甚，十分惹眼，凡對這段歷史有一定涉獵者，都應能注意到。然而，究竟怎麼解釋呢？

關於「賊寇」，我們已用不少材料，說明不是民心向背問題。並不存在北方民眾厭倦明朝統治，南方民眾卻懷着美好感情的區別。後者確實不太歡迎北方的造反者，試圖把他們拒於門外。但這並不意味着愛朝廷，兩者並非可以直接劃上等號那樣簡單的關係。相反，在南方許多地方民眾眼中，「賊」與「官」倒不妨劃上等號。

關於「胡虜」，南北兩地遭遇的問題是一模一樣的。滿清並未區別對待，在北方執行一套政策，在南方另搞一套。過去蒙元倒曾有所區別，它將全體居民定為四等，蒙古人自己以及隨之而來的西域色目人為第一、二等，略早而且不太費力就征服的北中國人列為第三等，而把進行了激烈抵抗的南中國人置最末一等。滿清除對「自己人」（滿蒙兩族）搞優惠政策，對漢人倒可以說不分南北、一碗水端平。既如此，為什麼看上去南方漢人要比北方漢人更痛苦、更不滿、更難忍受，就好像受到了格外不好的對待呢？

思索這種奇怪情形，我首先想到魯迅先生《北人與南人》的一段話：

> 北人的卑視南人，已經是一種傳統。這也並非因為風俗習慣的不同，我想，那大原因，是在歷來的侵入者多從北方來，先征服中國之北部，又攜了北人南征，所以南人在北人的眼中，也是被征服者。⑤

這應該不失為一條解釋。中國歷史上的外族征服者，好像從來沒有來

---

⑤ 魯迅《北人與南人》，《魯迅全集》，第 5 卷，人民文學出版社，1957，第 354 頁。

自南方的。而北方，從漢代起，就不斷有入侵者，而且一再成功，大體晉以後都維持着一代華族、一代異族交替統治的歷史，抑或以長江為界，華族、異族分治中國南北。換言之，北中國早已習慣於淪亡（從漢族角度看）或投降，故爾魯迅後面談到南人所以在元朝列四等，又有一段話：

> 因為他是最後投降的一夥。最後投降，從這邊說，是矢盡援絕，這才罷戰的南方之強，從那邊說，卻是不識順逆，久梗王師的賊。孑遺自然還是投降的，然而為奴隸的資格因此就最淺，因為淺，班次就最下，誰都不妨加以卑視了。[1]

又換言之，我們好像可以因此說，北中國的華族文化傳統不如南中國牢靠，質地也漸漸不那麼純正了。這恐怕是一個歷史事實。隔上二三百年左右，就被「蠻夷」衝垮一次，統治上百年，混居乃至混血，這種情況下，傳統沒法不斷斷續續，質地也沒法不駁雜。當然，這裏只是就事論事，探討客觀歷史，不含狹隘民族主義的價值判斷。既有這層原因，北中國人與異族之間的文化價值衝突，不如南中國人那麼激烈、那麼有悲劇感，也很正常。像前面引述的江統、顧歡，都是長江以南漢族王朝人士，就並非偶然。

以上算摸到一些頭腦，但明顯還是比較周邊的東西。

我們想要的，是來自明朝本身的線索；或者說，最後的解釋，應能顯現明朝所特有的社會現實。這當中，我注意到有個最特別、最突出的現象，亦即，明末東南一帶發生的種種，都不局限於知識分子、士大夫階層，而有着相當廣泛的民眾普遍性。

無論在與李自成、張獻忠周旋中，還是如火如荼的抗清鬥爭，我們都看得見民眾的活躍身影。尤其後一事，像之前敍述所展現的，民眾完全成為主體。這種情形，實所未有。儘管戎華之別、夷夏之論源遠流長，過去卻幾乎僅係士階層話題，是所謂文化精英的意識形態。不用說兩漢、東晉和六朝，即便民族意識更強的南宋，普通百姓也談不上充分捲入其中。乙

---

① 魯迅《北人與南人》，《魯迅全集》，第 5 卷，人民文學出版社，1957，第 354 頁。

酉年夏季，兩個羅店農民隔河手指清兵破口大罵「檻羊牢豕」，這個鏡頭是帶着典型的明朝特徵的。

如要加以概括，筆者願意這樣表述：在明代 —— 起碼是晚明 —— 士夫階層與一般民眾之間，已達成某種「意識形態一致性」。

這是一個相當有實質意義的演進。從先秦時「民可使由之，不可使知之」、「惟上智與下愚不移」，強調士／民之間注定有不可踰越的鴻溝，到晚明士／民一體、趨同、互為表裏，中國社會基層在道義和基本價值觀方面，已經形成了新的精神紐帶，或新型文化領導權。以往，儒生集團雖也在中國行使文化領導權，卻基本作為皇權附庸，在專制政體與民眾之間扮演仲介角色，工具意味濃厚，缺乏獨立性，民眾對之沒有單獨的認同感。而在明代，歷來的兩極 —— 統治者與被統治者、專制政體與民間社會，被打破了。知識分子士夫作為單獨一極而出現的趨勢，正在形成和明朗。他們作為鄉村社區的主要影響來源，越來越突出，重要性與日俱增。他們自己也有意識與專制政體拉開距離，運用獨立的思想價值資源，發揮獨立的倫理作用，努力發出與專制政體不同的聲音，悄然進行權力話語再分割。這樣的變化，民間社會很快就感受到了，意識到已經出現一種有別於專制政體、與民間立場和利益較為貼近而且朝氣蓬勃的精神力量。較明顯的標誌，就是萬曆末年生成的東林黨。但作為整體現象，這既不自東林始，也不局限於朝臣這樣小的範圍。實際上，它非常廣泛，遍及中國社會的最小細胞村落，此即「鄉紳現象」。鄉紳是明代社會的全新元素。以往，比如宋唐，雖亦有大量士夫居留鄉間，卻很難稱之為鄉紳，他們與鄉間是游離的、懸隔的。唯至明代，才存在那種從精神到事務真正融入或介入鄉間社會的士夫，構成「鄉紳現象」。明季，鄉紳在地方的作用愈益關鍵，甚而超過官府乃至朝廷。天啟四年（1624），蘇州著名的「五人義」事件，充分演示了立於鄉紳—民間互動基礎上的社會再組織情形。有民望的士夫周順昌、周起元、楊姜等，與五大民間領袖顏佩韋、馬傑、楊念如、沈揚、周文元，攜手對抗皇帝佞倖、把持朝政的魏忠賢及其黨羽毛一鷺等，闔城回應、支持，形成非傳統非「江湖式」造反、具近代民運色彩的群體事件。萬曆末年，松江民眾焚燒董其昌宅邸一事，則作為日常生活當中的例子，

顯示了鄉紳對地方的影響以及如何影響。吳建華的一篇專論，就此做了細膩的分析，讀者願知其詳，可徑讀之，茲只引其結論性的一語：「在鄉士大夫與士人是支配明代城鄉共同體的主流勢力。這個社會精英群體的一言一行都將影響政府管轄的措施和效果，影響普通民眾的行為和心態。」[①] 我想說，這樣的評論，明代以前大概並不成立。

從東南情形看，士夫—民間的新型互動，或者說「意識形態一致性」，在明末達到了相當充分的程度。平時的重大地方事務及日常矛盾處置，已對此形成很大依賴，而官府乃至朝廷中央的影響反而靠後，甚至有邊緣化跡象，有它沒它均可。換言之，即便官府不存在，當地社會與民眾仍能組織起來，甚至組織得更好。乙酉年五月，南京投降後的東南現實，有力證明了這一點。江陰、嘉定兩地大型抗清行動，以及無錫、常熟、休寧、徽州、貴池等多處遊擊性質的抗清活動，都是在政府缺失的背景下，得力於鄉紳‐民間這條紐帶。這種現象的後面，便是士夫、民間基於共識和互信，形成合力（往往是反抗的合力），去貫徹共同意志、追求共同利益。就歷來的中國社會關係而論，這是極重大的、堪稱帶突破性的動向，假以時日，中國社會基本結構與模型因此有所變革，絕非不可期待之事。可惜，滿清以外族入主所勢必伴隨的高壓統治，大大削弱、抑制了鄉紳‐民間新型關係的變革性潛質。雖然有清一代，鄉紳—民間關係也繼續存在下去（太平天國時即曾發揮作用），但其反抗性明顯流失，更多地僅僅作為一種地方穩定槓桿而已。

以上分析，大致可以從意識形態及社會組織兩個層面，解釋明末東南民眾「拒寇抗虜」這種表現的由來。但是，它仍不能解釋為什麼東南民眾有此表現，而北方民眾卻沒有或甚少有。

回答後一問題的方式，相當簡明 —— 只須實證。

我們從一組數字談起。明代二百多年歷史，科舉考試所產生的殿試頭三名即狀元、榜眼、探花，和鄉試第一名會元，總數共 244 人。而其各省分佈及排名如下：第一，南直隸（含今蘇皖兩省）66 人；第二，浙江 48

---

① 吳建華《「民抄」董宦事件與晚明江南社區的大眾心態》，《中國社會經濟史研究》，2000 年第 1 期。

人；第三，江西 48 人；第四，福建 31 人；第五，陝西（包括甘肅）9 人，第六，湖廣 8 人；第七，北直隸 7 人；第八，山東 7 人；第九 四川 6 人；第十，廣東 6 人；第十一，山西 4 人；第十二，廣西 2 人；第十三，河南 2 人。[2]

對這些數字略作分類，得到以下結果：一、東南一帶（蘇、皖、浙、贛、閩）人數達 193 人，幾為其餘地方四倍（後者全部相加為 51 人）。二、南直一省人數，便超東南以外各地總和。三、浙、贛、閩三省，各自人數都接近於他處總和。四、以南北分片看，南部諸省即南直、浙、贛、閩、湖廣、川、粵、桂共 215 人，北部諸省即陝甘、北直、魯、晉、豫僅 29 人。

至此，答案可謂一目了然：明清鼎革之際，南北方頗相懸殊的表現，是長期以來文化重心隨經濟重心不斷南移的結果。這個過程，遠自東晉始；以後，北方蠻族每侵入一次，華族的經濟、文化重心就為之南移一步。中間當然還有反覆，但南移趨勢不斷且逐步深化，及至明代，正統華族文化的中心，已處長江中下游一帶，北方則失卻純正、轉為雜蕪，「混血」特徵突出。

這個過程，實際上同時發生了兩件事。一是中原文化的華族正統性不斷流失，二是長江中下游的化外性不斷減弱、消失，取代中原成為華族文化的正統地。我們只須回看春秋時的情形，就知道南北方是如何悄然發生這文化上的流轉。在那時，長江中下游與西北的狄戎一樣，本屬化外之地。但經過代代南移，中原文化正統及精英大舉轉移過來，東晉、南宋兩次最大的遷徙，都向東南輸送了大批豪族和文化精英，江浙許多大姓望族，祖籍原在黃河流域，而福建客家人多來自河南，則人所共知。

北方則隨着戰亂和自然條件惡化，從經濟到文化不斷衰落。東晉以後，大致上保持胡華混居的狀態。即以今天北京論，其居住、飲食、風俗、地名乃至相貌、體形，其元素、來源均較雜蕪，留下種族融合的深刻痕跡。

---

[2]　資料取自陳正祥《中國文化地理》，三聯書店，1983，第 22 頁。

文化的流轉，隨着時間推移，以悄無聲息的浸潤方式，一點點地改變和影響社會現實、社會發展，令文化質地、成分、積累和人才生產的差異逐漸加大。其結果，最終則凸顯於科舉的榜單。到明代，文化分佈、人才分佈呈現明顯的南重北輕格局。東南一帶，講學、出版、藏書、藝文等文化事業，全面領先。尤為關鍵的是，由於思想和人才積累雄厚，東南一帶在政治變革和社會再組織上，明顯處在有利地位。剛才講到鄉紳－民間的新型關係，北方基本無覓其蹤，東南卻已十分活躍、強勁崛起。也許還記得我們在談桐城情況時，先賣了個關子，按下未表，至此則不言自明：以其方圓百里的彈丸之地，而持續百年、源源不斷產生名臣碩學，居然成為天下文藪；這不止是簡單的人文薈萃，更表現了一種社會脈絡。一個地方，有此脈絡或無此脈絡，相差豈能以道里計。故而，明清鼎革之際，南北判然有別的情形，既揭示了兩邊文化傳統在各自歷史情境下的走向，也是不同社會狀態、發展趨勢的一種鮮明對比。認識到這兩點，恐怕比僅僅從中談論民心向背、民族氣節一類話題，更切中於當時歷史的緊要。

真假・謠言

　　凡屬公開、權威的信息，都不真實；凡出於街談巷
議、不明來歷或被宣佈為「謠言」的，都值得信賴。公
眾不認為他們在「謠言」的口口相傳中所迷失的真相，
大於由權力編織的謊言，社會於是變成「謠言」泛濫的
空間。

偶爾，筆者也對歷史抱不可知態度，為之感覺神祕和詭異。例如明末前後兩樁「三案」。

第一樁，發生於萬曆末年，依次為梃擊、紅丸、移宮。梃擊案，時在萬曆四十三年；後兩案，則連出於萬曆四十八年短短三十天之中。那段時間，少有的熱鬧。先後死掉兩位皇帝（神宗和光宗，他們分別創下明帝在位最長和最短的記錄），換了三位皇帝。熱鬧後面，是一連串撲朔迷離的宮庭祕聞，以及激烈的政治對抗。牽扯了幾大集團；不單朝堂與內廷頡頏，朝臣之間、皇族內部也都各自分裂、罅隙難掩。不久，從「三案」引出《三朝要典》（三朝者，萬曆、泰昌、天啟），頓時血雨腥風。幸好天啟短命，登基七載而夭。他的弟弟朱由檢，一旦踐阼，即刻將《三朝要典》來個徹底否定。可事情卻並不到此為止，餘音嫋嫋，餘波難平，以致明朝最後一段時光，始終為「三案」陰影籠罩，幾無寧日。有人說：明之亡，亡於「三案」；雖有偏至之嫌，然僅自政治層面言，也八九不離十。

豈知，弘光尾聲，竟然又有新「三案」：大悲、太子、童妃。先前「三案」，終使王朝在北都崩解。及在南京復活，偏偏又鬧了另一樁，而且也一鬧而亡。一前一後，明朝南北兩都，各被一樁「三案」次第擊垮，豈不太巧？

這且不說，更詭異的是，兩樁「三案」的情節直接看毫無關聯，可是稍稍挖掘一下，卻見它們之間有一根隱形的線索，遙相呼應、暗通款曲，教人不禁想起「冤有頭，債有主」那句話。

此話怎講？蓋北京「三案」之起，都因朱翊鈞偏私鄭貴妃之所出皇三子。這位皇子叫朱常洵，後來封了福王，就藩洛陽。他非別人，恰便是眼下在南京當皇帝的朱由崧的親爹。這對父子，一個是昔年北京「三案」的導火索，另一個則跑到南京惹出新「三案」。明代福王，前後僅此二人，卻不約而同扮演相似的歷史角色，形式雷同，效果統一，讓人錯愕不已。

本篇單表南京「三案」。以往史家，對北京「三案」所含政治、倫理內容，有深刻認識。推原本根，闡究精微。但對南京「三案」，卻有些

掉以輕心，似乎覺得不過是朱由崧的幾段「花邊新聞」。對此我們不得不說，前人視野終有其局限性。誠然，單論事情本身，南京「三案」不很曲折隱祕，然而其真正特色不在於此，而在於所引起的解讀及反應。在這一層面，南京「三案」極其活躍，交織其間的聲音豐富多彩，整個過程有如一面明鏡，將社會心理表現得纖毫畢呈，所體現的強烈參與性、互動性在古代條件下堪稱罕有。假如我們欲取活體組織，對弘光朝做顯微式的病理檢視，便沒有比這更適合的樣本。

二

依次而言，弘光「三案」，首先發生的是大悲案。

眼看甲申年將盡，十二月十五日（乙巳）深夜，有男人在洪武門外鬧事。有關記載描述為「夜叩洪武門」[1]，單看這五個字，好像沒多大動靜；然而，根據叩門者完全瘋掉來推想，聲勢應該不小。

再者，被「叩」之門，可不是什麼等閒之地。

洪武門係何所在，一般恐怕都無概念。在如今南京，它不但久已不存，簡直連痕跡也找不到。不過，我們卻可以從明初《洪武京城圖志》裏得到一點知識和形象。簡單說，它是南京紫禁城最南端第一道大門，亦即皇城前門，與作為後門的玄武門遙遙呼應。進了此門，便是皇家宮闕；以外，則為庶民生活居住區。什麼人可得入內呢？除皇帝一家和侍候他們的一大堆太監宮女，只有官員——進後，首先是一條稱為「千步廊」的寬廣御道，兩側分佈着國家文武機構——總之，平民百姓「到此至步」。

那「夜叩洪武門」的不速之客，雖然瘋癲，對洪武門乃是「大內」之門禁，意識倒並不糊塗。當被問及來者何人時，他的回答堪稱驚天動地：「自稱烈皇帝。」[2]誰是「烈皇帝」？就是習慣上稱為「崇禎皇帝」、而由滿清諡為「思宗」的朱由檢。他明明已在半年之前，自縊於北京煤山，普天

---

① 夏完淳《續幸存錄》，《明季稗史初編》，卷二十四，上海書店，1988，第 327 頁。
② 同上。

之下，哪個不知，誰不曉？不意於此隆冬寒夜，闃寂無人之際，一位和尚從天而降，在洪武門外大呼小叫，自稱崇禎，意欲「回宮」。守門衛士豈有二話？當即「擒之」，把他交與上峰。

上峰則報告了兵部尚書張國維。張國維但聞其事，立即說：「此等妄男子，但當速斃之，若一經窮究，國體不無少損。」[1]聽上去頗為冷血，實則張國維是個好官。他這麼講，是因這種事必屬死罪，毋須多問，而更重要的或他所以急於「斃之」，在於後半句：「一經窮究，國體不無少損。」他敏銳之至，已在第一時間意識到其中將有大麻煩。

——以上是《續幸存錄》的說法。《明季南略》所載完全不同，也很完整：

> 甲申十二月，南京水西門外小民王二至西城兵馬司報：一和尚自言當今之親王，速往報，使彼前迎。兵馬司申文巡城御史入奏，弘光批：「着中軍都督蔡忠去拿。」忠率營兵四十、家丁二十馳往。和尚坐草廳，忠入問，曰：「汝何人，敢稱親王？恐得罪。」和尚曰：「汝何人，敢問我？」左右曰：「都督蔡爺。」和尚曰：「既是官兒，亦宜行禮，我亦不較。且問汝來何故？得毋拿我否？」忠曰：「奉聖旨請汝進去。」和尚即行，忠授馬乘之入城。[2]

兩樣情節，差得不是一星半點。《續幸存錄》裏，大悲出現在洪武門前，而且半夜砸門，動靜對比極其強烈。眼下他出現時，卻遠在「水西門外」，連南京城都還沒進，坐在草廳之上，對着一幫小民吹牛。還有，前者說他被當場捆翻在地，「擒之」；後者卻說很風光地被請進城來，騎着蔡都督的大馬。還有第三個區別：洪武門前，他自報為「烈皇帝」，而水西門外的誇口，只是「當今之親王」。

以上兩種情節之外，尚有他說。如黃宗羲《弘光實錄鈔》：

---

① 夏完淳《續幸存錄》，《明季稗史初編》，卷二十四，上海書店，1988，第327頁。
② 計六奇《明季南略》，中華書局，1984，第150-151頁。

十二月十二日，有僧在漢西門外，自冒先帝。③

　　時間提前了三天，變成十二日，地點比水西門更遠（相對紫禁城而言），是其西邊的漢西門。但「自冒先帝」這一點，與《續幸存錄》同。

　　文秉《甲乙事案》（此書亦廣泛訛傳為顧炎武《聖安本紀》而流行，《臺灣文獻叢刊》所收錄即是）則說：

　　　　大悲係故齊藩宗人，狂言受先帝命，已復王爵。又狂言先帝
　　　　實未宴駕，指斥上（指朱由崧）云云。④

　　相較前面各家，文秉說法算是兼而有之：大悲自稱齊王，但也帶來崇禎未死的消息，且以崇禎代言人自居，指責弘光皇帝朱由崧不當竊位。

　　究竟大悲因何被抓，當時具體情景到底怎樣，顯然是無法鑿實了。計六奇在引述情節後，注明「此野史也」⑤——道聽途說，閭巷所傳。而夏完淳、黃宗羲、文秉等人對其所著，雖都表示保證其真實性，但他們當時遠在別處，無一置身事發地，算不上可靠的證人。

　　相比之下，筆者喜歡《續幸存錄》的敘事，它那個場景較有聲色，所以姑以之為本，引為故事開頭。至於大悲和尚「自稱烈皇帝」，應該並無此事，可能是守門衛士誤聽之後誤傳所致。當時，吵吵嚷嚷之中，誤聽頗為難免。但大悲確實激烈提到崇禎皇帝，一口一個「先帝」——他之所以來，就是以崇禎名義興師問罪的。

三

　　審訊得知，大悲本姓朱，三十五歲，徽州休寧永樂村人。父親朱世妙⑥是風水先生，母親在他出生後很快亡故。三歲時，父親也死掉。十五歲時，至蘇州楓橋永明庵拜師為僧。

---

③　黃宗羲《弘光實錄鈔》，《南明史料（八種）》，江蘇古籍出版社，1999，第 67 頁。
④　文秉《甲乙事案》，《南明史料（八種）》，江蘇古籍出版社，1999，第 498 頁。
⑤　計六奇《明季南略》，第 151 頁。
⑥　此據《甲乙事案》。《鹿樵紀聞》為「朱世傑」。

他談到自己一系列「高層」交往經歷。崇禎十二年也即五年前，崇禎皇帝親封他為齊王；二年前曾到鎮江與桂王相會；今年四月又到鎮江去看潞王，起初，他未與潞王見面，只是一旁仔細觀察，「跟隨王船，由丹陽至無錫。一路上見潞王好施捨齋僧」。[①] 跟着跟着，照他的意思，倒是潞王自己注意到他：

> 跟至海會庵，有承奉李公先來，與悲叩頭，悲直受。後來潞王來拜，悲自思潞王是悲長輩，當尊他一步，悲下位迎接。潞王見悲下來，隨說悲無道學，轉身回去。[②]

這一段，好玩之極。潞王近侍來見，與他叩頭，他毫不客氣地接受；等潞王親自來，他認為應該謙讓一下，起身去迎，結果潞王卻不樂意了，「說悲無道學」，意思是，他就該大搖大擺地坐着，接受拜見。

十足的癡人夢語。他一口氣提到三位親王，除涉及潞王一段，雖甚荒誕卻還有點依據，其餘都根本不可能。齊王封號，已消失兩百年，原屬朱元璋第七子朱榑，封於青州，朱棣「靖難」後廢之，削爵，封國隨撤。而桂王不是別人，正是後來在粵滇稱帝、年號永曆的朱由榔之父朱常瀛，他遠居湖南衡陽，如何在鎮江見到？所以，御史高允茲見了大悲口供，有此評論：「其狀似癲似狂，其言如夢如囈。先帝必無十二年封齊王之文，桂王豈有十五年過鎮江之事？」都是眾所周知、有案可查的事情，一點含混之處也沒有。又說，口供所謂「『潞王下位迎接，與李承奉之叩首陪坐』，政（正）不知有風影與否？」[③] 這樣的事，有影子嗎？

從口供我們讀出兩點：一、大悲和尚是對政治很抱興趣的人。他患嚴重精神病不假，但這不意味着他盤旋於腦際的，盡屬無妄之事，相反，他很認真地關心着政治。從哪裏可以看出？就是他曾被崇禎封為齊王這一幻想。齊王之事，已經過去兩百多年，尋常度日的百姓，不要說有所了解，聽都無從聽說。大悲卻顯然知道此事來龍去脈，我們由此推想在瘋掉之

---

① 文秉《甲乙事案》，《南明史料（八種）》，江蘇古籍出版社，1999，第 508 頁。
② 同上。
③ 李清《南渡錄》，《南明史料（八種）》，江蘇古籍出版社，1999，第 366 頁。

前，他是個愛讀史書或關心各種政治傳聞的人。齊王這件事與「靖難」相連，而有關「靖難」一段歷史，朱棣在軍事政變成功後，嚴密封鎖，不惜重修《太祖實錄》以掩除，直到嘉靖、萬曆兩朝，才文禁漸弛，私史頗以發掘求真為重，出現一批成果。大悲應該是接觸了這類書籍後，對齊王之事有所縈懷，以致幻想崇禎以他繼承齊王爵號。二、潞王屈駕來訪、他下位相迎一類情節，必屬想像；而他專程趕到鎮江，觀睹潞王以至沿途追跟的情節，則未必不真。這是由他強烈關心政治推導而來。潞王身上體現的政治意義，我們在《國變·定策》中曾備其詳。擁戴潞王，是東林─復社集團鮮明的主張。而以東林─復社影響之大，政治愛好者大悲多半是它的一位民間粉絲。當潞王從淮安到鎮江，經無錫、蘇州等太湖沿線遷往浙江時，大悲一路追隨，這情節不僅合理，如從崇拜者角度言更屬必然，類似舉止在今天各種超級粉絲那裏亦屢見不鮮。蓋所謂粉絲，無非是愛至癲狂抑或癲狂以愛。對政治走火入魔的大悲，大抵是先粉東林，再因粉東林進而粉上東林擁戴的潞王。他從鎮江到無錫一路尾隨潞王，應確有其事；但潞王發現他的尾隨而與之會見，卻只是想像了。

基於這些分析，我們可以私自斷一斷這個案子：大悲認真地討厭並反對福王或弘光皇帝朱由崧。雖然是瘋子，這一政治立場仍屬確實，並非別人「栽陷」、強加於他。在現代，精神病患者狀態或能使他免於起訴（倘若再合理些，無論有無精神病，對個人政治主張根本就該置之不論），然而，他處於反君必死的時代。於是，這個不贊成「今上」的精神病患者，被砍了腦殼。

他的瘋掉，看來有源可尋。父親操業看風水，那種神祕主義氣息，對他幼小心靈總會有所影響，雖然三歲時父親即已死掉，但種種子餘多少留下些，比如遺物或村人口碑之類。大悲撫此遺物，或聽人講談往事，難免情由境生，在其中緬懷、感觸父親，受到薰陶。再者，過早無母失父，相較常人，確更容易陷於精神世界的殘缺和偏執。

他瘋得厲害，此毋庸置疑。只是有個問題存在些許疑雲——筆者一直不敢確定齊王之事，純屬他「妄想狂症」的表現。二百年來，齊王血胤是如何分散的？會不會有一支流落到休寧？畢竟大悲俗姓朱，這應視為線索

呢，抑或僅為巧合？他總不至於一生下來就瘋掉，那麼未瘋之前，有無機緣（經文字或傳說）獲得「齊王後人」的意識，從而埋下崇禎接見並親口宣佈他繼承齊王爵位的「白日夢」的種子？他如此熱衷政治，覺得有資格參與國家大事，這種焦慮是否全無實際起源？從邏輯角度無法排除疑問，但我的確沒有一丁點材料來支持它。

四

　　負責偵緝的忻城伯趙之龍所轄京營戎政衙門，起獲大悲自造文簿九件。其中有「聖僧大悲和尚，為天下第一，至三十歲即成活佛」及受封齊王等語，還列有欺佛、泄露天機等十五款大罪。[①] 儼若一方教主，無稽之至；略微靠譜的，可能是「三十歲即成活佛」一句，只是「活佛」兩個字需要換成「瘋癲」。

　　這些糊塗亂抹、一無足信的文字，便是本案全部物證。北鎮撫司掌刑指揮僉事許世蕃以其上奏，得旨：

> 大悲妖言無忌。被擒之日，即有匿名文帖與相炤應。豈是風（瘋）癲野僧？這審供未盡姦情，着拿送鎮撫司，嚴刑密審具奏。欽此。[②]

　　一句話：不滿意，發回重審。不滿意的原因，一是我們已知的，大悲就擒前有公開謀反言論，現在以此為理由，駁回僅以其為瘋癲的獄詞。另一原因先前我們沒有講到，那是一個很奇怪的情節：大悲剛剛被捕，外面就有人給他投了一張匿名字條，而字條又恰恰落於官方之手。內容祕而不宣，各書無一有載，但推測必與「謀反」有關。換言之，審訊只得出「瘋癲」的結論，這張字條卻恰好可以推翻這個結論。

　　唯一的問題：不知真假。大悲是否真有「同志」與其串聯？抑或根本

---

① 文秉《甲乙事案》，《南明史料（八種）》，江蘇古籍出版社，1999，第 509 頁。
② 同上書，第 508 頁。

沒有這樣的人，帖子純屬假造？

疑問也涉及那道聖旨。聖旨雖然假不了，但它與皇帝本人的關係卻並非不可成疑。明朝自有內閣後，後者擬旨，然後經皇帝過目、批准，這最終的權力叫「批硃」。而隨着越來越多皇帝「倦勤」，「批硃權」也早已旁落，常操近倖之手。這是明朝一個有名的頑症。眼下，朱由崧除了恰好是一個聲色皇帝，同時還是一位弱勢君主。所謂「聖旨」而不出自於他，這種情況根本不稀奇。

這道聖旨下來，案審被具體和明確了方向，即所謂掏出「姦情」。《鹿樵紀聞》記述，鎮撫司提交的報告稱：「臣等續奉旨嚴刑復訊，大悲復供云：『潞王齋僧好道，施恩百姓，該與他坐正位。故六月中有戶部申紹芳議保潞王，近又聞錢謙益在聖廟議保潞王。』」[3] 復訊、復供字樣，顯示案情已被刻意操控和改寫，並得到了期待的口供。潞王該「坐正位」，以及大臣中有人「議」此事，都是突破性收穫。

《鹿樵紀聞》所述，是簡化版。《甲乙事案》援敍較詳，可以對照：

> 又奉有嚴刑密審具奏之旨，事關重大，臣等敢不細加研審。又將大悲、月光提出夾審。即問大悲：「拿你之日有匿名文帖，是誰寫的。」悲云：「此帖我實不知。」臣又行敲審，彼說：「潞王施恩於百姓，人人服他，又齋僧好道，該與他做（坐）正位，封為潞王。故悲於六月間有『戶部申（蘇州人）議保潞王』等語。」臣問悲：「議保者都係何人？」悲云：「止將我知道的說出，其餘不知是何名姓。」臣再三拶審，又說：「昨十一月二十日，聞有錢（亦蘇州人）在聖廟內議保潞王等情。」臣又問同議者何人？悲云：「止知申、錢兩家名字，餘不知是誰。」臣又問：「議保如何行事？」悲云：「總之，在京各官，與潞府相為者少，都是馬閣部的人。權柄在他手裏，眾人都怕他，不敢行。」臣又問：「與潞府相為各官是誰？」悲云：「止聞說有人，不知姓

---

③　梅村野史《鹿樵紀聞》，臺灣文獻叢刊第五輯，《東山國語‧鹿樵紀聞》（合訂本），臺灣大通書局，1995，第 29 頁。

名，難以指實，不敢妄招。」臣再四刑審，全然不言，再無別情吐出。①

鎮撫司官員的報告，其實寫得很誠實。我們只須注意「敲審」、「再三拷審」、「再四刑審」三個關鍵字，就可復原「掏」出那些口供的過程。一言以蔽之，全部是毒刑的收穫。上一次刑，得到一點口供；上得更重，口供就越發令人滿意。一開始，拿出那個匿名文帖，大悲根本不知何物；末了，竟然引出了很具體的人名。那個姓申的，是戶部右侍郎申紹芳；姓錢的，就是錢謙益。

筆者一度懷疑大悲吐出申、錢二人，係刑訊者授意。再推敲，又覺不像。負責拷問的官員，只是如狼似虎，尚無跡象顯示他們預先知道什麼陰謀。他們所寫的報告，甚至有意抹去申紹芳、錢謙益的名諱，而注以「蘇州人」、「亦蘇州人」，態度謹慎，不想得罪什麼人。

既然如此，為何大悲說得那麼具體，而且申、錢兩人恰好都是東林一派？這並不難解釋。大悲和東林一個政治立場，自然留心或聽說過東林有哪些人物，此時毒刑難耐，人名隨口而出。不過，他屬於略知一二而又所知有限，可以說出個把人名，再多，實亦不能。故爾，此後刑訊者雖然「再四刑審」，用刑較前益狠，他卻「全然不言，再無別情吐出」。

這種情況，有人事先已經料到；或者說，和他們期待的一樣。

是的，可以斷定，大悲剛剛被捕，有人已經設了圈套，利用此事達到某種目的。匿名文帖就是他們的手腳，大悲壓根兒沒有什麼「同志」，字條也不出自任何他認識的人；其作者，必為阮大鋮、張孫振、李沾一夥——由於對匿名文帖的由來未予追查，在此我們本不該使用那個「必」字；但我們雖無直接證據，卻有不可動搖的旁證。且看身處南京上層且立場中立的李清如何說：

---

① 文秉《甲乙事案》，《南明史料（八種）》，江蘇古籍出版社，1999，第509-510頁。附識：本段引文，原句逗末盡妥帖，筆者有所變動。

僧大悲屢經會訊，語言顛謬……幾構大禍。上召閣臣於內殿，皆請包荒以安反側。獨張侍御孫振審詞有：「大悲本是神棍（無賴），故作瘋僧，若有主持線索（像是背後有人）。」又云：「豈是黎邱之鬼？或為專諸之雄。」語多挑激。時孫振與阮戎政大鋮欲陷諸異己，有十八羅漢、五十三參、七十二菩薩之說。[2]

「黎邱之鬼」典出《呂氏春秋·慎行論第二》，這裏是說大悲的瘋真假難辨，大家別被他騙了。專諸則是有名的「魚藏劍」故事中那位吳國公子，欲殺王僚而自立；這裏不必說是影射潞王，難怪李清說張孫振「語多挑激」。實際上，阮大鋮一夥真正目標並非潞王，而是藉以勾起弘光怒火，允許他們放手打擊東林。他們已備好一份大規模逮捕名單，即所謂「十八羅漢」之類。對於自己的願望，他們並不藏頭露尾，之前已展開為《三朝要典》翻案的行動，朱由崧的態度是支持的（畢竟該案涉及乃父老福王），卻僅限於考慮從文字上採取一些不同表述，而非實際地治東林之罪（他也實在沒有能力這麼做）。就在阮氏等一計不成之際，平白冒出個口口聲聲代表崇禎興師問罪、要弘光「讓位」於潞王的瘋和尚，可謂來得正好。大悲甫入獄，神祕的匿名文帖隨之出現；而當最初審訊結果出來，那道勃然大怒的聖旨，果以匿名文帖為據，斥責「審供未盡姦情」，下令「嚴刑密審具奏」。匿名文帖、聖旨，加上開列停當的「十八羅漢」名單，環環相套，絲絲入扣，阮氏等必以為此番大事可成，「眼觀得勝旗，耳聽好消息」。

然而，這麼漂亮的連環計、組合拳，終於還是撲空。李清說：「非上寬仁，大獄興矣。」[3]朱由崧對於搞「運動」不感興趣。對此，李清解釋為「寬仁」，這是揀好聽的說。實際原因一是搞不起來，滿朝東林，還有一個手握重兵的同情者左良玉，怎麼搞得起來？二是朱由崧的心思很簡單，就是得過且過，及時行樂，明年今日還不知怎樣哩。

較諸朱由崧，馬士英的態度也許更具實質意義。他是政壇老大，可以

② 李清《三垣筆記》，中華書局，1997，第123頁。
③ 同上。

影響天平倒向哪邊。這回，他沒有倒向阮大鋮，「聞馬輔士英亦不欲」①。
馬士英此人，我們曾講過特點就是以權謀私，「賄足乃飽」，沒有意識形
態鬥爭的愛好。搞東林，又不能為他創收，搞之何益？再有，近來阮大鋮
愈趨強勢，與朱由崧身邊內侍勾結串通，大肆受賄賣官，「侵擾銓政，門
如市」②，分走許多杯羹，馬阮關係已不復「定策」時那樣，而有了利益衝
突。相反，與錢謙益倒早就「化敵為友」。「王既立，謙益懼得罪，更疏頌
士英功，士英乃引謙益為禮部尚書。」③以錢氏慣常為人推想，既受大悲獄
詞牽連，他必聞風而動，做了不少幕後「工作」。「馬輔士英亦不欲」，抑
且與此不無關係。另據《南渡錄》，錢謙益之授禮部尚書，在大悲案發生
後，而非《小腆紀年附考》所稱定策後不久：「丙戌，改詹事府尚書錢謙益
禮部尚書，兼翰林院學士。」④這裏「丙戌」，是乙酉年三月初三日，大悲
棄市即兩天之前，可見該案絲毫未影響錢氏宦途，原因顯然就是有馬士英
這位奧援。李清身為當時朝中要人，其所憶應更可靠。又，文秉也以其叔
父事證實：

> 從父文震亨時官中書，張孫振已具疏特糾，直欲以從父為
> 汪文言矣。繕寫竟，請正馬士英。士英謫居時與從父曾以詩文往
> 來，遂力止之。從父即休致歸裏，士英意亦不慾為已甚，乃止。
> 就大悲定獄焉。⑤

如非馬士英「止之」，文震亨就做了汪文言第二。汪文言是天啟間一
個東林小人物，被閹黨逮於獄，活活打死。

「就大悲定獄焉」，亦即「止誅大悲」⑥，僅以大悲個人事定讞，旁無牽
連。乙酉年（1645）三月初二，大悲被明正典刑。通過讓一個瘋子消失，
弘光朝結束一場危機。近三個月來，他攪得南京風聲鶴唳，張國維當初的

---

① 李清《三垣筆記》，中華書局，1997，第 123 頁。
② 李清《南渡錄》，《南明史料（八種）》，江蘇古籍出版社，1999，第 341 頁。
③ 徐鼒《小腆紀年附考》，中華書局，2006，第 202 頁。
④ 李清《南渡錄》，《南明史料（八種）》，第 366 頁。
⑤ 文秉《甲乙事案》，《南明史料（八種）》，第 511 頁。
⑥ 李清《三垣筆記》，第 123 頁。

「一經窮究，國體不無少損」，所言不虛。然而，這僅為開端，大戲還在後頭。應該交待一下，當年北京「三案」，也是瘋子開的頭——那個執棍闖入萬曆皇帝太子朱常洛宮中的小民張差，被認定為瘋癲者。

「黑漆漆的，不知是日是夜。趙家的狗又叫起來了。」[7] 歷史的一頁，為何每每由瘋子翻開呢？

五

大悲「棄市」不數日，三月十三日，一位河南婦人被關進錦衣衛監獄。婦人姓童，自述為福王「舊妃」，所以諸書以「童妃」相稱。

她來得不算突然。之前在河南，就曾找巡按陳潛夫上訪，反映自己的情況。還見過在史可法手下當參謀的庶吉士吳爾壎（後者或因其間曾到河南公幹，而遇）。陳、吳二人都把她的事情上奏朱由崧，而朱由崧「弗召」，拒不承認有這回事。童妃不肯甘休，又「自詣越其傑所」。越其傑是河南巡撫，同時是馬士英妹夫。越其傑似乎沒有請示朱由崧，或者在接到批准之前，就徑直派人將童妃送往南京。[8]

據此，童妃南來，有馬士英的背景。《三垣筆記》說，也與藩鎮劉良佐有關：

> 童氏自河南至，謬云帝元妃，劉良佐令妻往迎，叩其顛末，云年三十六歲，十七歲入宮冊封，為曹內監。時有東宮黃氏，西宮李氏。李生子玉哥，寇亂不知所在。氏於崇禎十四年生一子，曰金哥，齧臂為記，今在寧家莊。語甚鑿鑿，妻信之，跽拜如見后。良佐素憚妻，聞之亦信。[9]

看樣子，越其傑送童妃南來，途經臨淮關（屬鳳陽，劉良佐駐地），事先給劉良佐打過招呼。劉派其妻試以真假，而劉妻「信之」。由此，劉

---

[7] 魯迅《狂人日記》，《魯迅全集》，第一卷，人民文學出版社，1080，第 427 頁。

[8] 以上據《甲乙事案》和《明季南略》。

[9] 李清《三垣筆記》，第 127 頁。

良佐在童妃問題上態度一直比較明朗，主張朱由崧將她認下。

總之，馬士英、劉良佐這兩位軍政大員，都是「挺童派」。他們也許不無奇貨可居的動機，如果童氏得正其位，不光立上一功，手裏也又添籌碼。這都易於想見。不過，事情未必那樣複雜，也可能很簡單：就事論事，他們感到童氏所述可信，不是騙子。畢竟，越其傑也罷，劉良佐之妻也罷，都見過世面，豈能輕易上當？何況茲事體大，弄不好是要擔風險的。

然而，朱由崧的反應既強烈又蹊蹺。童氏送到，他見也不見，二話不說就把她關進監獄，而且是作為社會監獄的錦衣衛大牢。他的態度，可有截然不同的解釋。一種，朱由崧知道童氏百分之百屬於招搖撞騙，根本不必面見以驗真假；也正因此，才把她交給錦衣衛，而非「訊之禁內」。另一種恰好相反，童氏真有其人、真有其事，朱由崧懼怕當面對質引出各種不利，遂慌忙將其拘禁、用刑，以箝其口。

事情就這麼奇怪：已知是假，不必驗；明知其真，也不必驗 —— 總之，朱由崧對童氏固執地緣慳一面。而對於他的固執，朝野普遍解讀為後者，即明知其真，故而不驗。理由主要有二：第一，朱由崧不夠坦蕩，如是假貨，見一見何妨，見面有利於戳穿，迴避見面則說明心中有鬼。第二，童氏假冒王妃的可能性極低，正如馬士英所講：「人非至情所關，誰敢與陛下稱敵體？」[1] 這種造假，成本太高，成功率卻極低。所以徐鼒的分析與歸納，很難辯駁：

> 童氏之事可疑乎？無可疑矣！天下至頑劣之婦，未聞有冒為人妻者，況以天子之尊，宮禁之嚴乎！無已，則或其瘋顛也。而潛夫、越傑、爾壧、良佐諸人非有心疾，奈何以瘋顛婦人奏聞之，儀衛送之，伏道謁之乎？且即偽也，亦必入宮面見而後知之；即不然，亦必召入太后宮，集從行閹人實驗而知之。豈有未見而逆知其偽，乍聞而遽怒其人者！[2]

---

① 徐鼒《小腆紀年附考》，中華書局，2006，第334頁。
② 同上書，第335頁。

還有一個背景。當時，朱由崧正張羅給自己辦婚事。數月前即已着手，《三垣筆記》記載戶工二部接到籌措「婚禮錢糧」的明確指示，其中僅禮冠一項起初就索取「數十萬」，後經奏請，「得旨，定為三萬」。③ 而《甲乙事案》、《南季北略》都記載，二月以來「命禮部廣選淑女」④，杭州、嘉興、紹興、仁和、錢塘、南京等地，都派出特使。四月十一日，太監屈尚忠「奏催大禮措辦銀兩」，朱由崧批示禮部：「着該部火速挪借。」⑤ 顯示大婚即在近日。假如廣選淑女，只是一般地「充實後宮」，可以另當別論，但朱由崧是想正式立后。本來虛位以待，童氏不合此時出現，壞其好事，他無法不懷惱恨。

六

據說朱由崧癖好幼女，「正月十二丙申……上醉後淫死童女二人……嗣後屢有此事。」⑥ 很多稗史都有這種情節。假使如此，三十多歲的童氏對他來說實在就是不堪忍受的「黃臉婆」。不過，這類筆觸可靠性往往成問題，大家如果想說皇帝德行欠佳，通常在這些方面展開想像，因為他有這樣的特權。實際上，接收一個「黃臉婆」與癖好幼女之間並不矛盾，朱由崧盡可認下童氏，再給她來個「皇帝的老婆基本不用」。他堅決不認童氏，應該不是嫌童氏太「老」，而是因為其他更深的、不足與外人道的心理隱祕。

他總共曾有三次婚史：

> 初，上為郡王，娶妃黃氏，早逝。既為世子，又娶李氏，洛陽遭變又亡。嗣王之歲，即封童氏為妃，曾生一子，不育。⑦

亦即，做郡王、立為福世子、繼福王位時，各結過一婚；前兩位黃、

---

③ 李清《三垣筆記》，中華書局，1997，第 110 頁。
④ 計六奇《明季南略》，中華書局，1984，第 163 頁。
⑤ 文秉《甲乙事案》，《南明史料（八種）》，江蘇古籍出版社，1999，第 546 頁。
⑥ 計六奇《明季南略》，第 156 頁。
⑦ 同上書，第 185 頁。

李二妃均已亡故，童氏是他第三任妻子。上面說，封童氏為妃，為「嗣王之歲」，而他嗣福王位的時間是崇禎十六年[1]，只是一年多以前的事；不過，封童氏為妃的時間，並非他們相遇的時間，後者或許還要提前兩年。

崇禎十四年春，李自成攻克洛陽，老福王朱常洵被殺，朱由崧隻身逃走，四處流浪，形如乞丐。不久，有人把他的近況報告崇禎皇帝：「問：世子若何。曰：世子衣不蔽體。」崇禎聞言為之「泣下」。[2]

朱、童相遇，或即此時。童氏對審訊官、錦衣衛都督馮可宗講述了經過：

> 在尉氏遇王，叩首，王攜置懷中，曰：「我伴無人，李妃不
> 知所在，汝貌好，事我。」[3]

還說八個月後，產下一子，滿月而夭。馮可宗以審訊記錄上奏朱由崧，「王見書，面赤，擲地不視。可宗不敢再言」。[4]朱由崧這臉一紅，顯出被擊中的樣子，剎那間，勾起很多回憶──

童氏所遇見的朱由崧，有王子之名，而無王子之實。他已經不是洛陽福親王府內錦衣玉食的世子，卻是丟魂落魄、無處存身的難民。除了福世子的名分，他與任何普通逃難者毫無分別。是童氏一家收留了他；由此，朱由崧不僅有飯吃、有了棲身之所，還額外得到一個女人。那時倆人年齡均踰三十，童氏為何久拖未嫁，史無明文，我們不得而知，反正現在她找到了郎君。如果朱由崧確有幼女之嗜，這對他可能算是「屈就」。但此時輪不着他挑三揀四，考慮到彼此的現實，甚至應說他福運不淺──童氏雖然大齡，但「貌好」，更難得的是「知書」，有文化（可見非貧寒出身）。劉良佐也是據此斷言她可信：「童氏知（智，聰慧），非假冒。」[5]

在朱由崧而言，他嫌棄童氏亦非全無理由。這婦人既果敢又潑辣，市井氣息濃厚，悍氣十足，有點類乎《金瓶梅》裏的角色。一個小女子，獨

---

① 談遷《國榷》，中華書局，2005，第 5977 頁。
② 同上書，第 5889 頁。
③ 徐鼒《小腆紀年附考》，中華書局，2006，第 334 頁。
④ 同上。
⑤ 計六奇《明季南略》，中華書局，1984，第 186 頁。

自尋夫；碧落黃泉，拔樹搜根，走州過縣；見巡按、詣巡撫，硬是說動官府以儀駕送至京城，能量實在驚人。一旦被奉為準王妃，她的表現除了飛揚跋扈，也有些陋鄙：

> 凡所經郡邑，或供饋稍略，輒詬詈，掀桌於地。間有望塵道左者（不敢站在路的右邊，以示崇敬），輒揭簾露半面，大言曰：「免。」聞者駭笑。⑥

就連在獄中，「潑婦」性情也未收斂，「呼天大哭」，「且咒且詈」，口稱「這短命人少不得死我眼前」。⑦ 可以想見，朱由崧關於童氏的記憶不會特別愉快。

不妨點破，童氏之於朱由崧，是落難那段時光他如何窮酸、卑微的見證人，是他貴為天子之後想徹底翻過、不再面對的一頁。明代戲文盛行公子落難、金榜題名的故事，這個也是；無非公子換成王子，中狀元換成當皇帝。《金玉奴棒打薄情郎》中，負心莫稽最後被打了板子；眼下，捱打的不是莫稽，是金玉奴，原因是眼前這位莫稽第二已是天下最大的官兒，捱板子的只能是別人。

朱由崧被馮可宗搞得「面赤」之後，「令太監屈尚忠會同嚴審」⑧，派身邊親信介入，馮可宗則知趣地「辭審童氏」。屈尚忠一旦接手，即開始「嚴刑酷拷」⑨，童氏噩夢降臨。

《爝火錄》有件材料，別家未載。那是童氏獄中寫給朱由崧的一封信；根據信中陳述，之前還寫過一封，這是第二封。前一封「具有別離情由事」，回憶與朱由崧離別的經過，而朱由崧答覆：「童氏係假冒」，「一併嚴究」。童氏不得不再寫一封，進一步細說，作為反駁。信中，她對關鍵過程的回憶，具體到某日某時某分，包括朱由崧逃走時「止攜金三兩，別無他物。身穿青布小襖，醬色主腰，戴黑絨帽，上加一頂烏綾首帕。臨

---

⑥ 李清《南渡錄》，《南明史料（八種）》，江蘇古籍出版社，1999，第374頁。
⑦ 計六奇《明季南略》，第186-187頁。
⑧ 文秉《甲乙事案》，《南明史料（八種）》，第532頁。
⑨ 計六奇《明季南略》，第186-187頁。

行，尚穿白布襪紬腳帶，匆忙中始易白布腳帶，是臣親為裁折，皇上寧失記否？」讀了這些，我們乃知劉良佐妻為何會見童氏之後，有「語甚鑿鑿」的感受。還出現一個重大情節：

> 臣賴祖宗之福，皇上之恩，誕生一子，厥名金哥，掌上之珠，咬痕在腋，患難攜持，手口卒痔，萬死一生不忍棄，無非為皇上三十無子。而現在皇子混處民間，終同草木枯朽，臣得罪於祖宗不淺矣。此時不敢望皇上收認，止金哥原係皇上骨血，祈念父子至情，遣官察取，臣即髡髮自盡，亦所甘心。①

與他著不同。他著多說此子「彌月而死」，此處則說活着，失散民間。

這封信，筆者頗疑係好事者之所為。先前我們是曾說過童氏「知書」，然而信中文字的生動，似非「知書」即能達到，況且情辭之宛轉，與童氏粗豪性格也有不符。不過，某些內容與語氣，又不像偽撰者所能，如她自稱：「性過梗直，不合於眾，今日艱苦備嚐，豈復有不體人情，故性復萌者？」是夫妻間才有的隱情密意，倘係出偽撰，作者顯然也對案情有過透徹的研究。

童妃之結局，有說活活氣死（「童氏號呼詛罵，尋瘐死獄中。」②），有說「久之餓死」③，最慘的則說「榜掠宛轉以死」④。

七

關於童妃真偽，朱由崧堅稱「假冒」，跟他一道流浪的奴僕也全都替他作證：「從龍諸臣皆云詐偽」。但除此以外的人，看法卻截然相反，都認童妃為真。朱由崧及其身邊人，愈矢口否認，「外疑愈甚」，「人終不信

---

① 李天根《爛火錄》，浙江古籍出版社，1986，第 415 頁。
② 計六奇《明季南略》，中華書局，1984，第 186 頁。
③ 徐鼒《小腆紀年附考》，中華書局，2006，第 334 頁。
④ 雪川溫氏原本、古高陽氏勘定《南疆繹史》（勘本），《中國野史集成》，第 35 冊，巴蜀書社，2000年，第 166 頁。

也」。⑤ 連馬士英此番也不站在朱由崧一邊，在奏疏中援引呂雉和劉邦失散的例子加以勸導，又曾與阮大鋮等有如下討論：

> 馬士英語阮大鋮曰：「童氏係舊妃，上不肯認，如何？」大鋮曰：「吾輩只觀上意，上既不認，應置之死。」張捷曰：「太重。」大鋮曰：「真則真，假則假，惻隱之心，豈今日作用乎？」士英曰：「真假未辨，從容再處。」⑥

三副心腸，躍然紙上。阮大鋮最毒。不過，關於真假問題，不單馬士英傾向於真，即阮大鋮實亦不認為假；他強調的是，勿存惻隱之心，要以朱由崧所真為真，所假為假。

人們堅信童氏非假，不單因她講述具體，充滿細節，更重要的原因，是朱由崧態度過於忮刻，必欲趕盡殺絕，因而激起普遍的逆反心理。就像秦香蓮故事，陳士美的真面目，不暴露於不認，而暴露於非置其母子於死地。文秉評論童氏的悲慘道：「婦人無刑，雖有刑不在朝市。」⑦ 如此對待一個女人，委實過分得可疑。《南疆繹史》更說：

> 糟糠故配，亦曾患難相依，有何大過，而必欲置諸死地。且棄其母並棄其子，妃則榜掠宛轉以死，已而六歲孩提杳無下落，曾無一語及之焉。有自己骨血而忍殘至此？⑧

這是來自基本人性、人情的推理：如無大忌大恨，何至於此？

確信童氏之冤「彰彰可信」的同時，朱由崧倒成為嚴重的懷疑對象：「猶有異論謂福王亦偽。」這是最始料不及而極富戲劇性的一個結果：

> 後之人因妃之死而更議赧王（這是後來魯監國給朱由崧的諡號，謂其丟臉）為不道、為偽託矣。侠史氏頗信王之為偽。

---

⑤ 李清《南渡錄》，《南明史料（八種）》，江蘇古籍出版社，1999，第396-397頁。

⑥ 計六奇《明季南略》，第186頁。

⑦ 文秉《甲乙事案》，《南明史料（八種）》，第532頁。

⑧ 雪川溫氏原本、古高陽氏勘定《南疆繹史》（勘本），《中國野史集成》，第35冊，第165-166頁。

東林一派藉機大造輿論，分析朱由崧所以堅拒童氏南來，以及既至而不見，是因他自己根本就是冒牌貨，「假福王」怕見「真童妃」——「殆恐故妃入宮識破機關，因而必不與面，急滅其口也」。又進而推斷，那個已迎至南京的太妃，亦屬偽貨；直到後來清軍兵臨南京，馬士英奉太后逃往浙江，人們仍說那太后是個假的。最後，東林給出了聳人聽聞的結論——所有一切，乃是馬士英一手策劃：

> 此（指弘光皇帝）馬瑤草詭謀迎立，本非明室宗支也。

東林造此輿論，為其政治目的服務，亦有失厚道。朱由崧應該還是「原裝正品」。他虐害童氏，無非是恥於往事，加上恨之壞其迎娶嬌嫩新娘的好事。至於馬士英，假如他所扶立的乃是贗品，絕不會積極迎接童氏南來，否則豈非搬起石頭砸自己腳？

問題其實不在孰真孰假，而在於整個弘光朝的誠信，經童妃一案完全陷於風雨飄搖，時人謂之：

> 半壁荒朝，傳聞滋謬。又有率臆憑胸者以好惡為增損事跡，真贗相參，是非混淆莫辨。[1]

八

壓軸好戲是「太子案」。

依時間順序，此案尚在童妃案之前幾日。然而它持續久，尾聲一直拖到多鐸進入南京城後。所以我們稍微顛倒一下時序，讓它最後出場，好比戲班子排戲碼，重頭戲、大名角總是被安排在最後。

先講一點前史。崇禎所生之子，長大成人的共三個：朱慈烺、朱慈燦、朱慈炤。朱慈烺太子，朱慈燦定王，朱慈炤永王。國變後，三皇子分

---

[1] 以上均見雪川溫氏原本、古高陽氏勘定《南疆繹史》（勘本），《中國野史集成》，第 35 冊，巴蜀書社，2000 年，第 165-166 頁。

散，下落不一。太子朱慈烺被李自成俘獲，山海關大戰時，挾至永平。不是雲南大理的那個永平，而是在河北灤縣附近，離山海關不遠，如今叫盧龍縣。李自成在那裏，為吳三桂大敗。混亂中，朱慈烺失蹤。當時很多人以為他落在吳三桂手裏，後來多爾袞入北京，就打着送太子還都的幌子；將近一年後，南方還盛傳吳三桂派人護送太子南來，把他交給史可法。人們如此想像挺自然，吳三桂打了大勝仗，太子能不在他手裏？可事實確實不是這樣。吳三桂以及滿清無疑很願意握有崇禎太子，然而他卻失蹤了，沒人知道他的下落。這一點，稍後我們會明白。

總之，崇禎太子的確切線索，在永平中斷，戛然而止。但有一點，沒有他的死訊傳出；最後被人看到時，他還活着。

寂寥了幾個月，忽然又有消息。其中一種說，曾在督師盧象昇那裏做過監軍的大太監高起潛，國變後潛至北京西山，朱慈烺自己找到了他，兩人遂同去天津，從那裏「浮海而南」，大概當年八月從淮安府一帶沿海上岸，先悄悄潛居下來，打聽情況。這段潛居時光，《爝火錄》只有簡單三字：「依淮上」。清代「琉璃廠半松居士排字本」《明季南略》則相對具體：

> 十一月乙酉朔，太子潛居興教寺。高起潛私問於馬士英，遣
> 人殺之，及至而太子已先一日渡江南遁矣。[2]

這段文字，為今所通行之中華書局《明季南略》缺，明指潛居處為興教寺，唯未提地名。中國許多地方有興教寺，西安的最出名，寧夏吳忠、雲南大理有，南京附近的蘇州等地也有；這些都不可能是太子潛居處，它必在江淮之間。後從《揚州晚報》偶知該地曾有「北興教寺」，遂推定太子潛居處應即此寺——高起潛本就帶太子奔南京而來，故必先到揚州。然而高起潛老奸巨滑，不會冒冒失失徑赴南京，而要先刺探一下情況。果然，打聽來的消息是「江南無善意」，他浮海攜至的少年乃是不受歡迎人士。高起潛心思陡變。不必說，他原想以太子撈一票，如今反成累贅以至

---

② 計六奇《明季南略》（琉璃廠半松居士排字本），卷之六，太子雜誌，《中國野史集成》，第 36 冊，巴蜀書社，2000。第 531 頁。

定時炸彈，於是「欲加害」。但中間究竟有無馬士英的關係？綜合所有情況，基本不可能。這說法僅見《明季南略》。殺太子，恐怕就是高起潛單幹。不過他似乎與其親戚、南京鴻臚寺少卿高夢箕商量了此事，或露出什麼馬腳，後者魂飛魄散，一不做二不休，稟於太子，「挾之渡江，輾轉蘇杭間」。[1]

另一版本稍顯荒誕，高起潛換成了高夢箕家僕穆虎（或作木虎）：

> 甲申冬，自北都還南，過山東，遇少年求寄載，許之；暮解
> 內衣，燦然龍也。（穆）虎驚詢，自言即故太子；吳三桂奪還，
> 逸之民間。[2]

之後情節，與他本少有差異，惟不知故事開頭何以如此不經，如志怪小說。然而，穆虎確有其人，後來案審他也作為要犯解到南京。就此論，導太子南來者，究竟是高起潛還是穆虎，尚屬懸疑；儘管大多數史著的相關記述，都說是高起潛。

高夢箕既救太子於危難，就知道自己在做什麼，所以東躲西藏，以防被人發現。而太子益感鬱悶，不能忍受。居杭州期間，「每醉飲，則狂呼，間大言闊步。夢箕侄不能禁也。」[3]乙酉年元旦日，「觀燈浩歎，為路人所竊指」[4]，行跡已露。有說高夢箕膽怯，將太子轉移金華，但朝廷已得情報，「上亟遣內臣馮進朝追回，至紹興，方及。」[5]有說高夢箕「懼禍及己，乃赴京密奏」。[6]總之，事情公開化了，太子被安排暫居金華觀音寺。然後，朱由崧重新派出級別更高的太監李繼周為特使，以正式禮節「持御札召之」[7]。三月初一甲申日，太子送抵南京。就此，太子案正式拉開帷幕。

---

① 以上，除另注明的外，均自《燼火錄》卷九，浙江古籍出版社，1986，第407頁。
② 梅村野史《鹿樵紀聞》，臺灣文獻叢刊第五輯《東山國語·鹿樵紀聞》（合訂本），臺灣大通書局，1995，第26頁。並見李清《南渡錄》，《南明史料（八種）》，江蘇古籍出版社，1999，第366頁。
③ 李清《南渡錄》，《南明史料（八種）》，江蘇古籍出版社，1999，第366頁。
④ 徐鼒《小腆紀年附考》，中華書局，2006，第328頁。
⑤ 李清《南渡錄》，《南明史料（八種）》，第367頁。
⑥ 徐鼒《小腆紀年附考》，第328頁。
⑦ 計六奇《明季南略》，中華書局，1984，第174頁。

九

似乎古人還沒有什麼政治保密意識；抑或事涉太子，朱由崧輕易不敢造次。總之，我們不知該說他不乏誠意，還是缺心眼兒，反正很不注意封鎖消息，以致滿城皆知：「都人初聞太子來京，踴躍請謁，文武官投職名者絡繹。」[8] 情形一旦如此，朱由崧又後悔當初措施失當，臨時傳旨，「諭文武官流行私謁，自此眾不得見。」[9]

進城之初，把太子安排在南京興善寺，但當天即「中夜移太子入大內」。[10] 大內，便是洪武門以內。為何移往大內？顯然與禁止私謁的命令配套；如不變換住址，只怕禁令也不能盡阻設法與太子相見的人。而且是連夜更換，更透出緊張與詭祕；白天，由於可以隨便拜見太子，惹出了一些事。比如曾在北京舊宮當差、前去探望的張姓和王姓兩位太監：

> 一見太子，即抱定大慟，見天寒衣薄，各解衣以進。上聞之大怒，曰：「真假未辨，何得便爾！太子即真，讓位與否，尚須吾意，這廝敢如此！」遂掠二豎俱死。[11]

提到洪武門，又想起大悲。這瘋和尚許久未提，我們似乎把他忘了，現在卻應交待一下 —— 與太子到南京同日，三月初一甲申，「僧大悲伏誅」。[12] 你說巧不巧，熱鬧不熱鬧，緊湊不緊湊？天下承平，人可以閒得發慌；而終末之世，往往葫蘆滿缸，摁下一個浮起一個，到處出事，接踵而至，顧頭不顧腚。

第二天，朱由崧組織大臣「面試」太子，地點是武英殿。其中有曾在北京東宮擔任講官的劉正宗、李景濂，還特地從獄中調出因「從逆案」在押、也曾為太子授讀的前少詹事方拱乾。能夠採取這種姿態，應該說已算較為透明、公開，起碼不是掩人耳目。但諸史卻都透露背後有些內幕。朱

---

⑧　李天根《爝火錄》，浙江古籍出版社，1986，第 407 頁。

⑨　計六奇《明季南略》，第 175 頁。

⑩　同上。

⑪　同上。

⑫　李清《南渡錄》，《南明史料（八種）》，第 365 頁。

由崧預先召見過劉正宗和李景濂，講了一句話：「太子若真，將何以處朕？卿等舊講官，宜細認的確。」劉正宗這樣回答：「恐太子未能來此，臣當以事窮之，使無遁詞。」[1]言語都很含蓄，效果卻是心照不宣。朱由崧作此想，充分可能；遠的不論，本朝即有「奪門之變」的殷鑒。至於方拱乾的工作，據說是阮大鋮死黨、吏部尚書張捷出面來做：「方至，捷曰：『先生恭喜，此番不惟釋罪，且可以不次超擢。』」[2]

面試結果，是個假太子。由於事先有部署，面試結果於太子不利是可以預計的。但我們得說，還偏偏並非周密安排所致。太子本身漏洞太多，一些基本事實，比如，「講書何地？講何書？習何字？答多不符。」[3]所答完全不對。也有答對的，比如太子在紫禁城所居之宮，坤寧宮乃皇后宮室，以及一見到方拱乾即將其認出等。但我們發現，凡答對的，皆可事先做功課。各宮位置，可通過圖紙默識於心；輕易認出方拱乾，是因為他有突出的形象──茂密的鬚髯，而劉正宗、李景濂缺乏明顯相貌特徵，就完全不認得。

情勢急轉直下。八月初三深夜，太子被請出大內，再次換了居所，目的地是兵馬司監獄。這意味着，他從座上賓淪為嫌犯：

> 初三夜更餘，肩輿送太子入獄。時已醉，獄中有大圈椅，坐其上即睡去。黎明，副兵馬侍側，太子問：「何人？」以官對。太子曰：「汝去，我睡未足。」良久，問兵馬曰：「汝何以不去？」兵馬應曰：「應在此伺候。」又問：「此何地？」曰：「公所。」又問：「紛紛去來何人？」曰：「道路。」又問：「何故皆藍縷？」兵馬未及答，太子曰：「我知之。」[4]

相當精彩的場景刻畫，單純以對話，傳摹環境、氣氛、心理、各人姿態，絲絲入扣，海明威之能不過如此。

---

① 李天根《爝火錄》，浙江古籍出版社，1986，第 409 頁。
② 同上書，第 413 頁。
③ 徐鼒《小腆紀年附考》，中華書局，2006，第 330 頁。
④ 李天根《爝火錄》，第 409 頁。

這時，出現了一個說法。「楊維垣揚言於眾曰：『駙馬王昺侄王之明，貌甚類太子。』給事中戴英即襲其語，入奏言：『王之明假冒太子，請敕多官會審。』」⑤ 楊維垣和阮大鋮一樣，崇禎初名列逆案，如今復職通政司，為《三朝要典》翻案甚力；又恰在三月初二當天，升都察院左副都御史⑥。特於此時委以重任，由他提出太子乃王之明假冒之說，恐怕不是偶然的。但他有何依據，比如，自己認識或曾見過王之明，還是別的什麼理由，卻一點也不清楚。總之，目前得出兩個結論：一、太子是假的；二、假冒太子的人，名叫王之明。

以下，我們不再稱太子，姑且也稱王之明。

十

換言之，我們認可了被高起潛帶到南方，又由高夢箕輾轉蘇杭、藏了一個來月的這個人，並非崇禎太子的結論。但我們接受這一結論，不是根據楊維垣的那句話，而因另一個可靠證據：當王之明在金華暴露的前一個月，北京也出現了崇禎太子。

其經過撮述如下：

甲申年（1644）十二月廿七日辛巳，有男子找到崇禎周皇后之父、嘉定伯周奎家，「自稱明崇禎帝太子」⑦。不久，周奎出首告發，來人遂被鎖拿刑部。刑部馬上抓來周府家奴審問，得知一些基本情況：男子初到周府，就由周奎之侄周繹領去見長平公主。長平公主是崇禎皇帝的小女兒，三月十九日，崇禎自盡前曾執刀親手砍殺之，斷其一臂，因心痛難再下手，公主以此活命，被送至外祖父家。周府家奴說，公主一見來人，「兄妹相向大哭」。周奎也留來人吃飯，在家中以君臣禮待之，「至晚別去，公主贈以棉袍，戒勿再至。」沒幾天，又來了。這次，周繹將其留宿，但提出要求：休提「太子」兩字，只「自稱姓劉」，對別人說是書生，可以免禍。

⑤ 文秉《甲乙事案》，《南明史料（八種）》，江蘇古籍出版社，1999，第 530 頁。
⑥ 徐鼒《小腆紀年附考》，第 331 頁。
⑦ 《清實錄》，第三冊，《世祖實錄》，中華書局影印本，1985，第 117 頁。

「男子堅執不從,乃逐之門外,隨為邏卒執去。」①

很清楚,長平公主一眼認出了哥哥,而外祖父與表舅同樣確認來人就是太子。不過,周奎與周繹更擔心惹禍;長平公主贈以棉袍「戒勿再至」,顯然出自他們的壓力。太子第二次又來,周繹與之談話,以隱埋太子身份為接納的前提,遭到太子拒絕,發生衝突,太子被撴出周府。「隨為邏卒執去」,應該是他被逐出府後,周奎立即報案的結果。這樣做,在周奎不足為奇。他對其皇上女婿,從未視為家人,過去我們講過他不少這種事跡。

來人是真實的崇禎太子,朱由檢年僅十六歲的長子朱慈烺(崇禎二年出生②)。大半年來,他始終未能離北京左近,流浪為生,寒冬臘月身上連件棉袍都沒有,萬般無奈找到外祖父家,本寄望於親情,看來還是錯了。

家奴交代到這兒,臺上參審的刑部主事錢鳳覽氣不過,走下來對周繹揮以老拳。錢鳳覽雖已供職清朝,但對先帝仍抱深情。周繹竟將可憐太子逐出周府,令他憤恨難捺,衝動地當場給以教訓。但這一拳,也決定了錢鳳覽之後的下場。

在場的兩位明朝太監王化澄和常進節證實,來人確實是太子朱慈烺,「皆言非偽」。其中,常進節因為朱慈烺曾找上門,過去幾個月中賙濟過他。

刑部尚書是滿人,他完全無從判斷。第二天,召來更多的人鑒識。有當初被李自成擄至北京的明朝晉王,以及曾任太子衛士的十位原錦衣衛人員。「十人一見齊跪曰:『此真太子!』」晉王卻加以否認。昨天指認為真的王化澄,現在也改了口。朱慈烺則說:「我別無所圖,只因思念妹妹,來看她。可恨為周家所賣!真或假都是死,我不想多說。」

耐人尋味的是,凡是作證太子不假的人,太監常進節和十名前貼身衛士,都被收監。

之後又搞了一次指認。「再召晉王及舊侍講謝陞(此時任清朝吏部尚書)廷質。晉王終不言是,陞亦力證其非。」太子一旁突然發問:「謝先

---

① 梅村野史《鹿樵紀聞》,臺灣文獻叢刊第五輯,《東山國語·鹿樵紀聞》(合訂本),臺灣大通書局,1995,第 25 頁。

② 張廷玉等《明史》卷一百二十,中華書局,1974,第 3657 頁。

黑洞:弘光紀事

生！前時某日，先生在殿前言某事，猶憶之乎？」謝陞「一揖而退，默不復語」。南京面試王之明，由諸侍講提問，王之明答不上來。這裏，是太子主動以某事問謝陞，而謝陞迴避。其所不同，一目了然。錢鳳覽再次看不下去，上前指責謝陞，「斥其不臣」，同時「語侵晉王」。[③]

為進一步證明太子為假，滿清當局「隨令內院傳故明貴妃袁氏，及東宮官屬內監等辨視，皆不識。」[④] 貌似鐵證如山，然而其中有大欺詐。孟森大師以專文詳論其事，做出驚人披露：

> 清之處分故太子，謂之假冒。其假冒之證，則得之故明貴妃
> 袁氏。
> 蓋證太子之假冒者袁妃，其實袁妃乃假冒也。[⑤]

他依據《清實錄》及《清史稿》，考出袁妃已經死於國變，並未入清：甲申年（順治元年）五月，清廷為崇禎帝后及袁妃等，一併舉行了葬禮。而《明史》〔由清官方修成於乾隆四年（1739）〕中，所謂袁妃自縊未成，被救活，隨後入清等情節，盡屬造假，與作為宮庭原始檔案的《實錄》及據此寫成的《清史稿》，根本不符。所以造假，起因即是朱慈烺現身後，清廷為掩蓋真相，臨時偽造了一個所謂「袁妃」及一班「東宮官屬內監」，以這些假冒者的證詞，實現除掉朱慈烺的陰謀。而那個假袁妃，居然從此豢養宮中至終，以維持完整的假相。為殺死朱慈烺，清廷之不惜工本，可謂無以復加。有關此事諸種關節，《明烈皇殉國後紀》之第一篇《清世祖殺明太子》，舉證有力，辨析細微，澄清了明清鼎革之際一大迷案。

入關以來，清廷大行假仁假義。太子若真，於理即不可殺；如欲殺之，則必證其假。故而清廷不遺餘力，以致專門造出一個假袁妃，以坐實

---

③ 梅村野史《鹿樵紀聞》，臺灣文獻叢刊第五輯，《東山國語·鹿樵紀聞》（合訂本），第25-26頁。

④ 《清實錄》，第三冊，《世祖實錄》，中華書局影印本，1985，第117頁。孟森《明烈皇殉國後記》引此段時，標為《東華錄》；包括後面對袁妃事的引證，均標《東華錄》。蓋《東華錄》，史料上與《實錄》同源，以國史館在東華門內，故題《東華錄》。現在習慣上視《東華錄》、《實錄》為兩種史料，孟森當時則未區分，特予說明。

⑤ 孟森《明烈皇殉國後紀》，《明清史論著集刊》，中華書局，1959，第30頁。

朱慈烺為假冒。在整個過程中，凡不知清廷假仁假義真面目（以為他們將善待崇禎諸子）而出面指認太子真實者，全都下獄；凡狡黠識相、參透玄機、咬定或改口太子不真的人，全都平安。由此，清廷之於太子一案的固有導向，彰彰明甚。

消息走漏民間。謝陞指太子為假激起眾怒，「都人圍其第宅而詈之」[①]；「正陽門商民數人具疏救」[②]；甚至有習武之人組成敢死隊，欲救太子出獄。攝政王很快下令，將朱慈烺處死獄中（勒死[③]）；錢鳳覽判了絞刑；另有「十五人皆棄市」[④]。謝陞則不明不白地暴斃，民間謬稱為錢鳳覽鬼魂逼死，「或言攝政王殺陞以謝眾口」[⑤]。後一說法雖難確證，但從邏輯上推，可能性卻非常高。此後至康熙間「朱三太子案」（定王），滿清盡屠崇禎諸子，以絕明嗣。不特如此，雍正二年（1724），繼假袁妃後，清廷故伎再施，「於旗員中比附一人」，指為「太祖（朱元璋）十三子代王之孫」，封「延恩侯」，混充朱姓後人，「以飾觀聽」，繼續假仁假義之表演。[⑥]

十一

「行貨正品」現身北京，王之明必不可能為真。恰於此時，史可法接到左懋第就北京太子案發來的密報，於是奏聞朝廷，支持將南太子判為假冒：「是太子不死於賊，誠死於虜矣。北方之太子方殺，而南方之太子又來，此理與事之必無者也。」[⑦]

至此，南來太子一事可謂昭然若揭，雖有一二疑點，也都不難解釋。如少數北京舊閹一見王之明「抱定大慟」，在此輩而言，與其說發乎理性和明辨，不如說多半是奴性使然。尤其低級別太監，主奴意識根深蒂固，但聞是主子，就不問青紅皂白撲倒在腳下，這種表現，殊不足憑。再有，

---

① 孟森《明烈皇殉國後紀》，《明清史論著集刊》，中華書局，1959，第42頁。
② 徐鼐《小腆紀年附考》，中華書局，2006，第333頁。
③ 黃宗羲《弘光實錄鈔》，《南明史料（八種）》，江蘇古籍出版社，1999，第71頁。
④ 《清實錄》，第三冊，《世祖實錄》，中華書局影印本，1985，第117頁。
⑤ 孟森《明烈皇殉國後紀》，《明清史論著集刊》，第42頁。
⑥ 同上書，第70頁。
⑦ 黃宗羲《弘光實錄鈔》，《南明史料（八種）》，第71頁。

圍繞王之明南來，是否存在政治陰謀？不大像。高起潛是出於奇貨可居，一旦探得不利，即起殺心，反而可證其除一點私心，之外並無深圖。至於高夢箕，他一是對王之明乃真太子盲目不疑，二是懷抱愚忠，以保護先帝血胤自任，歸案後雖經酷刑，仍對「假冒欺隱至死不認」[8]，且仰天歎息：「我為無賴子（指王之明）所誤。然一念癡忠，天地可鑒也。」[9]

至於王之明，普通的解釋，是個「神棍」（無賴）、騙子。明末，這種人與事層出不窮。時逢亂世，企望一步登天者，每每以騙牟利。不久前，朱國弼就有一道本章，專請「核勳臣世系，無容冒襲」。[10] 吳希哲亦奏「都城五方雜處，假宗、冒戚、偽勳、奸弁橫行不道」。[11] 可見問題的嚴重。

不過，王之明何許人也，最終也未搞清。連他是否即「駙馬王昺侄王之明」，都僅出楊維垣之口。所以，我們確實不知道此人究竟是誰。最刺激的說法，認為「王之明」其實是滿清間諜：

時謂之明之南，乃北廷所遣，以此攪惑臣民也。[12]

真假姑不論，從效果看，王之明完全起到了那種作用。聯想他在杭州高府、元旦觀燈時的造作，大呼不叫，惟恐不引起注意，以及獄中的傷慟、受審時的從容和機智⋯⋯皆有可疑或表演成分。果如此，這位所謂的「王之明」理應躋身史上頂尖間諜的行列。

南京三案，大悲案以瘋癲始而以糊塗了，童妃案朱由崧堅說假冒而旁人一概不服，唯一明了的其實就是王之明一案。但偏偏此案，反倒懸而不決。其糾結處，蓋即黃宗羲如下概括：「天下之疑，終不可解。而中朝亦有所忌憚，不敢加害。」[13] 在當局看來真相已然大白，可輿論卻不以為然；有些人，一開始就想殺王之明，現在他們已有充分根據這麼做，結果反而不敢下手。

---

[8] 計六奇《明季南略》，中華書局，1984，第 179 頁。
[9] 李天根《爝火錄》，浙江古籍出版社，1986，第 419 頁。
[10] 計六奇《明季南略》，第 164 頁。
[11] 文秉《甲乙事案》，《南明史料（八種）》，第 527 頁。
[12] 李清《南渡錄》，《南明史料（八種）》，第 365 頁。
[13] 黃宗羲《弘光實錄鈔》，《南明史料（八種）》，第 71 頁。

確切地說，王之明案騙過了所有人。不光是普通民眾堅信他便是崇禎太子，連朱由崧也落入圈套，認真地擔心皇位難保，事先對幾位講官打招呼，暗示他們作偽證。及至王之明招承，朱由崧於如釋重負之際，又做令人作嘔的誇張表演：

> 上曰：「朕念先帝身殉社稷」，言出淚落，連拭，不成語，繼乃曰：「朕尚無子，今日側耳宮中，惟望卿等奏至。若果真，即迎入大內，仍為皇太子。誰知又不是。」慨傷久之。[1]

另一面，所有的人對此案又都不無利用目的，致其成為尖銳矛盾的交集物。民眾藉此表達對朱由崧、奸鄙官員及國家政治的不滿；阮大鋮為首一夥想借刀殺人；東林—復社集團覺得這是質疑朱由崧合法性的好材料；擁兵自重的軍閥則從中找到起事的口實……各種訴求在此匯聚、纏鬥和衝撞，誰都不放過此事，同時誰也無法單獨勝出、獲利。如果再加上滿清可能是幕後黑手，王之明案的複雜性簡直無以復加。在這種張力十足的結構中，王之明反倒極為安全，毫無大悲、童妃之憂。事實上，案子一直拖到多鐸打到南京，由多鐸在公開場合親自以太子相待，然後隨之北去。神祕王之明就此消失，無人知其下落。

十二

王之明案是壓垮弘光朝的最後一根稻草。

直接導致弘光政權垮臺的左良玉兵變，完全藉「太子」事為由。乙酉年三月以來，左良玉連疏交章，謂「此事未可決於二三左右，應決於國人天下，使太子不失王封，皇上不失至德，群臣不失忠蓋。」「及再疏至，乃云『束身赴闕，代太子受罪。』」[2] 時值李自成軍向東南運動，左軍諸將急於躲避，逼主帥以替太子請命之名，移師下游：

---

① 李清《南渡錄》，《南明史料（八種）》，江蘇古籍出版社，1999，第 367 頁。
② 同上書，第 386 頁。

北來太子事起，中外皆譁譁。又李自成兵日逼，良玉心動。
澍（黃澍，馬士英死對頭）乃召三十六營大將，與之盟。良玉方
沉吟未決，中一將拂衣奮起曰：「疑事毋成！若主帥必不動者，某等
請自行之。」良玉不得已，乃稱奉太子密詔，入誅奸臣馬士英。[3]

奇怪的是，這竟也是造假。沒有什麼「太子密詔」；左軍東來，真正原
因也並非伸張正義。這個朝廷，上上下下、裏裏外外，全部習慣於造假，
不單奸鄙者如此，以正義姿態出現的人，也要造假。

說至此，想到曾從某雜誌見一文，開頭這樣寫道：

> 數千年中國封建史，相當程度上是一部謊言史。「謊言」作
為封建專制文化一個重要組成部分，既是維持專制的制度性手
段，也是不斷促使王朝更替的政治性因素。也許整個中國歷史就
是一部謊言不斷戰勝真話的歷史。[4]

作者是就鴉片戰爭一些事，發表以上看法。對那段歷史，筆者欠缺研
究，不知其論是否切中，但以本文所談明末情形看，頗能符驗。

南京「三案」的共同特點是：一、全都涉及真假；二、全都涉及信
任。前者能借《紅樓夢》名句「假作真時真亦假」來概括，後者則恰好可
由其下半句「無為有時有還無」去代表。

大悲和尚是假齊王，童妃則被皇帝本人以全部名譽保證絕不是真的；
至於王之明，從頭到尾，實際沒有一個人知道他真實身份。而頂頂幽默的
是，三案連環演繹的結果，竟是皇帝本人大有淪為天下頭號假貨的趨勢：

> 餘姚黃宗羲、桐城錢秉鐙皆以福王為李伴讀，非朱氏子也，
而童氏乃真妃。故當時諷刺詩有：「隆準幾曾生大耳，可哀猶自
唱無愁；白門半載迷朱、李，青史千年紀馬牛。」[5]

③　徐鼒《小腆紀年附考》，中華書局，2006，第 342-343 頁。
④　趙健偉《謊言下的鴉片戰爭》，《同舟共進》，2009 年第 12 期。
⑤　梅村野史《鹿樵紀聞》，臺灣文獻叢刊第五輯，《東山國語·鹿樵紀聞》（合訂本），臺灣大通書局，
　　1995，第 30 頁。

前已述及，有此類議論者頗多，遠不止黃、錢。我們也曾表示，欲使朱由崧變成假冒者的努力，沒有道理，某種意義上也是造假。這就非常耐人尋味，為何正邪二途、對立雙方一致想到的，都是就誠信問題做文章？略作思索，也不難回答：根因就在社會現實本身，權力者靠隱瞞事實來操控社會（從朱棣掩除「靖難」真相始），久之，引起適得其反的回饋：愈說某事為真，愈無人信，一言某事為假，卻一呼百應、趨之若鶩。這是由長期現實雕刻而成的一種心理。

真相匱乏與流失，意味着對謠言的主動培育。權力崇拜極易導致錯覺，以為權力無所不能，包括壟斷事實、主宰視聽；表面看，屢試不爽，實際則是個信用嚴重透支過程。人們無法與權力對抗，便以報復性方式來規避各種撒謊對自己的損害 —— 凡由權力擔保的信息，人們一概作相反的解讀；哪怕原本真實、準確的信息，也一骨腦兒地首先疑為欺詐。王之明案便很典型。最後，一切都將變成非理性的：凡屬公開、權威的信息，都不真實；凡出於街談巷議、不明來歷或被宣佈為「謠言」的，都值得信賴。公眾不認為他們在「謠言」的口口相傳中所迷失的真相，大於由權力編織的謊言，社會於是變成「謠言」泛濫的空間。這種情形，其實無人受益；權力的公信力瓦解，民眾一方則深陷混亂乃至恐慌。然而它又極為合理；人們所以如此，說到底是對環境的適應，所謂「適者生存」，在無盡的瀰漫消息淹沒下，生存已不取決於「信」，而取決於「不信」。

於是惡性循環。真相愈匱乏，謠言愈有市場。弘光朝在其尾聲，南京空氣已為謠言所充斥，時有記載：「命五城等衙門緝訛言」[1]，「命五城等衙門纏緝訛言」[2]，「緝奸嚴密，下役四出擾害」[3]，然而毫無效果，《南疆繹史》稱之「偽益言偽，疑更傳疑」。[4]

最終來看，南京「三案」，非為大悲、童妃、太子而爭，所爭者「真」、「假」二字而已。如李清所言：「百官皆知偽，然民間猶嘖嘖真

① 李清《南渡錄》，《南明史料（八種）》，江蘇古籍出版社，1999，第370頁。
② 同上書，第372頁。
③ 文秉《甲乙事案》，《南明史料（八種）》，第547頁。
④ 雪川溫氏原本、古高陽氏勘定《南疆繹史》（勘本），《中國野史集成》，第35冊，巴蜀書社，2000年，第166頁。

也。」⑤ 抑或文秉的概括:「朝廷之上皆曰偽,草野之間皆曰非偽。在內諸臣皆曰偽,在外諸臣皆曰非偽。」⑥ 社會紐帶完全斷裂,基本維繫無處可尋。

乙酉年五月十一日,朱由崧、馬士英出逃後,南京市民從獄中救出王之明,擁上帝位,並抓住未及逃走的大學士王鐸:

> 「若贋太子,辜先帝恩。」群捶之。鬚髮盡禿。挾至之龍
> (忻城伯趙之龍)處,洶洶欲撲殺。⑦

讀此,又感覺到別樣的悲哀。群眾的眼睛未必雪亮,專制之下,群眾確實很容易成為「不明真相的群眾」。弘光朝在真相匱乏和謠言肆行中垮掉,而這並未變成人民的機會。他們仍被謊言籠罩,不能走出。他們所做的,僅僅是滿懷一貫受欺騙和愚弄的憤怒,將一個騙子扶上帝位。乙酉年五月十一日這一幕,對中國人來說很值得深思。

---

⑤ 李清《南渡錄》,《南明史料(八種)》,第 409 頁。
⑥ 文秉《甲乙事案》,《南明史料(八種)》,第 533 頁。
⑦ 李清《南渡錄》,《南明史料(八種)》,第 409 頁。

Chapter 9

曲終・筵散

由崇禎皇帝壯烈殉國畫上句號，並不符合明朝最後一個多世紀的氣質。歷史老人目光如炬，思維縝密，不允許自己的書寫出現這種敗筆。南京浮現，朱由崧登場，表面看明祚再續一年，實則是歷史老人要為它重新安排結尾 —— 一種與其神韻更加跡近的結尾。

有關清之代明，我們一直強調要糾正一個知識錯誤。崇禎死國、北京易手，並非明、清兩朝交割的時刻。亦即，我國史上明朝段的結束和清朝段的開始，時間點不是 1644 年。滿清立國，以努爾哈赤創建後金為標誌在 1616 年，1632 年皇太極改國號為「清」。它作為國家，非自 1644 年始，之前已存在近三十年，唯相對於中國乃是另外一國，並未取得對中國的統治權──即便甲申年李自成敗走以後明都北京已落彼手，這一點亦不宜認為已有改變。

摳一摳字眼，1644 年的滿清，仍只是「清國」，不可稱「清朝」。後者是中國朝代史以內的概念，關係到中國奉何「正朔」。我們若以 1644 年為「清朝」之始，即是認為應該放棄明朝年號，轉而承認滿清已為中國之「正朔」，考諸當時實際，這恐怕既不正確，也不合適。

滿清強勢入關，其鋒固銳，但到此為止的事態，視為其領土有所擴張可也，視為已經入主中國、取明朝而代之，則不可。北京旁落以後，明朝於兩都之一的南京，重啟系統，尚稱及時地恢復運行，繼續統治荊楚以東、黃河以南。當時中國版圖，黃河以南佔了大部，黃河以北相較於今，面積要少許多。就此言，南京明朝葆有之地，仍佔中國本部（除朵甘思、烏思藏兩宣慰司外）疆域之泰半（參看譚其驤主編《中國歷史地圖集》之《明時期全圖（二）》）。

姑不論中國泰半仍歸明朝所領，即以黃河之北論，滿清也僅為爭奪者之一。順政權雖潰退如潮，卻未至於將地盤拱手讓出，在晉陝兩省，順、清之間仍有一番角逐。以上態勢，取如下表述當更簡明：甲申之變後，中國實際有個短暫的「三國期」。三國者，明、清、順也，後二者相敵於黃河以北，而以南──具體說，就是豫魯南部、荊楚、蘇、浙、皖、贛、閩、湘以至粵、桂、滇──則由明朝獨享。

不過，三國之中蒸蒸日上的確係滿清。大順明顯為強弩之末；明朝雖諸多條件佔優，卻從五臟六腑自己爛透，眼下懷着莫名其妙的心態，在那裏枯坐等死。按事情本來的難易程度，滿清取南明性命應最不費力，然而

它偏偏不立即揮師南來，而是首先西進，解決順政權。

這有兩個道理。一個有關名譽或倫理，滿清打着替明朝以及崇禎皇帝復仇的旗號入關，以此塑造恩主形象，撈取入繼中國大統的合法性，現在它對李自成的追殲，繼續貫徹這一意圖。另一個道理則頗為實際，亦即在入主中國的道路上，滿清真正需要掃清的障礙是李自成，後者已在和明朝的戰爭中證明自己是強者。滿清當然清楚，兩個對手中哪個比較貨真價實。既然它已經在山海關取得對大順軍隊的大捷，現在正該「宜將剩勇追窮寇」，一鼓作氣。至於明朝，卻是死而不僵的百足蟲，即使給它再多時間，也不會變成農夫懷裏重新甦醒的蛇。

這樣，從甲申年五月到乙酉年五月，明朝得以在南部中國額外安享了一年的時光。

二

滿清究竟何時決定對明朝正式動手？我們有很確切的時間。

乙酉年二月初八辛酉（換作西曆，則為 1645 年 3 月 5 日）。這天，滿清順治皇帝福臨對定國大將軍、豫親王多鐸下達了征明的諭旨。不過，命令的實際下達人應該是攝政王多爾袞。福臨本人此時年方八歲，沒有能力履其皇帝職責。說起這個日子，還有頗具象徵性的巧合 —— 這天，剛好是驚蟄。在農曆中，它表示生命甦醒、萬物更始。

相關記載見王先謙《東華錄》。《東華錄》據清國史館原始材料蒐編而成，其較做過手腳的《清實錄》，可信度更高。下為原文：

> 辛酉，諭定國大將軍、豫親王多鐸曰：「聞爾等破流賊於潼關，遂得西安，不勝嘉悅。初曾密諭爾等往取南京，今既攻破流寇，大業已成，可將彼處事宜交與靖遠大將軍、和碩英親王等。爾等相機即導前命，趨往南京。大丈夫為國建功，正在此時，汝其勉之。其隨英親王、豫親王之漢軍，自固山額真梅勒章京以下兵丁、綿甲、紅衣炮，均分為二，着英親王、豫親王各行提督，

若相去已遠，可仍如舊。」①

　　一月十二日，清軍於潼關大敗闖軍。翌日，李自成率部南逃，西安遂為清軍所得。因通訊不便，捷音用了二十餘天方抵北京。對李自成來說，失去西安遠為致命。西安是其故土巢穴，北京相對而言不過是外鄉。失去北京雖足痛心，卻未必傷之筋骨。大順將士主體來自西北，西安在，則後方猶存。現在棄西安倉皇南奔，順政權不啻於老本全無，重新成為流寇。破潼關、佔西安，意味着滿清對順政權取得決定性勝利。故爾一聞捷音，清廷即有此判斷：「攻破流寇，大業已成」。

　　由這句話，也看得更清楚：南京之能於國變後苟存一年，確拜李闖所賜。「初曾密諭爾等往取南京」，說明滿清對滅明早有所圖，只因事分先後，花開兩朵、先表一枝。目今，順政權已逐出西安，南京前頭再也沒有擋箭牌。先啃下比較難的骨頭的清軍，滿意地舔着嘴脣，轉而收拾它相當不屑的第二對手。

　　滿清對明朝所抱的輕蔑態度，從僅將攻打大順之師分一半前來，表露無遺。上諭說：所有人員、裝備「均分為二」，分由英、豫二王提督。多鐸南征，英王阿濟格追剿「流寇」。

三

　　除開完勝大順，滿清決定此時征明，還與另一件事有關。這就是明興平伯高傑被刺身亡。

　　甲申年十月十四日，高傑率部北上。這是弘光朝維持一年中，唯一顯示了「收復失地」意願的行動。行動開展頗遲緩，第二年一月，部隊才抵達黃河南岸的河南睢州。此處乃總兵許定國的地盤，而許、高之間原有很深的舊嫌。高傑到來，令許定國既恨且怕。一以有仇要報，二來擔心坐以待斃，許定國決心下手。至於高傑，卻是比較典型的武夫，勇猛有餘、心

---

① 王先謙《東華錄》，《續修四庫全書》，三六九・史部・編年類，上海古籍出版社，2001，第233頁。

計不足。他膂力驚人，自視甚高，從不認為有人可以奈何得了自己。這嚴重的輕視，剛好成就了許定國的偽裝。他設計賺下高傑，使其死於非命。也有說法稱，這套計謀出自女流之輩——許定國之妻侯氏。《桃花扇》作者孔尚任說，康熙年間他為劇本積累素材時，訪問了仍然健在的侯氏，當面聽她擺此龍門陣：「康熙癸酉，見侯夫人於京郊，年八十餘，猶健也，歷歷言此事。」[2] 成功殺高之後，許定國立即渡河，投降清軍。

高傑被害，在乙酉年一月十二日。這個日子，剛好是清軍佔領潼關的當天。一些重大歷史事件，總有這樣奇異的巧合。

高傑部隊對明朝獨具兩大意義。第一，是明軍主力中的主力，實力居四鎮之首。兵力達四十萬，僅次於四鎮之外的左良玉，實際戰鬥力或尤在左部之上（左良玉兵多將廣，卻有烏合之眾之嫌）。第二，尤比實力難得，高兵乃明軍中尚能以大局為念、願意報效國家的一支，其餘都嚴重軍閥化，心腹各抱。去年剛到南方時，它與別的部隊沒什麼區別，甚至名聲最壞，但經史可法爭取與感化，主帥高傑有周處之變，一覺揚州之夢，毅然率部北進，「欲乘機復開、歸（開封、歸德），伺便入秦，奪其巢穴。」[3]

高傑既死，本不堪一擊的明朝益失所恃，連紙糊的燈籠都算不上。另外一個不利的方面是，許定國不光拆毀明朝僅有的柱石，自己還成為「南方吳三桂」，在滿清南下過程中充當導引者。早在甲申十二月，許定國即對駐魯豫的清軍統帥肅親王豪格送其秋波，「請我師渡河援之」，乙酉一月，再次派人聯絡，豪格均因「未奉上命，不敢渡河」而按兵未動。[4] 二月上旬，許定國的敦請終於得到回音：

> 投誠睢州總兵許定國奏：「孽寇高傑（高傑原係闖軍部將，故稱其「寇」）已用計擒斬，其餘黨尚未剿除，請發大軍剋日渡河，以靖殘寇。」得旨：「許定國計殺高傑，歸順有功，知道了。征南大軍不日即至河南。兵部知道。」[5]

---

② 王季思《前言》，《桃花扇》，人民文學出版社，1982，第 11 頁。
③ 李清《南渡錄》，《南明史料（八種）》，江蘇古籍出版社，1999，第 221 頁。
④ 王先謙《東華錄》，《續修四庫全書》，三六九·史部·編年類，第 231 頁。
⑤ 同上書，第 233 頁。

就是說，許定國叛變對清軍決策構成了直接影響。他作為先前明朝的河防大將，能對滿清提供多方幫助，從情報到實際的軍事行動。事實上，佔領歸德時清軍先頭部隊正是許定國。

四

《明季南略》：三月二十一日「許定國前哨抵歸德」，二十二日「清豫王入歸德」。[1] 單看這筆記述，似乎清軍是於三月下旬突然採取行動。實則，行動始於三月上旬。《東華錄》：

> 定國大將軍、豫親王多鐸等奏：「三月初七日，臣統兵出虎牢關口，固山額真拜尹圖等出龍門關口，兵部尚書、宗室韓岱梅勒章京伊爾德，侍郎尼堪等統外藩蒙古兵由南陽路，三路兵同趨歸德，所過州縣盡皆投順。」[2]

虎牢關在滎陽，龍門關在洛陽。多鐸報告表明，三月七日這天，清軍從滎陽、洛陽、南陽三地同時進發，半個月後抵達歸德（今商丘），並由本在左近的許定國部打頭陣，一舉拿下明朝在河南的這一橋頭堡。

此時距二月初八清廷下達進軍令，已歷一個半月。顧頊明朝直到歸德陷落，方知清軍已經行動。假如足夠警惕，及時偵知動向，一個半月可做許多事。然而，沒有記錄顯示明朝對相關工作有所佈置與開展，以致原本談不上突然的事態有了急轉直下的閃電戰效果。二十二日歸德淪陷後，短短幾天，警聞頻至。二十七日，清兵出現在徐州，「總兵李成棟登舟南遁」；二十九日，「清陷潁州、太和，劉良佐檄各路兵防壽州。」[3]……

河防總督王永吉四月一日的上奏，大概是南京收到的最早報告。報告稱：「清已過河，自歸德以達象山，七八百里，無一兵防守。揚、泗、邳、

---

① 計六奇《明季南略》，中華書局，2008，第 172 頁。
② 王先謙《東華錄》，《續修四庫全書》，三六九 · 史部 · 編年類，上海古籍出版社，2001，第 235 頁。
③ 計六奇《明季南略》，第 172 頁。

徐，勢同鼎沸。」④ 參以多鐸對北京的奏聞，這情報本身也有問題。「清已渡河」，給人印象似乎清軍是來自歸德對岸的山東曹縣、單縣；實際上，清軍主要從西邊來，是其陝西作戰部隊的東調。

四月十七日，多爾袞對明朝公佈正式的「哀的美敦書」，敦促投降。指出，甲申之變「崇禎皇帝有難，天闕焚毀，國破家亡」，而從頭到尾，明朝「不遣一兵，不發一矢，不識流寇一面，如鼠藏穴」。⑤ 非常尖刻，撲乎實際，卻無一字不是事實。

五

明朝並非沒有目明耳聰之人。早在一月十二日，史可法呈上一道重要奏章，內言：「北使之旋，和議已無成矣。向以全力禦寇而不足，今復分以禦北矣。」結論是「和不成惟有戰」。⑥

去年八月，明朝派出以左懋第為正使、馬紹愉、陳洪範為副使的使團，前往北京議和。十二月中旬，陳洪範隻身南還，左懋第等人被扣押，和談宣告失敗。從這事態，史可法解讀出滿清必將南下的含義，因而向朝廷發出警告，必須立即備戰。我們知道，滿清當局此時還沒有做出南侵決定，假如史可法警告得到重視，從時間上說明朝並非沒有機會。

可是石沉大海，全無回音。之如此，並不足奇。看看南京的決策層還剩下些什麼人，即知寂寂不聞乃是必然。定策後不久，史可法就被排擠出京。之後，高弘圖、姜曰廣、劉宗周、張慎言、徐石麒等，或退或罷。戰而勝之的是自馬士英以下，阮大鋮、張捷、張孫振、劉孔昭等一干人。我們歷史中，有一種奇怪不可解的趨向，凡於國家有利者，不論人與事，皆難立足，而禍害國家或損公利己者則每每勝出。「正人盡斥，小人盈朝」，素愛獎劣懲優，而與優勝劣汰的普遍道理背道而弛。究其原因，中國人對社會共同利益，既難以認識，亦從內心不抱信任，覺得唯有個人利益顛撲

---

④　同上書，第 190 頁。
⑤　同上書，第 201 頁。
⑥　同上書，第 155 頁。

不破。所以一生以此為鵠的，戮力攘奪，唯恐不足。社會不能以共同福祉為訴求，個人分求自我利益之最大化，造成極端利己意念的盛行和頑強。表現於行為，愈知利己或利己能力愈強，愈能立於不敗之地。相反，以國家、社會為念者，往往淪為弱者和敗者，除非遇特殊時刻與條件，利己之輩畏縮不前，承其所讓後者才可有所成就。在明朝，上述情形便極突出，社會依其奇怪的競爭法則，使唯知利己之人攬入各種權柄，把握諸多要津，以致國有大患甚而將亡亦乏人關心，關心的只是一己慾利。「皮之不存，毛將焉附」，這極簡單的道理他們並非理解不了，只是不予考慮，撈不夠的焦灼和恐懼中填滿心胸，哪怕只比別人少撈一丁點，亦必齟齬計較。

高傑之死引起的反應，就很典型。從國家利益角度看，這是影響全局的嚴重事件，史可法至以「睢州大變」① 相稱。然而，消息南來，那些與高傑素有齟齬的大帥，非但不以為憂患，反倒額手相慶，以為「上天默除大患」。劉澤清、黃得功、劉良佐等三鎮，聯名合疏：「高傑從無寸功，驕橫淫殺……」② 他們想到的，全是私人恩怨。史可法奏請高傑之子嗣帥位，以穩軍心，結果一片譁然。蓋因高傑一死，諸帥全都暗打算盤，亟待瓜分其舊部、爭搶揚州這片肥肉。當初，高傑恃強，得以揚州為駐地，他這一死，曾與之爭揚州而失利的黃得功，立刻乘虛而入：

> 得功復爭揚州，欲盡殺傑妻子以復前仇，可法急遣曲從直解之。③

黃不嫌途遠，引兵趨揚，謀奪城池外，還想襲擊留在揚州未隨軍北進的「傑家並將士妻子」，「城中大懼」。史可法聞訊，派同知曲從直速往制止，朝廷也急遣內監盧九德「諭止」。為平息事態，朝廷連發二旨：「諭史可法：卿已歸揚，解諭黃得功等各歸汛地，何必與寡婦孤兒爭構。」「大臣先國而後私恨。得功若向揚州，致高營兵將棄汛地東顧，設敵乘隙渡河，罪將誰任？着諸藩各恪守臣節，不得任意。」④

---

① 李天根《爛火錄》，浙江古籍出版社，1986，第 427 頁。
② 文秉《甲乙事案》，《南明史料（八種）》，江蘇古籍出版社，1999，第 523 頁。
③ 李天根《爛火錄》，第 401 頁。
④ 同上。

黑洞：弘光紀事

一邊，是「睢州大變」的沉重判斷；一邊，卻是幾位大帥聯手欺負孤兒寡母。第二道諭旨指出的「致高營兵將棄汛地東顧」，尤能顯示各鎮的自私。諸軍唯高傑北上，而當重挫之際，卻要被人背後捅刀，憂慮後方妻、子的安危。諸鎮為奪利而擅離汛地，已屬可鄙，更何況極可能致高傑所部將士因後顧之憂丟棄陣地南回，其所作所為完全是親者痛、仇者快，史可法「有甚於戕我君父，覆我家邦者」 的批評毫不為過。

六

然而，對高傑殞命的歡呼慶賀、落井下石和偷雞摸狗，尚非最荒唐的一幕。

禍不雙至，福不單行。

三月二十五日，左良玉舉兵反自武昌。左兵之反，頭緒甚多，歷數之起碼有這幾條：一、為「北來太子」（王之明）打抱不平；二、黨爭，或曰對近幾個月南京阮大鋮等人緊鑼密鼓報復、迫害東林—復社人士的反彈；三、躲避被清軍趕至南方的李自成軍；四、嚴重缺餉，找個理由就食下游；五、部隊失去控制，左帥一定程度為部將挾持（其部下多出身綠林），身不由己；六、有人居間煽動和利用，這主要指黃澍所起的作用，他與馬士英誓不兩立⋯⋯

黑白交錯，似清還濁。其中，左良玉同情東林、馬阮搞政治迫害、左軍在軍餉上受到克扣，都是事實，就此，起事未為無理，乃至有一定「正義性」，《桃花扇》便持這看法。同時，的確不能排除假借仁義、暗行徇私的因素，至少從實際效果看，是主觀上不顧大局、客觀上為虎（滿清）作倀，左良玉對此實難辭咎。

我曾以為，清軍是看見左良玉兵變，視為天賜良機而大舉南侵。兩件事咬合很緊，易讓人誤為有因果關係。但細辨時間順序，發現僅為巧合。清廷征明的決策先此一個月，實際行動也略早於左良玉舉兵日期。豫王入

---

⑤　計六奇《明季南略》，中華書局，2008，第 155 頁。

歸德為三月二十二日，三天之後，左良玉方舉兵武昌。

不過，儘管事件各自發生，清軍並非因鑽空子採取行動，可實際產生作用仍是對明朝構成夾擊。北面連失重鎮，西邊狼煙彌漫，南京顧此失彼。何況叛軍又非等閒，其為明軍之巨無霸，規模差不多可頂四鎮總和。高傑所部剛剛癱瘓，左兵又鬧分裂，兩月之內明朝次第失其排名一二的勁旅，且又與滿清南下同時。

這也是我國歷史上另一屢見情形：恰當外遇強敵之時，內部紛爭如火，幾乎就像主動配合。所以，每每要以「攘外」、「安內」為題做文章，從中抉擇。這當中，漢奸、賣國都非罵不可，諸如「寧贈友邦，不予家奴」、「攘外必先安內」一類奇談怪論，一定要唾棄。然而，罵與唾棄並不能消除現象，尤其是現象的原因。對中國來說，最好是不再發生這種情形，像很多國家一樣，一旦有事，上下內外立即團結，一切嫌怨渙然冰釋，齊心禦侮。從這層看，罵不解決問題，問題要在罵之前解決，從而做到不必罵。

中國的事情都不簡單，你中有我、千繞百纏，抑或就是一潭渾水。你以為裏面有原則，其實連原則本身都已成為手中一張牌。故而在我國，講原則、用原則性眼光看問題往往行不通，也是條基本經驗。職是之故，我們的術策意識便格外發達，什麼離堅白、知雄守雌、合縱連橫，其中的教訓都是說，原則既不可信更不能執。無有不可利用的，什麼也都應該利用，切不能拘泥、認死理，比如，要善於從壞事中看見好事，從敵人中發現朋友。《爝火錄》載：「太監高起潛奏左兵東下，闖賊尾其後，我兵擊其前，自當指日授首，不須過慮。」[1] 正是說，因左良玉的緣故，李自成現在已是可以借重的友軍。

所以，左良玉叛亂，其本身對錯是一碼事，所引起的反應與對待，是另一碼事。叛亂為虎作倀不假，然而，既不等於左氏此舉只有捱罵的份兒，更不等於有關處置不藏貓膩。這是讀這段史料時，筆者自感無法排解的煩擾。簡言之，左良玉固然有錯，可制裁他的人未必比他更好，也許

---

① 李天根《爝火錄》，浙江古籍出版社，1986，第 439 頁。

反而更壞。中國的歷史，陷阱實在是多，心思單純真的極易誤讀誤判而不自知。

　　——左兵舉事後，馬士英在明知清兵迅猛南下的情況下，盡撤江北防線，強令各部向西集結。我們不便斷言，如果清軍南下同時沒有左良玉兵變，馬士英是否會組織對外敵的有效抵抗。我們只是知道，當兵變發生而同時面臨外敵時，馬士英作為國家領導人所下達的命令，是將外敵置予勿論，全力粉碎內部的叛亂。

　　他所認定的敵人是左良玉，不是滿清。這好像也沒太大問題。其一，左玉良確實是叛亂者，說他有「危我君父」的企圖並不牽強，而那是頭等罪名；其二，左兵和清兵之間，馬士英認為前者較後者威脅更大、更急，這是判斷問題，你可另有判斷，但不可以禁止他這麼判斷。因此，從冠冕堂皇角度，馬士英沒有什麼太可指責的。然而誰都知道裏面有貓膩，乾脆說，誰都知道馬士英是公報私仇，但這話卻沒法擺到桌面上，因為馬士英用「公」的外衣把「私」包裹得極好。

　　對中國古代，人們存在一個誤解，以為君主制下無公權，權力是皇帝私有。肯定地說，並非那樣。如果去過一些古代衙門遺址，往往能在門外見到一塊石碑，上面刻着「爾俸爾祿，民脂民膏」幾個字。它無疑體現了一種公權概念。包括皇帝本人在內，權力也受各種限制，不能隨心所欲。中國的問題，不在缺乏公權概念，甚至不在缺少防止公權私有的制度設計（當然，那時的設計達不到現代水準，但跟相同歷史時期世界好多地方比，中國的設計已算出眾），而在於中國人通常不能信守。他從小受教育曾經接受過公權的意識，也從文章和語言上反覆表示要忠於這意識，但一旦權力到手，卻完全背棄所諾。這就是心口不一。這現象的根因說來就很虛渺了，有人說是因為中國文化缺一個宗教本源，在此無暇深究。總之，中國人骨子裏普遍不接受公權真正被限制與私利隔絕，並非已經當上官的人這樣，一般民眾如果展開對權力的幻想，多半也以「一朝權在手，便把令來行」為興奮點。在這意義上，馬士英談不上「中國的敗類」，甚至也談不上特別壞的中國人，實際倒不如說，他是很正常、很常見的中國人。

　　他並不是滿清的「潛伏者」。我曾大膽設想，倘若起事的不是左良

玉，或者裏面沒有一個他恨之切齒的黃澍，馬士英態度也許能顛倒一下，變成北兵急、叛兵不急。不幸，歷史「剛好」不是這樣。這麼看歷史，似乎有些玩世不恭。但列位有所不知，假如歷史總是被各種私慾撥弄來撥弄去，它的內涵往往還真的並非想像得那樣嚴肅。

不妨就具體看看，在馬士英的撥弄下，歷史怎樣地不嚴肅。《鹿樵紀聞》：

> 陳洪範還，言王師（清軍）必至；士英惡之曰：「賊猶未滅，北兵不無後慮，豈能投鞭問渡？且赤壁三萬，淝水八千，一戰而安江左。有四鎮在，何用多言！」[①]

他很早就了解到動態，而給予的回答，則前半可恥、後半可笑。照他的意思，李自成存在一天，明朝就一日無事，清、順雙方互掐，明朝即可安臥。這跟高起潛認為左良玉將同時受官軍和「闖賊」夾擊而不足為慮如出一轍。馬士英還說，姑不論清兵無法脫身南顧，就算來了，亦非大難臨頭，擺平之，舉手之勞。他憑什麼底氣這樣足？原來有兩個典故，即「赤壁三萬，淝水八千」，前為三國赤壁之戰，後係東晉淝水之戰。它們有兩個共同特點：第一，都是以少勝多、以弱勝強；第二，勝方（東吳、東晉）國都恰好都在南京。馬士英覺得，這足夠說明問題了！其實類似道理，我們當代曾經也很愛講：別人能做的，我們為什麼做不到？以及「我們有着光榮的革命傳統……」之類。馬士英也無非是這意思。歷史既有先例，現實便有可能。在南京這個「有着光榮革命傳統」的地方，東吳、東晉做到的，大明為何做不到呢？你看，他也滿有道理。但他的道理，都只在想像中成立，在實際中不成立。赤壁、淝水兩戰固為奇跡，分析起來卻都事出有因，如北人不服水土、長江之天時地利，敵人驕兵心理……如欲歷史重演，須這些因素原封不動也在現實發生作用。從那時到現在，時間跨越了一千多年，所謂物是人非，甚至人非物亦不是。即以長江天險論，公元

---

① 梅村野史《鹿樵紀聞》，臺灣文獻叢刊第五輯，《東山國語・鹿樵紀聞》（合訂本），臺灣大通書局，1995，第16頁。

十七世紀與公元二三百年的條件比，此天險是否還是彼天險？而馬士英顯然以為這無關宏旨。於是，東吳、東晉「一戰而安江左」，明朝亦不難照樣再來一次。當然他內心亦未必真的相信這一點，關鍵是藉兩個典故發現很好的說辭，達到抽調江北部隊以應左兵的目的。

民眾往往愛聽政治家的漂亮話，政治家擅長漂亮話往往也最得民眾愛戴。其實，凡是政治家講漂亮話的地方，都因那件事不足其介懷。比如馬士英提及滿清，一副「何足掛齒」的睥睨之色，很豪邁很有大無畏氣概。可談起左良玉，截然不同：

> 已知左兵破安慶，黃澍在軍中，張亮（安慶巡撫）被執，士
> 英正在擊觴，忽聞報，厄酒墮地。[2]

和《三國演義》「青梅煮酒論英雄」中劉備被曹操說破心事的表現，一模一樣。馬士英的心事，是左良玉不是滿清，清軍非衝他而來，左良玉的旗幟可是「清君側」。對他來說，清軍是紙虎，左良玉是真虎。「馬士英聞左兵東下，大懼，專理部事，不入直。」[3] 為了左兵之事，馬士英竟將內閣丟下不管，一頭扎在兵部。兩者之間，他自然有所懼，也有所不懼。

> 史可法三報邊警，命上游急，則赴上游，北兵急，則禦北兵，
> 自是長策。可法又奏：「上游左良玉，不過清君側之奸，原不敢與
> 君父為難。若北兵一至，宗社可虞，不審輔臣何意朦蔽若此。」[4]

聖旨所答，顯然出馬士英之手。所謂「上游急，則赴上游，北兵急，則禦北兵」，真正含意並非字面上那麼含糊，而是實際認定上游急、北兵不急。對此，史可法明確指出上游與北兵根本不能相提並論，一個危及宗社（國家），一個僅為朝廷內部分歧，豈能同日而語？「輔臣」一語，更是徑指馬士英。

同時，在朱由崧召開的會議上，也爆發了爭論：

---

[2]　李天根《爝火錄》，浙江古籍出版社，1986，第 436 頁。
[3]　同上書，第 444 頁。
[4]　同上書，第 442 頁。

時塘報洶洶。十九辛未（四月十九日），弘光召對，士英力請丞禦良玉。大理寺卿姚思孝、尚寶司卿李之椿等，合詞請備淮、揚。工科吳希哲等亦言淮、揚最急，應丞防禦。弘光諭士英曰：「左良玉雖不該興兵以逼南京，然看他本上意思原不曾反叛，如今還該守淮、揚，不可撤江防兵。」士英厲聲指諸臣對曰：「此皆良玉死黨為游說，其言不可聽，臣已調得功、良佐等渡江矣。寧可君臣皆死於清，不可死於良玉之手！」瞋目大呼：「有異議者當斬！」弘光默然，諸臣咸為咋舌，於是北守愈疏矣。[1]

由此我們知道，弘光皇帝本人的意願，確非「上游急，則赴上游，北兵急，則禦北兵」，而是要求守淮、揚，毋撤江防。計六奇還補充了第一手資料，那是其舅親眼所見。後者供職南京屯田署，當時就在召對現場：

弘光召對時，群臣俱請禦北兵，弘光然之。獨馬士英大聲面斥上曰：「不是這樣講，寧可失國於清。」云云。弘光不敢言。[2]

散會時，主張「禦北」的吳希哲邊走邊說：「賈似道棄淮、揚矣。」這應該是所有人的感受。大家心知肚明：明朝命運就此決定。奇怪的是，明知如此，而且「請禦北兵」意見明明佔上風，決策卻仍由馬士英一手握定，連弘光也「不敢言」。權力這東西，說抽象很抽象，說具體極具體；馬士英的主張如此孤立，包括皇帝都站在另一邊，但勝利仍屬於他，這樣的結果就既具體又抽象。

之後，一如馬士英所願，黃得功、劉良佐過江，連史可法也被迫率部離開防地。「帝手書召可法入援，可法乃命侯方儼赴泗州，而親率師趨江寧。」可能馬士英擔心史可法不來，而讓朱由崧以親筆信召之，結果史可法只是勞師空返一趟，「奉詔入援，抵燕子磯，左兵已為得功所敗，復令速還防。」[3]

---

① 計六奇《明季南略》，中華書局，2008，第202頁。
② 同上。
③ 李天根《爝火錄》，浙江古籍出版社，1986，第448頁。

七

書寫以上段落，坦白講，很難控制對馬士英的憎厭。這是一種很傳統的情緒，中國的讀書人大多都不免為之左右，此即我們歷史觀上深入骨髓的「罵奸臣」義憤，用這種義憤寫成的小說戲劇，數不勝數。我曾就此以嚴嵩為題，專門寫文章指出其偏頗與狹隘。饒是如此，一遇具體人和事，這種習慣情緒還是止不住往外冒。此前，一邊寫我一邊對自己耳提面命，回頭看，發現仍有點「情不自禁」。

因而現在特意強調，不論把馬士英批倒批臭何其大快人心，都只是理論上有意義，實際沒意義。假如我們將明之亡，歸咎於馬士英；抑或假設：若非老馬，明朝不至於亡，要亡也不至亡得這麼快 —— 我們的見地，就相當膚淺幼稚以至於可笑了。明朝之敗，非敗於馬士英一人；明朝之亡，即使沒有馬士英也照亡無疑，包括滅亡速度都絲毫不受影響。

因為明朝的朽爛，是整體的、通體的。就像癌症晚期，癌細胞全身擴散，四處遊走，摘掉一個病變器官，又從別處再長出腫瘤，醫生見了，只得縫上傷口，對病人說：回家去，能吃儘管吃，想玩抓緊玩 —— 意即等死。

馬士英是明朝爛透軀體上的一個大病灶，比較顯眼，比較觸目驚心，僅此而已。其他病灶，或不那麼昭彰，不那麼著名、路人皆知，可是嚴重性和危害性一點不遜色。如曰不然，我們再來看看馬士英等文官之外明朝國家機器的另一系統 —— 武人集團。

我們都還記得，南都定策後，史可法為南京設計了互為表裏的有內外兩道防線的防禦圈，明軍四大主力分佈其間，聯手呼應。此即著名的「設四藩」。眼下，四藩中原駐揚州的高傑已死，還有駐於廬、六的黃得功，駐於鳳、泗的劉良佐，駐於淮安的劉澤清。其中，黃得功位置靠後，暫未與清軍接觸；另外二位，劉良佐和劉澤清，防地均和清軍正面相向，算是首當其衝，那麼他們作何表現呢？

> 大清入淮安，總兵劉澤清遁。澤清聞北兵至，遂大掠淮安，
>   席捲輜重西奔，沿河竟無一人守禦。北兵從容渡河，至淮安少

休，即拔營南下。①

彼時淮安位置極重要，為由北而南之捷徑，於此渡淮，可直抵揚州，徑面南京。甲申國變後，淮安即成幾乎所有南來者必經之路，顯貴雲集。別的不說，周、潞、崇、福四王，劉澤清、高傑等帥，都是先逃至淮安。馬士英的密使楊文聰正是在淮安覓得朱由崧，然後送往南京登了大寶。此時，清軍主力也走的這條路，由淮安而揚州，然後渡江。劉澤清鎮淮安前，此地由漕督、淮揚巡撫路振飛把守，正規軍之外，尚有鄉兵勁卒數萬，一度是沿淮防衛最嚴、組織最佳之區域，以至於對馬士英本人，路振飛也毫不稍貸。定策後，馬士英為給朝廷施壓、取代史可法，從鳳陽率兵耀武揚威經淮安赴南京，路振飛照樣懲其違紀兵士。為此馬士英唧恨在心，掌權後罷路振飛，以姻親田仰代之，而田仰在淮安，與劉澤清根本沆瀣一氣，不到一年，路振飛任內井然有序的局面，蕩然一空。作為江淮門戶，淮安雖駐重兵卻形同虛設，劉澤清與清軍照面也不曾打，望風而逃，「沿河竟無一人守禦，北兵從容渡河」。《南季北略》敍至此，不禁切齒：

> 廿一甲戌，清師渡淮。澤清真可斬也！然使路、王（王永
> 吉）二公若在，當必死守，苟延時日。清師雖盛，豈能飛渡耶！②

另一位劉姓大帥，坐鎮鳳陽的劉良佐，也與劉澤清半斤八兩，唯一區別只是好像沒有留下「大掠」的記錄。兩位肩負屏藩首都重任的大帥，前後腳，廝跟着拔腿向南而逃，在還沒見着清軍人影兒的情況下逃到南京附近的長江對岸。「劉澤清、劉良佐退兵近郊，百姓王詔奏：『鎮兵避清南遷，佔奪民房民物。』」③「王永吉疏：『棄徐萬分可惜，乞敕劉澤清固守淮安，勿託勤王移鎮。』劉洪起報：『北兵乘勢南下，諸將逃竄，無人敢遏，恐為南京之憂。』給事中錢增疏：『警報日至，劉澤清、劉良佐退兵近郊，平日養兵何用！』」④

---

① 李天根《爛火錄》，浙江古籍出版社，1986，第443頁。
② 計六奇《明季南略》，中華書局，2008，第192頁。
③ 同上書，第191頁。
④ 文秉《甲乙事案》，《南明史料（八種）》，江蘇古籍出版社，1999，第542頁。

當然，二劉並不認為自己逃跑，他們找了一個藉口，亦即上列奏疏中提到的「勤王」、「入衞」。「十四丙寅，劉澤清、劉良佐各請將兵入衞，諭以防邊為急。」⑤ 看，他們多麼忠君憂國，為了扈駕、擊退叛軍，不辭辛勞，長途奔援⋯⋯一時間，左良玉兵變成一個絕佳題目，大家拿它做各式的文章。公平起見，我們得說並不只是二劉採取這種策略，那些略次要的將領也與他們「所見略同」。「方國安、牟文綬名曰禦左，實避北兵而西。」⑥ 只是這一番忠心，連朱由崧、馬士英都不領情，朝廷做出了異常強硬的決定：

> 楊文驄專監鎮軍，凡逃軍南渡，用砲打回，不許過江一步。⑦

二劉命運有所不同。四月十九日召對後，馬士英調劉良佐過江，而命劉澤清「援揚州」。劉澤清豈肯奉命？「廿一日癸酉，劉澤清大掠淮安，席捲輜重西奔。」返回淮安再次搶掠，然後西逃——北、南、東俱無出路，只有西邊可竄了。然據《爝火錄》，其此去並非逃竄，而是降清，降後不久即為清軍所殺：「福王命劉澤清援揚州，而澤清已潛輸款於大清，大清惡其反覆，磔誅之。」⑧ 查《東華錄》，亦未見劉投降的具體時間與地點，但有他「反覆」的記載：

> 丁卯，鎮守廬鳳淮揚等處固山額真準塔等奏：「五月間，臣自徐州水陸並進，值劉澤清下副將高佑統戰艦攻宿遷，官兵大敗之。師次清河，澤清所部總兵馬化豹、副將張思義等率兵四萬，船千餘艘，據淮黃三河口，連營十里。梅勒章京康喀賴同遊擊范炳、吉天相等，率兵渡清河，列營相距（拒），以炮擊敗敵艦⋯⋯⑨

丁卯，係六月丁卯日，即六月十六日，距明亡已一月。據《甲申朝事

---

⑤ 計六奇《明季南略》，第 202 頁。
⑥ 李天根《爝火錄》，第 446 頁。
⑦ 計六奇《明季南略》，第 191-192 頁。
⑧ 李天根《爝火錄》，第 448 頁。
⑨ 王先謙《東華錄》，《續修四庫全書》，三六九・史部・編年類，上海古籍出版社，2001，第 240 頁。

小紀》,「澤清迎降,歸於京師。以叛案有連,至蘆溝橋伏法。」[1] 則其被殺,應該也在六月中旬左右。

第一支投降的明軍主力,大概正是劉澤清部。而後,左良玉部(其時良玉已死,其子左夢庚率降)、高傑餘部和劉良佐。當初以「四鎮」為主體構築起來的防禦體系,不必說徹底破產了。始作俑者史可法深陷懊悔,早在去年十一月,他便對應廷吉講了這麼一番話:

> 予待罪南樞(指崇禎殉國後凡臣子不應偷生),分固宜死,轉念天下國家之重,庶幾主器得人,希紹一成一旅之烈,不意決裂至此。揆厥所由,職由四鎮尾大不掉。為今之計,惟斬四臣頭懸之國門,以為任事不忠之戒,或其有濟。[2]

不過,事之至此,未必是「四鎮」構想和體系有問題,而在於它實際始終只是理論上的構想和體系,並未真正實施。這是敗壞到骨頭縫裏的明朝固有特徵。再合理的方案、措施,投入明朝的現實,實際都成泡影。說起來誰都知道南都定策後明朝搞了「四鎮」,然而看看實際,何嘗真有什麼「四鎮」?徒有其名,虛有其表,南京一切皆可如是觀,從皇帝到制度,悉屬擺設。

八

《鹿樵紀聞》說,自劉澤清逃走,「江北遂無一旅」[3],整個長江以北,都對清軍敞開懷抱。這是極而言之,從明軍主力尤其是尚有戰鬥力的明軍主力而言,可以這麼講。而在此之外,也還並非「遂無一旅」,例如高傑的舊部。高傑死後,這支部隊的主體李成棟部駐於徐州。明清鼎革之際,李成棟可以算個名將,後來他替滿清賣命時,很能打仗,從長江三角洲打

---

① 抱陽生《甲申朝事小記》,書目文獻出版社,1987,第 474 頁。
② 應廷吉《青燐屑》,《明季稗史初編》,上海書店,1988,第 429 頁。
③ 梅村野史《鹿樵紀聞》,臺灣文獻叢刊第五輯,《東山國語・鹿樵紀聞》(合訂本),臺灣大通書局,1995,第 13 頁。

到珠江三角洲，所向披靡。然而，他在徐州的表現，卻十足窩囊，和明軍絕大多數將領一樣，毫無抵抗，唯知狂奔。然而稍有不同的是，他的狂奔較之別人還算事出有因——前面說過，高傑一死，其餘三鎮便在後方捅刀子，不但圖謀瓜分其地，至有殺害高部諸將、妻、子之意，雖然在史可法和朝廷阻止下未逞，但高傑部下之心寒可想而知。於是，清兵一到徐州，李成棟二話不說，率部棄城南逃。他們逃到揚州，那裏還有高傑之子和夫人，以及眾將家眷。不久聞訊清軍將至揚州，再次逃跑，這回目標是過江：

> 癸未（五月初二），高營兵南奔至京口，鄭鴻逵截殺，不得渡。李成棟等奉高傑妻子北降，阮（大鋮）、鄭以大捷聞；士英率百官上表稱賀，欲以邀寵。或書於長安門曰：「弘主沉醉未醒，全憑馬上胡謅；羽公凱歌以休，且聽阮中曲變。」④

「馬」，影射馬士英；「羽公」，鄭鴻逵字；「阮」，影射阮大鋮。順便交待一下，鄭鴻逵即鄭芝龍之弟，鄭成功親叔父，封爵南安伯，時為京口總兵，扼守鎮江，清軍便是由他防區突破，登上長江南岸。投降可恥，然而，這字眼有時不免將各種情形一鍋端，如果上面的記述不夠清晰，我們再引一段：

> 高傑潰卒渡江，鴻逵掩而殺之，不下萬人。餘卒北走，降於大清。⑤

這有可能是明朝滅亡前所獲最大戰果，只可惜，殺的不是敵人。設身處地，在高傑餘部而言，當此絕境只怕不降也難。後來，李成棟在廣東「反正」，我曾詫其何以反覆若此，及見以上記載，多少有了頭緒——他當初的降，原來竟是那樣一番情形！

劉、高兩軍，逃者逃、降者降，江北所剩只有揚州一座孤城和史可法一位孤零零的督師。督師易為今語，略近於前敵總司令。可這位總司令，

---

④ 同上書，第 14 頁。
⑤ 李天根《爝火錄》，浙江古籍出版社，1986，第 449 頁。

基本光杆一個:「城內兵能戰者少,可法乃閉門堅守。」①

本來,高傑兵自徐州敗還,投在史可法帳下,「惟閣部是聽」②(史可法在該部威望甚高),情形不算太糟。不久,「城中哄傳,許定國領大兵至,欲盡殲高氏以絕冤對」。四月十四日,「五鼓,高兵斬關奪門而出,悉奔泰州,牲畜舟楫為之一空。」③揚州已無戰鬥力可言。

過幾天,忽然來了一支「援兵」,乃甘肅鎮李棲鳳、監軍道高歧鳳所率四千人。然而當天就搞清楚,根本不是援兵。李、高此來,是以史可法奇貨可居,「欲劫公(史可法)以應北兵」,向清軍邀功。史可法正色曰:爾等欲富貴,我不阻攔;至於我,揚州就是死地。以當時情勢,史可法無力制止其投降,對方同樣不可能將史可法綁架而去。第二天,「李、高見公志不可奪,遂於二鼓拔營而出」。不但原班人馬走掉,一支四川部隊(胡尚友、韓尚良部)也隨之而去。「自此備禦單弱,餉不可繼,城不可守矣。」④即便是守,也不可能了。

史可法向南京求援,「血疏告急,不報。」⑤以血修書,無人理睬。揚州,這明軍的大本營,有如赤身裸體,無遮無攔暴露在那裏,只差清軍前來插上自己的旗幟。以下是綜合應廷吉和史德威所述,最後十天的經過;他們一為史可法高級參謀,一為副將並於城破前由史可法收為義子:

十五日,清軍「環薄城下」,近距離包圍了揚州。多鐸開始做史可法的勸降工作。

十七日,雙方有小規模接觸,清軍一股騎兵突然出現,射死數人。多鐸書凡五至,史可法「皆不啟封,置之火中」。

十八日,「城守愈嚴。公檄各鎮援兵,無一至者。」史可法收史德威為義子,以五封遺書相託,並告以遺願:「我既死,當收葬太祖高皇帝之側,萬一不能,即葬於梅花嶺。」

十九日,總算有一點好消息,兵部職方司主事何剛、提督總鎮劉肇基

① 徐鼒《小腆紀年附考》,中華書局,2006,第358頁。
② 應廷吉《青燐屑》,《明季稗史初編》,上海書店,1988,第437頁。
③ 同上書,第439頁。
④ 同上書,第441頁。
⑤ 李天根《爝火錄》,浙江古籍出版社,1986,第450頁。

黑洞:弘光紀事

各率數百人趕到。當然，他們的加入更多僅具氣節的意義。幾天後，劉肇基巷戰死，何剛「以弓弦自經死」。

二十日，清軍仍在等待他們的紅衣大炮，同時繼續勸降。「豫王又持書來說」，算來這已是多鐸送來的第七封勸降書。

二十一日，李棲鳳、高歧鳳率部至。

二十二日，李、高未能得逞，離城；川軍胡尚友、韓尚良部隨之而去。

二十三日，清軍紅衣大炮運至。明軍一支運糧隊在城外為清軍所劫，「焚毀略盡」。

二十四日，「北兵試炮，飛至郡堂，彈重十斤四兩，滿城惶悚。」夜，清軍正式攻城，「炮落雉堞二堵。二小卒緣牆而上，城上鼎沸，遂不支。」

二十五日，「攻打愈急」，炮火強勁，「鉛彈大者如疊，堞墮不能修，以大袋沉泥填之」。「巨炮摧西北隅，崩聲如雷，城遂陷。」隨即巷戰，劉肇基率四百人戰至最後一刻，史可法被執，被帶到新城南門樓見多鐸，再次拒降，多鐸說：「既為忠臣，當殺之以全其名。」遂遇害。[⑥]

揚州的抵抗是象徵性的，實力過於懸殊，使抵抗沒有實質內容。但這是清軍南侵之後，腳步唯一的停頓，也是它被迫拉開架勢實施的唯一攻城戰。對於明朝，揚州則是第一座被攻破而非主動投降的城市。

在這裏，滿清終於見識中國並非只有醜類、敗類，也有品質高貴之人。自入關以來，他們似乎一直沒有機會了解到這一點。當醜惡和敗類一個個逃之夭夭後，揚州突然變得無比純粹，短暫幾天中，它有幸成為一座正人君子的城池。而這樣的城池，多少可為污濁的中國挽回一些顏面。

史可法以必死之念，在無望中等候敵人，純然只為證明點什麼。其實，將近一年他都是如此：在局勢，事不可為；在個人，絕不放棄。好在他不算完全孤立，所謂「德不孤，必有鄰」，最後與之為伍、共同挺立於揚州的，還有數十人。孟森《任民育》寫：

> 危城官屬，明知肝腦不日塗地，而一息尚存，誓不遠引規

---

⑥ 應廷吉《青燐屑》，《明季稗史初編》，第 440-442 頁。史德威《史可法維揚殉節紀》，抱陽生《甲申朝事小記》，書目文獻出版社，1987，第 12-14 頁。

避，若揚州知府任民育以下數十人。[1]

他們中，有揚州知府任民育；他在城破後，鄭重換上明朝官服，端坐大堂、恭候敵人，說：「此吾土也，當死此。」有吳爾壎；去年他在北京經不住闖軍拷打而屈降，引為奇恥，「南歸謁可法，請從軍贖罪，斷一指，畀友人祝淵寄其家曰：『我他日不歸，以指葬可也。』」[2] 城破，投井而亡。有副總兵馬應魁，「每戰披白甲，書『盡忠報國』四字於背，巷戰死。」當然，還有何剛、劉肇基……

此數十人可證中國非無人，而是人非所用、用非所人，亦即前面所陳偏愛獎劣懲優、與優勝劣汰的自然道理背道而弛那種奇怪趨勢。很意外地，連弘光帝也曉得這一點。一次，錢謙益論及當用某人，朱由崧這樣說：「國家何嘗不收人，只是收來不得其用。」[3]

這樣的揚州，也迫使滿清露出真面目。之前，它一直努力克制和隱匿本相，現在這苦心盡付東流，一夜之間回到關外，回到素喜屠城的努爾哈赤時代。揚州屠城之種種，王秀楚《揚州十日記》備述極詳，筆者不再添足。我只想說，揚州一案除了慘絕人寰，也是另一鑒證；即十七世紀中國在被征服過程中，並不只有一味順服的形象。

九

四月二十六日，揚州失陷第二天。「上視朝畢，對群臣問遷都計。」[4]揚州消息何時為南京所知，不詳。有跡象表明，馬士英開始嚴密封鎖消息。「二十七日己卯，龍潭驛探馬至，報云：『敵編木為筏，乘風而下。』又一報云：『江中一炮，京口城去四垛。』最後，楊文驄令箭至云：『江中有數筏，疑是敵人，因架炮城下，火從後發，震倒頹城半垛。早發三炮，江筏粉碎矣。』士英將前報二人捆打，而重賞楊使。自是，報警寂然。」

---

① 孟森《明清史論著集刊》，中華書局，1959，第 78 頁。
② 徐鼐《小腆紀年附考》，中華書局，2006，第 360 頁。
③ 計六奇《明季南略》，中華書局，2008，第 202 頁。
④ 同上書，第 208 頁。

如實報告有罪，顛倒事實受賞。士英大抓輿論導向，清軍幾隻木筏都不讓提，揚州那樣的重創，更不容泄露。不過，這種防範只對人民有效，從朱由崧動遷都之念，我們相信高層早早得知揚州發生了什麼。

情形跟一年前的北京一模一樣。崇禎皇帝試探遷都，遭大臣反對；眼下，朱由崧的試探也當即被否定。「禮部尚書錢謙益力言不可。」⑤ 朱由崧不死心，二十八日，再次試探：

> 召對。上下寂無一言。良久，上云：「外人皆言朕欲出去。」
> 王鐸云：「此語從何得來？」上指一小閹。（王鐸）正色語閹曰：
> 「外間話不可傳的。」鐸因請講期，上曰：「且過端午。」⑥

平頭百姓以為，皇帝都是說一不二，其實沒那事。以明朝為例，做得了自己主的皇帝，籠共兩個半 —— 太祖、太宗外，世宗嘉靖皇帝可算半個。蓋因禮法拘限甚緊，所謂「至高無上」，於大多數皇帝來說僅為虛名，他們真實的景況，用「動輒得咎」形容都不過分。武宗之荒唐、神宗之財迷、熹宗之沉湎木匠活計，都是「苦悶的象徵」。甲、乙兩年，先後兩個皇帝的遷都之想，於情於理說得過去。只有一點，首都為祖陵社稷之所寄，棄之不顧有倫理瑕疵。因此，商於大臣，竟無人敢擔當支持，像錢謙益那樣端出衛道架勢「力言不可」的，倒層出不窮。典型的道學誤國。又如王鐸，皇帝試以遷都，他卻答以「講期」，請示何時重開經筵。難怪計六奇敍至此，兜頭臭罵：

> 是時，清兵渡江甚急，王鐸身為大臣，而無一言死守京城
> 以待援兵至計，乃第請講期，豈欲賦詩退敵耶？抑效戎服講老子
> 耶？這都是不知死活人，國家用若輩為輔臣，不亡何待！⑦

朱由崧就此知道，命運注定。計六奇說：「弘光云『且過端午』，此

---

⑤ 同上書，第 208 頁。
⑥ 同上書，第 209 頁。
⑦ 同上書，第 209 頁。

語頗冷。」① 說得是，正是心已冷。之後，他完全變成了局外人。五月初五，百官進賀，「上不視朝，以串戲無暇也。」朝事、國家，什麼都已與他無關。

冷淡，是明朝首都最後時光的基本色調。與通常想像的不同，末日將至，南京既不悲憤激昂，也不恐懼絕望，甚至沒有騷動不寧。事後，計六奇表弟胡鴻儀回憶彼時的南京，用一句話描摹其氣氛：「人情意興，極為冷淡無聊。」② 馬士英手下每天拿些假捷報「進賀」，「欲愚都人耳目」，其實這種動作已屬多餘 —— 無人關心或在乎局勢，無論是好是壞，從朱由崧到普通市民都不關心。大家只靜靜等着，等待那個眾所周知的日子到來。

這天，終於來了。

《東華錄》載多鐸給清廷之報告稱：

> 初八日晚，令拜音圖圖賴阿山率舟師由運河潛至南岸，列於江之西，距瓜州十五里。初九日，復令梅勒章京李率泰率舟師五鼓登岸，黎明渡江，官兵陸續引渡。③

作為清軍統帥的正式彙報，其敘述一定是可靠的，我們據此可將清軍過江時間、地點確定下來。

然報告過簡，無以盡顯二百多年前這場改變中國命運的「渡江戰役」的氣象。《明季南略》綜合諸家記載，辨訂異同，過程最全，茲據以重現。

清軍行動從五月初八夜間開始。當晚，正好有西風大風。之前多鐸傳令軍中每個人必須準備桌子兩張，火把十個，不能完成任務，打四十軍棍。此令既下，周遭民間桌几及掃帚搶掠一空。夜半，清軍將掃帚浸裹油脂，縛於桌腿，點燃放入江中，乘風順流飄向南岸。火光徹天，南岸守軍見之，以為清軍渡江，大炮齊發。久之，炮彈幾盡。此情此景，可謂「草船借箭」的翻版。

結果，一是明軍炮彈被大量消耗，二是轉移明軍視線 —— 以為燭火漂

---

① 計六奇《明季南略》，中華書局，2008，第 209 頁。
② 同上書，第 211 頁。
③ 王先謙《東華錄》，《續修四庫全書》，三六九·史部·編年類，上海古籍出版社，2001，第 239 頁。

流線路就是清軍渡江線路。實際上，多鐸選擇的渡江地點在別處，名叫七里港（也有作「老鸛河」或「坎壩橋」）。初九黎明，真正的渡江行動開始。清兵開閘放舟，蔽江而南。南岸守將鄭鴻逵、鄭彩一見，立即揚帆東遁，餘下的全線潰亂，軍人紛紛卸甲鼠竄。清軍登岸，兵不血刃，鎮江遂成江南首座淪失之城。

第二天，乙酉年五月初十，西曆 1645 年 6 月 3 日。南京城有一些傳聞，然「竊竊語亂，各官猶未知確信」④。朱由崧肯定知道全部事實，可他不動聲色，以致後來的事情相當突然，誰也沒看出苗頭。午後，傳旨梨園入大內演戲，像平常一樣，朱由崧優哉遊哉，與眾太監、近倖「雜坐酣飲」：

> 漏二鼓，與內官數十人跨馬出通濟門，（韓）贊周從之，文武百官無知者，宮娥女優雜沓西華門外。⑤

——文武百官無知者，並非事起倉猝，沒有時間打招呼，而是不屑於、不相干。「冷淡」是其注腳。

從朱元璋定鼎金陵，到朱由崧悄然出南京，凡二百七十七年。大幕落下時，如此冷清，真是草草收場，哪怕零落稀疏的幾聲鑼鼓，亦無所聞。君臣如路人，官民冷眼向。「跨馬出通濟門」的朱由崧，那背影怎麼看都像匆匆離開的房客。

十

魯迅說：「悲劇將人生的有價值的東西毀滅給人看，喜劇將那無價值的撕破給人看。」⑥我曾不解，為何崇禎殉國之後明朝不即亡，卻非在南京再來上這麼一出？直到某日忽念及魯迅這句話，才彷彿得了滿意的答案。

起碼從在土木堡被蒙古人可笑地捉去的英宗朱祁鎮開始，明朝歷史已開始喜劇化歷程，且這趨向再不曾改變過。它配不上悲劇式的結束；由

---

④　計六奇《明季南略》，第 213 頁。
⑤　徐鼒《小腆紀年附考》，中華書局，2006，第 364 頁。
⑥　魯迅《再論雷峰塔的倒掉》，《魯迅全集》第 1 卷，人民文學出版社，1980，第 197-198 頁。

崇禎皇帝壯烈殉國畫上句號，並不符合明朝最後一個多世紀的氣質。歷史老人目光如炬，思維縝密，不允許自己的書寫出現這種敗筆。南京浮現，朱由崧登場，表面看明祚再續一年，實則是歷史老人要為它重新安排結尾──一種與其神韻更加跡近的結尾。

提筆之前，我默默咀嚼和消化紛紜史料的諸般細節及意味，兩個字眼油然而生：「曲終」、「筵散」。

曲者，戲劇在中國古代的別名。元代的劇作集稱《元曲選》，明代雅正劇種稱「崑曲」，唱戲稱「拍曲」。筵，本為席地之坐墊（中古以前中國無椅），後多與縱娛、宴饗諸義連。曹植《鬥雞》：「長筵坐戲客，鬥雞觀閒房。」[1]《紅樓夢》：「千里搭長棚，沒有個不散的筵席。」[2] 一個筵字，在我們這裏，可為戲臺下的看席，可為宴飲銷醉之所。

讀史時，曾有三句話讓我印象深刻，而摘入筆記。

一句出自朱由崧。乙酉年正月初一，元旦，這天發生了日食：

> 明福王罷朝，設宴內殿；值天陰晦，意頗不懌，諸內臣竟下殿除窗槅（使殿內亮堂些）。福王曰：「不必，朕在此坐不久」。聞者皆駭其不祥。[3]

諸內豎驚駭於此語的不吉利，筆者則獨於那個「坐」字回味不已。蓋因朱由崧到了南京後，一切都離不開「坐」字。他每日的生活，大抵不出三件事：坐龍牀為君；坐在臺下看戲；與近倖輩「雜坐酣飲」。

一句是乙酉四月十九日，就拒北兵還是御左兵舉行召對，馬士英強行決定放棄江北之防、全力阻止左良玉，朱大典當場所言：

> 朱大典含怒入朝堂，曰：「少不得大家要做一個大散場了！」[4]

---

① 孫明君選注《三曹詩選》，中華書局，2005，第 95 頁。
② 曹雪芹《紅樓夢》，第二十六回，人民文學出版社，1981，第 302 頁。
③ 梅村野史《鹿樵紀聞》，臺灣文獻叢刊第五輯，《東山國語‧鹿樵紀聞》（合訂本），臺灣大通書局，1995，第 9 頁。
④ 計六奇《明季南略》，中華書局，2008，第 202 頁。

「大散場」！還有比這更生動的字眼麼？其於明朝的收束，由形到神，絲絲入扣，至矣盡矣。

第三句見於孟森文《書樵史通俗演義》，他評論有關南京的一條史料說：

> 南都兒戲之局，形容盡致，要是作者身在事中，其言如此。[5]

「兒戲之局」，畫出弘光朝一年之魂。能味此四字，即知這段歷史真諦。

說起明代文化，戲劇既為一大成就，亦是它的一項代表。明代戲劇秉承元曲之盛，而又有更大發展。元時，戲劇雖巨匠如雲，吸納諸多一流才子，然而卻有其不得已，是「九儒十丐」所致。明代不然。戲劇在明代，不單登了大雅之堂，擅長此道乃至是第一等的才藻，受到推許和欽羨。故爾明代士大夫中，戲劇已是十足風雅的表徵，大名士如康海、王世貞、湯顯祖等都因戲文享譽士林。我們也曾提到，弘光朝關鍵人物之一阮大鋮，便是戲劇方面的大家。他不但能創作，還建了最好的私人劇團，從演員、樂隊、道具到導演，樣樣皆精，專供他演繹個人劇作。撇開政治不論，阮大鋮確為明末劇壇頂尖人物，能將戲劇玩到他那程度的，後來只有李漁李笠翁。

再說一個現象。大家如對較具傳統的戲曲（晚近劇種不算）感興趣，可留意它們的服裝。首先是京、崑兩劇，餘如秦腔、豫劇、漢劇、川劇等，其裝束全部為明代式樣，劇情可變，着裝卻一律不變，即便所演乃漢唐宋抑或清代故事、人物，所飾冠服卻通通為明式。原因何在？就在於明代對中國戲劇史有着規範和定型的意義，至今，可追溯的舞臺實踐和表演範式，由明代所確立，之前元人如何演戲都已失其子遺，如今只能在壁畫上知道些靜態的情形。

還要看見，戲劇在明代不只是藝術而已，它對明代文化、生活以及人的意識，滲入肌膚，堪比網絡之於當下社會。李自成入北京之初，百官懼冠帶惹禍，盡棄毀之；兩天後，命眾官投職名，必須着官服以見，怎麼辦呢？許多官員不約而同想到用戲服代替，紛至戲班爭購，致一頂戲冠價陡

---

⑤　孟森《明清史論著集刊》，中華書局，1959，第 154 頁。

至三四兩銀子。^①雖說當時戲服款式取自本朝，算「現代裝」，然而戲服究竟是戲服，跟現實着裝還是有明顯區別，可眾官並不感覺有何心理障礙。體會這個細節，明人對戲劇浸淫之深，竟至不分戲內戲外，在生活與戲劇間，輕鬆跨越。

如上面例子不足以說明，再看發生在南京的兩件事：

> 阮圓海誓師江上，衣素蟒，圍碧玉，見者叱為梨園裝束。
> 錢謙益家妓為妻者柳隱，冠插雉羽，戎服騎入國門，如《明妃出塞》狀，大兵大禮，皆娼優排演之場。欲國不亡，安可得哉！^②

阮圓海即阮大鋮，柳隱即柳如是。他們兩個，都是在生活以至公務中，以近乎粉墨登場方式於大庭廣眾露面。

我們必須說，不但明代文化有很強的戲劇成分，明代的心理和政治也是充分戲劇化的。如果換換說法，通俗一些，則是：明代的不少事，不少人，往往有如演戲，扮演的意味很濃厚，完全是一種模擬的存在。這在明武宗正德皇帝朱厚照那裏，有最顯著的表現。自打繼位為君，朱厚照直到死，短短三十的生涯都在設法逃離皇帝角色，抑或使自己與皇帝角色之間產生間離。他在宮中使自己變身為小商小販，在宮外打造豹房那種淫邪空間來釋放道德壓力，以「大將軍」身份歷險和周遊各地並嚴禁大臣指認、說破其真實身份……此人一生，是戲仿的一生，諧謔的一生，或乾脆說是一部大型角色扮演類遊戲。儘管他並非職業演員，可所做所為，比百老匯的表演家更加徹底；演員尚能區分自己的舞臺和生活形象，朱厚照卻不論何時何地都在從事演藝活動。他用表演對抗現實，用虛擬消解真實。整個明朝，不以皇帝為「角色」者稀。大多數皇帝，要麼主動使「皇帝」變成一種角色，以便從中脫殼（如武宗、熹宗），要麼在禮法和群臣約束下被迫角色化——豈止皇帝被角色化，群臣同樣以扮演或假面方式出入朝堂，君臣間，每每心照不宣像串戲那樣互動和周旋。嘉靖年間「大禮議」、萬

---

① 彭孫貽《平寇志》，卷之十，上海古籍出版社，1984，第 224 頁。
② 夏完淳《續幸存錄》，《明季稗史初編》，上海書店，1988，第 326 頁。

曆年間「國本之爭」以及崇禎皇帝的大結局，都有極強的表演性，以至演着演着「下不來臺」。

梳理一番戲劇與明代的關係，就可以談談明朝紫禁城的末代皇帝了。

朱由崧，明代偉大戲劇文化薰陶出來的一位狂熱戲迷，他對戲劇藝術的愛好，超過所有事情。明末禍亂，他痛失「錦衣紈褲之時，飫甘饜肥之日」，流浪飄零，遍嚐辛酸，意外輾轉南京、當了皇帝。回憶這一切，他所感到的最大收穫，我以為是有緣縱情觀賞中國最高水準的戲劇。專言聲伎的《板橋雜記》一書，曾給晚明南京這樣的形容：「金陵都會之地，南曲靡麗之鄉。」③ 如許風尚，不必說福王的藩地洛陽，就是燕京古城，也遠遠望塵莫及。秦淮河畔，吹彈之盛、笙歌之精，比之現代百老匯、好萊塢未遑稍讓。時人王阮亭《秦淮雜詩》有句：「舊院風流數頓楊，梨園往事淚沾裳」④，朱由崧的南京一年，大抵都在此句之中。孔尚任《桃花扇》，特以一摺《選優》寫朱由崧戲劇之癖，乃至他在劇中，與其說以皇帝身份冊如說實際僅以「戲迷」形象示人。雖然李香君被強迫入宮扮戲、朱由崧「寡人善於打鼓」⑤ 等情節，從史實角度未必果有，但「聖駕將到，選定腳色，就要串戲」⑥，以及阮大鋮進優孟以結弘光歡心這類筆觸，卻千真萬確，遍於諸史。

他真的是嗜戲如命。計六奇表弟胡鴻儀，曾敍其「親所聞見者」：

> 故事，宮中有大變，則夜半鐘鳴。一夕大內鐘鳴，外廷聞之大駭，謂有非常。須臾，內監啟門而出，索鬼面頭子數十，欲演戲耳。⑦

甲申年最後一天，除夕日，朱由崧在宮中悶悶不樂，太監韓贊周問以何故：

> 弘光曰：「梨園殊少佳者。」贊周曰：「臣以陛下遇令節，或思皇考，或念先帝，乃作此想耶！」⑧

---

③ 余懷《板橋雜記》，大東書局，民國二十年，第 31 頁。
④ 同上書，第 7 頁。頓、楊，係當時曲苑名家頓老、楊彬。
⑤ 孔尚任《桃花扇》，人民文學出版社，1982，第 163 頁。
⑥ 同上書，第 161 頁。
⑦ 計六奇《明季南略》，中華書局，2008，第 156-157 頁。
⑧ 抱陽生《甲申朝事小記》，書目文獻出版社，1987，第 367 頁。

末日時分，朱由崧除了就禦北兵、左兵事召對，以及就遷都試探閣臣外，其餘記錄全與演戲聯繫在一起。「丙戌，端陽節。福王在宮中演劇。」[1]「上不視朝，以串戲無暇也。」[2] 民謠諷之「且聽阮中曲變」，「阮」字雙關，既指戲曲伴奏樂器又指阮大鋮，戲班子是阮大鋮提供的，而朱由崧溺於戲中，世事國事罔顧，對他來說，只能從「曲」中知「變」了。

最後，便是五月十日那一幕：「午刻，集梨園演劇」[3]，一直演到凌晨，跨馬逃離南京。大戲迷朱由崧，好好過足最後一把戲癮，無憾地告別了皇帝角色。

品咂、玩味一下明朝紫禁城這位末代皇帝的戲劇之戀以及心理，應不僅僅是藝術的沉迷。西方美學有「距離說」，認為藝術的價值在於與現實保持恰當距離，而非彼此重合。但我感到，朱由崧巨大、不可思議的戲劇癮頭，並不來自「距離感」，反而得之現實的暗示、刺激和誘發——他是因現實而癡迷戲劇。對於他，戲劇是一種現實的鏡像，使他可以在「舞臺小天地，人生大舞臺」的奇妙置換中，跨越虛實，出入真假。人生如戲，戲即人生。他如此迷戀於看戲，這一行為和形象，非常令人驚異。我們根本沒有理由排除這種可能——對於現實中南京所發生的種種，他投去的是同樣的目光。

顯然，在明王朝二百七十七年歷史緩慢畫上句號的過程中，朱由崧的視角極具代表性和時代性。如果連皇帝自己都以看客自居，肯定沒有別人分不清戲內戲外。我們感到，通過這樣的視角，在所有看客的冷淡注視或「圍觀」下，明朝兩都之一的南京，已不再是一座實有之城，而變成一種景觀或乾脆說一道「佈景」。當它搖搖而墮時，圍觀者沒有感到天塌地陷，因為他們認為，倒掉的無非是某出戲的佈景而已；這齣戲已經演完，或者無法唱下去了。

---

[1] 梅村野史《鹿樵紀聞》，臺灣文獻叢刊第五輯，《東山國語·鹿樵紀聞》（合訂本），臺灣大通書局，1995，第 14 頁。
[2] 計六奇《明季南略》，中華書局，2008，第 211 頁。
[3] 梅村野史《鹿樵紀聞》，臺灣文獻叢刊第五輯，《東山國語·鹿樵紀聞》（合訂本），第 14 頁。

「不過在戲臺上罷了」[④]。這是魯迅關於中國歷史所講的一句非常簡單的話。

十一

五月十一日，聞知朱由崧出城，馬士英、阮大鋮各自逃走；南京庶民，自獄中救出假太子王之明，奉於帝位。

五月十四日，多鐸兵至南京，忻城伯趙之龍縋城遞交降表，以二十餘萬將士降清。

五月十七日，清軍舉行入城式。繼北京後，明朝另一都城亦付滿清之手。

五月二十四日，朱由崧在皖被降將、前廣昌伯、四鎮之一劉良佐生擒，押回南京，羈於江寧縣署。有探視者稱：「福王嘻笑自若，但問馬士英何在。」[⑤] 他的態度，我們要好好地玩味。

嚴格說，多鐸打下南京，於個人沒有多少值得回憶的內容；我從《東華錄》讀到多鐸奏聞北京的捷報，和清廷的表彰性答覆，語氣並不興奮。是的，連一場略微像樣的戰鬥都不曾經歷，確實讓人提不起精神。勝果並非來之不易，容易造成對勝利者的解構。於是，在高度戲仿化的明朝面前，征服者意外地被這種方式剝奪了大部分成就感。

但在明朝而言，恐怕這只是無心栽柳。它的本意，應該是為自己尋找一個完美的收束。在此意義上，弘光的一年絕非畫蛇添足。藉此一年，明朝更顯明、更通俗地告訴人們，它為什麼要亡，為什麼該亡。如果崇禎之死還令人心存感傷，那麼，此刻無人想哭，連看守所裏的朱由崧也只是露出嘻哈的表情。我個人認為，明朝滅亡時間所以不在 1644 年，而在 1645 年，除南北兩座紫禁城俱為滿清所得是個鐵般憑證外，更是從精神的角度發現，以髮蒙面的崇禎身死而心未死，嘻笑自若的弘光則身未死而心已死。那是真正的死，終極的死。

---

④　魯迅《再論雷峰塔的倒掉》，《魯迅全集》第 1 卷，人民文學出版社，1980，第 197 頁。

⑤　梅村野史《鹿樵紀聞》，臺灣文獻叢刊第五輯，《東山國語·鹿樵紀聞》（合訂本），第 14 頁。

Chapter 10

遺民・苦悶

明遺民現象所包含的主題，不是表面看上去的對明王朝之忠，甚至也不僅僅是反清那樣狹隘。這是對中國自身歷史與文化大變革、大覺醒在即，卻突然陷於絕境而生出的大悲涼、大不甘。

一

清朝第三位皇帝愛新覺羅·胤禛,曾有這樣一段話:

> 夫明末之時,朝廷失政,貪虐公行,橫徵暴斂,民不聊生,
> 至於流寇肆毒,疆場日蹙,每歲糜餉數百萬,悉皆出於民力,乃
> 斯民極窮之時也。我朝掃靖寇氛,與民休養,於是明代之窮民,
> 咸有更生之慶。呂留良豈毫無耳目,乃喪心昧理,顛倒其說,轉
> 言今日之民窮乎?[①]

這是雍正六年(1728),他訊問呂留良案要犯曾靜的過程中,逐條批駁
呂氏言論時所說。在他而言,以上每個字皆得謂之擲地有聲、鑿然可據。
我們先前的講述,不少地方也頗能為他佐證。總之,從歷史事實角度乃至
從道義角度,朱明被滿清取代,算得上情理藹然。

然而,實際的情形則不如人願。到呂案發生時,滿清入主中國已有
八十餘年。經過這麼漫長的時間,漢人尤其是其知識分子,仍然很頑強地
抗拒滿清統治,對明朝念念不忘。這讓雍正覺得全然不可理喻。清初與晚
明,二者氣象之不同,孰明孰暗,昭昭在目。一個繁榮昌盛,一個腐朽沒
落;一個蒸蒸日上,一個暗無天光。誰應被歌頌讚美,誰應被批判唾棄,
難道不一目了然麼?可呂留良、曾靜之流,罔顧事實,偏偏將醜陋不堪的
明朝抱住不放,對蓬勃強大的清朝(《大義覺迷錄》幾次提到清朝版圖的
偉大)卻極攻擊之能事。這種人,說他們「喪心昧理」有什麼不貼切呢?

確實,一定意義上,道理在雍正這邊,在清朝這邊。

且不說明朝活該滅亡,不亡無天理,「時日曷喪?吾與汝偕亡」,無
論取代者誰,興許也不比它更糟。如着眼於「實際」,滿清的入主還給中
國帶來諸多「好處」:一、它將半世紀的戰亂敉平了,這意味着大規模死
亡終得遏止:「明代末年,在戰爭、災荒和瘟疫的三重打擊下,中國人口

---

① 愛新覺羅·胤禛《大義覺迷錄》,近代中國史料叢刊第三十六輯,文海出版社影印本,1966,第
473頁。

減少了 4000 萬」[②]，「康熙十七年（1678）南方、北方人口合計約為 1.6 億。康熙十七年以後，中國人口走出明末以來的低谷，開始了新的發展。」[③]二、疆土大大拓展，譚其驤主編的《中國歷史地圖集》，分別有明萬曆十年（1582）圖和清嘉慶二十五年（1820）圖，比較一下，差距驚人，整個蒙古、新疆和臺灣，均於清朝才入中國版圖。事實上，西藏也是；明雖設有「烏思藏宣慰司」，但僅為名義所屬，並非實際控制，亦即不是中國一個行省。三、從一般人民「過日子」角度，比明末強太多，賦稅總體上有相當的減輕（這也是因為有晚明做陪襯的緣故，後者在貪腐和戰禍兩個重壓下，鬧得太不像話），吏治大體肅清，人民基本可說「安居樂業」。以米價論，崇禎十六年每石值銀三點三兩（此僅指北京米價，至於別地，崇禎初即可高達每石值銀四兩）[④]；而「清初米價，正常價格，約在每公石合制錢六百文到八百文左右」，大致折銀每石不足或略多於一兩，雍正九年（1731）至乾隆五年（1740）之間，甚至低至每石不到四百文。[⑤]

類似的好處或實利，相當誘人和巨大。也因它，後來歷史漸漸變成一筆糊塗賬。例如有關洪承疇的是是非非。辛亥革命口號「驅逐韃虜，恢復中華」，直接取自朱元璋，意思當然是眼下的反清與朱元璋當年反元一脈相承。而據洪氏後人稱，孫中山在日本籌款時，洪家一位旅日華僑洪汝輝見到他，當面提問：「先生致力於推翻滿清政權，此固正確無疑。但對我祖文襄公事情有何評價？」孫答：「余致力喚起民眾推翻滿清，目的在於推翻其腐敗帝制。洪文襄降清，避免了生靈塗炭，力促中華一統，勞苦功高。」表了這個態，復贈《讚洪文襄》詩一首：

> 五族爭大節，華夏生光輝。生靈不塗炭，功高誰不知。滿回中原日，漢戚存多時。文襄韜略策，安裔換清衣。[⑥]

其實，以我們知道的論，洪承疇投降似乎未曾如何「避免生靈塗

② 曹樹基《中國人口史》，第五卷，清時期，復旦大學出版社，2001，第 17 頁。
③ 同上書，第 51 頁。
④ 秦佩珩《明代米價考》，《明清社會經濟史論稿》，中州古籍出版社，1984，第 199-210 頁。
⑤ 秦佩珩《清代銅錢的鑄造、行使問題考釋》，《明清社會經濟史論稿》，第 193-194 頁。
⑥ 王宏志《洪承疇傳》，人民文學出版社，2009，第 409-410 頁

炭」，尤其在清兵入關後，北方所以基本未聞屠戮，只因各地望風而降、未加抵抗，而南方，凡不肯降的地方，都發生大屠殺——比以後的日寇嚴重得多，日寇只搞了南京大屠殺，滿清則起碼搞了揚州、江陰、嘉定三次大屠殺。故爾，非得稱讚洪承疇「功高誰不知」，大概只能落在「力促中華一統」、「滿回中原日」這層意思上。用比較俗白的話講，洪承疇投降，好就好在讓中國版圖大大擴張了。這，一是結果論，二是實利論——因有如此的結果和實利，我們對那件事便抱了好感與好評。京戲有《洪母罵疇》，演傳聞已殉國的洪承疇，突然歸家，母親見他身着「胡服」，不由怒罵。這情節純屬演義〔他的高堂跟他到了北京，過得好好的，順治九年（1652）卒 ①〕，但孫中山詩中「安裔換清衣」的句子，卻與劇情構成奇異的反差，「換清衣」為洪母所罵，在詩句裏反而有了「我不下地獄誰下地獄」的自我犧牲氣概，以一人之忍辱換來全體漢裔的平安。

歷史，真是「此一時，彼一時」。

有趣的是，在洪承疇身上，不光後來漢人算糊塗賬，滿清出於本身需要也攪渾水。本來，所謂洪承疇勞苦功高，起碼對滿清而言確實如此。他的投降，是滿清在關外時取得的重大突破。入關後，在搞定南中國過程中，洪氏更居功至偉。江南既下，洪承疇便受命為江南總督，在這抵抗最激烈的區域，充分發揮才智以及本身為「南人」的種種優勢，軟硬兼施，宵旰吐握，為清朝啃下這塊硬骨頭做出不可埋沒的貢獻。之後，領銜平定西南那終極之戰，把南明小皇帝朱由榔逼入緬甸只差捉到手，因病不支，乞休，返京後一年多病故。自歸降至終，洪承疇對清朝來說可謂「死，而後已」了。然而乾隆四十一年（1776），他卻被清朝列入《貳臣傳》。這個「貳」字怎講？我們都知道有個成語「忠貞不貳」，洪承疇原為明臣、後降滿清，顯然沒做到這一點，所以便「貳」了。這種情況，倘由明朝貶為「貳臣」還差不多，到頭來竟是清朝給了他這樣的評介。當然，「貳臣」還不是「逆臣」，清朝另有《逆臣傳》，裏面是些更壞的人。再者《貳臣傳》亦非專門針對洪承疇，凡是由明降清的官員都列在其中。為什麼通通一棍

---

① 清國史館編《貳臣傳》，卷三，清代傳記叢刊影印本，臺北明文書局，1986，第 151 頁。

打死？且看乾隆上諭怎麼說：

> 庚子，命國史館編列明季《貳臣傳》。……如王永吉、龔鼎
> 孳、吳偉業、張縉彥、房可壯、葉初春等，在明已登仕版，又復
> 身仕本朝，其人既不足齒，則其言不當復存，自應概從刪削。蓋
> 獎忠貞，即所以風勵臣節也。因思我朝開創之初，明末諸臣望風
> 歸附。如洪承疇，以經略喪師，俘擒投順。祖大壽以鎮將懼禍，
> 帶城來投。及定鼎時，若馮銓、王鐸、宋權、謝陞、金之俊、党
> 崇雅等，在明俱曾躋顯秩，入本朝仍忝為閣臣。至若天戈所指，
> 解甲乞降，如左夢庚、田雄等，不可勝數。蓋開創大一統之規，
> 自不得不加錄用，以靖人心而明順逆，今事後平情而論，若而人
> 者，皆以勝國臣，乃遭際時艱，不能為其主臨危授命，輒復畏死
> 幸生，覥顏降附，豈得復謂之完人？[②]

被點名的降臣，情形並不一致。像吳梅村，雖然歸附卻悔意頗濃；
像洪承疇，則並不三心二意，始終著實用命。對此，朝廷本當採取不同政
策，區別對待；結果一視同仁，洪承疇雖「鞠躬盡瘁」，也仍然落個「貳
臣」下場。所以這麼搞，乾隆倒也打開天窗說亮話：當時為了得中國「開
創大一統之規，自不得不加錄用，以靖人心而明順逆」，如今，「事後平情
而論」，則叛變行徑不能鼓勵，而要「獎忠貞，即所以風勵臣節也」。

這樣，有關洪承疇其人，就形成不可思議的怪現象 —— 他所投靠的一
方，後來在不屑、鄙夷中將他一腳踢開；而他所背叛的一方，後來反而對
他讚賞有加，認為可以名留青史。

此即歷史功利的一面，或者實利地對待歷史而取的態度。雍正訊問呂
案，振振有辭批判呂留良對於反清復明執迷不悟，也是從實利角度講道理：

> 本朝定鼎以來，掃除群寇，寰宇乂安，政教興修，文明日
> 盛，萬民樂業，中外恬熙，黃童白叟，一生不見兵革，今日之天
> 地清寧，萬姓沾恩，超越明代者，三尺之童亦皆洞曉，而尚可謂

---

② 《清實錄》第二十一冊，高宗實錄（一三），中華書局影印，1986，第 693-69 頁。4

之昏暗乎？[1]

　　爾等莫非是睜眼瞎？比之前明，大清帶來多少實惠、好處，「三尺之
童亦皆洞曉」，你們怎麼就看不見呢？

　　假如歷史只有實利一種角度，道理肯定都在雍正和清朝一邊，呂留良
那種人和事也會從地球上銷聲匿跡。然而，並不只有這種角度。對於實利
這一面，呂留良輩未必瞧不見，甚至未必否認。他們不一定不知道清朝的
「好」和明朝的「不好」，就事論事，他們或許可以承認雍正所指出的並不
差。就此大概用得着圍棋裏一句話：「勝負不在這裏。」雍正所提質疑，與
反清義士胸中所抱苦悶，不在同一層面。雍正覺得，大家有好日子過，豈
不就萬事大吉，還抱怨什麼？反清義士卻認為，「好日子」不表示一切；
「好日子」之外，有更值得重視和追求的東西。

二

　　因而發生「遺民現象」。

　　我個人認為，至乙酉年南京投降、弘光皇帝北狩，明代的政治歷史就
已畫了句號。之後，浙、閩、粵、桂、滇以至緬甸，雖還有幾個小朝廷，
則不過是一些遺民奉了幾位朱氏後裔為君，以託顯自己的心曲。單論朱家
本身，對於做皇帝不光信心盡失，意興亦已闌珊。這從朱由崧身上看得清
楚，杭州的潞王也是如此。這兩人都相當爽快地交出權力，好像巴不得一
切盡早結束。以後，隆武、魯監國、永曆諸位，除朱聿鍵還有些挽狂瀾於
既倒的雄心，別的對於身上責任都可說勉為其難。我們看乙酉年五月以
後的態勢，不免有奇特的發現：這時候，臣子對明朝的眷戀、忠愛，竟然
遠在王朝擁有者亦即君王之上；那座江山，主人棄之不惜，略無留戀，倒
是臣僕不能釋懷，為之窮寐難安。由此可知，遊戲確已結束；猶如賭局之
中，在莊家位子上呆得過久，以致失去刺激，大明王朝滿面倦容、哈欠連

---

[1]　愛新覺羅・胤禛《大義覺迷錄》，近代中國史料叢刊第三十六輯，文海出版社影印本，1966，第6-7頁。

天，無心再玩下去了。

雖則如此，我們的敘述卻不以明朝政治生命終結為終結。

政治不是明朝歷史的全部，尤其當着它結束的那段時間。南京之降，使明朝的政治歷史畫了句號，然而其後南部數省以流亡形態所維持的存在，卻從政治層面之外使明朝歷史話語繼續延伸，乃至有所提升——我們姑且稱之為明的文化歷史，或者說文化上的存在。從隆武到永曆，作為「政權」，都可忽略不論，乃至有不少娛樂的味道，多半只能博人一粲。但在精神層面或從思想文化屬性看，這段歷史意外地表現出相當堅實的質地。你不妨把幾個小朝廷接踵而立給予喜劇的解讀，可透過那種前仆後繼、屢敗屢戰，又分明體會到背後有文化上痛楚與苦悶的沉鬱陳說。我們覺得整個中國朝代史，明亡的特殊性在於，不是落於「皇帝輪流做，明天到我家」這慣常主題，亦非皇帝就擒或死於非命能夠作為標誌；明朝之亡有個奇異的尾聲，幾乎持續一個世紀才告消散的「遺民現象」。在此流宕中，歷史艱難卻頑強地傳遞了一些可能是超越時空的信息。

三

歷史的這個特別段落，從南京陷落之日即告開啟。

先講一段宜興盧家的故事。那是個龐大悠久的家族，「族人千計」[2]，崇禎十一年末因抗清壯烈陣亡的儒帥盧象昇，便出盧家。盧象昇有個弟弟盧象觀，癸未（1643）進士，此時里居家中。南都變故後，象觀即散家財，「聚鄉兵千人」，準備起義。很快，宜興城被清軍佔領，但廣闊鄉間仍未為其所控。盧家在鄉下，距城六十里，象觀舉兵抗清消息傳出後，短時間當中「鄉鎮擁眾悉歸象觀，象觀遂得烏合數萬」。「烏合」，是指起義者完全是未經訓練的民眾。同時，哥哥盧象昇的幾個舊將，聞訊「亦歸之」。象觀決計領着這「烏合之眾」，收復宜興城。他從探報得知，城內「無兵，可取」，便「身率三十騎疾趨」，一馬當先，大隊人馬反在其後。城內確實

---

② 計六奇《明季南略》，中華書局，1984，第 204 頁。以下相關引文同出此不贅。

無兵，但原因是清軍主要為騎兵，「駐營城外平原，蓋利於馳突也」。有經驗的盧象昇舊將，聽到象觀突出的消息大驚：「書生不曉兵事，身為大帥，輕至此乎？」卻已不及阻止，「即選精騎三百赴援」。象觀等三十人雖然比較輕鬆突入城中，外營清兵卻隨後湧來。象觀只能在曲巷與敵周旋，援兵趕來時，他已「頰中二矢」。殺出城，一路都被清軍追擊。象觀等打算從水路退入太湖，最後沒有成功，「眾寡不敵」，「左右欲退，已揚帆矣」，但已抱死志的象觀「持刀斷索」，「曰：『誓死於此！』不去，遂被殺。」反抗中僅盧家一家，「昆季子侄死者凡四十五人」。

這故事，在乙酉之變後清軍克取東南（蘇、皖、浙）的過程中，有相當代表性：一、是純自發的沒有政府背景的抵抗，類似之事清軍在渡過黃河前簡直未遇一例，眼下卻於各處城鄉普遍遭逢；二、抵抗幾乎全由士紳（知識精英）帶頭，他們在民族存亡關頭以及國家或朝廷完全崩解的背景下，毀家紓難，傾其所有，獻於抵抗事業；三、一般民眾對於士紳所持道義不僅認同、呼應，且接受和追隨他們的領導；四、這種反抗談不上任何組織和規劃，毫無秩序，既經不起理性的推敲，也不宜加以理性的質疑；五、所有參與者都未問成敗，只為了在國破之際去證明點什麼；至於帶頭之士紳，恐怕不是未問成敗，而根本是在明知必敗、抱以死志的心境中，毅然行此。對此，計六奇在講述一樁樁類似事跡後，特寫一條「總論起義諸人」，其云：

> 夫以國家一統，而自成直破京師，可謂強矣。清兵一戰敗之，其勢為何如者？區區江左，為君為相者必如勾踐、蠡、種，臥薪嚐膽，或可稍支歲月。……至是一二士子率鄉愚以抗方張之敵，是以羊投虎，螳臂當車，雖烏合百萬，亦安用乎？然其志則可矜矣，勿以成敗論可也！[1]

這番話，既不失理性，同時也不失正確。

《小腆紀年附考》第 379 頁至第 396 頁，以近二十頁篇幅，記述了東

---

[1] 計六奇《明季南略》，中華書局，1984，第 277-278 頁。

南各地二十七起類似盧象觀那樣的自發抵抗。時間範圍主要自乙酉年六月起，至閏六月二十七日亦即唐王朱聿鍵即皇帝位於福州止；這段時間，明朝失去國都、皇帝被俘，政治上處於短暫空白，故一切抵抗均為民間之自發、自主現象。所涉及地點，依今日區域，包括江蘇吳縣、吳江、武進、蘇州、常熟、宜興、江陰、無錫、常州、崑山、太倉，上海嘉定、松江，浙江餘姚、紹興、富陽、寧波、東陽、嘉興、餘杭、建德、長興，安徽休寧、寧國、涇縣、青陽、池州⋯⋯將這些地名相互聯綴，我們眼前可以浮現一張幾乎完整的東南地圖。而在每個地方，都各有盧象觀式人物，僅自聲名較著者言，如沈自炳、沈自駉兄弟之於吳縣，吳易之於吳江，顧杲之於無錫，沈猶龍、陳子龍之於松江，錢肅樂之於寧波，侯峒曾、黃淳耀之於嘉定，金聲之於休寧，吳應箕之於池州⋯⋯他們的故事，簡直出自同一個模式：破家舉義、抱必死志、無望而戰、殉國以終。兩個多月，唯一組織較好而顯得不那麼徒然送死的抵抗，便是閻應元、陳明遇等領導的江陰抗清，雖然最終仍不免於失敗、慘遭屠城，但這彈丸小城卻拖住清軍二十餘萬八十天，令其三王、十八將斃命[②]。

自從吳三桂引清軍入關，先從東到西、復由北而南，在同一個中國，清軍遭遇卻像杜甫的一句詩：「陰陽割昏曉。」北南之間，反差有如黑白。在北方，清軍長驅直入、一路坦途，波瀾未興而江山易手；過了淮河尤其來到江南，慘烈抵抗陡然而起，義夫壯士絡繹不絕。這種奇怪的差異，如今歷史教科書絕口不提，更不會探討，但在當時卻是極為突出的現象，作為入侵者的滿清感受非常強烈，乃至「不解」——《大義覺迷錄》中，雍正皇帝曾以一事質問曾靜：

> 奉上諭：據山西巡撫石麟奏稱：「晉省紳士百姓，願將軍需應用之駝屜、苫氈、繩索三萬副，從本地自備車騾運送，至歸化城交收。臣等遵旨，令地方官給價催送。而各屬士民，挽車策騾，爭先裝載，給以腳價，感激涕零，稽首稱謝，不肯領取。

---

② 韓菼《江陰城守紀》，《中國野史集成》第三十三冊，巴蜀書社，1992，第 144 頁。

急公效力，曠古所稀」等語。着將此摺令杭奕祿發與曾靜看，並訊問曾靜：湖南、山西同在戴天履地之中，何以山西之民踴躍急公，忠誠愛戴，實能視朕為後；而湖南之民，乃有倡狂悖逆、肆惡擾亂之徒如曾靜等，至於視朕如仇？此朕所不解。着訊取曾靜口供具奏。[1]

同是中國，山西人對清朝那麼「忠誠愛戴」，湖南卻出了曾靜這種「倡狂悖逆、肆惡擾亂之徒」，雍正對此「不解」。而我們知道，曾靜私淑的老師呂留良是浙江人，換言之，十八世紀上半葉已過去一半以上時間，從浙江到湖南一線的南中國，反清意識仍很頑固，反清的思想也特別有市場。從這個事實，回看當年滿清初入中國，更能體會南北兩地態度當何等懸殊。所以雍正的不解或困惑，頗為自然 —— 如非一國，山西、湖南人態度截然不同，並無可詫異之處；既是同一國家，都曾為明朝子民，怎麼一個可以很快地春風化雨，一個卻如頑石、那樣難以感化？這其實是個很深的問題，雍正說他「不解」，可能真，也可能是為了揭批曾靜故意裝成「不解」（從《大義覺迷錄》看，他對中國相關的思想淵源，不乏了解）。倒是當今中國人也許真的大多不甚了了。以現在貧乏的話語，當時山西、湖南之間這種差別，恐怕都用愛國、不愛國來表述。如這樣，不光委屈、冤枉山西人，對於另一些人的頑固反清，也全不在點子上。山西人非「不愛國」，只是不大愛朝廷而已。而湖南人或南中國人的排滿，根子上也不是愛朝廷。面對滿清，南北兩地態度反差，除開生存狀況相對的足與不足，頂頂主要的還是歷史—文化的原因。

四

總之，甲乙兩年，一北一南，清人的所遇所見，恍若兩國。民國初，孫靜庵與錢基博先生（錢鍾書之父）討論修撰《明遺民錄》的意義，後者

---

① 愛新覺羅・胤禛《大義覺迷錄》，近代中國史料叢刊第三十六輯，文海出版社影印本，1966，第245-246頁。

黑洞：弘光紀事

講了一句話：「豈可使笑中原無人？」②當時確有這種狀況——直至抵於揚州、遇見史可法前，清人大概一直暗笑「中原無人」，在這以後，才猛然發現並非無人，而是很有「人」，頂天立地，踵繼而來。

南方、北方不是沒有相同點，比如南京和北京一樣，都上演了投降一幕；但關鍵在於，還有不同。率眾武裝抵抗是一種，個人自決絕命又是一種。

1645年下半年，對中國來說，不只有悲慘，也隨時閃現悲壯。一批從品格到才具都很優秀的人，自主選擇了有尊嚴的死。如弘光朝初期大學士、名臣高弘圖，他為馬士英、阮大鋮等排擠，四疏求退，因是北方人，辭職後無家可歸，而流寓紹興，「兩浙相繼失守，弘圖逃野寺中，絕粒而卒。」③他有一孤子相依為命，死前，專門託與談遷（在南京時，談遷為其幕客），然後獨自避入竹園寺，從容絕食。如徐汧，他是復社領袖，阮大鋮最後圖謀陷構而未遂者，南都破，他留書兩個兒子：「國事不支，吾死迫矣。」決心已下。及聞蘇州不守，即於夜中自縊，但被僕人發現解救，未果。一個朋友試圖勸之：「公大臣也，野死可乎？」他的回答相當淒涼：「郡城非吾土也，我何家之有？」終於閏六月十一日，「肅衣冠，北向稽首，投虎邱之新塘橋下死。」④他的行為已超越了個人之身死，而成為一次有關人格與民族精神的展示與垂範。如楊廷樞，復社之長，名滿天下，國亡隱山中，卒被抓獲，「大罵不屈」，押解時於舟中血書：

> 余自幼讀書，慕文信國（文天祥）先生之為人，今日之事，乃其志也。四月廿四日被縛，餓五日，未死。罵賊，未殺。未知尚有幾日未死。遍體受傷，十指俱損。而胸中浩然之氣，正與信國燕市時無異。俯仰快然，可以無愧。覺人生讀書至此，甚是得力！留此遺墨，以俟後人知之。⑤

---

② 孫靜庵《明遺民錄》，浙江古籍出版社，1985，第373頁。
③ 抱陽生《甲申朝事小紀》，書目文獻出版社，1987，第824頁。
④ 徐鼒《小腆紀年附考》，中華書局，2006，第376頁。
⑤ 計六奇《明季南略》，中華書局，1984，第256頁。

旋被害。讀血書，可知楊廷樞執著於死的選擇，意在「以身作則」，彰顯心中存之已久的信念，上祧先賢、下啟後人，俾使讀書人精神使命薪火相傳。

一時，勇毅之士層出不窮，果敢故事書之不盡。其中令人至為感佩，是當此重大關頭，諸君子「同聲相應，同氣相求」，聯翩連袂、彼此追隨、同赴大義。讀這些事跡，我都一再想到明代所特有的分別都達於極致的「兩面性」——一面朽爛污穢無以復加，一面勃然向上、剛健勁拔之氣直衝霄漢。

典型者如夏允彝，「聞友人徐石麒、侯峒曾、黃淳耀、徐汧等皆死，乃以八月中，賦絕命詞，自投深淵以死。」[1]同志皆死，則己即不能獨存。侯峒曾之子侯玄涵，後來為他作傳，詳敘了經過：

> 鎮帥以素聞公名，必欲致一見，且曰：「夏君來歸，我大用之，即不願，第一見我。」公乃書於門曰：「有貞婦者，或欲嫁之，婦不可，則語之曰：『爾即勿從，姑出其面。』婦將搴帷以出乎，抑以死自蔽乎？」遂盡斥其家人，賦詩曰：「少受父訓，長荷國恩，以身殉國，無愧忠貞。南都繼沒，猶望中興；中興望杳，安忍長存！卓哉吾友，虞求、廣成，勿齋、繩如，愨人、蘊生，願言從之，握手九京。人誰無死，不泯者心。修身俟命，敬勵後人。」詩竟，自投於淵。屍浮水上，衣帶不濡。[2]

所提到的幾位「卓哉吾友」，虞求為徐石麒，前吏部尚書，自縊死；廣成為侯峒曾，投水死；勿齋即徐汧；繩如為吳嘉胤，南都事變時他出使在外，聞訊折返，拜方孝孺祠後投繯，為家人所阻，及薙髮令下，乃再拜方孝孺，自縊死；愨人為何剛，與史可法共事，死揚州；蘊生為黃淳耀，與侯峒曾共同領導了嘉定起義，失敗，偕弟黃淵耀縊於館舍。遺詩中，夏允彝首先陳說自己所以活到今日，是「南都繼沒，猶望中興」，而杭州投

---

① 王鴻緒《明史稿》，《夏內史集》，附錄，商務印書館，民國二十八年，第83頁。
② 侯玄涵《吏部夏瑗公傳》，《夏完淳集箋校》，附錄一，上海古籍出版社，1991，第519頁。

黑洞：弘光紀事

降後，則盡棄此念。此念一去，繼續存世於他即無意義，想到同志好友多數已眠地下，不禁心嚮往之，願和他們「握手九京」，九京亦即九泉。最後兩句，尤為大哉：「人誰無死，不泯者心」，身死有什麼，重要的是心和精神不死；「修身俟命，敬勵後人」，死非為個人故、不是求自我解脫，而是以這行為激發、醒覺後世，我們今天的話是「為民族和歷史獻身」。在他表率、垂範下，不過兩年，他的公子、天才少年夏完淳也因抗清失敗，以十七之齡慷慨就義。

這種相攜赴義的情形，除友朋之間、父子之間，亦見於師生。

劉宗周不但為明末名臣，更是儒學一大宗匠，世稱念臺先生，所創蕺山學派，門生眾廣、碩學輩出。他死後，諸弟子於康熙年間為刻遺著凡四十卷，卷前列《蕺山弟子籍》，葉廷秀、祁彪佳、熊汝霖、陳子龍、周鑣、陳洪綬、黃宗羲、魏學濂、張履祥、陳確、仇兆鰲、萬斯同、毛奇齡……如許卓礫英才，悉列蕺山門下，豪華奪目，令人屏息。

《甲申朝事小紀》：

> 順治二年五月，王師下江南。六月，下杭州，潞王常㳵降。宗周方食，聞報，推案慟哭，自是遂不食。有以既謝事勸者，宗周曰：「北都之變可以死，可以不死，以身在田里，尚有望於中興也。南都之變，可以死，猶可以不死，主上自棄其社稷也，尚望繼起有人也。今吾越又降矣，身不在位，不當與土為存亡耶？」[3]

和夏允彝一樣，他也談了關於死的決定和思考。北京之變時不死，是因一身無現職，二尚有望於中興；南京之變時不死，是因朱由崧自棄社稷，未足為之放棄國家的希望；如今，杭州亦降，國土淪亡，身何所託？可以看出，他的決定冷靜而有條理，是一步步推究而來，故而無可動搖。他於澄明的反思下，以內省者的安詳，去完成畢生最終的求義：「出辭祖墓」，從西洋港躍入水中，水淺未死，為人扶出；之後開始絕食，絕食二十三天，仍未死；繼而禁水，連續十三天滴水不沾，其間「及聞人問答

---

③ 抱陽生《甲申朝事小紀》，書目文獻出版社，1987，第 824 頁。

如平時」[1]，閏六月八日，與世長辭。

我於書行之間，漸次跟蹤劉宗周三十六天的漫長死亡經歷，一個內外靜穆的思想者雕像，鑿然而立。我們景仰托爾斯泰、甘地那樣的人物，以為中國不曾在精神專注、肅然、堅忍及強大上有堪與比美並論者，劉宗周的死亡儀式以其不動如山的內心世界，完全扭轉了我的看法。由此，進而追詢文化與精神上我們如今為何難以擺脫一種「自卑」或不足，方意識到是因劉宗周這樣的人和事，離我們已太過遙遠，而目力所及卻無從尋找這種沉潛的意志和自持力。從滿清起，對知識者的精神戕害和人格矮化持之以恆，致其一如龔自珍「病梅館」中的病梅。就此言，劉子之死對中國精神史而言實有深遠的象徵意味。

蕺山門生，死者甚夥。祁彪佳甚至死在老師前頭：

> 北兵至杭州，彪佳約劉宗周起義，不果。及貝勒檄諸生投謁，彪佳語妻商氏曰：「此非辭命所能卻，若身至杭州，辭以疾，或得歸耳。」陽為治裝將行者，家人信之不為意。至夜分，潛出寓園外放生碣下，投水死。先書於幾云：「某月日已治棺，寄蕺山戒珠寺，可即殮我。」其從容就義如此。[2]

我們再次為「寧靜之死」所打動。查《祁彪佳日記》：

> （閏六月）初四日，叔父及文載弟、奕遠侄皆有書來，力勸予出武林（杭州地名）一見。云：「一見則舒親族之禍，而不受官仍可以保臣節。」[3]

此為日記最後一篇，下有注曰：「先祖忠敏公所紀止於是日，初六日五鼓殉節。」從中可知，祁氏之死確係「貝勒檄諸生投謁」所致，而他既決不肯，又不願連累親族，於是安然訣愛妻，黎明前獨死。他死後，女兒德茝寫《哭父詩》：「國恥臣心在，親恩子報難。」上半句明大義，下半句言

①　徐鼒《小腆紀年附考》，中華書局，2006，第 377 頁。
②　李天根《爝火錄》，浙江古籍出版社，1986，第 504 頁。
③　祁彪佳《祁忠敏公日記》，《歷代日記叢鈔》，第八冊，學苑出版社，2005，第 568 頁。

親情；「在」「難」二字，一鑄尊嚴，一寫傷慟，「時人傳誦之」。④

有個並不出名的劉門弟子王毓蓍，老師絕食期間，他上書說：「願先生早自裁，毋為王炎午所弔。」王炎午是南宋太學生，曾作《生祭文丞相》文，「速文丞相死」。自然，那並不是擔心文天祥怕死，而是以這方式互激正氣。王毓蓍引此典故，除了相同的意思，還隱含自己將死在老師前頭的決心。以下情節，風流蘊藉：

> 俄，一友來視，毓蓍曰：「子若何？」曰：「有陶淵明故事在。」毓蓍曰：「不然，我輩皆聲色中人，久則難持，及今早死為愈。」至是召故交歡飲，伶人奏樂，酒罷，攜燈出門，投柳橋下，先宗周死，鄉人私謚正義先生。⑤

自我們平常人眼中，王毓蓍已是拔俗的英雄；而他卻在行大義之前，冷冷談論自己人格的不足，認為不配攀附陶淵明，不必將自己想像為陶淵明第二，因為沒有那種定力。連同為自己安排的就義方式，也包含不諱缺陷的意識，最後一次痛享人生之樂，「攜燈出門，投柳橋下」。他一邊向生命投以眷愛，一邊卻捨了生命。死得通透，死得自由。

五

從最嚴格意義講，上述諸人不算明遺民。他們懷抱與國土共存亡之旨，國不存，己亦亡，選擇犧牲，拒絕入清。他們屬於殉國者。

更多的人不曾死。他們隨着時間，自然而然進入清朝，卻以自我放逐的方式，截斷與現實的關係，在個人範圍守住對明朝的認同。他們身託於清而心存乎明，乃真正之「遺民」。

這些人的由明入清，有各自不同的情形。最常見的為三種，一是明亡後不棄武裝反抗多年者，清初三大思想家黃宗羲、顧炎武、王夫之，都在

---

④　李天根《爛火錄》，第 504 頁。
⑤　同上書，第 482 頁。

此列；二是認為與其一死、不玷清白，不如不死，留在世上跟清朝搗亂，作個人抗爭者；三是一度惜命不死，乃至靦顏乞生、身有污點，日後終能迷途知返、晚節自救者。

第二種情形，我們講一個例子：葉尚高（一作尚皋）。他是浙江樂清人，諸生。南京、杭州相繼淪陷，浙江士子一時殉國頗多，葉尚高則明確表示了不贊同。他有如下闡釋：

> 與其自經於溝瀆，何如託之佯狂，以嬉笑為怒罵，使亂臣失色，賊子寒心，則吾死且無遺恨也。故或賦詩以見志，或託物以寄情，或擊柝於中宵，或持鐸於長夜，無非提醒斯世，使人類不等於禽獸耳。[1]

他絕非逃避死，更非怕死。而是覺得，一死了之多少有些草草、未盡餘力。活着，「託之佯狂」，無論賦詩、藉題發揮、在靜夜中鬧出動靜……雖無濟於事，卻是一種表示、一種警醒，抑或騷擾。此意實與魯迅《狂人日記》同。他確實這麼身體力行，俞樾《薈蕞編》述：

> 永嘉狂生葉尚皋，字天章。順治丙戌（1646）秋，甌（溫州別稱）始歸附。尚皋婆娑市上，或歌或泣，或優人狀。家有妻女，皆棄不顧。夜則僵臥市旁，或數日不食，如是者八閱月。丁亥（1647）仲春上丁（即丁祭，祭孔之日），狂益肆。[2]

他將尚存之一息，盡用於抗爭，而不願徒死。他其實是要以這種方式，通向死亡。「陳詩孔子廟，橫甚。」於是被抓。入了監牢，他知自己已盡完了最後的氣力，「一日，取毫楮作自敍，賦《絕命詩》，以手扼吭而斃。」[3]

活着，非因苟且，而是視為餘力，去做個人的拚爭。這是從葉尚高到

---

① 葉尚高《獄中自述》，陳光熙編《溫州文獻叢書．明清之際溫州史料集》，上海社會科學院出版社，2005，第 59 頁。
② 錢仲聯主編《清詩紀事．明遺民卷》，江蘇古籍出版社，1987，第 1183 頁。
③ 同上。

呂留良，很多明遺民的生命意義。

六

披閱史志，一日掩卷之餘，忽然閃出這樣的認識：既非殉國的烈士，亦非始終不渝、一息尚存便盡其綿薄的抗爭者，相反，倒是某些名節有虧、曾入泥淖的轉變者，於遺民現象的表現最有力焉。

不妨明言，這認識來自錢謙益的《有學集》。這是他乙酉年以後或者說主要是入清後的作品結集。

截於乙酉年，我對錢氏印象極差。那種感受，甚至引起了對東林—復社的一定動搖。我很不明白，以錢氏低劣的人品，居然在這個進步的陣營中引領風騷、深孚人望，道理何在？從甲申國變後南都定策，到乙酉五月南京投降，錢謙益沒做過一件讓人佩服的事。他力主迎立潞王，漂亮的說辭是潞王較為「賢明」（其實並無此事），內裏則的確是以黨私摒棄綱倫，所以客觀上授人以柄，使得馬、阮等能夠掌握主動，連累史可法被逐出南京，最終令弘光朝一開局就建立在不利的政治基礎上。而造成這種局面後，錢謙益又盡顯小人態，曲結馬士英，幾乎可以說沆瀣一氣。又在最後關頭，端出道學架子，阻止朱由崧遷都。而最為不齒的，是他轉瞬之間變成降敵者，與趙之龍分別領銜文武大臣，獻國都於滿清。

《小腆紀年附考》曾引乾隆皇帝的話：「謙益一有才無行之人。」徐鼒且附以「真萬世斧鉞之公哉！」的評論。[④] 如僅至乙酉年止，此論允謂精當。然通觀錢氏一生，則既不精當，更談不上公正，實際反倒應說是惱羞成怒的潑污之言。為什麼？因為錢謙益於其後期生涯，大覺昨非，深切懺悔，抽身而退，以遺民姿態終死。對此，作為清朝皇帝的乾隆，詈以「無行」頗自然，而在錢氏本人，我們卻認為是去「無行」而就「有德」。

錢氏投降後，官禮部侍郎管祕書院事，充修明史副總裁。但在職僅六月，即以病為由辭歸。那時他五十三歲。康熙三年（1664）卒，終年

---

④ 徐鼒《小腆紀年附考》，中華書局，2006，第 203 頁。

八十四歲。注視這一時間表，我意識到兩點：一、錢氏抽身極早；二、他用剩下的絕大多數光陰證實並守住了氣節。

他的告歸，名為身疾，實出心病；這樣的消息，可以透過歸里後的詩作而看出。《有學集》有兩首寫給著名遺民林古度的詩：

> 抗疏捐軀世所瞻，裳衣戍削貌清嚴。可知酹古陳同甫，應有承家鄭所南。
>
> 文甫為人陳亮是，與公作傳水心同。永康不死臨安在，千古江潮恨朔風。[1]

詩題《觀閩中林初文孝廉畫像讀徐興公傳書斷句詩二首示其子遺民古度》。林初文是林古度之父林章的表字，嘉靖間抗倭志士。詩中，「陳同甫」和「永康」都是指南宋愛國者陳亮（他是永康人）；鄭所南是南宋遺民，曾有詩句「此世只除君父外，不曾重受別人恩」；「水心」即南宋大儒葉適，他與陳亮為摯友並給他寫了墓誌銘，也是當時有力的主戰者。抗倭、陳亮、鄭所南、葉適……這樣一些故事、英名佈滿詩行，所堆砌起來的是什麼意象，不待明言。更況最後那句「千古江潮恨朔風」，「朔風」之指一目了然，「千古江潮」四字則道盡東晉以來長江所見證的一攬子歷史，至於「恨」字，簡直就溢於言表了。此詩之作，據編者目錄所示，時間範圍「起乙酉年，盡戊子年」，亦即最遲不超過 1646 年。

倘使詩篇由於用典的緣故，語意多少有些曲折，那麼到了文章裏，錢謙益的「立場」就徹底祖露無遺了。我們來看他為路振飛寫的一篇紀念文章。據文首「故太傅路文貞公薨於粵。後十年，長子澤溥，迎柩來吳，葬洞庭之東山，屬崑山歸莊撰行狀，請余書其墓隧之碑」，可知寫作時間為 1659 年（路振飛卒於永曆三年，即 1649 年）。路振飛以前我們多次提到，他在甲申國變至南都定策這段非常時期，扼淮陰要衝，整甲繕兵，保民全境，一切井井有條、氣象甚嚴，但因忤犯馬士英，被後者以其黨田仰所

---

[1] 錢謙益《觀閩中林初文孝廉畫像讀徐新公傳書斷句詩二首示其子遺民古度》，《有學集》，上海古籍出版社，1996，第 34-35 頁。

代，弘光末，更遭到馬黨糾問，險興獄；南京、杭州繼失，他追隨朱聿鍵於閩粵，1646 年「道卒於順德」。錢氏此文，對這位南明良臣極予襃揚，強烈突出「善類」之誼以及對立面「醜類」之惡，如云：

> 當是時，閣部史可法以孤鎮揚州，倚公為左右手。公每奏捷，閣部飛章亦至。士英忌滋甚。

而比之襃善貶惡，更驚人的是錢謙益毫不屑於隱諱他的明之遺民態度，對清朝軍隊公然以「北兵」相稱，且全文一律奉明朝正朔。如曰：「乙酉八月，唐王即位於福州，改元隆武」；專門稱頌路振飛「造隆武四年曆，用文淵閣印頒行，所以係人心、存大統也」；對路振飛生卒年，則書為：「公生於萬曆庚寅九月二十五日，卒於永曆三年己丑四月二十二日」，將清朝紀年徹底摒而不用。其果敢也若此！文章又特意記存、彰顯路振飛的臨終遺言：「生為明臣，沒為明鬼。」復於末尾自稱：「崇禎之終，永曆之始。有臣一個，敬告青史。」而與傳主求得完全的精神認同與共鳴。[2]

假如碑文墓表這類東西，還有作秀或被懷疑作秀的餘地——在古人，此類文章不少實屬虛文——那麼，他為門生瞿式耜所寫悼文就沒有任何作秀的必要，而完全是真情的流露了。此蓋出三點：其一，只是寫給自己看的，不是為了拿去示人；其二，作者與對方情誼非同一般，無秀可作；其三，此文之寫，純因感興迸發，積鬱之深，而致筆不能不命。

說到南明後期的歷史和政治，瞿式耜便是最最重要的人物；如果弘光間第一人是史可法，那麼永曆朝的這個位置該屬於瞿式耜。他們兩位，品格、價值、作用都極相似。瞿氏在南陲獨撐大局，行狀堪比劉備託孤之後的諸葛亮，永曆四年（1650）在桂林被捕，慷慨就義於仙鶴嶺。

早在三十年前，瞿式耜即拜錢謙益為師，師生間情深誼厚，牧齋第一部文集《初學集》，即由瞿式耜率眾同門熬心費力為老師刻成。晚年錢謙益憶及當初，仍為之銘膚鏤骨：

---

② 錢謙益《光祿大夫柱國太子太師吏兵二部尚書武英殿大學士贈特進光祿大夫左柱國太傅文貞路公神道碑》，《有學集》，第 1218-1224 頁。

《初學》往刻，稼軒（式耜號）及諸門人，取盈百卷，敢假靈如椽之筆，重加刪定，汰去其蕪荟驕駁，而訶其可存者，或什而取一，或什而取五，庶斯文存者得少薙稂莠，而向所自斷者，亦藉手以自解於古人。[1]

而在政治和仕途中，多年來瞿式耜無愧師門，反倒是錢謙益作為老師尊嚴掃地。乙酉後，師生二人，一個曾覥顏苟且，一個卻履仁蹈義，可謂渭濁涇清。我沒有憑據說錢謙益幡然省悔，中間有學生刺激的作用，但推而想之，如此義肝忠膽的學生，必能令為人師表的錢氏捫心難安。

自從瞿式耜南下抗清，錢謙益即與之消息暌隔。他自然知道這位得意門生在做什麼，只是無由溝通交流。而痛悔以來，他其實必有滿腹心曲想對式耜言說。事實上，他連瞿式耜犧牲就義的消息也毫不知情，而是足足過了十年，突然聞此噩耗。剎那間，苦痛傷悲，百感交集；此正是文前之序所言：

> 瞿臨桂（瞿氏受封臨桂伯）以庚寅（1650）十月殉義於桂林。越十年辛丑，厥孫昌文以《粵中紀事》一編，繕寫來請。於時五日（端午節），方食角黍，放箸而歎，援筆憑弔，遂以《角黍》命篇。[2]

端午之日，方食糯粽，由屈原想到了瞿式耜——這既是錢謙益對門生的評價，同時未嘗不是一種攬鏡自嫌。為了表示以式耜比屈子的意思，文章特地採取了楚辭的文體。寫得最用力的，是這幾行：

> 屈子沉魄於水府兮，吾子煆骨於灰場。扇腥風於毒炭兮，炎桂林為崑岡。藏吾血三年而成碧兮，雖燔飆其何妨。[3]

「腥風」即滿清，古時常以「腥膻」蔑指異族。它們說，屈原沉冤於水

---

① 錢謙益《答山陰徐伯調書》，《有學集》，上海古籍出版社，1996，第 1349 頁。
② 錢謙益《角黍詞哀瞿臨桂》，《有學集》，第 1301 頁。
③ 同上。

泊，式耜獻身於戰火；而燃起戰火的，是滿清這「腥風」、「毒炭」；式耜雖死，碧血丹心與世長存，雖化灰煙又何損於他？筆尖流瀉這些詞句時，錢謙益應該是為平生得學生若此而欣慰和光榮吧？「吾子」換成今語，好比稱「我們的瞿先生」，是既敬重而又親切熱烈的口吻。

錢氏晚年，深為失足而痛楚，自責之苦無以復加。如與《江變紀略》作者徐世溥（《清史稿》作徐士溥）通信時說：

> 喪亂已後，忽復一紀，雖復刀途血道，頻年萬死，師恩友誼，耿耿余懷。自惟降辱死軀，闒闒余氣，仰慚數仞，俛愧七尺。郵筒往來，握筆伸紙，輒復淚漬於衽、汗浹於北。聲塵寂蔑，與吾巨源（徐世溥的表字），積不相聞，職此由也。

一紀，即十年。「數起於一，終於十，十則更，故曰紀也。」[4] 就是說，至此錢、徐十年未通音訊了，原因是錢謙益無地自容，迴避和故人來往。從信中看，這次亦是徐士溥因寫《江變紀略》，欲就史事請教錢氏，而主動聯絡。「《江變紀略》，假太子者，一妄男子，謂是王駙馬，亦非也。」這是錢謙益回答對假太子王之明案的看法。而我對以下一語很感興趣：「舊輔，腐儒也，當少為讚予，以旌愚忠。」「舊輔」者，應係弘光間某大學士，但不知指誰。史可法、高弘圖都不算「腐儒」，王鐸似乎有點「腐」但卻是假裝的，其人心思頗滑，何況錢謙益不可能認為他值得「少為讚予」，故而這句落在誰身上尚待琢磨——此題外話也。

又於致方以智信中，以「亂後廢人」自況，形容餘生有如「昏天黑地，從漫漫長夜中過活」。[5] 而自審、懺悔最深的一次，是將屆八十之前，就族弟等欲為之祝壽而寫的求免信。時在 1661 年，族弟錢君鴻提前給錢謙益一信，並附六百字長詩，「期以明年初度，長筵促席，歌此詩以侑觴。」錢謙益回信，說「開函狂喜」，然而「笑繼以忭」，「俄而悄然以思，又俄而蹴然以恐，蓋吾為此懼久矣。」活着或生命，於他，長久以來已如一塊

---

④ 《國語集解》，周語上第一，韋昭注，中華書局，2002，第 27 頁。
⑤ 錢謙益《覆方密之館丈》，《有學集》，第 1321-1322 頁。

巨石。他覺得當不起祝壽這樣的事。他比較了「祝」和「呪」這兩個相像的字，「夫有頌必有罵，有祝必有呪，此相待而成也。有因頌而召罵，有因祝而招呪。」族弟雖出「頌」「祝」無疑，但自忖慶壽對於自己這種人卻只有「罵」「呪」的意義。他嚴厲地自我譴責：

> 少竊虛譽，長塵華貫，榮進敗名，艱危苟免。無一事可及生
> 人，無一言可書冊府。瀕死不死，偷生得生。

認自己一無足取，全為失敗之人生。人生如此，祝壽便是捱罵：「以不罵為頌，頌莫褘焉。以無呪為祝，祝莫長焉。」於是再次懇求：「子如不忍於罵我也，則如勿頌。子如不忍於呪我也，則如勿祝。」[1]

古云：「過而能改，善莫大焉。」又說：「人非聖賢，孰能無過？」不犯錯，當然最好，但這樣的人，世間少之又少。真正的惡，不在犯錯，而在怙惡不悛，這才是分水嶺。當代中國，不乏才情、地位、名望與錢謙益相垺並同樣有很大污點的文人，但最終像他這樣反躬自責、伯玉知非的，吾未之聞。讀《有學集》，錢氏後三十年幾無一日不在自審、自責中，哪怕只是讀書這種平常事。他在致友人信中說，一日讀《宋遺民傳》，至「宋存而中國存，宋亡而中國亡」一句，即「撫卷失席」，坐都坐不住。[2]尤要指出，在錢謙益反思、悔過絕非嘴上說說、口舌之美。辭官不做、自我放歸僅為其一，他自贖前愆更表現在傾以所有支持抗清義舉。金鶴沖《錢牧齋先生年譜》云：

> 先生平生多難，或以貨免。晚歲破產餉義師，負債益重。[3]

錢死後不久，討債者即打上門來，柳如是竟至被逼自縊身亡。他死前還有一個故事：「臥病於東城故第，自知不起，貧甚，為身後慮」。所謂「身後」，是指棺木。這時，正好黃宗羲、呂留良等來探望，錢氏即以心事相告，同時提到有位當官的求其三文，「潤筆三千」，但自己已不能捉筆，

① 錢謙益《與族弟君鴻論求免慶壽詩文書》，《有學集》，上海古籍出版社，1996，第 1339-1342 頁。
② 錢謙益《覆李叔則書》，《有學集》，第 1343 頁。
③ 錢仲聯主編《清詩紀事·明遺民卷》，江蘇古籍出版社，1987，第 286 頁。

要黃宗羲代寫：

> 先生自言貧困，以三文為請。太沖請少稽時日，先生不可，
> 閉太沖書室，自辰至亥，三文悉就。《南雷詩歷》云：「囑筆完文
> 抵債錢。」蓋紀實也。④

曩者，曾從零星詩文粗知黃、錢交誼一直相厚，當時不解，以黃太沖
疾惡如仇乃至不免刻薄的性情，怎能容下有諾大污點的錢謙益？及讀《有
學集》，釋然。

七

《桃花扇》最後一齣「餘韻」，蘇崑生登場道：

> 自從乙酉年同香君到山，一住三載，俺就不曾回家，往來牛
> 首、棲霞，採樵度日。⑤

我們可以把「餘韻」兩個字換成「遺民」，孔尚任就是這個意思，只
是不便寫成那樣而已。蘇崑生登臺時的姿態，是當時一種典型的遺民姿
態。他們遁跡荒野、不入城市 —— 城市乃現存體制之實體，他們以脫離和
拒絕之，表示自外於體制，同時自認是有家難回乃至無家可歸的人。

徐汧虎邱自盡，「公長子孝廉枋，自公沒後，杜門不入城市。」⑥景況
為黃宗羲所親見，讚他「苦節當世無兩」：

> 謝絕往來，當道聞其名，無從物色，饋遺一介不受，米菽不
> 飽，以糠粒繼之。其畫神品。蘇州好事者哀其窮困，月為一會，
> 次第出銀，買其畫。以此度日而已。⑦

---

④ 同上，第286頁。
⑤ 孔尚任《桃花扇》，人民文學出版社，1982，第255頁。
⑥ 計六奇《明季南略》，中華書局，1984，第255頁。
⑦ 黃宗羲《思舊錄》，《黃宗羲全集》第一冊，浙江古籍出版社，1985，第372頁。

堅忍自潔如此。

楊廷樞也是先隱山中，然後被捉被殺。

汪渢，武林人，「改革後，不入城市，寄跡於僧寮野店。」①

孫奇逢，明萬曆二十八年（1600）舉人。入清屢徵不起，攜家入五公山，子孫耕稼自給，門人負笈而隨。卓爾堪《明遺民詩》：「順治初，祭酒薛公所蘊具疏讓官，兵部侍郎劉公餘祐及巡按御史薦刻上，先生堅臥不起。蘇門為康節、魯齋讀書之地，泉石幽勝，遂移家築堂，名曰兼山，讀《易》其中。……有請問者，隨其淺深傾懷告之，無不人人自得，即耕夫牧豎亦知尊敬，時節花放，鄰村爭置酒相邀，兒童皆歡喜相就曰：我先生也。年九十二卒。」②

李確，字潛夫，崇禎六年（1633）舉人。《嘉興府志》：「潛夫本名天植，明崇禎癸酉舉人。後改今名，避居龍尾湫山，往往絕糧，閒績棕鞋。……長吏守帥聞其名，訪之，輒踰垣避。年八十二，預知死日，賦詩僵臥，乃卒。」③他有位同志鄭嬰垣，「年八十一，無妻無子，兼無食，性高傲物，不肯干人，真介守者。凍死雪中。」李確以詩讚：「白雪堆中一遺民。」④

大儒陳確「乙酉後，靜修山中，幾二十年」，「入清後棄諸生，讀書深山」。⑤

也有別的方式，如「祝髮為僧」、「閉門不出」和「不仕」。鄧之誠《清詩紀事初編》謂之「或死或竄，或緇衣黃冠，變易姓名，不可勝數。」⑥

常熟貢生楊彝「既入本朝，杜門不出。」⑦

邢昉「身隱無用，拾湖中菱芡菰米，不自給。」⑧

---

① 黃宗羲《思舊錄》，《黃宗羲全集》第一冊，浙江古籍出版社，1985，第 373 頁。
② 錢仲聯主編《清詩紀事·明遺民卷》，江蘇古籍出版社，1987，第 13 頁。
③ 同上書，第 40 頁。
④ 同上書，第 40 頁。
⑤ 同上書，第 162 頁。
⑥ 同上書，第 63 頁。
⑦ 同上書，第 11 頁。
⑧ 同上書，第 24 頁。

巢明盛，嘉禾人，「鼎革不離墓舍」，他有一絕技，善將葫蘆雕成各種器皿，「種匏瓜用以製器，香爐瓶盒之類，欸致精密，價等金玉」[9]，藉以維持生活。

　　湖南寧鄉貢生陶汝鼐「順治十年（1653），罹叛案論死，陳名夏囑洪承疇寬之，然猶羈繫年餘，至十二年始得脫然」，遂祝髮，為賦詩：「遼鶴乍來城郭變，枯魚縱去江潭平。歸歟莫負雄慈力，好着袈裟安釣耕。」[10]

　　「四公子」之一方以智，「南都陷，以智徒步走江、粵，顧自是無仕宦情……放情山水，觸詠自適，與客語，不及時事。楚、粵諸將多孔炤（方孔炤，前湖廣巡撫，以智父），欲迎以智督其軍，以智咸拒謝之。永曆三年，超拜禮部尚書、東閣大學士，不拜。……平樂隱，馬蛟麟促以智降，乃捨妻子，為浮屠去。」[11]

　　錢邦芑在黔為巡撫，張獻忠舊部孫可望至，他退居餘慶縣蒲村講學，孫逼他出來做官，於是祝髮拒之，號大錯和尚，學生中追隨者竟多達十一人。其《祝髮記》云：「是晚，余遂祝髮於小年菴……是時門下同日祝髮者四人……次日祝髮者又五人……時諸人爭先披剃，呵禁不得，余委曲阻之，譬曉百端，餘乃止。先後隨余出家者，蓋十有一人，因改故居為大錯菴，俾諸弟子居之，共焚修焉。」[12]

　　尚有大批知識分子逃往海外。其中最著名的是朱舜水，本名之瑜，舜水是他的號。南都亡，東渡日本，「思乞師」，未成。邵念魯《明遺民所知錄》：「浙東敗……之瑜之日本乞師……會以大定，乃留東京。自國王以下，咸師奉之。為建學，設四科，闡良知之教，日本於是始有學，國人稱為『朱夫子』。」[13]對日本文化貢獻極著，旅居四十年，終葬日本。

　　關於明遺民流寓海外的情況，《明遺民錄》無錫病驥老人《序》，提供了一些數字：

---

⑨　黃宗羲《思舊錄》，《黃宗羲全集》第一冊，第 373 頁。
⑩　錢仲聯主編《清詩紀事‧明遺民卷》，第 121 頁。
⑪　王夫之《永曆實錄》，嶽麓書社，1982，第 48-49 頁。
⑫　錢仲聯主編《清詩紀事‧明遺民卷》，第 126 頁。
⑬　同上書，第 109 頁。

嘗聞之，弘光、永曆間，明之宗室遺臣，渡鹿耳依延平（鄭成功）者，凡八百餘人，南洋諸島中，明之遺民，涉海棲蘇門答臘者，凡二千餘人。[①]

　　這或為古代最嚴重的一次精英流失。以當時讀書人之稀少，加上「遺民」多半身有功名，這逃往臺灣或南洋的三千人，應是中國的菁華。

八

　　如將不入城市、逃釋、不仕、避居海外諸多情形加在一塊，明清鼎革之際，中國人才流失將達非常嚴重的程度。這不可能不表示文化的零落。滿清一度為此窘迫，到處尋訪「賢逸」，徵召、拜求，卻每每碰釘子，吃閉門羹。《桃花扇》劇終前，有位捕快登場：

　　　三位不知麼，現在禮部上本，搜尋山林隱逸。撫按大老爺張掛告示，布政司行文已經月餘，並不見一人報名。府縣着忙，差俺們各處訪拿，三位一定是了，快快跟我回話去。[②]

　　這當為真實寫照。人才匱乏，當局竟至強行「拿人」，可見知識分子怎樣普遍地不合作。

　　為解決問題，當局軟硬兼施，無所不用其極。

　　軟的一手，即以科舉相誘。這一點，與蒙元不同，或者說吸取了蒙元的教訓。孟森先生指出：「明一代迷信八股，迷信科舉，至亡國時為極盛，餘毒所蘊，假清代而盡泄之。蓋滿人旁觀極清，籠絡中國之秀民，莫妙於中其所迷信。始入關則連歲開科，以慰蹭蹬者之心」。[③]任何時候，總有利慾之徒，清初自不例外。《柳南續筆》錄有一首諷刺詩，即反映這類情形：

---

① 孫靜庵《明遺民錄》，附錄，原序三，浙江古籍出版社，1985，第372頁。
② 孔尚任《桃花扇》，人民文學出版社，1982，第261頁。
③ 孟森《科場案》，《明清史論著集刊》，中華書局，1959，第391頁。

一隊夷齊下首陽，幾年觀望好淒涼。早知薇蕨終難飽，悔殺無端諫武王。④

夷齊即伯夷和叔齊，他們「恥食周粟」，隱首陽山。詩中藉這典故，嘲笑在科舉誘惑下輕棄初衷的「遺民」。對這些渴求功名的人，當局此手頗能奏效，以致後來還鬧出丁酉（順治十四年，1657）南北二闈的大醜聞。

矢志不渝者也並不少。對他們，軟的不行，則「繼而嚴刑峻法」，「以刀鋸斧鉞隨其後」。⑤這方面的情形，尤見於東南一帶。蓋因彼處既為明興之地，同時，立於鄉紳—民間互動基礎上的社會再組織情形，或者說以士夫為中心的新型領導權，發育最充分。為此，滿清在那裏重拳頻出，屢次製造大案、慘案，以期摧毀當地的知識分子集團。其犖犖大者，是「奏銷」「哭廟」兩案。

「奏銷」一案，發生於辛丑年（1661），標誌是正月二十九日康熙皇帝的一道諭令。所謂「奏銷」，是國家財政工作的一個內容，即每年徵收錢糧，據實報部奏聞。康熙這道後稱「奏銷令」的旨意這樣說：

> 諭吏部戶都：錢糧係軍國急需，經管大小各官，須加意督催，按期完解乃為稱職。近覽章奏，見直隸各省錢糧拖欠甚多，完解甚少，或係前官積逋貽累後官，或係官役侵那藉口民欠……⑥

孟森先生說，從表面看，該諭「固亦整頓賦稅一事，非不冠冕」⑦；但內含哪裏是表面那麼簡單而堂皇，否則，有清一代不至於諱莫如深，「二百餘年，人人能言有此案，而無人能詳舉其事者，以張石州（清中期大學者張穆）之博雅，所撰《亭林年譜》中，不能定奏銷案在何年，可見清世於此案之因諱而久湮之矣。」⑧《東華錄》內僅存上述上諭，「官書所見止此」，其他記錄一概抹掉。而「私家紀載自亦不敢干犯時忌，致涉怨謗。

---

④ 王應奎《柳南隨筆續筆》，中華書局，1983，第165頁。
⑤ 孟森《科場案》，《明清史論著集刊》，第391頁。
⑥ 王先謙《東華錄》，《續修四庫全書》，三六九·史部·編年類，上海古籍出版社，2001，第487頁。
⑦ 孟森《奏銷案》，《明清史論著集刊》，第435頁。
⑧ 同上書，第434頁。

遺民·苦悶　　　　　　　　　　　　　　　　　　　　　　*341*

今所尚可考見者，則多傳狀碑誌中旁見側出之文」^①。這就難怪張穆距此事不過百年，卻連它發生年月都已不能確定。

「拖欠甚多，完解甚少」是不是事實？的確是事實。不過在它前頭，卻先有別的事實。董含《三岡識略記》：

> 江南賦役，百倍他省，而蘇、松尤重。邇來役外之徵，有兌役、里役、該年、催辦、捆頭等名；雜派有鑽夫、水夫、牛稅、馬荳、馬車、大樹、釘、麻、油、鐵、箭竹、鉛彈、火藥、造倉等項；又有黃冊、人丁、三捆、軍田、壯丁、逃兵等冊。大約舊賦未清，新餉已近，積逋常數十萬。^②

換言之，江南拖欠錢糧不假，然而不得不拖、不得不欠，因為負擔太重，根本無法完成。負擔這麼重，有三個原因。兩種可以擺到桌面上，一種則只可意會、不可言傳：第一，開國之初，多處用兵，南方和西部皆待大定，也即康熙上諭頭一句所說：「錢糧係軍國急需」。第二，江南為天下財賦所出，他省經濟生產遠為不如，故為朝廷所特別倚重，這倒不獨清朝為然，在明代也如此。最後一條，不能拿到桌面上來，但天知地知你知我知——東南乃前朝勢力最頑固地區，在滿清而言，加重負擔乃有意為之，嚴苛其政以收打壓、降服之效，在當地紳民而言，一方面不堪重負，一方面也確實不肯逆來順受，有反抗情緒。總之，事情表現於賦稅，實質還是政治。

對撼和衝突所以在辛丑年表面化，有其特殊原因，此即在這一年，順治朝結束而康熙朝開始。順治皇帝雖為滿清入中國後首任君主，卻非所謂身懷「雄才大略」的一位，在位十八年，統治不曾達於「鐵腕」程度。這也就是「遺民」處境何以一度還算寬餘，不至於岌岌可危。比如剛才寫到的錢謙益，反清情緒、態度乃至行為，都不甚隱晦，但狀況大致平穩，有了麻煩經過疏通亦可化解（金鶴沖《年譜》所謂「多難，或以貨免」）。黃

---

① 孟森《奏銷案》，《明清史論著集刊》，中華書局，1959，第 435 頁。
② 同上書，第 436 頁。

宗羲是更明顯的例子，他直接投身武裝抗清直至順治十年，其間雖遭滿清三次通緝，但中止行動後也就不了了之，回鄉從事著述至終。

辛丑正月，順治剛剛駕崩，整個態勢當即急轉。繼任者玄燁以八歲之齡，卻顯出了他父親始終所不具備的「雄才大略」──繼位僅二十天，就下達導致奏銷案的新令，這是他六十一年統治生涯諸多重大決定中的第一個。從這時起，清朝將連續迎來三位「雄才大略」君主。康熙、雍正、乾隆，一個比一個鐵腕。經過康、雍、乾三朝，遺民現象土崩瓦解，滿清真正實現了精神思想方面的鐵屋建設。

具體情節方面，還有一位煽風點火之人，他便是時任江南巡撫的朱國治。為逢迎旨意，朱國治編製了一份拖欠人員的龐大名錄，其中多有虛報不實內容，「造欠冊達部，悉列江南紳衿一萬三千餘人，號曰『抗糧』。」③康熙大怒，令「十年併徵」，要將十年來拖欠的一併徵繳。試想，賦稅之重，一年完額都難做到，十年併徵如何可能？然而，朝廷用心也許本就不在可能與不可能，而在於藉題發揮、藉機發難。孟森指出「以積年蒂欠取盈於一朝，本非正體」：

> 但朝廷當日實亦有意荼毒縉紳，專與士大夫為難。④

或許，這便是明知所令蠻不講理、幾無可行性，卻斷然行之的內幕。

這點醉翁之意，藉若干離奇之例，窺之益明：

> 辛丑奏銷一案，崑山葉公方靄以欠折銀一釐左官，公具疏有云：「所欠一釐，准今制錢一文也。」時有「探花不值一文錢」之謠。公蓋為己亥（順治十六年，1659）進士及第第三人云。⑤

過錯如此之輕，而懲處如此之重，全不成比例。由此可知，「拖欠」之名，即便有一定實指性，卻相當程度上是虛晃一槍。藉奏銷為由，制服江南並狠煞士夫風氣，才是滿清的「百年大計」。我們曾講過，中晚明時

---

③ 董含《三岡識略記》，孟森《奏銷案》，《明清史論著集刊》，中華書局，1959，第 436 頁。
④ 孟森《奏銷案》，《明清史論著集刊》，第 436 頁。
⑤ 王應奎《柳南隨筆續筆》，中華書局，1983，第 171 頁。

代，傳統君權獨大局面，日益被新崛起的士夫（知識分子）領導權分其秋色乃至削弱，這種勢頭，不惟見於朝堂，亦見於社區基層之日常生活，而在文教最發達的東南一帶尤為顯著。此趨勢對於中國所固有的傳統君權已大為不利，對於以異族而入主中國的滿清則更為不利。

隨奏銷案而後續出現的嚴重辱躪士紳現象，大大超出了追收錢糧的範圍與需要，而更清楚地顯現當局的真實意圖。時人於私人通信中，描述親眼所見的慘狀：

> 江南奏銷案起，紳士絓黜籍者萬餘人，被逮者亦三千人。昨見吳門諸君子被逮過毗陵，皆銀鐺手梏拳，徒步赤日黃塵中，念之令人驚悸，此曹不疲死亦道渴死耳。旋聞奉有免解來京指揮，灑然如鑊湯熾火中一尺甘露雨也。[①]

「令人驚悸」是關鍵，當局想要的大抵在此。而當時漢族知識界對於奏銷案的深刻用意，其實了然於心、洞如觀火。《景船齋雜記》載，福建考生崔殿生「素志欲謁孔林」，他趁去北京「入對」之便，造訪曲阜孔府：

> 聖裔（孔府繼承人）密語殿生云：「暮秋八月，陵（孔氏陵墓，即孔林）中哭聲動天地，百里盡聞，三晝夜而止，其吾道將衰乎？」比順治辛丑八月，遂起奏銷之禍，罪及孔氏，殆先徵耶？[②]

故事未必果有，虛構可能性大；然而，不在事真，而在敍事中透出的「輿情」——亦即士林普遍認為，奏銷案明裏整頓賦稅，實質則是整治知識分子。

與奏銷案相穿插，又有哭廟一案。哭廟與奏銷，有關聯、有區別。關聯為俱因錢糧而起，幕後黑手都是朱國治。區別是：一、哭廟案僅限蘇州一地；二、士紳首先發難；三、死了人。

話說順治十七年（1660）底，蘇州府吳縣來了一位新任長官，名叫任

---

① 孟森《奏銷案》，《明清史論著集刊》，中華書局，1959，第 439 頁。
② 同上書，第 451 頁。

維初。初來乍到，就很強勢，威風八面。說：「功令森嚴，錢糧最急，考成攸關。國課不完備者，可日比，不必以三、六、九為期也。」打破常規，天天追討，不惜大棍伺候。皂隸若打得輕些，會遭責罵。被打者如因疼痛出聲，「則大怒，必令隸扼其首，使無聲」。每個受責者，鮮血淋漓，難於立起。不久，有一人竟然當場杖斃堂下。

姓任的如此狠刻，倘若盡其公職也還罷了，然自古以來，並無不貪之官吏卻如狼似虎者。任維初瘋狂追討，原是藉機牟利，他將追討來的米糧克扣一部分，交付總兵吳行之賣掉，「計其所得三千餘石」。「三百年來未有如維初之典守自盜者也」。消息走漏，「諸生倪用賓等，遂有哭廟之舉」。

「哭廟」之「哭」，指順治皇帝死訊到來後，地方舉行的悼念活動；「廟」，即文廟、孔廟。所謂「哭廟案」，便是蘇州知識界在悼念順治皇帝的集會中發生的案件。

順治十八年（1661）二月初四，部分士子從有關方面討得文廟鑰匙，舉行悼念活動，「諸生踵至者百有餘人」。人一多，自然聚在一起議論任維初的貪黷，群情洶然。有人似乎有備而來，拿出一張揭帖（請願書），大家都贊同附和。於是「鳴鐘伐鼓，旋至府堂」，從文廟轉往官衙。當時，撫臣朱國治、道臣王紀與府縣各官，剛好都在蘇州。消息傳出，又有上千諸生趕到，「號泣而來，欲逐任令」。朱國治「大駭」，當即下令逮捕請願者。「眾見上官怒，遂爾星散」，只抓到十一人。道臣王紀不明就裏，想秉公而斷，居然當真將任維初、吳行之抓來拷問，得供：「犯官到縣止二月，無從得銀，而撫臺索饋甚急，不得已而糶糧耳。」撫臺，即朱國治——原來，真正的碩鼠在這兒。

既然搞到了朱國治的頭上，後果可想而知。長話短說，朱國治從王紀那偷走口供，而以偽造的掉包。同時迅速打報告給朝廷，將事件定為抗糧和驚擾先帝亡靈：

> 總之，吳縣錢糧歷年逋欠，沿成舊例，稍加嚴比，便肆毒螫。若不顯示大法，竊恐諸邑效尤，有司喪氣。

一句話，這是反政府；縱容之，「邪氣」上升、「正氣」受挫。京師聞報，正中下懷，立遣四位滿大人，「公同確議，擬罪具奏」。

案子理應於蘇州處置，卻臨時改在江寧（南京）異地審理，「蓋撫臣恐民心有變，故在江寧會審。」四月初四日起解，「任維初乘馬，從而去者，披甲數騎」，與十一位諸生待遇對照鮮明：

> 十一人各械繫，每人有公差二人為解頭，披甲數十騎擁之。父兄子弟往送者，止從旁睨，不能通一語。稍近，則披甲鞭子亂打，十一人行稍緩亦如之。父兄子弟見者，惟有飲泣而已。三日，到江寧，即發滿洲城。任維初至則召保，日與衙役三四輩飲於市。

會審時，十一諸生起初仍以任維初貪污情節對，四位滿大人斥道：「我方問謀反，爾乃以糶糧為辭耶！每人一夾棍，三十板。」朝廷只想挖掘「反動分子」，對貪官沒興趣。案子走向，開始即如此。之後，復逮七人到案，其中有才子金聖歎。四月底定讞，稱：

> 秀才倪用賓，平日不告知縣任維初，乃於初二日遺詔方臨，輒行糾眾聚黨，在舉哀公所要打知縣，跪遞匿名揭帖。鳴鐘伐鼓，招呼數千人，搖動人心，聚眾倡亂，大干法紀。

所有十八人「不分首從，立決處斬」。至於任維初，「既無過犯，相應免議。」

任維初五月一日回縣復任，一到衙，即聲言：「我今復任，諸事不理，惟催錢糧耳。」五月二十日，朱國治也到蘇州，籍沒所有案犯之家，「各家細軟財物，劫掠一空。夫人及眷等，皆就獄。」「城中訛言大起，有言盡洗一鄉者，有言屠及一城者。人心惶惶，比戶皆恐。」民間有兩種議論，一種是怨怪：「眾秀才何苦作此事！」另一種認為：「都堂欲如此耳，何與眾秀才事！」不乏因害怕而「遠避他鄉」者。①

---

① 以上均自《哭廟紀略》，抱陽生《甲申朝事小紀》，書目文獻出版社，1987，第615-625頁。《丹午筆記》所述亦應本此。

案犯引頸受戮,時在七月十二日,場面甚血腥。當日一同處死者,有十案一百二十人。《丹午筆記》:

> 是日也,十案共有一百二十人,凌遲廿八人,斬八十九人,絞四人,分五處行刑。抗糧及無為教案,斬於三山街,四面皆披甲圍之,撫(朱國治)監斬。辰刻於獄中取出,罪人反接,背插招旗,口中塞栗木,挾而趨走如飛。親人觀者稍近,則披甲槍柄、刀背亂打。俄而炮聲一震,百二十人之頭皆落,披甲賓士,群官駭散,法場土上惟有血腥觸鼻,身首異處而已。②

時人暗於詩中論之:「巧將漕粟售金銀,枉法坑儒十八人。」「中丞殺士有餘嗔,羅織猶能毒縉紳。」③ 可見當時輿論已知該案意在「坑儒」、「殺士」,經濟案其表而文字獄其裏。當代卻有學者說:「一般士子家庭被追撲實與其缺乏基本的賦役知識有關」④,不解滿清深意也如此。

九

奏銷、哭廟兩案,實為清初矛盾所必至者,縱不演於此時此地,亦終當現於彼時別處。那是一種很大很深的矛盾。可惜,經有清一代近三百年歷史,加以鴉片戰爭後中西矛盾的遮蔽或視線轉移,我們國人早已忘掉抑或不知自己歷史曾有那樣重大的矛盾發生,而這正是眼下所論的由明入清之際「遺民現象」之內含所在。

單純看乙酉年下半年大批文人士子的殉國,或只看得見忠君與愛國;單純看奏銷、哭廟等案,或也只看得見滿清作為異族統治者如何以鐵腕平定中原,乃至只看得見朝廷與士紳、國家與個人之間一時的利益衝突。其實,這一切皆非要旨。以當時論,到什麼時候、在什麼事情上我們才能把

---

② 顧公燮《丹午筆記》,哭廟異聞,《丹午筆記·吳城日記·五石脂》,江蘇古籍出版社,1999,第160頁。

③ 同上書,第161-162頁。

④ 楊念群《何處是江南》,三聯書店,2010,第42頁。

要旨徹底地看透看清呢？我以為就在呂留良身上。最早（1936年）替呂留良編年譜的民國學者包齎，有一句讓我印象很深的話：「凡研究近代史的人都不會忘了這位民族思想的重要人物呂留良。」[1] 經他這樣一講，我才格外注意到要從近代思想史角度（而不簡單地從文字獄角度）看待呂留良問題。

對於遺民現象，呂留良頭一個特殊性來自他的身份。跟徐汧、楊廷樞或錢謙益、黃宗羲這些人比，他顯然不在前朝「遺老」的行列。明亡時，他年方十六，還不曾有何社會經歷。這也是後來雍正所亟表不解的：「當流寇陷北京時，呂留良年方孩童。本朝定鼎之後，伊親被教澤，始獲讀書成立」[2]，這樣一個人，怎麼對「本朝」抱有那樣的敵意？其實，稽其行跡，遺民立場在呂留良那裏原非一直就有，包齎說：「在明朝亡國的初年很少見到他民族思想的表示，而他在二十五歲的那年還在清政府的統治下考過秀才（生員）」。[3] 雖然參加科舉考試這件事，有家人逼使的因素，但那個時候呂留良自己意識的不清晰，也確係事實，等後來思想成形，再回首此事，他就自視「失足」而引為終身缺憾。他認識上確有一個發展過程，雍正就此貶他「何曾有高尚之節」[4]，是不能損其毫毛的，相反恰因有此變化，我們才覺得他身上有特別發人深思之處。

我們需要從背景上，一點一點找根據。這裏，首先矚目於一個人的影響，那便是他的三哥呂願良。留良乃是遺腹子，父親在他出生的頭一年死了。後來，兒子呂葆中為其所撰《行略》云：「少撫於三伯父，事三伯父如嚴父。」他自己則在《戊午一日示諸子》中自述：「吾遺腹孤也。父喪四月而始生，墮地之日，即縗衰麻。生母抱孤而泣，暈絕而甦。撫於三兄嫂。」[5] 但是，三哥願良於他的意義，遠不止於存其命、養其身，更在精神生活方面，給予有力的示範 —— 呂願良為當地青年學子的領袖人物，崇禎

---

① 包齎《清呂晚村先生留良年譜》，序，臺灣商務印書館股份有限公司，1978，第3頁。
② 愛新覺羅·胤禛《大義覺迷錄》，近代中國史料叢刊第三十六輯，文海出版社影印本，1966，第422頁。
③ 包齎《清呂晚村先生留良年譜》，序，第4頁。
④ 愛新覺羅·胤禛《大義覺迷錄》，近代中國史料叢刊第三十六輯，第422頁。
⑤ 包齎《清呂晚村先生留良年譜》，第27頁。

十一年，與同志結創「澄社」，社中文士千餘人，齊名於應社（張溥等）、復社（張貞慧等）、幾社（夏允彝等）。換言之，呂願良正是明末方興未艾的知識分子社團運動中一位風雲人物。

有關明末清初，東南知識分子尤其青年學子中精神覺醒和獨立的盛況，《柳南筆記》寫道：

> 自前明崇禎初，至本朝順治末，東南社事甚盛，士人往來投刺，無不稱社盟者。後忽改稱同學，其名較雅，而實自黃太沖始之。太沖《題張魯山後貧交行》云：「誰向中流問一壺，少陵有意屬吾徒。社盟誰變稱同學，慚愧弇州記不觚。」自注云：「同學之稱，余與沈眉生、陸文虎始也。」⑥

裏頭出現了兩個特定的時間概念。「崇禎初」，恰當閹黨覆滅，經過一個極黑暗時期，知識分子痛定思痛，開始深刻究詰社會正義和極權之惡，以此，開啟了一個思想解放運動。「順治末」，則如前所說，「雄才大略」君主康熙踐阼，文字獄陰霾趨於濃重，中國從自身文明苦悶中形成的朝氣蓬勃又極可能意義深遠的思想探索，就此終止、夭折。

「同學」，如此富於精神探尋氣息、像朝露那樣清新鮮靈的稱謂！對於一個萌芽與騷動的時代，是何其生動的表徵！然而，夜來風雨聲、花落知多少……我們由是懂得錢謙益何以有「千古江潮恨朔風」之歎。

呂留良其實是趕上了它的尾聲。對他來說，這不知幸與不幸。總之，因了三哥的精神影響和人脈線索，他得以與俊彥相交，接續上了這股思想之風。十三歲那年，即與侄宣忠（願良之子）、同鄉前輩孫子度先生等十餘人組織「徵書社」；同年，在三哥的聚會上，見到了餘姚黃晦木（宗炎，黃宗羲弟）這樣的大名士，從而為十八年後與黃氏兄弟的密交埋下種子。1647年，他遭遇平生最大慘痛，三哥愛子、和他共同組織「徵書社」的宣忠侄，「因反清激烈被清軍所執」，殺害於虎林；時年十九的他，在文

---

⑥ 王應奎《柳南隨筆續筆》，中華書局，1983，第171頁。

中悲愴寫道:「偷息一日,一日之恥」[①],這時,他或許有了反清的情緒,但還不能說對為何反清有一種理性的認識。他的生活軌跡說明這一點。一直到三十歲,他的履歷都沒有什麼特別閃光的亮點,需要提及的內容只有兩條。一是 1653 年二十五歲時,他參加了科舉考試,「考取邑庠生」。[②] 一是與朋友熱衷於做「選文」的工作,並且取得很大成功。所謂「選文」,是供學子們參加科舉考試用的參考書,類乎今天各式各樣的教輔書、試題大全,他編的這類書效果很好,大受歡迎,應該掙了不少錢,這就是為什麼雍正罵他「賣文鬻書,營求聲利」[③]。

然而三十五歲那年,他終與這樣的生涯分手,開始一種全新的存在。他寫下一首著名的詩,以明其志:

> 誰教失足下漁磯?心跡年年處處違。雅集圖中衣帽改,黨人碑裏姓名非。苟全始識譚何易,餓死今知事最微。醒便行吟埋亦可,無慚尺布裹頭歸![④]

「失足」,指當年應試之事。「衣帽改」、「姓名非」都是山河易色的表現。「苟全」語出諸葛亮《出師表》「苟全性命於亂世,不求聞達於諸侯」,與下句「餓死」相連,意思是「苟全」並不容易,人究竟無法僅為肉身之軀而活。「醒便行吟」和「無慚尺布」,無疑是以知識者使命和精神自礪了,但凡還不失清醒和理性,便應發出與心靈相稱的聲音,無愧於歷來從讀書中懂得的道理。

那麼,他為何在三十五歲上能夠寫出這樣的詩?由年譜知,三十一歲那年,他重新遇見黃宗炎,彼此正式訂交為朋友,復於次年經黃宗炎介紹,到孤山去會見黃宗羲,從此開始了密切的往來。我想,呂留良的覺醒就在這個時候。他自己胸中無疑早就藏着許多的苦悶,但還沒找着出口,還需要一個契機被撥亮,而與黃氏兄弟的接交應該就起到了這樣決定的作

---

① 包賫《清呂晚村先生留良年譜》,臺灣商務印書館股份有限公司,1978,第 39 頁。
② 同上書,第 43 頁。
③ 愛新覺羅·胤禛《大義覺迷錄》,近代中國史料叢刊第三十六輯,文海出版社影印本,1966,第 423 頁。
④ 包賫《清呂晚村先生留良年譜》,第 65 頁。

350   黑洞:弘光紀事

用。他就像一塊煤，被燃燒後，發出更大的光和熱。思考的深入和思想的熱忱，使他投身歷史和人文使命的火爐，「大聲疾呼，不顧世所諱忌」[5]。在燃燒與釋放中，他漸漸趨近了自己思想的內核：夷夏之防。「他認定孔子的重要思想在於夷夏之防四個字上，孟子是擁護夷夏之防最出力的人，孟子闢楊墨，正是闢楊墨忘了夷夏之防四個字。」[6]

說起夷夏之防，我們多半沒有太好的印象，在我們記憶中，它是與狹隘、封閉、無知乃至莫名其妙的大漢族主義這樣一些內容和形象聯繫着的。鴉片戰爭以來，正是這種思維和論調，阻礙中國進步，造成諸多可悲可笑的情形。然而這裏面有一種語境上的天壤之別，卻為今天我們渾然不覺了。亦即，同樣是夷夏之防這個話語，鴉片戰爭後的使用，和明朝亡國後的使用，意義根本不同。在後者，是與更進步的文明處在相背的方向；在前者，恰恰是要守住文明的水平和成果，不甘、不忍其發生滑坡與倒退。

這層意義，在呂留良那裏不單被表述得非常明朗，而且也因着他而變得前所未有的清晰。作為一種老話，夷夏之防在中國講了二千多年，每遇外族入侵、民族危機，都會提出。應該說，實在並不是新的思想。但我們也知道，過去一經提及，總帶着強烈的排外色彩，似乎只是一種民族情緒，有着不由分說、不問青紅皂白的非理性意味。呂留良爬羅剔抉，正本清源，真正廓清了夷夏之防的理性層次。他說：

> 孔子何以許管仲不死公子糾而事桓公，甚至美為仁者？是實一部《春秋》之大義也。君臣之義固重，而更有大於此者。所謂大於此者何耶？以其攘夷狄救中國於被髮左衽也。[7]

這或許是明清之際最重要的一段思想表達。它有兩處極耀眼的亮點。其一，明遺民們或曰愛國志士所忠者，並非君主，而是中華文明；皇帝的死不足論、不足惜，關鍵是中國是否將從文化昌繁而被拖向野蠻落後。其二，尊夏攘夷，不是出於狹隘的民族情緒，不是為尊而尊、為攘而攘；尊

---

⑤　同上書，第71頁。
⑥　同上書，第129頁。
⑦　同上書，第129頁。

夏攘夷的本質，在於文明與愚昧的衝突；所謂「夏」者，文明也，所謂「夷」者，蒙昧也，亦即所反對的不是特定種族，而是「被髮左袵」的原始與落後。假如把「攘夷秋救中國」，換寫成「攘蒙昧救文明」，我們對呂留良夷夏之防理論的真正內涵，便不存誤解；根本上，它與我們今天堅持的去蒙昧、遠離黑暗，更文明、嚮往進步，並行不悖、略無軒輊。

這徹底解釋了明亡後浩大的遺民現象──至少是其主流──所包含的歷史悲情。首先，它肯定不出於忠君慣性；其次我們得說，它排外，但不盲目──按當時歷史與世界格局，很難以今日胸襟繩之，其存有一定民族與文化歧視色彩理當詬病，但在主要方面，的確並不是一種非理性的情緒宣洩，而植根於對文明進步的追求和對文明方向的執著。

古代條件下，文明進步的腳步遠比現代艱難，而文明遭燔毀之事則遠較今日容易。此一難一易，惟知識者識之，亦惟有他們最懂得去珍惜文明。歷史上，中國文明屢挫於暗黑蒙昧之力，幾度命懸一線，孔子臨終憂而涕歎：「太山壞乎？梁柱摧乎？哲人萎乎？」[1]秦朝「首尾僅十五年」，卻能毀掉以往數百年的文明積累──私學統統禁止，各國史書和諸子書概送官府焚燒，聚談詩書者斬首，是古非今者滅族，民間求學「以吏為師」，思想通道盡行堵死，觀點言說皆以官家為準[2]，及至西漢，從武帝到成帝，費了幾十年時間在全國徵書，四處搜訪，又經諸多學問家的整理、鑒辨、疏證，「古文」始得重傳，然而縱是如此，也仍留下許多真偽難斷的文化懸疑。正是有此慘痛經驗，知識者深知文明較之野蠻，何等弱不禁風。雍正《大義覺迷錄》引了韓愈一句話：「中國而夷狄也，則夷狄之；夷狄而中國也，則中國之。」[3]意思是，中國如變得野蠻，便是「夷狄」；「夷狄」如足夠文明，其實也就是中國。引用者希望藉這句話駁斥夷夏之防，我們倒從中看到，中國知識者孜孜談論夷夏，根本目的僅在於推崇文明。

---

① 司馬遷《史記》，孔子世家第十七，上海古籍出版社，1997，第 1520 頁。
② 范文瀾《中國通史》，第二冊，人民出版社，2004，第 19 頁。
③ 愛新覺羅‧胤禛《大義覺迷錄》，近代中國史料叢刊第三十六輯，文海出版社影印本，1966，第 16 頁。

呂留良那樣的「明遺民」，正是秉承這一認識而來。如同時參以「君臣之義固重，而更有大於此者」一語，我們更能認清他們的憂患完全發自文明的憂患。從他們認為有比君臣之義更高、更重要的道義看，我們知道他們的嚴夷夏之防，不是簡單的民族情緒，而是出於對任何黑暗、倒退的擔慮。無論那種情形緣於異族，還是本國惡劣的政治，都將是他們加以抗爭和排拒的對象。

　　從這裏，我們見到了明末尤其崇禎初以來，中國知識分子觀念質的飛躍。這種飛躍，無疑正醞釀着政治、文化乃至社會組織層面的變革，它也許是古典形態中國的終極變革。那遍佈東南（江浙皖閩）、在豫鄂贛湘等處亦頗形其盛的社團，呈現着罕見的思想活躍，以及社會新精神的流佈。而這大轉換、大蛻變，卻在滿清「朔風」勁吹之下，戛然而止。雍正皇帝可以高談闊論「天下一家，萬物一體」[④]，以「舜為東夷之人，文王為西夷之人」[⑤]、「三代以上之有苗、荊楚、狁，即今湖南、湖北、山西之地也。在今日而目為夷狄可乎？」[⑥] 等古遠之事混淆視聽，卻不能抹掉當下滿清與中國文明水準和狀況的巨大落差。

　　進而言之，呂留良等的悲感甚至不是針對滿清，而是針對中國自身。他們以親身的體會，感知並了解中國正在發生什麼。他們目睹帝權這巨大的膿包已然熟透，僅剩一層薄皮，面臨潰破，污穢即將一流而盡。證據就是他們已經有了文化上的覺醒，而且齊心協力、力學篤行做着精神思想的探尋與挖掘（明末思想風氣之盛，學術反芻之深，確有中國文化批判總結意味）。但突然間，一個不久前還茹毛飲血的民族的入侵，不但把中國從很高的平臺上拉到幾百米下，而且出於異族統治可想像到的情形，一個黑暗期隨之而來很難避免。

　　這樣特別顯明地從「文明與野蠻」衝突的意義，來闡述夷夏之防，是呂留良獨到的地方。此即為何他能成為一代精神偶像的原因。他的所論，在死後四十多年仍光芒不減，讓學子之心怦然動於衷。他確將裏面的內容

④　同上書，第1頁。
⑤　同上書，第4-5頁。
⑥　同上書，第9頁。

徹底翻新了，從而提供一種切合時代的思想。「時代」在此，不光指明亡清興的特定變故，也涉及中國歷史經二千年漫漫長路終於抵於某個關口這一較抽象的層面。曾靜在深受呂留良思想影響的著作《所知錄》中，寫有這麼一段話：

> 皇帝合該是吾學中儒者做，不該把世路上英雄做。周末局變，在位多不知學，盡是世路中英雄，甚者老奸巨猾，即諺所謂「光棍」也。[1]

這當中的思想，我們不可泥於字面，以為呂留良一派的意思是以書生取代皇帝。那就可笑了。當時話語有其局限，還沒有我們今天的一些詞彙、字眼。我們的理解，要穿過語詞，抓握其內在所指；顯然，那就是反帝王、反帝權，要求結束它們的歷史，以體現歷史和文化理性的力量（吾學中儒者）取代之。「吾學中儒者」所表示的類似治國者，對社會所抱態度，能着眼於公平、正義、合理、健康和善，而皇帝或「世路上英雄」這種人，「不知學」，心中不存「道理」而只有私利，巧奪豪取，貪得無厭，實質與流氓無賴、社會渣孽無異。

遠在那時，能對皇帝、皇權有此直搗龍門之論，可謂駭人聽聞。要之，自秦始皇創立「皇帝」及其一套權力體系以來，中國知識分子就一直在反思這個歷史，認為中國之壞，就壞於此事。曾靜引述的呂留良「復三代」思想，亦是此意；所以主張「復三代」，是因「三代無君」，「無君」的社會，善意猶存，還不至於被極度自私而巨大無邊的權力所獨霸、所戕害。也就是說，社會權力應該發生變革，變得理性、文明、講道理。這與黃宗羲的君權批判，源出蓋同。

換言之，民主意識在中國，非待西風東漸、由外鑠我始有，而是在明末時代，中國經由自身歷史苦悶，已經破繭欲出。此為筆者堅信不疑者，同時也是經清代三百年統治被逆轉、被遮蔽、最終被遺忘者。經過二百年

---

[1] 愛新覺羅·胤禛《大義覺迷錄》，近代中國史料叢刊第三十六輯，文海出版社影印本，1966，第161-162頁。

（十七世紀四十年代至十九世紀四十年代）及至鴉片戰爭，由西方文明強迫，中國被動轉型，其間喪失的不僅僅是兩世紀光陰，更從本來的主動求變淪至被動或屈辱之變，因之而生的文化及心理上種種沮喪以至病態，難以言表。而這一切，恐怕都得追溯到清之代明所帶來的中斷與攪亂。

假由呂留良這一個案的探察，我們驚訝發現，明遺民現象所包含的主題，根本不是表面看上去的對明王朝之忠，甚至也不僅僅是反清那樣狹隘；在本質上，這是對中國自身歷史與文化大變革、大覺醒在即，卻突然陷於絕境而生出的大悲涼、大不甘。

至少從思想的材料中，我們認定十七世紀初葉中國已經出現使帝權終結的苗頭。黃宗羲《明夷待訪錄》「學校篇」，至有接近於議會政治的議論。他所設想的「學校」，將不再僅為朝廷「養士」之地，裏面也不復只有一群食祿報恩、惟命是從的人，而是面向「是非」、獨立參政的人：

> 天子之所是未必是，天子之所非未必非，天子亦遂不敢自為
> 非是，而公其非是於學校。②

「公其非是」幾個字，我們如說其中已含初步的憲政意識，當不為過。長久以來不乏一些論調，指中國沒有原生態的民主思想資源，中國歷史不能自發形成向現代的轉型，乃至中國人天生只有帝王思想、只適合帝王專制，凡此種種謬言，讀讀明末文史當可大白於天下。我們不會誇大其辭，認為中國在明末已經自發踏上現代轉型之路，然而卻不難確認，這樣的苗頭真真切切地出現了。若非滿清入主，稍假以時日，比如再經過半個世紀，這種苗頭從思想幼株長為大樹，乃至從社會實踐以及制度層面有所嘗試，絕非毫無可能。因此，明遺民之痛，不單痛在家破國亡，更痛在黎明前夜突然向另一種抑或是雙重的黑暗墜落。至於滿清，除因自身文化上的低矮和簡陋而拖累中國，我認為它還無意間扮演了打斷中國歷史自我更生步伐、挽回已處破落的王朝政治之命運這樣一個角色。

---

② 黃宗羲《明夷待訪錄》，學校，《黃宗羲全集》第一冊，浙江古籍出版社，1985，第10頁。

十

稿甫畢，復想到章太炎為《明遺民錄》所作序中的鈎沉，覺得有些話題意猶未竟，而添足於此。

章氏首先指出，遺民思想源於孔子，然後點出個中緣由：「彼孔子者，殷人也。」

> 當是時，溥天之下，莫非王土，率土之濱，莫非王臣。而有一二士（即伯夷、叔齊）焉，義不食周粟，武王不得而臣，而孔子心儀之矣，何也？彼文王者，西夷人也。孔子著《春秋》，嚴夷夏之辨，有能攘夷狄者，孔子予之。[1]

這既是有趣的知識，也提醒人們「遺民」話語具有歷史的屬性，是隨歷史一起發展演變的。

從孔子起，到明末清初以至現代，遺民心態及現象一直與中國知識階層相伴，成為一種特殊文化資源，意蘊繁駁，頭緒多端。茲信手拈來數點：1. 文化歸屬感；2. 忠義、自潔等操守；3. 狷介人格；4. 不合作立場或對現實之拒絕及懷疑；5. 歷史觀；6. 抱殘守缺的美學態度……凡此，皆關乎中國知識分子文化及倫理之獨有根基，而與西方知識分子礭然有別。且舉一例，當代史學巨子陳寅恪，畢生所著，以一部演述明遺民的《柳如是別傳》作結，意味便極深長。總之注意和了解遺民現象，對回視、認識中國知識分子傳統，實有見微知著之效 —— 在全球化的現時代，或尤如此。

---

① 孫靜庵《明遺民錄》，附錄，原序一，浙江古籍出版社，1985，第 369 頁。

明史三部曲
黑洞：弘光紀事

李潔非　著

責任編輯　蕭　健
裝幀設計　任媛媛
排　　版　黎　浪
印　　務　林佳年

出版　　開明書店
　　　　香港北角英皇道 499 號北角工業大廈一樓 B
　　　　電話：（852）2137 2338　　傳真：（852）2713 8202
　　　　電子郵件：info@chunghwabook.com.hk
　　　　網址：http://www.chunghwabook.com.hk

發行　　香港聯合書刊物流有限公司
　　　　香港新界荃灣德士古道 220-248 號
　　　　荃灣工業中心 16 樓
　　　　電話：（852）2150 2100　　傳真：（852）2407 3062
　　　　電子郵件：info@suplogistics.com.hk

印刷　　美雅印刷製本有限公司
　　　　香港觀塘榮業街 6 號海濱工業大廈 4 樓 A 室

版次　　2021 年 7 月初版
　　　　© 2021 開明書店

規格　　16 開（240mm×160mm）

ISBN　　978-962-459-093-7